普通高校“十二五”规划教材
公共管理系列

公共管理学

曾瑞明　许　敏　程玉莲
毕可影　罗　晶　等　编著

清华大学出版社
北　京

内 容 简 介

本书根据学科基础性和概论性的特点，分12章介绍和分析了公共管理学的基础与构架、公共管理理论的形成与发展、公共组织、政府角色与政府改革、第三部门的角色与管理、公共政策、公共部门战略管理、公共危机管理、公共部门人力资源管理、公共财政管理、公共部门绩效管理、公共信息资源管理等内容。全书概述了中外公共管理学研究的共识性内容，加强了对中国公共管理改革与发展的分析，突出了本土实践特色。在编排体例上，改变了绝大多数同名教材在每一章正文后加案例分析的做法，将案例有机地融合在中国实践的介绍与分析中，以期读者对我国公共管理的现状与发展趋势有更深刻的认识。

本书适合作为公共管理学科各专业的本、专科教材，也可作为公共管理知识爱好者的阅读材料。

图书在版编目(CIP)数据

公共管理学/曾瑞明等编著. —北京：清华大学出版社，2013.1(2021.8重印)
(普通高校"十二五"规划教材·公共管理系列)
ISBN 978-7-302-30117-2

Ⅰ. ①公… Ⅱ. ①曾… Ⅲ. ①公共管理—高等学校—教材 Ⅳ. ①D035

中国版本图书馆CIP数据核字(2012)第217808号

责任编辑：刘志彬
封面设计：汉风唐韵
责任校对：王荣静
责任印制：沈　露

出版发行：清华大学出版社
网　　址：http://www.tup.com.cn，http://www.wqbook.com
地　　址：北京清华大学学研大厦A座　　**邮　　编**：100084
社 总 机：010-62770175　　**邮　　购**：010-62786544
投稿与读者服务：010-62776969，c-service@tup.tsinghua.edu.cn
质量反馈：010-62772015，zhiliang@tup.tsinghua.edu.cn
印 装 者：三河市君旺印务有限公司
经　　销：全国新华书店
开　　本：185mm×230mm　**印　张**：18　**插　页**：1　**字　　数**：372千字
版　　次：2013年1月第1版　　**印　　次**：2021年8月第9次印刷
定　　价：45.00元

产品编号：046490-02

目录

第1章 导论

【学习目标】

了解公共管理学形成与发展的实践基础，熟悉公共管理活动与公共管理理论的互动关系，对公共管理学的形成发展过程有初步的认识；理解和掌握公共管理学的若干基础概念；从研究对象、研究方法和研究途径三方面把握公共管理学的学科特点。

公共管理学是现代管理理论的重要组成部分，是公共事务管理的经验总结和智慧结晶。自从公共管理学诞生以来，公共管理领域的科学探索与人类社会的生存样态和发展方式结合得越来越紧密，每一个新的发现都对政府管理模式或国家治理模式产生着重大影响。因此，学习和掌握公共管理学，必须从解剖人类的公共管理活动开始。

1.1 公共管理活动与公共管理学

任何社会理论都是对社会活动某一领域、某一层次的本质和规律的揭示。公共管理学是对人类公共管理活动的理论概括和经验总结。因此，在学习公共管理学之前，必须对人类的公共管理活动有清晰的界定。

1.1.1 公共管理活动的变迁

关于什么是公共管理(public management)，国内外学者从不同的角度给出了不同的解释。这些内容都是从公共管理学的立场对公共管理活动的阐释，着重与传统公共行政(行政管理)的区别上来把握公共管理活动。显然，这些定义缩短了公共管理活动的历史，把公共管理局限在新公共管理运动之后的范围里了。

首先必须明确，作为一种社会活动的公共管理并不是在公共管理学诞生后才出现的。人类社会生活秩序的维持需要公共管理活动的存在，从这个意义上看，公共管理是与人类的公共生活相伴而生的。可以说，“公共管理实践和人类文明史相伴而生，并且在人类文明的发展过程中起到了不可或缺的重要作用"[①]。早在氏族时代,氏族首领就是最早的公共管理者。到了王权出现后,虽然公共生活开始附属专制者的私人生活,但公共生活的秩序与要求还是客观存在的,所以从整个共同体(国家)层面看,专制政治体制也在履行公共管理的责任,只不过把公共事务纳入私人事务的管理模式。而且,专制政体管理公共事务的能力也在社会实践的发展中不断增强,管理结构、管理方法、管理内容等呈现逐步科学化的发展态势。比如,早在两千多年前的中国商代,国王就已经统辖、指挥几十万的军队进行作战,管理上百万奴隶进行生产劳动。周朝,我国建立了世界上最早的信息管理系统——驿站制度,即在从中央到全国各主要都城的大道上每隔三十里设一个驿站,并备良马固车,专门负责传递官府文件、接待来往官吏和运送重要物资等,形成全国性的交通与信息网络。到了清朝,清政府的管理模式达到了专制主义中央集权制度所能到达的顶峰。可见,古代社会并不是没有公共管理活动的存在,只不过其公共性欠缺,专制属性覆盖了社会生活的公共表现。

从整个世界的社会发展进程看,进入民主制社会后,公共生活从封建模式中脱离出来,公共管理从皇权-族权模式转换为民主政府管理模式,这也是民主时代的一个重要特征。众所周知,政治民主观念和规则是与资本主义生产方式相互缠绕在一起向前发展的,随着社会生产力的提高,作为大生产重要依托体的城市在规模和功能上不断扩展,公共事务在量和质的要求上也不断提高,从而使得民主政府取代专制政权、民主管理代替专制控制成为可能。可见,西方资产阶级革命的胜利不仅是资本主义政治经济文化上升为主导性模式的开端,而且是人的生产活动和生活规则由受专制控制变为公共管理的转折点,公共事务的内容和空间一下子拓宽了许多。因此,政府的管理活动就成为一个国家经济社会发展的中轴。

古典自由主义政治经济学为资产阶级政府设定了一个近似于"无为而治"的运行模式。三权分立的政治体系在立法、司法和行政三条线上以确保资本力量无限扩张为核心,将公共事务的管理化解为一场维护资本逐利的运行游戏,并被定格成马克斯·韦伯后来所描绘的官僚制模式。但是,这种表面看似非常民主自由公正的秩序,即使对资本也存在天生的杀伤力。由资本人格化为资本家、社会运行逻辑由封建伦理进化为资本伦理,资本的力量不仅在逐利原则下制造了贫富严重不均,社会分立为富裕的资本家和贫穷的工人两个敌对阶级,而且不同资本之间的矛盾也在不断激化中,演化出经济危机和帝国主义战争等对人的生活甚至生存更具危害性的问题。于是,在对资本主义制度进行多角度反思中,应如何更好地管理公共事务,以便既能保障社会生产的发展,又能真正建立自由民主公正的社会秩序,便成为公共管理活动需要解决的重大问题。

---

① [美]乔治·弗雷德里克森,凯文·B.史密斯.公共管理概论[M].于洪等译.上海:上海财经大学出版社,2008:2.

第二次世界大战以来，西方发达资本主义国家在解决上述问题方面做出了巨大的努力。一方面，为了缓和阶级矛盾、应对经济危机和限制垄断，它们相继在凯恩斯主义引导下实施了由政府规制市场的经济运行模式和分配上的福利国家模式；另一方面，以公民权的扩大与执政者权力的限制为重点，民主政治体制有了进一步发展。而且，无论是经济上还是政治上的变化，都要通过政府扩大功能的途径来实现，由此使得政府的公共管理活动在角色与作用、范围与内容等方面，不断面临新的任务与要求。正是在这样的任务与要求下，官僚制的公共行政模式日趋完善并达到它被认可与应用的最高峰。与此同时，非政府公共部门(第三部门)在公共管理活动中所起的作用也日渐增大。此后，在社会进步带来的新任务与新要求推动下，公共管理活动的内容不断丰富，管理体制和管理方法不断优化，对生产活动和社会生活乃至国际秩序的影响不断增大。可以毫不夸张地说，公共管理活动在人类的未来征程中扮演的角色将会越来越重要。

20世纪70年代末以来，西方发达国家的政府进行了一场革命性的改革运动，以提高效率为中心的革新又一次颠覆了传统的政府运行模式，主动的“管理”逐步代替被动的“行政”，结果导向取代了程序导向。由于采取了与传统公共行政完全不同的运行方式，这场运动也被冠以“新公共管理运动”之名。这场运动从发轫至今，无论是范围还是程度都在持续扩展，从西方发达国家逐渐波及发展中国家，而且，由一国的治理进而提出了全球治理的任务。

纵观公共管理活动的发展，如果把资产阶级国家形成以前看成自发与探索阶段，那么，公共管理活动走向自觉，则是与我们对这一活动的理性认识并成为专门学问分不开的。20世纪初以来，公共管理活动与公共管理学(公共行政学)走入了一种相互促进的轨道。

1.1.2 公共管理学的形成

1. 传统公共行政学

如前所述，尽管整个人类历史进程中贯穿着公共管理活动，公共领域的管理结构、管理手段、管理标准等内容也在不断发展，但是，作为一个独立的思考和实践领域，对公共管理活动进行本质性和规律性的揭示一直到19世纪末才出现。伍德罗·威尔逊(Woodrow Wilson)于1887年发表的《行政之研究》一文标志着公共行政研究的诞生。

2. 新公共管理学科范式的诞生

20世纪70—80年代，发达资本主义国家进入后工业社会，其突出特征是以知识经济和信息经济为基础。知识和信息对社会构成了全方位的冲击，这些冲击汇成一股力量使得传统公共行政模式越来越举步维艰，新的公共管理实践成为可能。

从经济上来看，经过战后二十多年的发展，资本主义国家的经济取得了巨大的发展，工人生活水平有了明显的提高，处于贫困线之上而又不是富豪的中产阶级占社会的绝大多数。经济的发展，公众的普遍富裕，使得公众的追求发生了变化：由单纯生理意义的追求，变为追求尊重人的个性及多元价值观。而传统官僚体制已越来越不能满足这种要求：对于官僚模式内部的行政人员来说，他们已经厌倦了这种剥夺人性的理性模式，厌倦了"螺丝钉"式的工作方式，他们要求变革；就社会公众而言，他们对政府的无能越来越感到不满，"政府死了吗？"是他们的普遍疑问。因此一个建立"无缝隙组织"的时代开始了，逐渐形成"以顾客为导向、竞争为导向和结果为导向"的新公共管理运动。相应地，革新派行政学家的理论阐述形成了一种以"公共管理"（或"新公共管理"）为名称的新学科范式。

在英国撒切尔政府进行大规模的公共企业民营化、精简公共部门等改革之后不久，理论家们就开始觉察到管理形式发展出了一种新趋势。如胡德、罗兹等人认为，英国的这种管理主义性质的改革是为经济（economy）、效率（efficiency）和效能（effectiveness）做出的决定性努力。霍顿将相继在欧、美、澳等国家和地区发生的公共部门改革总结为：行政部门由行政性的官僚制转变为管理性的官僚制，由公共行政体系转变为新公共管理（NPM）体系。尽管改革之初各国的改革内容上很少有共同的特征，不同的理论家对这场改革所做的理论命名也多有不同，如新公共管理、管理主义、企业化政府等，但是，它们所共同针对的是传统公共行政模式的弊端。因此，从这一角度看，各国的改革与其说是实践转型，还不如说是理论转型。实际上，公共管理理论的新范式就是对传统公共行政，尤其是官僚制组织的缺陷的直接回应，公共管理改革实践已是在完全不同于传统公共行政学的新学科范式指导下进行的。这种范式的基本理论包括：政府工作人员受经济动机的支配，私营部门的弹性管理为政府部门提供了经验，行政不可能脱离政治。最重要的是，这种理论的变革主题是由行政转变为管理，前者主要是执行指令，后者则意味着实现结果，并为此承担个人责任。①

1.2 公共管理学的基础概念

1.2.1 私人管理与公共管理

公共与私人是相对的概念。前者表示群体的活动领域，有较多的公众参与，为了维护和实现公共利益，一般由公共组织来处理公共领域的事务；后者表示个人的活动领域，个人为了实现自身利益，可以亲自也可以雇用他人并组织一个私人部门来处理自己的事务。与这个界定相应，私人管理（private management）是指私人事务的管理，但由于私人事务需要组织成私人部门并需要进行专业化管理的只有企业，所以，我们这里的私人管理仅指

① [澳]欧文·E. 休斯. 公共管理导论[M]. 张成福等译. 北京：中国人民大学出版社，2007：6.

企业管理。

私人管理与公共管理(public management)的相同点是：管理过程都离不开管理主体、管理对象、管理目的、管理职能和管理方法等要素，管理职能都包括决策、组织、领导和控制等。

两者的不同点主要体现在管理目标、资源基础、责任机制、人事制度以及政治影响等方面，可简要地归纳为表1-1。

表1-1　公共管理与私人管理的区别

项　目	公共管理	私人管理
管理目标	满足公共需求，不赢利	满足私人需要，赢利并追求利润最大化
资源基础	公众聚集	私人投资和利润
责任机制	权责划分和运行机制复杂	权责明晰
人事制度	严密但大都显烦琐	简单而高效
政治影响	受政治环境的影响很大	受政治环境的影响小

1.2.2　公共行政与公共管理

行政(administration)与管理(management)是近义词，在我国行政管理学初兴的20世纪80年代后期至90年代前期，大多数人认为公共行政和公共管理没有区别，如我国的公共管理专业硕士学位所用的英文名是Master of Public Administration(MPA)。但是，20世纪末以来两者的区别逐渐被重视，更多的学者认为两者是有明确分界的。在过去的20年，西方公共部门的管理实践发生了深刻的变化：公共行政活动更多地被称为公共管理活动，行政官员更经常地被称为公共管理者。

关于行政与管理的区分，有三种较有影响的观点。①《牛津英语词典》将"行政"定义为一种行政活动，这种活动又被解释为处理事务、指导或监督执行、运用或引导；"管理"定义为通过自己的行动引导、控制事务的过程、照料或看管。②公共行政学的两位开创者威尔逊和古德诺的看法是：行政本质上有遵从指示和服务的含义；管理首先意味着获得结果以及管理者为获得结果负个人责任。③我国学者从组织实体或管理主体的角度来区分，行政一般被当做国家或政府的活动、政务的推行或与公共事务相关的活动(这也许就是为什么"public administration"会被译为"公共行政(学)")；而管理则一般被当做与工商企业组织相关的活动，即与计划、决策、指挥、协调、控制相关的活动。

而对于公共行政与公共管理的界线，现在普遍认同的观点为：公共行政是指政府特别是执行机关为公众提供服务的活动，行政官员或行政人员在这种活动中主要是执行由别人(政治家)所制定的政策和法律，关注的焦点是过程、程序以及将政策转变为实际的行政，侧重关注行政机构和人员以及办公室的管理(传统的公共行政学和行政管理学、行政学院主要是为培养政府的职业文官而设的学校或机构)；公共管理是公共组织提供公共物品和服务的活动，它主要关注的不是过程、程序和遵照别人的指示办事以及内部取向，而更多的是关注取得的结果和对结果的获得负个人责任。

行政管理与公共管理的区别参见表1-2。

表1-2 行政管理与公共管理的区别

项　目	行 政 管 理	公 共 管 理
主体	政府	政府、第三部门、参与公共事务的私人部门
运行特点	关注过程和程序，照章办事	关注效果，鼓励创造性

1.2.3 公共事务与公共产品

所谓公共事务是指那些涉及全体社会成员的共同利益、满足其共同要求、关系其整体生活质量的一系列活动，以及这些活动的最终结果。社会性、公益性、非营利性以及规模性是其最主要的特征。公共管理正是以公共事务作为其管理对象的。

按照西方学者的观点，公共事务是相对于私人事务而言的。西方学者之所以对公共事务做出如此宽泛的解释，原因在于人们对公共事务的理解存在诸多差异。比如，人们可以从国家学说的角度，将涉及国家主权、合法性、普遍性的事务，视为公共事务；也可以从政府管理的角度，将涉及人们共同利益的事务，如交通、邮电、教育、医疗等，视为公共事务；还可以将个人在公共活动中的事务，如公共秩序、安全、社会保障等，视为公共事务。准确地说，可以将公共产品的提供与否作为界定公共事务的主要依据。

公共产品是公共经济学的一个重要概念。按照美国经济学家萨缪尔森的解释，所谓公共产品是利益不可分割的产品扩散给社会全体成员，无论个人是否想要购买这种产品。这就是说，公共产品是指产品和劳动的利益由社会成员共同享有。它与私人产品能够被分割并分别提供给不同的个人是根本不同的。正因为公共产品的利益不可分割性以及社会全体成员利益共享性，决定了公共产品同时具有非排他性和非竞争性两个基本特征。就公共产品的非排他性而言，绝大多数公共产品在技术上都不易排斥众多受益者。也就是说，这类公共产品的受益对象具有公众性，即使某些公共产品在技术上可以做到排他，但排他的成本是十分昂贵的，在经济上难以行得通。比如国防，就是一种较为典型的非排他性的公共产品。政府负有维护国家主权、尊严和保障国家安全的职责，政府提供的这种国防服务，其受益对象是一个国家内的所有公民，而绝不是某一特定的群体。就公共产品的非竞争性来看，公共产品所特有的不可分割性以及全体社会成员的利益共享性，决定公共产品常常处于非竞争状态。参与公共产品消费的社会成员的消费活动，只要保持在公共产品所提供的最大消费容量的限度之内，都不会增加公共产品生产的可变成本。比如，政府市政建设中为改善市民生活环境而建造的广场、绿地等，就属于非竞争性的公共产品，人们都可以在其中休息、娱乐，而并不需要缴纳费用。但是，当某种公共产品产生消费竞争时，政府就可能采取某些限制消费人数的措施，如收取一定费用等，这时这种产品就不再是纯粹的公共产品而变成一种需要限制使用的公共所有的资源了。

1.2.4 治理与善治

治理问题是20世纪90年代以来国际社会科学界特别是公共管理学界研究的热点之一。全球治理委员会在1995年《我们的全球伙伴关系》一文中对治理的定义是：治理是各种公共的或私人的个人和机构管理其共同事务的诸多方式的总和。它是使相互冲突的或不同的利益得以调和并且采取联合行动的持续的过程。这既包括有权迫使人们服从的正式制度和规则，也包括各种人们同意或以为符合其利益的非正式制度安排。由于理解的背景、角度和关注的重点不同，关于治理还存在着很多种定义。到目前为止，我国学者多采用俞可平教授的观点，他在系统地介绍与评论众多西方学者相关研究的基础上指出，治理是"指官方的或民间的公共管理组织在一个既定的范围内运用公共权威维持秩序，满足公众的需要。治理的目的是在各种不同的制度关系中运用权力去引导、控制和规范公民的各种活动，以最大限度地增进公共利益"①。由此，他指出治理与统治的区别，总结了在善治意义上治理的十个要素——合法性、法治、透明、责任、回应、有效、参与、稳定、廉洁、公正。也有论者从治道的角度理解"治理"，这种理解强调它关注的公共行政这一领域，对多学科的统摄力不够。在研究中，人们渐渐赋予治理一种理想，即它能协调政府、市场与公民社会的关系，使之良性互动来解决各种问题。②

在提出治理理念的同时，世界银行也提出了"善治"的目标，认为具有"回应、高效、达成共识、透明度、促进法律规范、参与、诚信(也有翻译成问责)、公平和包容"九个特征的政府是善治的基本要素，是规范政治权力的主要标准。善治的本质特征就在于它是政府与公民对公共生活的合作管理，是政治国家与公民社会的一种新颖关系，是两者的最佳状态。善治就是使公共利益最大化的社会管理过程，在一定的意义上说，是进一步法治化的进程。一般认为，善治的基本要素有以下五个。①合法性(legitimacy)，即社会秩序和权威被自觉认可和服从的性质和状态。②透明性(transparency)，即政治信息的公开。立法活动、政策制定、法律条款、政策实施、行政预算、公共开支以及其他有关的政治信息，公民都有权获得，并且对公共管理过程实施有效的监督。③责任性(accountability)，它指的是

① 俞可平. 全球治理引论[J]. 马克思主义与现实，2002，(1).

② 包雅钧. 中国学术界有关治理研究的回顾与前瞻[J]. 中共石家庄市委党校学报，2008，(7).

管理人员及管理机构由于其承担的职务而必须履行一定的职能和义务。公职人员和管理机构的责任性越大,表明善治的程度越高。④法治(rule of law),其基本意义是,法律是公共政治管理的最高准则,任何政府官员和公民都必须依法行事,在法律面前人人平等。法治的直接目标是规范公民的行为,管理社会事务,维持正常的社会生活秩序;其最终目标在于保护公民的自由、平等及其他基本政治权利。法治与人治相对立,法治既规范公民的行为,更制约政府的行为。法治是善治的基本要求,没有健全的法制,没有对法律的充分尊重,没有建立在法律之上的社会程序,就没有善治。⑤回应(responsiveness),这一点与上述责任性密切相关,实际上是责任性的延伸。它的基本意义是,公共管理人员和管理机构必须对公民的要求做出及时的和负责的反应,不得无故拖延或没有下文;在必要时还应当定期地、主动地向公民征询意见、解释政策和回答问题。

1.3 公共管理学的学科特征

公共管理学是一门研究公共管理活动或公共管理实践的学科,是一门综合地运用各种科学知识和方法来研究公共管理组织和公共管理过程及其规律性的学科。它的目标是促使公共组织尤其是政府组织更有效地提供公共物品。或者说,公共管理学是一门研究公共组织如何有效地提供公共物品的学问。对于公共管理学的内涵,国内外有几十种表述方式,本书在借鉴相关成果的基础上将公共管理学定义为:公共管理学是以公共管理活动为实践基础,以探究公共部门管理公共事务的本质和规律为研究对象的学科。

1.3.1 研究对象

公共管理学所要研究的是作为公共事务管理主体的公共组织(特别是政府组织)的角色、结构与功能,研究公共管理活动的过程及其环节(如组织、决策、沟通、协调、监控、评估等)。它的研究对象体现在四个方面[①]。

(1) 从动态上研究公共管理活动或过程。管理活动是一种动态的过程,它通过各种类型的活动,执行各项功能来确立社会的公共权威,达到既定的目标。说公共管理是一种社会实践活动是指它与整个社会水乳交融、关联互动,通过与众多社会活动的密切结合,依靠社会组织系统的配合与回应来实现其总体功能。公共管理活动在纵向和横向上要分成众多的种类,没有这样一个相互联系的网络系统的运动,公共管理活动就不能形成一个有机的整体,用以确保国家公共管理宗旨付诸实施,保证公共部门有效地履行宪法和法律赋予的公共管理职能。由于纷繁复杂的公共事务可以归纳为国家公共事务、政府公共事务和社会公共事务三大类,因此,我们也应该把种种公共管理归结为国家公共管理、政府

---

① 严新明.公共管理学[M].北京:科学出版社,2007:24-25.

公共管理和社会公共管理。正是这"三足鼎立"共同构成了一个有机统一的庞大的公共管理体系。我们既要从个性上去分清它们的差异,又要从共性中去归纳它们的统一,用共性与个性相联结的辩证法去把握公共管理活动的真谛。

(2) 从静态上研究公共管理活动依赖的社会组织形式。管理活动执行自身的动态功能必然依赖一定的组织形式,产生一定的活动形式。组织形式与活动形式是相互对应的,有总体形式,也有局部形式。要研究公共组织的设计、组织结构与组织功能的关系、组织层级与管理幅度、组织变革与组织文化以及公共组织中人力资源的管理等。公共组织的组织形式是多层次、多侧面的,提升公共政策与公共管理的绩效,必须强化公共组织的创新能力。

(3) 研究公共管理活动所涉及的各种关系。如同政治经济学的本质是一种经济关系,公共管理活动实质上是一种社会关系,这种关系发生在不同的管理活动和管理形式之间,使它们形成一个相互结合、相互作用的整体。公共权威只有在对内、外部的各种关系进行有效协调和管理过程中,才能达到自己的目标,内、外部的各类关系包括组织关系、行政关系、人际关系、沟通关系、政府组织与非营利组织间的关系以及不同社会活动之间的关系等。公共管理所涉及的社会关系构成公共管理学的重要研究对象。

(4) 研究公共管理活动发展到今天的新型社会治理模式。这种模式正在成长的过程中,必将取代人类现有的社会治理模式。尽管在当前公共管理活动还基本上是在行政管理的框架下展开的,是由行政管理为它提供支持的,但是,公共管理活动中的实现方式、价值取向以及对公共管理者提出的新要求,都意味着它将会不断地走出行政管理的框架,建立起属于自己的新型治理结构。公共管理学在对公共管理的研究中,除了需要认识和总结公共管理现行的运行机制、活动规律、主体特征之外,还需要从当代公共管理活动中发现走向新型社会治理模式的历史性趋势,对公共管理活动中的一切制度性的、运行机制上的和行为模式上的创新加以总结,如新公共管理模式——效率模式、紧缩与分权模式、私有化与竞争模式、公共服务导向模式、公私伙伴关系模式等,洞察其内在的运行规律,把握它走向新型社会治理模式的历史可能性。

1.3.2 研究方法

(1) 系统分析。就其本质而言,系统分析是一种根据客观事物所具有的系统特征,从事物的整体出发,着眼于整体与部分、整体与层次、整体与结构、结构与功能、整体与环境等的相互联系和相互作用,求得优化的整体目标的现代科学方法。公共管理学中使用系统分析方法的目的,是帮助人们理解公共管理系统及其与社会环境的关系;同时鼓励人们对公共管理系统的各个组成部分、公共管理过程的各个环节进行研究;引导人们注重这一系统中的结构、层次与功能;促使人们从不同的角度提出问题,开拓新的知识领域。系统分析方法包括整体分析、环境分析、结构分析、层次分析、相关分析等,这些分析方法须针对不同的研究内容灵活运用。

(2) 比较分析。比较分析的要点是通过对不同事物或同一事物在不同阶段的情况等进行比较,找出共同点和本质或规律性差异。公共管理学中的比较分析要求研究者对不同国家或地区的公共管理系统及过程加以比较,对同一个国家或地区在不同历史时期的公共管理系统及过程加以比较,既找到公共管理学一般的或普遍的理论,又发现各国或地区在不同时期的公共管理特色,丰富整个公共管理学的理论体系。

(3) 实验分析。这种方法的本质是通过设计模拟实验,将事物的各个因素、事物的发展过程再现出来,以找到这种事物在真实世界中的各种数据及面貌。实际上,社会科学实验做不到这一点,因为它涉及人的行为,而人的行为在许多情况下是难以真正模拟并加以预测的。因此,公共管理学中的实验分析大多是准实验分析,其通过选择某些对象或领域,甚至人为地提供某些条件,推行管理试验或政策试验,以取得经验后通过试点方式进入实践领域。

(4) 案例分析。案例分析既是当代管理科学的重要研究方法,又是当代管理科学的重要教学形式。案例分析的要点是对已经发生的公共管理事件,分析者尽可能从客观公正的立场加以描写或叙述,以脚本等形式说明一个与事件有关的情况,力图再现与事件相关的当事人的观点、所处的环境,供读者评判。这种方法的重点是强调人际关系、政治等因素对管理过程的影响,而不是抽象的推理或细节的刻画,因而它特别适应公共管理学及工商管理学研究的需要。

1.3.3 研究途径

公共管理作为一个相对独立的研究领域兴起于20世纪70—80年代,其在发展过程中,因学者研究取向上的差异而显现不同的风格。依据公共管理学家波兹曼(Bozeman)的观点,研究途径大致可分为两种,即公共政策途径(public policy approach,P途径)以及企业途径(business approach,B途径)①。

1. P途径

P途径下的公共管理研究认为,公共管理必须与公共政策的形成与制定密切相关。学者列恩(Lynn)规定公共管理为政策管理,认为必须从管理观点探讨公共政策,才能落实政策目标。根据他的说法,政策管理指具有行政责任的公共官员在某种限制下,对政府行动进行政治上的有力的诠释。

P途径下的公共管理源于20世纪70年代。那时,人们对传统公共行政学发展不满,许多公共政策学院或课程应运而生。公共政策学院,特别是政策分析课程强调计量分析与经济学的应用,然而公共部门对此取向与分析的需求却不高,而对管理问题较有兴趣。

---

① 张成福等.公共管理学[M].北京:中国人民大学出版社,2001:9.

因此，这些学院考虑到市场需求又不愿落入传统公共行政的窠臼，便提出公共管理概念。

P途径研究的公共管理一般将公共管理者界定为高层次的政策管理人员，而非日常行政事务的管理者，同时他们特别强调具有政策制定权的高级行政主管的管理策略，自然相当重视公共管理的政治面向。以研究取向而言，P途径十分重视非理论性的、非量化的，以实务为基础的规范取向，在研究方法上，大多采用个案研究法。

公共管理学者波兹曼认为，公共政策取向的公共管理有三个基本特点。

其一，公共管理与政策分析互补，成为这些学院教学课程的特点。

其二，其在教学研究上十分重视个案研究，以从事实务工作者的经验为素材。

其三，其以高层管理者，特别是政治性任命官员为教学研究对象，致力于促进此类人员与学界之间的沟通对话。

在美国，通过此途径进行研究的机构主要包括哈佛大学肯尼迪学院、密歇根大学公共政策研究所、柏克莱公共政策学院，通过此途径进行研究的代表组织为公共政策分析与管理学会，著名的刊物如《政策分析与管理杂志》(*Journal of Policy Analysis and Management*)。

2. B途径

20世纪70年代，企业行政管理学院(school of business administration)受管理思潮的影响，开始重视工商政策与管理战略，不再将主要精力放在内部行政管理的机制与过程上，于是纷纷改名为管理学院(school of management)，受此影响，一些公共管理学者发展了B途径下的公共管理研究。

B途径下的公共管理研究与P途径下的公共管理研究相比，有以下不同之处。

第一，前者之课程设计依循商业学院的传统，后者则依循公共政策学院的传统。

第二，前者企图与公共行政合流，后者则企图摆脱公共行政，而形成一个独立的管理领域。

第三，前者重视策略与组织间的管理，是过程取向的，因而非常强调组织设计、人事与预算等问题；但后者则强调政策与政治问题。

第四，前者主张采用量化分析(如集群资料分析、实验设计)进行研究，后者则采用个案研究法进行研究。

3. 综合途径

波兹曼对公共管理研究途径做的划分，是在归纳至当时为止的公共管理研究成果的基础上进行的。但实际上波兹曼本人并不纯粹按P途径或B途径来研究，他在《公共管理：学科现状》一书的导言中力图将两者加以综合，提出了一种综合途径，其特征如下。

一是既关心战略，又关心过程，但以一种外部的焦点取向为主。

二是在强调“硬”知识(管理方法、技术尤其是定量分析技术)的同时，继续关注“软”知识(管理的政治环境、价值等问题)。

三是以资深公共管理者(中层和高层管理者)为方向。

四是给公共管理中的“公共”下更广泛的定义,以便将非营利组织、私人企业的公共方面包含其中。

五是关注理论和规划研究。[①]

【本章小结】

公共管理学是对人类公共管理活动的理论概括和经验总结。在人类文明的发展中,公共管理活动始终伴随。从远古时期氏族首领的公共事务管理,到封建社会的专制统治,公共管理活动一直是建立和推进各社会共同体生存发展的重要纽带。近代以来,西方国家的民主政治不仅使公共事务的内容和空间得到丰富和拓宽,而且使政府的管理活动成为一个国家经济社会发展的中轴。到 19 世纪后期,人们开始从公共管理的实践自觉中产生理论自觉,并逐渐形成公共管理理论的最初形态——公共行政学。以“政治-行政二分法”为原则基础的公共行政学对公共管理实践起到了极大的推动作用,但是到 19 世纪 70 年代,西方发达国家因行政效率低下而掀起了一场新的政府改革运动,并直接催生了新公共管理理论。

公共管理理论最初的形态被大多数理论家称为公共行政学,其理论基础建立在威尔逊的“政治-行政二分法”、韦伯的官僚制理论和泰勒的科学管理思想上。政府改革运动之后形成了一种新的理论范式——公共管理学,新范式是对传统公共行政,尤其是官僚制组织的缺陷的直接回应,从此公共管理改革实践在完全不同于传统公共行政学的新学科范式指导下进行。

在系统学习公共管理学之前,我们需要理解和把握一些基础性的概念。本章对“私人管理与公共管理”、“公共行政与公共管理”两组概念进行了详细的辨析,也阐述了“公共事务与公共产品”、“治理与善治”两组概念的含义。同时,本章从研究对象、研究方法和研究途径三个方面概括了公共管理学的学科特征。

【核心概念】

公共管理学(public management)

公共行政学(public administration)

公共事务(public affair)

---

① Barry Bozeman. Public Management: The State of the Art[M]. San Francisco: Jossy Bsaa Pulbishers, 1993: 362.

治理(governance)

【思考题】

1. 简述中外公共管理活动的历史发展。
2. 简述公共管理学的含义及学科特征。

【扩展阅读】

美国学者弗雷德里克森所著的《公共管理概论》第一章分析了公共管理理论与人类文明发展进程的关系,可以帮助我们更深入地把握公共管理理论的发展进程。对于公共管理学的基础概念,通过阅读陈振明的《公共管理学》(中国人民大学出版社 2008 年版)第一章会有更深刻的理解。在国内学者关于公共管理学学科体系的讨论中,张康之的论文《公共管理学的学科体系构想》(《求索》2002 年第 4 期)阐述得较为详细和全面。

第 2 章

公共管理理论的形成与发展

【学习目标】

了解公共管理理论的形成和演化过程，熟悉公共管理理论与实践互动发展的关系。重点掌握：传统公共行政学的三大理论基础、公共行政学的发展及成熟形态，新公共管理理论的形成背景及主要内容、新公共管理理论的演变趋势，新公共管理理论在当代中国的形成、运用与发展。

公共管理如同其他管理，无论在东方国家还是在西方世界，自古都不乏实践和相应理念。然而，早期的这些十分丰富的思想资源因没有系统化而尚未成为一种学科化的专门理论。直到19世纪末20世纪初，这一领域的知识才逐步发展为一个完整的理论形态并成为一门独立的学科。

2.1 传统范式：公共行政学

进入现代社会以来的一个很长时间里，西方国家仍然将行政管理活动理念置于民主政治建设的范围内。19世纪末，伍德罗·威尔逊的"政治-行政二分法"标志着公共行政思想进入理论建构时代。

2.1.1 公共行政理论的萌芽

行政学研究在美国的兴起，无疑是受到美国国内要求变革行政管理，加强政府行政效率呼声的推动。但是从思想渊源这个角度讲，行政学研究的最初源头却并不在美国本土，而在欧洲大陆，尤其是德国。关于这一点威尔逊在自己的《行政学之研究》(*A Study of Public Administration*)一文中说得很清楚，行政研究"是一门外来的科学"①。

行政研究最早在德国获得发展，是德国高度集权、"开明专制"的政治体制力图加强自

① [美]威尔逊.行政学之研究[J].李方译.国外政治学，1987，(6).

身行政效率的反映。当时的德国专制统治者在国家间争霸、国内革命的巨大压力下，试图通过完善国家机构分工，提高行政效率的方法，来降低内耗、缓和民众不满和增强自己的争霸实力。在这样一个背景下，行政研究在德国得到了高度的重视和加强，并在众多学者的努力下走在了世界各国的前列。用威尔逊的评价来讲，它在当时"几乎达到了极其完善的程度"。

行政研究在德国发展的阶段中，取得的具体成果主要有两个方面：一是对"政治"和"行政"这两个概念做了清晰的划分，明确了"政治"和"行政"这两个领域之间的内在联系和区分；二是初步构建起了行政研究的体系，将行政组织、行政行为和行政法规定为行政研究的主要对象。

德国行政研究的这些成果，是公共行政学的萌芽，由美国学者推动的公共行政研究传统范式就是建立在这一基础之上的。

2.1.2　公共行政学的形成

作为一种理论模式，公共行政学因威尔逊和古德诺的"政治-行政二分法"、马克斯·韦伯的理性官僚制以及泰勒的科学管理思想三种理论的合成而成为一种理论范式。

1. 政治-行政二分理论

1）政治-行政二分法的提出

在提出政治-行政二分理论时，威尔逊是一名大学教授，后来他当上了美国总统。他发现，在他所处的时代，政府的行政任务不仅越来越多而且越来越复杂，"贯彻"一部宪法比制定一部宪法更困难。因此，要更有效地管理好政府就必须更加重视"事务性领域"，建立行政系统不仅应从本质上控制官僚组织，而且要把最可靠且有效的运行当做其最主要的目标。可是，政治官员的实际控制力不可避免地会对有效行政管理产生消极影响，因为，"行政管理是置身于'政治'所特有的范围之外的。行政管理的问题并不属于政治问题。尽管行政管理的任务是由政治加以确定的，但是政治却无须自找麻烦去操纵行政管理机构"①。基于此认识，威尔逊提出了著名的政治-行政二分的理论。

威尔逊在《行政学之研究》一文中，提出了两个在其后半个世纪乃至更长时间内充当着公共行政研究焦点的讨论主题。其一，行政和政治具有明显的区别。他认同德国学者布隆赤里对两者的划界：政治是"在重大而且带普遍性的事项"方面的国家活动；行政管理则是"国家在个别和细微事项方面的活动"。也就是说，政治是政治家的特殊活动范围，而行政管理则是技术性职员的事情。因此，在威尔逊看来，行政管理应该置身于"政治"范围之外。相应地，行政人员就应该对民选政治家负责并且保持价值中立。其二，公共组织及其管理人员能够且必须以最有效率的方式行政，相应的高效行政管理结构和管理策略

---

① ［美］威尔逊. 行政学之研究［J］. 李方译. 国外政治学，1987,(6).

也成为其追求的目标。

以这两个主题为核心的政治-行政二分法，在古德诺那里得到了系统的理论阐释。同时，虽然一直遭到批判与质疑，但受到马克斯·韦伯的官僚制理论与泰勒的科学管理理论的支撑，建立在政治-行政二分基础之上的公共行政学不断得到丰富和发展，并形成一种学科范式。

2）政治-行政二分法的发展

美国著名的行政学家古德诺在《政治与行政》(1893)一书中对威尔逊提出的"政治-行政二分法"做了进一步的阐述。古德诺关注的核心问题是如何在实现政治的民治性的同时，提高政府行政管理的效率。他认为，在所有的政府体制中存在着两种主要的或基本的政府功能，即国家意志的表达功能和国家意志的执行功能。在所有的国家中也都存在着分立的机关，每个分立的机关都用它们的大部分时间行使着这两种功能中的一种。这两种功能分别是政治与行政。也就是说，"政治"是国家意志的表达，"行政"是国家意志的执行。但是，这种功能上的区分只是纯理论性的，而不是实践性的。在实践中，这两种功能不可能截然分开并分别由不同的机关来执行，而且，最关键的问题是如何以某种方式使两者取得协调。为此，古德诺提出了实现协调的几条道路：一是政治必须实现对行政的某种程度的控制，这是协调的基础；二是行政权力必须集中；三是要有政党调节这种法外调节机制来保证美国政府体制的顺利运转。这样，在威尔逊的基础上，古德诺将政治-行政二分理论发展到了一个新的理论高度。

2. 官僚制理论

政治-行政二分法及其系统化发挥，使公共行政学在研究的必要性和问题域上形成了一个独立学科所必需的基础，但是，威尔逊和古德诺更多地从美国政府改革实践的视角来提出并分析问题，对于一个独立学科的知识体系所需的一般性理论架构还缺乏细致的论述，这一任务是由马克斯·韦伯完成的。

德国著名社会学家马克斯·韦伯对政治-行政问题的论述是从社会组织形态的精辟分析开始的。韦伯发现，任何一种社会组织都以某种形式的威权为基础，"行政管理班子对统治者(或统治者们)的服从，可能纯粹出自习俗，或者纯粹出于情绪，或者受到物质利害关系影响，或者受到思想动机(价值合乎理性)约束。这类动机在很大程度上决定着统治的类型"[①]。按照这一判定，他将人类有史以来的社会组织区分为三种形态：神秘化组织、传统组织和合理-合法化组织。神秘化组织运行的基础是对领导者个人的人格与能力的崇拜，因此也被称为"魅力型组织"；传统组织以先例和惯例为运行基础，权威行使具有世袭性、封建性和绝对性的特征；合理-合法化组织以组织内部的各种规则为基础，依法建立的等级体系按规则运行，领导者与被领导者在法律地位上平等并分别受到组织规则的

① [德]马克斯·韦伯. 经济与社会(上卷)[M]. 北京：商务印书馆，1997：238.

约束。在韦伯看来，在基于三种权威而形成的三种不同的组织中，依据规则建立的合理-合法型组织是最理想的官僚制。这种组织形式能够实施“纯粹的官僚体制的行政管理，即官僚体制集体主义的、采用档案制度的行政管理，精确、稳定、有纪律、严肃紧张和可靠，也就是说，对于统治者和有关人员来说，言而有信，劳动效益大和范围广，形式上可以应用于一切任务，纯粹从技术上看可以达到最高的完善程度，在所有这些意义上合理-合法化组织是实施统治形式上最合理的形式。”①

韦伯认为，建立在合理-合法性基础之上的官僚制是“已知的对人群进行强行控制的最理性手段”。官僚组织在精确性、稳定性、纪律性和可靠性等方面优于其他任何形式组织，它使得组织领导和与组织相关的人有可能计算工作的结果，在行政目标的实现上具有极大的优势，可正式用于各种不同的管理业务。现实中可以看到大量的官僚组织形式，如政府、军队、政党、企业、推动各项事业发展的组织、民间协会、俱乐部以及其他各行各业发展起来的公司集团组织，都可以说是官僚制管理的发展与延伸。具体地说，它具有以下优点。

(1) 合理的分工。明确划分每一个组织成员的职责权限并以法规的形式严格固定这种分工是官僚制的重要特征之一。韦伯认为，组织根据分工要求规定每一职位均有特定权责范围，不仅有利于组织成员通过训练掌握专门技能，更有利于提高组织的工作效率。

(2) 层级节制的权力体系。官僚制组织是一个等级实体，具有等级与权力一致的特征。将各种公职或职位按权力等级组织起来，形成一个政令统一的指挥链条，沿着自上而下的等级制，由最高层级的组织指挥控制下一层级的组织直至最基层的组织，便形成了官僚制组织中层级节制的权力体系。在韦伯看来，这种层级节制的权力体系可以使组织中的每个成员都确切知道从何处取得命令以及把命令传达给何人，有助于克服组织管理中的混乱现象，提高组织的工作效率。

(3) 依照规程办事的运作机制。在官僚制组织中，管理工作不是随心所欲地进行的，官僚制组织通常要制定一整套规则和程序来规范组织及其成员的管理行为，以保证整个组织管理工作的一致性和明确性。韦伯认为，这些规则和程序是根据合理合法的原则制定的，它们具有稳定性，可以保证官僚制组织的合理性、合法性、稳定性和连续性。

(4) 形式正规的决策文书。在官僚制组织中，一切重要决定和命令都应当形成正式文件下达，并且要记录在案，用毕归档，为此，官僚制组织要设立一个妥善保管一切记录和文件的“档案馆”。韦伯认为，官僚制组织的这一特征使得组织独立于个人之外。在他看来，以文件形式下达命令，有利于下级组织及其成员明确所下达的任务、规范要求和应履行的权责；而就上级来说，由于其对所属部门和个人的任务分配比较明确具体且已记录在案，因而便于加强必要的控制，有利于组织有效地实现其目标。

---

① [德]马克斯·韦伯. 经济与社会(上卷)[M]. 北京：商务印书馆，1997：248.

(5) 组织管理的非人格化。韦伯认为,人的个人情感等非理性因素常常会影响其合理性、合法性和客观性,进而会导致亲情、裙带等关系在组织中作梗,而这一切都会严重干扰和妨碍组织管理工作的有效开展。因此,在官僚制组织中,管理工作是以法律、法规、条例和正式文件等来规范人的行为的,人们在处理公务时只应考虑合法性、合理性及有效性,而不应考虑任何私情。

(6) 适应工作需要的专业培训机制。官僚制发展的一个重要标志就是专业管理人员的增加以及在各业务部门中专家人数的增加。韦伯指出,官僚制是建立在高度分工和专业化基础之上的,为了有效处理纷繁复杂的事务和解决各种各样的问题,各个部门均有一套稳定且详细的技术规范要求,因此,组织在各个领域都必须配备专家和技术人员,以适应工作需要。随着社会的进步和科技的发展,官僚制组织必须为其成员提供各种必需的专业培训,使其具备和增强处理事务和解决问题的能力,进而提高其服务质量,从根本上提高组织的工作效率。

(7) 合理合法的人事行政制度。组织成员资格应通过正式考核获得,他们进入组织并占据一定职位的依据,是他们经由教育和训练所获得的专门知识和技能。除最高领导者外,所有的管理人员都是上级任命产生的,他们是专职的管理人员,领取固定的薪金。管理人员晋级有统一的标准,其薪金应与责任和工作能力相适应。

根据韦伯的分析,理想型官僚组织显然属于一种典型的行政组织。韦伯认为,从技术观点来看,这种纯粹的官僚集权式行政组织能够最大限度地发挥效率,因此这种组织是对人进行绝对控制的最合理的手段,在精确性、稳定性、纪律性和可靠性等方面都比其他形式组织要优越,它能够正式应用于各种行政管理任务中。

同时,韦伯也指出了它的弱点。他认为,官僚制压抑了人的积极性和创造精神,使人成为一种附属品,只会机械地例行公事,成为没有精神的专家,没有情感的执行者,整个社会变得毫无生气。正因如此,以官僚制为基础框架的公共行政模式在后来的实践上暴露了很大弊端,也被行政学家广为质疑。

3. 科学管理理论

在公共行政学构建过程中,泰勒的科学管理理论对于公共行政的科学化与技术化产生了极大的推动作用。

泰勒是美国古典管理学家,科学管理理论的创始人,主要著作有《科学管理原理》(1911)和《科学管理》(1912)。两部书中所阐述的科学管理理论,使人们认识到了管理是一门建立在明确的法规、条文和原则之上的科学,适用于人类的各种活动,包括从最简单的个人行为到经过充分组织安排的大公司的业务活动。

泰勒提出科学管理理论的根本目的是谋求最高的工作效率,而最高的工作效率是雇主和雇员达到共同富裕的基础,把较高的工资和较低的劳动成本统一起来,能够扩大再生产,促进生产的发展。要实现最高的工作效率,就要用科学化的、标准化的管理方法代替旧的经验管理，为此泰勒提出了一些基本的管理制度。

(1) 对工人提出科学的操作方法，以便有效利用工时提高工效。研究工人工作时动作的合理性，去掉多余的动作，改善必要动作，并规定出完成每一个单位操作的标准时间，制定劳动时间定额。

(2) 对工人进行科学的选择、培训。选择合适的工人安排在合适的岗位上，并培训工人使用标准的操作方法，使之在工作中逐步成长。

(3) 制定科学的工艺规程，使工具、机器、材料标准化，并把作业环境标准化用文件形式固定下来。

(4) 实行具有激励性的计件工资报酬制度。对完成和超额完成工作定额的工人以较高的工资率支付工资，对完不成定额的工人，则按较低的工资率支付工资。

(5) 管理和劳动相分离，把管理工作称为计划职能，工人的劳动称为执行职能。资方要把自己比工人更能胜任的那部分工作承揽起来，而不能像过去一样把大部分工作推到工人身上。双方保持不断的和亲密的合作，营造一种双方都愉快的工作环境，从而提高劳动效率。

科学管理思想非常符合官僚制理论，行政人员的技能、无所不包的工作手册的编撰、理性的提高和非人格化都是二者的共有特征。一方面，威尔逊、韦伯和泰勒都致力于提高效率。然而，尽管效率本身是一种价值，但它还有另外的优点。这种效率是非人格化的。通过政治与行政的分离、应用科学因素来设计行政过程以及应用官僚组织实施这些过程，政府不但能够保证其政策是公平的，而且能够保证政策的执行也是公平的。另一方面，它们都可以彼此很好地结合在一起：如果政治被限制在适当范围内，运用科学的方法，把经济和效率定为社会目标，那么，一个强有力的、有效的行政制度就可以蓬勃地发展起来。

2.1.3　公共行政学的完善

公共行政学家怀特融合前人的行政管理研究成果和各种政府管理的实践经验，将行政学的研究重点转向了行政管理内部和技术性细节，满足了行政管理作为一门独立学科的要求。他在 1926 年出版的《行政学导论》中率先提出了一个比较完整的行政科学理论体系，该书也成为西方行政学发展史上的第一部系统性教科书，该书的出版标志着公共行政学成为一个完善的科学体系。

怀特试图将以往的行政管理经验加以全面总结，并在综合已有的行政理论基础上，提出一个整合性公共行政学研究框架。他认为，在范围广泛的行政事务和纷繁复杂的行政现象中，必须运用科学的方法来建立知识系统和理论原则，以便为政府及其工作人员的行政管理和执法活动提供行为规范和理论指导。因此，他首先界定了公共行政学的研究对象和研究范围：公共行政学应该对国家政府中的市政、联邦或联邦行政进行研究；行政中的各种问题，包括公务员才能的发展，其工作的胜任、廉洁、负责、合作，财政，监督、领导资格，纪律以及各级政府的行政程序等，都应该纳入行政科学的研究范围。在研究目标上，怀特认为，公共行政学研究致力于探讨在权限范围内最有效地利用一切资源，以最敏捷和最经济的方式圆满完成政务计划，通过政务的有效推行和管理，防止行政权的滥用。

在怀特的《行政学导论》中，除了对行政的范围、性质、由来及其同各方面的关系等问题进行界定，主体部分是对组织和人事两大问题进行讨论，并在以下两方面提出了新的见解。①对行政组织体制的解释。怀特认为将行政组织体制进行分类是很困难的事情，而创设其标准又异常重要。他提出，行政制度分为自治型与官僚型两种。前一个形态下，行政官吏多由民选任职，对选民直接负责，任职期限较短，且没有再度被选的希望。后一个形态里，一般官僚都由长官委任，官僚对长官负责，若官吏行为端正，即可继续在职，甚至终身在职。怀特认为美国行政制度具有民治倾向，而欧洲大陆各国则是官僚型行政制度。现代官僚制最重要的凝聚力是其组织文化，即"官僚制精神"，怀特继承了韦伯的理论观点，认为它是建立在理性基础上的，并认为官僚行政组织是政府行政管理的主体，有效的行政管理来自有效的组织。官僚制之所以能够稳定地运转，并且呈现出等级制的权力体系关系，是因为其建立在理性基础之上。②对人事管理的解释。怀特认为，人事管理，即"人类事务之管理，且其圆满之成功，必赖于人员关系上，做极良之调整"，可以检验各种人才及行政首长的才能。当时的人事管理已经演变为一种专业，本身具有综合知识，致力于其中的杰出人物已组成"美国人事管理协会"。人事行政是任何组织中对人事关系的指导与协调行为，目的在于以最小的努力，取得最大限度的产出，而且相当顾及工作人员的一般福利。

总之，怀特在当时官僚体制占据行政学统治地位的背景下，对西方行政学体系进行了比较完整的整合，并且提出了四点假设，即行政具有共性，行政学实践基础源于管理的基础，行政手段的科学化，行政成为现代政府各种问题的核心。这不仅标志着公共行政学发展到了一种成熟的形态，而且对行政学理论的后续发展起到了重要的推动作用。

2.2 当代形态：公共管理学

2.2.1 公共管理学兴起的背景

从20世纪70年代开始，西方国家由于财政开支持续攀升导致政府财政出现危机；同时公共行政效率低下，公共服务质量下降又使西方国家政府面临管理危机；而财政危机和管理危机又直接导致西方国家政府的合法性危机。这三种危机交织在一起，构成新公共管理在当代西方国家兴起的内在推动力。

自20世纪中叶，西方发达资本主义国家普遍实行"福利国家"制度。它们运用凯恩斯主义经济学指导国家的经济活动，试图依靠政府的作用来弥补市场的不足。然而过了多年，“福利国家”模式并未取得如愿的经济增长和社会满意度。20世纪70年代以来，经济滞胀、政府扩大支出产生高税收，政府公共服务无效率，导致社会成员普遍不满，这不仅使政府承受着巨大的压力，而且，以“福利国家”为支撑的政治经济理念也开始被撼动。人们开始从政治上批判“福利国家”的政策基础，主张以自由市场、公民责任、个人主义来重塑国家和社会。

同时，20世纪70年代以来经济学理论的新发展，也在影响着公共行政学的基本理念。自由经济思想、新制度经济学和公共选择经济学强调自由市场的价值，批评政府干预的弊端，主张用市场过程取代政治或政府过程来配置社会资源并且做出相应的制度安排。它认为国家和政府作为非市场力量，会扭曲社会资源的有效配置。高税收将资源从“创造财富”的私营部门转移到“消费财富”的公共部门，妨碍经济增长和削减社会福利。只有让市场进行资源的最佳配置，让消费者和生产者决定福利的供给和需求，才能促进社会和经济的繁荣。于是，市场化成为政府改革的必然选择。公共企业的私营化、公共服务的市场化、公共部门之间的竞争、公共部门与私人部门之间的竞争，广泛进入西方国家的政府改革政策。

市场化改革，从一定意义上讲，是在为政府减负，同时也意味着政府放权。在现代国家，政府扮演着双重角色，即“社会福利的提供者”与“经济稳定和增长的主舵手”。政府在社会保障、社会公平、教育平等、医疗保健、环境保护等方面依然承担着不可推卸的责任，仍然支配着巨大的社会资源。社会要求政府“花费更少、做得更好”，更有效地使用公共财政资源。对此，政府必须积极从内部管理上挖潜力，寻找新的管理理念和管理工具，提升政府的管理能力。私营企业优良的管理绩效和先进的管理方法，自然地成为政府进行管理创新改革的方向。

在这场改革运动中，英国是先行者。1980年，撒切尔政府推行以缩小政府规模和进行“财政管理创新”为中心的改革，其后的梅杰政府(“公民宪章运动”)、布莱尔政府(“第三条道路”)继续推进政府改革，进一步发挥市场化作用。随后，新西兰于1988年开始以“政府部门法案”为蓝本的改革；加拿大在1989年成立“管理发展中心”，并于次年发表题为“加拿大公共服务2000”的政府改革指导性纲领；美国于1993年成立“国家绩效评估委员会”，用来指导政府改革，该委员会于1998年更名为“重塑政府国家伙伴委员会”(National Partnership for Reinventing Government)。这些改革的重要特征就是，发挥市场机制在公共服务领域中的作用，积极借鉴私营企业管理的技术和方法，提升政府的管理能力和公共服务能力。这样，公共管理活动中一种新的模式逐渐代替了传统的公共行政模式，新公共管理成为世界性的政府改革运动。

2.2.2 公共管理学的理论特征

新公共管理作为一种新的管理模式，其理论基础与以往的行政理论有很大的区别。如果说传统的公共行政以威尔逊和古德诺的“政治-行政二分”论和韦伯的官僚制理论为理论支撑点的话，新公共管理则以现代经济学和私营企业管理理论和方法作为自己的理论基础。首先，新公共管理从现代经济学中获得诸多理论依据，如从"理性人"(人的理性都是为自己的利益，都希望以最小的付出获得最大利益)的假定中获得绩效管理的依据；从公共选择和交易成本理论中获得政府应以市场或顾客为导向，提高服务效率、质量和有效性的依据；从成本-效益分析中获得对政府绩效目标进行界定、测量和评估的依据；等等。其次，新公共管理学又从私营管理方法中汲取营养。新公共管理学认为，私营部门许多管理方式和手段都可为公共部门所借用。如私营部门的组织形式能灵活地适应环境，而不是韦伯所说的僵化的科层制；对产出和结果均高度重视，而不是只管投入，不重产出；在人事管理上实现灵活的合同雇佣制和绩效工资制，而不是一经录用，永久任职；等等。总之，在新公共管理的范围里，那些已经和正在为私营部门成功地运用着的管理方法，如绩效管理、目标管理、组织发展、人力资源开发等并非只能为私营部门所独有，它们完全可以运用到公共部门的管理中。

需要指出的是，作为对这场政府改革运动的理论回应，在上述基本观点一致的前提下，新公共管理理论因论证的理论基础和出发点不同，一开始便出现了不同的形态，其中，奥斯本和盖布勒的"重塑政府"理论具有一定的代表性，他们在《改革政府》中将"新公共管理"看做单一的模式概念，并指出"新公共管理"模式包含以下十大基本原则或基本内容。①起催化作用的政府——掌舵而不是划桨；②社区拥有的政府——授权而不是服务；③竞争性政府——把竞争机制引入提供服务中；④有使命的政府——改变按章办事的组织；⑤讲究效果的政府——按效果而不是按投入拨款；⑥受顾客驱使的政府——满足顾客的需要，而不是官僚政治需要；⑦有事业心的政府——有收益而不浪费；⑧有预见的政府——预防而不是治疗；⑨分权的政府——从等级制到参与和协作；⑩以市场为导向的政府——通过市场力量进行变革。

因此，他们认为应当用企业家精神去改造政府，并且把企业经营管理的一些成功方法移植到政府中来，使政府这类公共组织能像私人企业一样，提高效率。其中最重要的一点就是以顾客为中心，即强调服务提供者应对他们的顾客负责，在提供服务过程中不断进行革新，寻求减少成本和增进质量的方法，聆听顾客的呼声，授权顾客做出选择，把资源放在顾客手里让他们挑选。

尽管有论述方式和论述重点上的差别，综合各方观点，新公共管理理论还是有着一些共同的特征，主要体现在以下几方面。

(1) 以顾客为导向，奉行顾客至上的全新价值理念。新公共管理完全改变了传统模式下政府与公众之间的关系，政府不再是发号施令的权威官僚机构，而是以人为本的服务的提供者，政府公共行政不再是"管治行政"而是"服务行政"。公民是享受公共服务的"顾客"，政府以顾客需求为导向，尊重顾客主权，坚持服务取向。新公共管理关注政府项目实施的有效性，表现出一种目标导向的趋势，其行政权力和行政行为从属和服务于"顾客"的满意度这一中心。政府以提供全面优质的公共产品、公平公正的公共服务为第一要务。在新公共管理理论看来,政府是负责任的"企业家",而公民是其尊贵的"顾客"。这是公共管理理念向市场法则的现实复归。作为"企业家"的政府并非以营利为目的,而要把经济资源从生产效率较低的地方转移到效率较高的地方,"由顾客驱动的政府是能够提供多样化和高质量的公共服务的政府"。对公共服务的评价,应以顾客的参与为主体,注重换位思考,通过顾客介入,保证公共服务的提供机制符合顾客的偏好,并能产出高效的公共服务。

(2) 治道变革,政府职能由"划桨"转为"掌舵"。新公共管理主张政府在公共行政中只是制定政策者而不是执行政策者,政府应该把管理和具体操作分开。用《改革政府》的作者戴维·奥斯本等人的话说,就是政府的角色应是"掌舵"者而不是"划桨"者。他们认为传统政府低效的一个重要原因就是忙于划桨而忘了掌舵,做了许多做不了、做不好、舍本求末的事情。正如彼得·德鲁克在其名著《不连续的时代》中所写的:"任何想要把治理和实干大规模地联系在一起的做法只会严重削弱决策的能力。任何想要决策机构去亲自实干的做法也意味着干蠢事。"至于掌舵的主要途径,新公共管理认为要通过重新塑造市场环境,不停地向私人部门施加各种可行和有利的影响让其以"划桨"的方式来进行。

(3) 公共管理中引入竞争机制。传统公共行政力图建立等级森严的强势政府,强调扩张政府的行政干预。新公共管理则主张政府管理应广泛引入市场竞争机制,通过市场调节,让更多的私营部门参与公共服务的提供,提高服务供给的质量和效率,实现成本的节省。竞争性环境能够迫使垄断部门对顾客的需要变化做出迅速反应,以竞争求生存,以竞争求质量,以竞争求效率。相对于动用政府本身的公务员亲自执行来说,合同外包是允许政府试验各项政策的全新供给体系,通过市场测验可以判断新政策的合意性;合同外包也是更优化地配置公共资源的有效途径。

(4) 重视效率追求。效率是公共行政的出发点和落脚点。新公共管理在追求效率方面主要采取三种方法。一是实施明确的绩效目标控制。与传统公共行政重遵守既定法律法规、轻绩效测定和评估的做法不同,新公共管理主张放松严格的行政规制,实行严明的绩效目标控制,即确定组织、个人的具体目标,并根据绩效目标对完成情况进行测量和评估。二是重视结果。传统的官僚主义政府注重的是投入,而不是结果。他们往往只会花掉预算分解的每个项目的资金,对结果和收益毫不关心。新公共管理根据交易成本理论,重视管理活动的产出和结果,关注公共部门直接提供服务的效率和质量,主张对外界情况的变化以及不同的利益需求做出主动、灵活、低成本、富有成效的反应。三是采用私营部门成功的管理手段。新公共管理强调政府广泛采用私营部门成功的管理手段和吸收其成功经验,如重视人力资源管理,强调成本-效率分析,实施质量管理,强调降低成本和提高效率等。

(5) 改革公务员制度。新公共管理主张对公务员制度的一些重要原则和核心特征进行重构。其一，通过推行临时雇佣制、合同用人制等新制度，打破传统的文官法中“常任文官无大错不得辞退免职”的规定。其二，废弃公务员价值中立原则。新公共管理“主张放弃政府的与逻辑实证论相联系的表面上的‘价值中立’”，正视行政所具有的浓厚的政治色彩，认为不应将政策制定和行政管理截然分开。它强调公务员与政务官之间存在着密切的互动和渗透关系，主张对部分高级公务员实行政治任命，让他们参与政策的制定过程，并承担相应的责任，以保证他们的政治敏感性。新公共管理认为正视行政机构和公务员的政治功能，不仅能使公务员尽职尽责地执行政策，还能使他们主动设计公共政策，使政策能更加有效地发挥其社会功能。

(6) 创建有事业心和有预见的政府。新公共管理认为“政府必须以收费来筹款，通过创造新的收入来源以保证未来的收入”。不仅如此，政府还必须转变价值观，在把利润动机转向公众使用的基础上，尽可能使政府由公共管理者转变为“企业家”，学会通过花钱来省钱、为获得回报而投资。与此同时，新公共管理认为，传统公共行政只注重提供服务而不注重预防，当问题变成危机时，再花大量的金钱、精力去进行治疗。新公共管理认为社会更需要预防，即解决问题而不是提供服务。为此，政府应该把更多的工作放在预防上。有预见的政府会做两件根本的事情：第一，使用少量钱预防而不是花大量钱治疗；第二，在做出重要决定时，尽一切可能考虑未来。

“新公共管理”有新颖、合理之处，反映了当代西方公共管理实践的发展趋势，体现了公共部门管理研究的新成就，是一种新的理论范式。

2.2.3 公共管理学的发展趋势

“新公共管理”范式的出现是对传统的公共行政学范式的严峻挑战，它改变了传统行政学的研究范围、主题、方法、学科结构、理论基础和实践模式，日益成为当代西方公共管理尤其是政府管理研究领域的主流。与传统的公共行政学相比，“新公共管理”范式具有一系列新特征，这主要表现在如下四个方面：第一，“新公共管理”为公共部门管理尤其是政府管理研究奠定了更广泛、坚实的理论基础；第二，“新公共管理”开阔了公共行政学的理论视野，具有一系列主题创新；第三，“新公共管理”建立起了一个更加全面、综合的知识框架；第四，“新公共管理”提供了一种当代公共部门管理尤其是政府管理的新实践模式。

同时，新公共管理在三个方面表现出了防止行政权力腐败的趋向：①新公共管理的服务定位会导致特权的消失和特权意识的弱化；②新公共管理的顾客至上原则改变了原先行政体系的主体中心主义，这种主体的边缘化使腐败丧失了发生的根基；③新公共管理由于实行公共服务的公开竞标，会增加行政行为的透明度，使政府不透明地行使公共权力的机会最小化。总之，新公共管理已经显示出这样的趋势，即建立起一种以公共利益为中心的新管理体制。此外，新公共管理还力图从根本上解决管理行政公平与效率不可兼得的矛盾。

新公共管理可能代表着一种全新的公共行政模式的方向，是政府变革中一个新的时代的开始。但是官僚制模式在西方发达国家具有顽强的生命力，它不可能完全被新公共管理模式所替代。这是因为，首先，正如奥斯本和盖布勒清醒地认识到的那样，政府行政部门与私人企业是“根本不同的两种组织机构”，二者之间有一定不可泯灭的界限。同时政府行政部门在政策管理、规章制度、保障平等、防止歧视、保持全社会的凝聚力等方面所起的作用是企业无法替代的。在政府行政体系及其运行机制中可以引进“企业家精神”，但却绝对不能使政府等同于企业。其次，正如韦伯早就注意到的那样，“官僚制本身纯粹是一种精密仪器”，“它内部的彻底理性化结构，使对它的‘革命’愈来愈不可能”。因此，当代西方发达国家进行的行政改革，只不过是要消除政府行政体系的官僚制过度发展带来的弊病，而根本谈不上废除或准备废除官僚制。

对“新公共管理运动”本身进行全面、综合的评价，现在还为时过早，因为，它还处在探索和发展的复杂进程之中。但“新公共管理运动”的实践，已经体现了与传统公共行政模式的重大差异，如更注重管理绩效和管理效率，更注重市场的力量，更注重管理的弹性，更注重公共部门运行中的相关的政治环境，更注重私营部门管理方式在公共部门的应用等。“新公共管理运动”的兴起，特别是它业已表现出的新特征及发展趋势，都明确地提醒世人：一个全新的管理模式已经在公共管理领域逐步形成。在目前改革的实践中，尽管出于操作上的需要仍表现出政府继续承担运动主体的角色，但从发展趋势来看，这场改革运动无疑包含着对近代以来的传统公共行政模式进行全面检讨的意蕴。

当然，任何的变革过程都会有得益者和受损者。从信奉市场力量和现代企业“消费者导向”中汲取营养的“新公共管理运动”，在一些大规模实践中虽然显示了生机和活力，但也积淀着不少理念性的矛盾和冲突。例如，从“企业家政府”和“企业化政府”引出的公共机构与私营企业之间的异同比较；在政治家与高级文官签订业绩合同及其评估过程中，如何避免政治和价值观的影响；在以“三 E”——经济（economy）、效率（efficiency）、效益或有效性（effectiveness）作为政府绩效的评估标准时，如何协调这三者之间的关系；对照以公平（equity）替换经济的政策评估的“三 E”标准孰优孰劣；等等。这些矛盾和问题都将是“新公共管理运动”在未来需要认真面对并切实加以解决的。

但无论如何，尽管“新公共管理运动”尚处在艰辛的探索之中，还没有形成一种固定统一的模式，尽管“新公共管理运动”本身还远非完美，还存在着不少对它的批评和毋庸置疑的问题，但 20 世纪大多数国家普遍存在的传统公共行政模式却无疑已经是一去不复返了，“新公共管理运动”及其引发的公共管理模式的变革必将成为一股不可逆转的时代潮流。换句话说，新公共管理理论在发展的过程中虽遭到了不少的批评，但这并不影响它成为公共行政学发展新理论形态的总趋势。时至今日，无论是发达国家还是发展中国家，运用新公共管理理论来改革本国政府、改革本国的经济社会管理模式，已经成为推动发展的核心任务之一。

2.3 公共管理理论在中国的发展

虽然公共管理活动在我国历史上早已出现并在古代社会达到了一定的高度，但是，这一领域的理论自觉并没有产生。公共行政学引入中国后，相应的理论研究发展较慢，直到改革开放后，我国才进入公共管理理论与实践相互促进的时代。

2.3.1 中国公共管理学科沿革

作为一门独立学科，中国的公共管理理论是从西方引进的，19 世纪末 20 世纪初，一些学者首先翻译和引进了国外的一些行政学著作，如《行海要术》、《行政纲目》、《行政学总论》和《行政法撮要》等。中国真正有自己的行政学研究成果则始于 20 世纪 30 年代，最早的著作有 1935 年出版的张金鉴著《行政学的理论与实际》和 1936 年出版的江康黎著《行政学原理》等。当时，国民党统治区的一些高等院校已开始设立行政学课程。与此同时，中国共产党也曾在革命根据地延安建立过行政学院，应革命根据地政权建设的需要开设过行政学课程。新中国成立初期，我国的许多院校，如北京大学、南京大学、南开大学、中山大学、厦门大学等都曾有行政学方面的教育和研究。然而在 1952 年院校及学科调整以后的 20 多年间，严重的意识形态偏见致使行政学与政治学、法学、社会学等学科一样未能作为一个独立的学科被保留下来。直到改革开放以后，包括公共行政学在内的许多社会科学学科才得以逐渐恢复。在最近 30 余年的发展中，“我国公共管理学科发展经历了从分散到集中、从规模扩张到内涵发展、从借鉴模仿到自主建设的演变过程”①。

1. 恢复与重建时期

改革开放后，随着经济体制改革的推进，我国行政体制的弊端也日益显露，改革行政体制的要求也就被提上议事日程。1982 年，我国进行了改革开放后的首次政府机构改革。同时，改革实践迫切需要行政学理论的支撑。因此，加强公共管理理论的研究和教育逐渐成为人们的共识。经过几年的酝酿与准备，从 1986 年开始，我国公共管理学科的恢复进入实质性阶段。首先，在高等教育政治学一级学科中设置了行政学或行政管理二级学科。其具体表现是一些高校在政治学系恢复了本专科层次的行政管理教育，而后逐步兴办了行政学硕士教育。同时，1987 年召开的中共十三大确定了将在我国建立公务员制度，给刚刚恢复重建的行政管理学科研究及教育提供了很好的发展机遇。到 1992 年，中国的行政管理研究与教育已经初步形成自己的体系。不仅大量行政学方面的专著、教材和论文得以出版和发表，而且在 1988 年成立了中国行政管理学会。在行政管理学的研究

---

① 黄崴，陈武林. 中国公共管理学科沿革与现状审视[J]. 国家教育行政学院学报，2011，(3).

中，与我国政治体制和经济体制改革相关的问题得到高度关注，学者们对政府机构改革、政府职能转变以及行政的法制化、民主化和科学化等，做了较深入的探究。

2. 规模扩张阶段

1992 年邓小平发表了"南巡讲话"，党的十四大确定了从计划经济体制向社会主义市场经济体制转变的基本方针。为适应这一发展方向，政府职能必须进行重大调整，尽快建立已被拖延的公务员制度。1993 年 3 月的八届全国人大一次会议决定进行改革开放后第三次较大规模的中央政府机构改革；同年 8 月 14 日，国务院出台了《国家公务员暂行条例》。这些进展为中国公共管理学科的发展提供了良好的历史机遇。这一时期公共管理学科重点关注体制改革和建设的实际问题，总结公共治理的实践经验，实现行政管理、社会治理的法制化，而公民有序参与治理模式与专业化政府的形成，使得公共管理学科面临大量的对策性研究课题。在学科建设上，一些较早建立行政管理专业的大学在研究水平、师资力量以及研究成果等方面，有了较快的发展；还有一些新的大学，尤其是一些工科类院校也加入公共管理研究和教育的大潮中。与此同时，经过多年精心准备的国家行政学院也在 1994 年正式成立。一些省、自治区、直辖市、地级市先后成立各自的地方行政学院，基本形成了独立于高等院校的庞大的公务员教育培训网络。在研究内容上，由于改革开放的不断深入，人们开始关注发展和稳定的关系，在经济发展的同时继续探讨政治体制改革问题，主要热点集中于农村基层政权建设、政府能力和行政效率、中央和地方关系、政府职能等方面。

3. 转型发展的新阶段

1997 年我国首次在研究生教育中新设的管理学科中增设公共管理一级学科，把原属于政治学的行政管理专业纳入管理学门类公共管理学科之中。1998 年起，中国人民大学、中山大学、复旦大学、北京大学等高校先后获得行政管理学博士学位授予权。为了建设一支高素质公共管理干部队伍，推进政府机构改革，强化各级政府部门社会事务管理职能，促进社会与经济协调发展，1999 年 5 月，国务院学位委员会正式批准在中国试点兴办公共管理专业硕士(MPA)，从专业学位教育的角度不断推进公共管理学科发展。2000 年 10 月中国举行第一批 MPA 招生考试，2001 年 3 月，中国第一批 MPA 学生开始入学。这些成绩说明中国公共管理学科的建设和教育开始进入一个前所未有的转型和发展的阶段。从学科内容上看，由于新公共管理运动和公共管理学在国外的发展和成型，国内学界开始引入新公共管理学的基本理念，在译介国外名著并消化为国内的理解体系后，公共管理学作为一个新范式逐渐被接受，并实现了由传统行政管理学到公共管理学的教育和研究内容转型。在此基础上，公共管理的理论和实践领域也开始重视运用新公共管理理论来研究解决中国问题，在内容上开始关注以"治理"为手段、以"善治"为目的的政府改革、治理模式、政府效率以及公民参与等问题，这些方面的研究成果有效地推进了公共管理本土化进程。

2.3.2 当代中国公共管理的转型

根据经济体制从计划经济向社会主义市场经济转型的需要，以加强社会管理为主线，中国行政管理体制和社会管理模式获得公共管理学科研究成果的助力，在管理理念、发展目标和改革路径等方面得到巨大发展，从总体上看正从传统行政模式向适应社会主义现代化要求的新公共管理模式转型。

1. 公共管理理念的形成与强化

公共管理理念是当今世界各国在长期公共行政实践中形成并在新公共管理运动的促进下得到提升的，它的主要内容包括公众满意、管理职能社会化、管理主体网络化以及廉价高效等[①]。改革开放以来，我国开始围绕这些理念，根据中国实际从建设法治政府、公共服务型政府和责任政府三方面推动公共管理的全面转型。首先，作为公共管理核心主体的政府机关开始强化依法行政的理念，在行使自己的权力时坚持对国家法律负责的根本原则，严格依据法律行使行政权。其次，政府从以“公共权力”为核心的传统行政向以“公共服务”为核心的现代行政转化，在“公共服务”理念下，重新界定政府的作用边界，改变政府的行政方式。最后，政府树立责任政府的理念。责任政府是现代公共管理理论发展的重要内容之一，作为责任政府，必须迅速、有效地回应社会和民众的基本要求，并积极采取行动加以满足。在行使职责过程之前，政府要有所交代，向公众解释这么做的理由；在完成职责后，如出现差错或损失，政府应承担道义上的、政治上的、法律上的、行政上的责任。

2. 公共管理职能的转变

从 1988 年的国务院机构改革开始到 21 世纪的行政管理体制改革，我国政府在总结以往行政机构改革经验教训的基础上，明确把转变政府职能作为公共管理发展的主要目标和核心内容。经过三十多年的改革开放，随着我国市场经济体制的不断完善与经济体制改革的不断深化，政府职能开始逐渐从以偏重经济职能转向更加注重社会管理和公共服务职能，在继续抓紧抓好经济调节、市场监管的同时，更加注重社会管理和公共服务，更加重视民生。

3. 公共管理关系的调整

我国公共管理发展的过程实际上也是一个公共行政关系不断调整的过程，改革开放以来，伴随着经济体制的改革和市场经济的逐步发展，公共行政领域各主体之间的关系也在不断的调整。第一，政府与社会的关系不断调整。我国政府进行了一系列公共管理领域的改革，逐渐建立起了适应我国国情和社会主义政治制度的新型政府与社会的关系模式，通过国家与社会的相互监督和影响进行有效的社会管理，形成了科学有效的利益诉求

---

① 肖文涛. 转型期我国公共管理面临的十大挑战[J]. 东南学术，2005，(3).

表达机制，实现了以公共服务型政府为目标，实现从传统政府向现代政府的转型与自治社会的“强强联合”。第二，政府与市场的关系不断调整。政府与市场关系的本质是在公共利益的导向下，由政府过滤市场机制中自发的盲目性或者其他消极因素。市场机制是需要借助和利用的工具，也是需要监管的对象。所以，我们的政府与市场之间不是简单的对立关系，而是各自有明确的职责；我们既不追求小政府大市场，也不以政府排挤或压制市场活力为目的，政府实现积极主导作用不以排斥市场或社会的积极性为代价。第三，中央与地方的关系不断调整。我国公共管理体制改革的过程实际上也是一个中央向地方分权的过程。在我国 1988 年、1993 年、1998 年的三次行政管理体制改革中，政府职能的转变主要体现在政府职能的地方化。为适应经济体制改革的需要，改变原有计划经济体制下政府的职能特征，政府的管理职能需要向下一级政府转移，下一级政府越来越多地承担了教育管理、科技管理、公共事业管理等公共职能。

4. 公共管理效能的提高

行政效能是评估国家行政机关及公务员履行职责的行为效率和质量情况的重要指标，是行政行为效益、效果的综合体现，是行政机关管理水平的一种综合反映。改革开放以来，我国公共管理领域行政效能的提高主要体现在以下几个方面。第一，建立公务员制度。1993 年 10 月建立公务员制度，实现了对行政机关工作人员的分类管理，加强了政府职能部门的廉政建设，增强了政府机关的生机和活力，促进了政府机关人事管理的科学化、法制化、民主化。公务员制度的建立，提高了政府部门的行政效率，为实现国家公务员的科学管理，保障国家公务员队伍优化、廉洁，提高行政效能发挥了积极的作用。第二，实施绩效考核。“高效行政”是建设服务型政府的基本保证，追求效率是公共行政的出发点和落脚点。改革开放以来，公共管理领域取得的重要成就之一是逐步实施了绩效考核制度。20 世纪 90 年代中期之前，对政府机构和人员的行政效率、效能的考核主要纳入干部人事考核管理体系之中，范围和内容十分有限。随着公共部门目标责任制度的推行，公共部门绩效评估问题开始受到关注。公共部门绩效评估制度的实施，使得公共行政部门的行政效能得到提高，政府绩效评估的社会环境逐渐形成，公民参与国家管理的积极性增强。同时公务员对绩效评估也比较热衷，绩效观念深入人心。绩效评估也为政府内部引入了竞争机制，从而通过竞争提高了政府行政效能，使政府以更高的效率为公众服务。第三，推行电子政务。信息技术是公共行政机关提高政府效能的重要途径，同时，也给政府公共部门的管理带来了深刻的变化。电子政府体系包含多方面的内容，如政府办公自动化、部门间的信息共享、政务信息发布、电子化民意调查和数据统计等。目前，许多政府机关都建成了体系完整、结构合理、互通互联的电子政务网络系统，使得信息传递的时效性、互动性更强，获取和反馈信息所需要的时间和费用大幅度降低，大大促进了公共行政效能的提高。

【本章小结】

公共管理理论的最初形态是传统公共行政学。以美国行政学家威尔逊提出的政治-行政二分法、韦伯的官僚制理论和泰勒的科学管理思想为基础,公共行政学形成了传统范式,并在怀特的努力下成为成熟的学科体系。

由于传统公共行政模式造成了政府效率低下等弊端,英美等国于 20 世纪 70 年代末开始了政府改革运动,催生出公共管理学。公共管理学提出用私人部门的管理方法改革公共部门的思路,主张用顾客为导向的全新价值理念推动指导变革,主张政府职能由"划桨"转为"掌舵"、公共管理中引入竞争机制、重视效率追求、改革公务员制度、创建有事业心和有预见的政府等,形成了一种新的理论范式。

中国的公共管理理论在改革开放后才得到发展。经历了学科重建、研究范围扩展以及全面深入地推进等阶段,公共管理学科逐渐在中国走向成熟。同时,公共管理学研究也为中国的公共管理改革提供了强大的理论支撑,使中国的公共管理实践在管理理念、管理职能、管理方式和管理效能等方面逐渐实现当代转型。

【核心概念】

政治-行政二分法(politics - administration dichotomy)
官僚制(bureaucracy)
科学管理(scientific management)
新公共管理(new public management)
企业化政府(entrepreneurial government)

【思考题】

1. 简述传统公共行政学的理论基础。
2. 概述新公共管理运动的主要内容。
3. 公共管理学的理论特征有哪些?
4. 当代中国的公共管理发生了哪些变化?

【扩展阅读】

关于公共行政学的奠基性著作,可阅读美国行政学家伍德罗·威尔逊的《行政学之研究》(《国外政治学》1987 年第 6 期)；澳大利亚学者欧文・E. 休斯的《公共管理导论》对公共行政学向公共管理学的范式转换做了较深入的论述，是对国内学界有较大影响的西方公共管理学著作之一；而对于中国公共管理理论与实践发展的概述和分析，薛澜等人发表在《管理世界》2002 年第 2 期的论文《公共管理与中国发展——公共管理学科发展的回顾与前瞻》以及王海燕的论文《我国公共管理发展的历程、成就与经验教训》(《中共山西省委党校学报》2011 年第 2 期)提供了比较清晰的线索。

第 3 章

公共组织

【学习目标】

公共组织是公共管理活动的主体，公共组织理论也是公共管理学的核心内容。通过本章的学习，要把握公共组织的内涵，了解公共组织的功能及其运行的基本要素，熟悉公共组织的内部结构和外部环境。在此基础上，进一步分析中国公共组织的结构、功能、运行要素及内外环境，对事业单位这一体现中国国情的公共组织有较全面的了解，掌握当前事业单位改革的基本原则和方向。

公共组织是提供公共产品或公共服务的单位，是公共管理活动的主体。无论是公共行政学范式还是公共管理学范式中，公共组织理论都是核心内容，而且两者关于公共组织的内涵、性质、功能等问题的界定也是基本一致的。不同的是，公共管理学范式在公共组织的职能、不同公共组织在公共管理活动中的地位和作用等方面，产生了一些新的理论认识。

3.1　公共组织的理论概述

3.1.1　公共组织的内涵

在社会生活中，具有共同目标的人总是以不同的方式，聚合到各类不同形式的组织之中，大家相互合作、共同行动，通过集体的努力来实现共同的目标。因此，组织就是依照一定的目的、任务和形式组建起来的社会群体，是人们实现共同目标的工具。组织具有以下特征：①组织是人们在相互交往中形成的一定行为关系的集合；②组织有某种特定的目标；③组织有一定的结构和行为方式；④组织有内在的价值观；⑤组织是一个开放系统，随社会环境的变化而有机发展。

现代社会的组织类型十分繁杂，人们可以按照不同的标准，对组织进行分类。如根据目标不同，可以把组织分为公益组织、工商组织、服务组织和互益组织；根据主要功能的不同，可以把组织分为政治组织、经济组织、军事组织、文化组织和社会组织；按照人为设定还是自发形成可以把组织分为正式组织和非正式组织；根据权力配置的不同方式，可以把组织划分为集权型组织和分权型组织；根据管理事项及其复杂程度的不同，可以把组织分为综合性组织和专门性组织。

在社会生活中，我们对组织的内涵主要从功能上来界定，有一些组织的目的是更好地服务于个人或私人利益，其行为不会直接或显而易见地影响其他组织或个人，如经济组织；但有一些组织的目的是服务于社会公众，其行为对其他组织或个人都会产生直接的影响，这类组织就是我们所谓的公共组织。因此，公共组织就是以管理社会公共事务、提供公共产品和公共服务、维护和实现社会公共利益为目的，以协调利益关系、提供公共服务、管理公共事务、拥有法定的或授予的权力的所有组织实体。

3.1.2 公共组织的功能特征

公共组织是与私营组织相对的概念，两者在功能上存在着相当大的差异，公共组织的功能归纳起来主要有以下特点。

(1) 以管理社会公共事务、实现公共利益为基本职责。社会公共事务是相对于私人事务而言的，指涉及社会公众整体的生活质量和共同利益的一系列活动，具体内容包括社会问题、公共项目和公共财产与资源。公共利益就是一定范围内的所有社会成员利益的集合。因此，公共利益不是单个社会成员或者单个组织的特定利益，而是全体社会成员的共同利益。公共利益的构成在价值上具有多元综合性，具体包括公共产品、公共服务、公共安全、公共秩序、公正、民主等。这些价值是保证社会成员进行正常有序生活的基础。有效地为社会提供所需的公共产品、公共服务、公共安全、公共秩序以及公正、民主的政治经济环境，是公共组织存在和发展的依据，也是其存在和发展的合法性基础。

(2) 不以营利为目的。公共组织在从事组织生产和提供公共产品和公共服务的过程中，主要的目的与动机，是谋求社会的"公共利益"，一切措施都是为了在"全局公平、公正、公开"的原则下为全体民众服务，并以最好的服务争取民众的拥护与支持，不以营利为目的。然而，为了弥补提供公共事务过程中的经费不足，或平衡在享受公共事务的物品和服务方面实际存在的差异，公共组织有时也会收费，但这种收费绝不以营利为目的。公共组织的活动经费来源于三个方面：一是公共财政开支；二是有偿服务收入(按产品和劳务费的成本收取的费用)；三是通过社会赞助、资助、捐助，彩票等筹措的资金。

(3) 通过行使公共权力来管理公共事务。公共权力是用于处理公共事务的权力，是公共组织实施自身职能的前提条件。公共权力是由社会的共同需要产生的，是全体社会成员共同意志的集中表现，对全体社会成员具有普遍的约束力。其存在的意义在于维持、协调和发展整个社会生活的基本秩序。公共组织拥有的公共权力有两种，一是法定的，二是由公共权威部门授予的。这种公共权力与非公共组织中存在的"私权"有本质的区别，从基本内涵来说，在主体上，公共权力属于公众而非某个人；从客体上看，公共权力指向的是公共事务；从功能上看，公共权力为公共利益服务。公共权力具有权威性、强制性、普遍性、排他性，公共权力的这些特性使公共权力有着比“私权”更大的约束力、强制力和更广泛的管辖范围。

(4) 活动必须依法进行并受到高度监督。公共权力更强调依法行使，防止权力的滥用，因此，公共组织必须受到全社会的监督。公共组织尽管代表着社会公众的共同利益，但它的产生和运行方式不能超越国家法律。公共组织的产生必须依据社会公共生活的实际需要，按照国家有关法律、法规所规定的原则和程序依法审批和设置。在运行方式上，公共组织必须依法规范自己的管理行为，自觉地贯彻和执行有关公共事务方面的法律、法规，在法律、法规所规定的范围内自觉履行对公共事务的管理职责。

正是因为行使公共权力，公共组织的一举一动都必须接受来自舆论或公众的监督，其所作所为必须是公开的、透明的。目前许多国家设立“阳光法案”，实行公务人员的财产申报制度、重大公共工程的公开招标，目的就是使公共组织不损害全体民众的利益，积极地为全体民众谋求福利，真正做到以民意为归宿。社会中每一位公民都有权合法享受公共服务和对公共服务提出意见、建议，并对公共权力进行监督。同时，公共组织也要接受来自立法和司法部门以及各利益团体的监督。

(5) 公共组织的政治性倾向以及行为的强制性和权威性。公共组织是依据公共权力来从事社会公共事务管理的，公共组织是公共产品和公共服务的提供者，同时也是公共权力的执行者，这就决定了公共组织行为具有强制性和权威性，这种强制性和权威性在维护既定的政治关系和社会秩序过程中起着不可替代的作用。公共组织作为行使公共权力的主体必然代表着统治阶级的意向，其制定的公共政策皆具有政治的意义。因此，分析公共组织实现目标的过程，如果忽略了政治因素，则不容易理解其运作内涵。公共组织不可避免地要面对全国性的或地方性的政治利益团体以及各种相互制衡的权力关系，它的活动由于具有强制性和权威性，对凡是在其职权范围以内的事务，皆有管辖权，任何一个被管理者都必须无条件地接受和服从公共组织的管理，若有违法乱纪的行为发生，公共组织可依法对其予以处分。

(6) 公共组织目标的不易计量及责任的多元化。公共组织的目标就是谋求公共利益，表现为满足公众对公共产品多层次、多样化、整体性的利益需求。但公共利益大多是模糊而不易计量的，它不像私人利益那样明确直接，公共组织不能像私营组织那样以利润作为衡量组织和员工绩效的标准，它只是作为一种表明公共组织负有公共责任以及必须为大多数人服务的象征。

3.1.3 公共组织的运行要素

与其他社会组织一样，构成公共组织的运行要素有物质要素和精神要素两大类。

1. 物质要素

(1) 人员。在公共组织的物质性要素方面，最重要的是人。不同素质、不同成分的人，按照各种不同的排列组合方式，形成一定的正式关系，才能成为组织。公共组织也是一样，它是由各种不同专业、水平、年龄的人按照组织的目标、职能组合起来的。没有具体的人员，也就没有公共组织。所以，公共组织的第一个物质要素就是人员。人员是公共组织的主体与核心，离开了人的参与，一切组织都不存在，一切组织的活动都无法进行。因此，要建立公共组织，首先要选择一定数量和质量的人员，并对选择的程序和要求做出明确的规定。

(2) 经费。公共组织要开展活动离不开经费。从机构设置、人员编制、物质设备的购置，一直到日常的组织工作、社会管理活动都不能没有一定的资金作保证。离开了经费，公共组织就会瘫痪，组织的各项活动将无法开展。经费是维持公共组织运营与发展不可缺少的因素。

(3) 物资设备。物资设备即公共组织开展活动必须具备的技术设备、工具，以及必须耗费的各类材料和能源。这些设备与工具包括办公建筑、文具、办公机械、公文图书以及档案等，是公共组织赖以生存和发展的物质基础。

2. 精神要素

(1) 目标。公共组织根据一定目标设立，其一切活动都围绕着组织目标进行。目标是组织产生、发展的基础和原因，是组织存在的灵魂和前进的方向。它从本质上反映了组织的基本功能。组织目标包括任务、目的、指标、数量、质量和时限等内容，可分为总目标、分目标和工作目标三类。总目标是关于组织最根本性问题的原则性规定，是制定分目标和工作目标的依据，分目标和工作目标是组织总目标的分解和具体化。组织目标的分化形成了一个完整、严密的目标体系，具体规定了每个组织单位和成员在各个时间、空间内所要取得的成果。

(2) 权责结构。权责结构指组织系统内部各子系统、工作单元，以及各组织成员、各工作职位之间在工作任务、权力和责任方面的一系列从属并列关系。它是为实现组织目标而进行的权责关系的安排。权责结构是形成组织纵向层级和横向部门体系的基础，是组织分工、组织法规与组织纪律的实际体现。组织纵向各层级，横向各部门、各职位的分权与分工是否科学合理，对于组织功能的有效发挥至关重要。

(3) 文化系统。任何组织一经建立便会逐步形成自己的文化系统，包括规章制度、组织形象、合作精神、人际关系等。规章制度是权责关系的具体化，是确保组织目标实现的前提和基础。公共组织都需要有一个良好的公众形象，优秀的组织领导和良好的工作作风、稳定的工作环境，是公共组织塑造良好公众形象的主要因素。团队意识和合作精神是当代公共组织中不可缺少的文化内容，是公共组织推进创新和实现共同愿景的重要基础。在组织内外构建和谐人际关系，对于稳定组织的各种内在因素，调动组织成员工作的主动性、积极性，创造实现组织目标的良好外部环境，具有不可忽视的作用。

3.1.4 公共组织的结构

公共组织的结构是公共组织各种要素的排列组合方式，是以实现其功能为依据形成的特定安排。合理的组织结构，既能有效实现组织的功能目标，也有利于建立和谐的组织关系。构建组织结构时应该以职能为中心，各种要素在数量上保持合理的比例，在运行上相互协调。①

1. 公共组织的结构框架

从形态上看，公共组织结构有纵向和横向之分，纵向结构形成公共组织的层级制，横向结构形成公共组织的职能制。它们各有优缺点，且相互制约，相互补充。所以，各个国家的公共组织通常都将层级制与职能制结合起来，既有层级的组织，又将各层级组织分设为若干部门，使它们取长补短。

1）公共组织的纵向结构

公共组织纵向结构分工的职责分配关系是：最高层次公共组织为决策层，负责制定本部门行政的总目标、总方针、总政策和总的实施方案，负责本机关人、财、物总的分配及分配政策，以尽最大努力满足社会对本部门的需要，最优地完成本部门的工作目标。因此，最高层次的公共组织，是一个开放的、面向社会的公共组织。

中层公共组织为协调指挥层，负责执行本部门最高公共组织制定的总决策和总方针，以此为依据结合本单位具体工作对象的实际，制定本单位的具体工作目标、工作方案，并负责组织、协调、指挥等。因此，中层公共组织既要使本层级公共组织与上级公共组织保持一致，又要满足本单位工作对象的具体要求。

基层公共组织为技术操作层，任务是执行中层公共组织的实施方案，在中层公共组织的协调、指挥之下，负责具体的带技术操作性的工作。其组织形式基本为封闭型，采用什么技术方法执行任务，纯属公共组织内部问题。图 3-1 所示为层级领导关系。

公共组织纵向结构形成的公共组织层级制，在公共组织运行中有优点也有缺点。优点是：第一，分层负责，能使各级政府在各自管辖地域范围内，做到事权集中，统一指挥；第二，行动迅速，能及时地根据本地情况做出决策，就地组织实施，并就地监督、控制；第三，能发挥各个层级公共组织的积极性、创造性，使它们根据本地实际情况主动开展工作；第四，各层级行政首长负责全面管理工作，有利于培养全面型的管理人才。缺点是：第一，各层级行政首长管辖事务过多，责重事繁，难以事事精通；第二，容易形成地方的条块分割，不利于各地经济和文化的交流与发展；第三，容易犯地方主义的错误，不利于中央对

① 王乐夫，蔡立辉. 公共管理学[M]. 北京：中国人民大学出版社，2008：89-94.

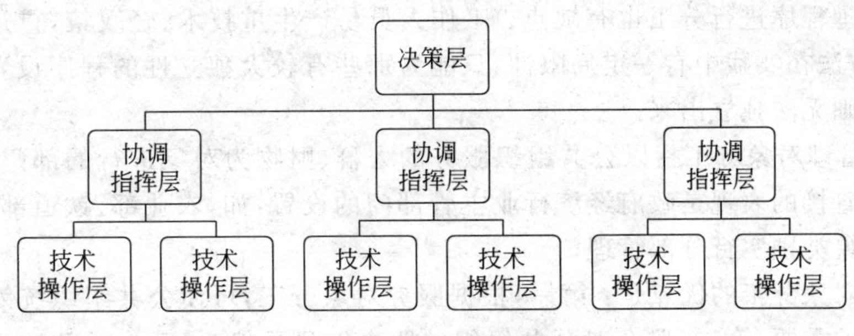

图 3-1 层级领导关系

地方的宏观控制。

2）公共组织的横向结构

公共组织的横向分工，常用下列四种方法：按业务性质分工、按管理程序分工、按管理对象分工和按地区分工。

（1）按业务性质分工指按公共管理的业务性质异同来组成公共组织单位，例如，财政、外交等均为不同的业务，就以此为基础设置不同的单位。根据业务性质的异同划分部门，是公共组织平行分部化的基本方式。公共组织中绝大多数部门，是按业务性质不同而设置的。

按业务性质进行分工的优点如下。第一，符合分工专业化的原则。每个部门只负责某一项业务工作，有利于工作人员熟悉本专业工作，提高管理效率。第二，有利于统一管理业务的方针、政策和法规。同一性质的业务由同一单位管理，使公共组织易于统一同类业务性质的方针、政策和法规，避免政出多门的混乱状态。第三，体现事权一致的原则，便于协调。但按业务性质进行分工也有缺点，如，业务事权过于集中，容易形成条条分割，不利于不同业务性质工作之间的合作、协调；分工过细，易造成部门林立；有些业务性质不清，不易对其作出明确的划分，易产生组织冲突。

（2）按管理程序分工指按公共管理工作过程的不同来分别设置公共组织部门。公共管理过程包括咨询、决策、执行、信息反馈和监督等环节，根据这些程序划分咨询部门、领导决策部门、执行部门、信息部门和监督部门等，每个部门在管理过程中各自发挥其作用，能使公共管理的功能齐全、过程井然有序。如各级政府的首脑机构就是决策部门，政策研究室就是咨询部门，一般的业务部门就是执行部门，统计局就是信息部门，监察部就是负责监督的部门。

按管理程序进行分工的优点是：第一，注重公共管理工作的技术方法，有利于提高管理人员的专业技术知识；第二，同一项工作采用同样的技术设备、工作程序，有利于节省人力、物力、财力；第三，公共管理中的重要程序由专门机构去完成，有利于提高公共管理的整体效能。

但按管理程序进行分工也有缺点：工作人员易产生重技术、轻政策，重过程、轻目的的倾向；该方法在实践中有一定局限性，只能为那些有较大独立性的程序设置部门，而多数工作程序则无法独立出来。

(3) 按管理对象分工指以公共组织服务的人群、财物为对象进行的部门设置。这一分工方式最直接的表现是政府经济行业主管部门的设置，如，农业部、铁道部、交通部，均是按不同对象类别实行分部管理。

按管理对象分工的优点是：第一，根据服务对象分工，可使公共组织统筹考虑，满足其管理对象的需要；第二，群众对公共组织的职责一目了然，易于沟通和监督。缺点是：随着管理对象的日益增多，公共组织部门林立，不利于精简节约；容易忽视甚至割裂管理对象之间的相互联系，可能出现综合性的工作无人管理的现象；容易造成本位主义，各部门考虑问题从本部门利益出发，有碍整体的利益；按服务对象划分部门往往与按业务性质划分部门发生重复、交叉关系，可能出现互相推诿责任、踢皮球的情况，降低工作效率。

(4) 按地区分工指按地域来设置公共组织。现代国家一般都会将全国划分为若干地区（如省、州、市等）来进行管理，并在这些地区设立隶属于中央政府的地方政府组织；同时，大部分业务性公共组织都会在各地区设立管理机构。以我国为例，全国划分为若干个省、直辖市和自治区，省级范围内又划分为若干个市、县，县又划分为若干乡、镇，相应地设立不同层级的地方公共组织，并组成从中央到乡镇的政府组织网和业务管理网。从同一层级看，我国各地方行政组织之间的关系属于平行的地区横向分工，政府和其他公共部门的管理功能只有地域上的差异，内容基本一致。

2. 公共组织的主要结构形式

公共组织的结构形式，主要有直线制、职能制、直线职能制和矩阵制四种。①

(1) 直线制。直线制组织又称"军队型组织"，它是最常采用的一种组织结构，在政府、学校、企业和医院随处可见。按照垂直系统建立组织形式，各级领导执行统一的指挥和管理职能，不设专门的职能机构。纵向直线是管理层级，横向是辅助职能科室。直线制组织的主要优点是：线条清楚，领导单一，结构简单，关系清晰，上下级权责明确；政令统一，行动迅速，决策快，效率高。其主要缺点是：缺乏专业化的分工管理，行政首长日理万机，往往顾此失彼；由于权力集中，且受专业、个人素质等方面的影响，难以保证领导、决策、指挥不出现失误；由于信息只沿上下直线传递，对左右协调、沟通不利。因此，直线制组织适用的范围比较有限，它一般只适用于组织规模小、活动内容简单、工作程序少、同级单位较少合作的组织系统。

(2) 职能制。职能制组织又称"参谋型组织"，是在行政主管的领导之下，按专业分工设置管理职能部门，各职能部门直接对行政首长负责，并在其业务范围内对下级有

---

① 陈振明，孟华. 公共组织理论[M]. 上海：上海人民出版社，2006：95-101.

指挥、协调、监督的权力的组织形式。与直线制组织相比，职能制组织的优点是：实行了专业分工，解决了主管领导对专业指挥的困难，使其能集中精力处理本组织中较重要的问题，适应了现代公共管理活动复杂化的需要。其缺点是：各职能部门都有指挥权，易造成多头领导或多头指挥，出现政出多门或者相互扯皮的现象，造成管理上的混乱局面。

（3）直线职能制。直线职能制组织是以直线制为基础，在行政首长领导之下设立相应的职能部门，分别从事专业管理，作为该级领导的参谋的组织形式。这种组织模式的运行机制由职能专业化程度决定，是一种集权度较高的组织模式。参谋部门只替领导充当助手，对下级不能发号施令，没有决策权。直线职能制组织结构是一种以直线结构形式为主，以职能结构形式为辅的较为复杂的结构形式。它吸取了直线制和职能制两种结构的优点，既具有直线制组织指挥统一、职责清楚、秩序井然、效率较高、组织稳定的优点，又具有职能制组织分工专业化、适应性强的优点，更有利于组织效率的提高。其主要缺点是：直线的指挥系统与专业化的职能系统之间容易产生矛盾，使组织运转陷入混乱；各职能部门的横向联系较差，容易产生脱节或冲突。

直线职能结构被广泛采用，最主要的原因在于它简单有效。最高指挥官因业务的需要方可配备参谋人员，或固定的专业知识密集的"智囊团"，构成"直线-职能-参谋"结构。其横竖分工明确；直线方向从最高层至最低层层层下达任务，下级服从上级。由于路径短，如果上级做出的决策是正确的，下级能在短期内创造效益。但倘若上级决策是错误的，则下级无条件地执行后果将十分严重。

（4）矩阵制。矩阵制组织又称为"专案组织"，是由纵向的职能系统和横向的项目系统交叉形成的组织形式，是由专门从事某项工作的项目组形式发展而来的。所谓项目组，一般是由一群不同背景、不同技能、不同知识、分别选自不同部门的人员组成的。其通常人数不多，组成项目组后，大家为某个特定的任务而共同工作，任务一旦完成，项目组的使命就结束了，有下一次任务时再重新组织项目组。矩阵制组织的主要优点是：可以迅速地对环境变化做出反应；可以在各个不同的项目之间，共享稀缺且通常非常昂贵的人力资源和实物资源；有利于获得各种有效的信息；有利于发挥专业人员的潜能；有利于加强各职能部门的横向联系，实现各种专业人员优势互补，发挥综合优势。其主要缺点是：由于组织成员同时接受两个方向的指挥，当两个上级意见不一致时，工作人员会左右为难，无所适从，导致指挥和协调的问题；另一方面，组织内部职权关系的模糊性，要求组织的管理者具有高水平的协调、合作和沟通的技能，同时其组织成员也必须具有高水平的人际交往技能。矩阵制主要适用于那些工作内容变动频繁、每项工作的完成需要运用众多技术知识的组织，或者作为一般组织中安排临时性工作任务的补充结构形式。

3. 公共组织的类型

长期以来，对社会公共事务进行管理的权力仅属于国家，即"公共管理"局限于"国家行政”,国家行政机关是唯一的公共管理主体。如果把政府组织称为传统的第一部门或公共部门(public sector),以实现私人利益为目标的企业称为私部门(private sector),介于两者之间、既非政府单位又非一般私营企业的非政府公共组织应被称为第三部门(the third sector)。除此之外,在我国还存在一种既非政府组织,又不宜划入西方国家意义上的第三部门范围的公共组织——事业单位,由于历史的原因,事业单位还承担着部分公共管理的任务。从全球范围看,公共组织在具体的组织形态上主要分为政府组织和非政府公共组织两种类型。

1) 政府组织

政府有广义和狭义之分。广义的政府,是指执掌公共权力的所有国家机构,包括多级立法机关、行政机关和司法机关;狭义的政府,仅仅指国家的行政管理机关,即按照立法、司法、行政三权分立的原则建立起来的,行使行政权力、执行行政职能、推行政务、管理国家公共事务的机构体系。作为公共管理主体的政府应是狭义的政府。政府作为公共权力的执掌机构,基本职能是维持、处理社会公共事务,具有政治职能、经济职能、科学教育文化职能和其他社会职能,既是管理组织又是政治组织。从管理活动的层面看,公共管理同企业管理一样需要履行一般的管理职能,因此企业组织的某些管理方法和经验可以借鉴和移植到政府组织中来。但是,作为政治组织的政府,所从事的活动具有政治目的,它须尽力获得社会大多数人的认可,又体现出充分的社会性。从这个意义上讲,政府作为国家的行政系统,是兼有管理组织和政治组织两重性质的一种特殊的社会组织,是进行公共事务管理的最主要公共组织。政府组织在实施管理过程中最主要特点就是根据宪法和法律的授权,依靠公共权力实行强制性管理。政府组织对某一事务做出裁决,有关组织和个人必须遵从,否则有可能受到处罚。

政府组织具有以下基本特点。第一,政府组织作为公共权力的执掌机构,基本职能就是维持、处理社会公共事务。第二,政府组织用来从事公共管理的公共权力就性质而言,是由社会共同需要产生的,是全体社会成员共同意志的集中表现,因而对全体社会成员具有普遍的约束力。第三,政府组织行为的价值取向是公共利益,政府组织作为社会主要的公共组织,必须把追求和维护公共利益作为本组织的行为目标。第四,政府组织所掌握和运用的资源是一种公共资源。政府要通过行使权力来实现其公共管理职能,必须以掌握一定的资源为前提,而这又集中表现为对财源的拥有。政府组织的财政来源于全体公民的税收,因而其财政实质上是一种公共财政。第五,政府组织为社会提供的产品是一种纯公共产品。纯公共产品的基本特征是:它作为一个整体是不可分割的,它不能单独提供给每一个人,而是自动地提供给社会中的所有人,具体表现在巩固国防、处理国际关系、维护社会治安、城市基础设施和公用事业建设、普及教育、提供医疗保健条件等方面。

现代国家组建政府主要有三种形式[①]。一是总统制。这是以总统为政府首脑的一种政权组织形式，国家的行政权力集于总统一身，总统既是国家元首，又是国家行政机关首脑。实行总统制的国家，政府机关较彻底地采用了三权分立原则，其中，总统是国家机构中的主要部分，由选举产生，拥有实权。美国是这种体制的典型代表。二是内阁制。这是一种形式上由国家元首负责，实质上由政府总理（首相）负责的政府体制。在内阁制国家中，国家元首不负实际责任，没有行政实权。总理担负实际行政责任，并拥有行政实权。英国和日本等国是这种体制的典型代表。三是委员会制，又称合议制。政府的职能不是由一个行政首长行使，而是由一个委员会集体行使。在这种体制中，政府的行政权力由议会产生的行政委员会集体行使。委员会的组成成员地位平等，法律权限无大小之分。每个委员主持某一个部的工作，遇到重大问题，则由委员会集体讨论决定。委员会设主席一人，任期一年，由委员们轮流担任。主席只是负责主持会议和对外代表国家，没有其他任何特殊权力。委员制国家的行政机关由议会选举产生，并对议会负责，只有执行议会决议的义务，没有同议会抗衡的权利。这种体制的政府，以瑞士为典型代表。

2）非政府公共组织

非政府公共组织是依照国家法律，按一定规则建立并凭借其特有功能为社会提供各种服务的公共组织。

非政府公共组织在中西方都有久远的历史。早在 19 世纪中叶，欧洲就出现了慈善组织，通过开展救济活动向穷人提供政府提供不了的公共物品。在中国古代历史上，也存在着各种各样的民间结社，如先秦时的“会党”，宋代的“合会”、“义仓”，元明清时的“罗教”、“大成教”、“表帮”等，它们从事多种民间公益活动。当然，这些组织只在公共事务管理活动中起着小范围的辅助性作用。进入现代社会后，随着社会的发展和变化，在政府统一进行公共事务管理和为公众提供公共服务过程中，一些原先由政府行使的公共管理职能逐步转移、下放或还给非政府公共组织如某些社会团体、事业单位、社会中介组织甚至民办非企业单位行使。事实上，西方国家大量出现的志愿性团体、社区自治以及“治理”概念的提出都表明：“政府是公共管理活动的核心，但不是唯一的主体。相反，西方新公共管理运动的实践已经证明，政府承担的不少公共管理职能及具体内容，由非政府的公共组织来承担，不仅是可能而且是可行的，后者不一定比前者差。”[②]也就是说，在当代西方社会，非政府公共部门已经在公共事务管理中扮演着越来越重要的角色。

联合国国际标准产业分类体系将非政府组织分为三大类和 15 个小类。一是教育类组织，包括小学教育组织、中学教育组织、大学教育组织和成人教育组织等。二是医疗和

---

① 倪星，付景涛. 公共管理学[M]. 大连：东北财经大学出版社，2011：132-133.

② Haward Frant. Useful to Whom? Public Management Research, Social Science, and the Standpoint Problem [J]. International Public Management Journal, 1999, 2(2(A)): 315-326.

社会工作类组织,包括医疗保健类组织、兽医类组织、社会工作类组织。三是其他社区社会和个人服务类组织,包括环境卫生组织、商会和行业协会、工会、娱乐组织、图书馆、博物馆及文化机构、运动与休闲组织等。

3.1.5 公共组织的外部环境

公共组织只有不断地与其环境进行能量和信息交换,把投入转变为产出,才能持续生存和发展,实现组织目标,由此可见,公共组织是人类社会大系统中围绕公共事务形成的一个子系统,环境对公共组织各方面都有制约作用,它与外部环境的关系是其运行的重要支撑条件。从这个意义上说,公共组织环境是公共组织赖以存在和发展的外部条件的总和。

公共组织环境主要包括政治环境、经济环境、文化环境和技术环境四个因素。

1. 政治环境

政治环境直接对公共组织产生影响,对公共组织行为加以规范和引导。其基本要素包括政治体制、政治权力、国家结构、政府机构、政党制度、法律制度。

政治环境对公共组织的影响主要表现在以下几个方面。第一,政治体制确定了公共组织在社会政治生活中的地位和作用。第二,政治权力划分赋予公共组织或多或少的影响力和约束性,并勾勒出不同组织间的政治关系。第三,国家结构形式决定了各类公共组织的活动范围。第四,政府机构的设立意味着行政组织拥有超越其他公共组织的权力,在组织生态圈中属于强者。第五,政党制度使部分公共组织能够以强有力的集体行动参与公共决策。第六,法律制度是公共组织形成开展活动的依据,也是公共组织进行公共管理活动的权力来源,公共组织的任何活动都必须在宪法和法律的约束下进行。

2. 经济环境

经济环境对公共组织的动机和行为有重要的决定作用。任何公共组织的利益,归根到底都是经济利益,不同的经济利益是各种公共组织动机和行为的基础性动力。经济环境的基本要素主要包括经济体制、经济利益、经济实力、产业结构。

经济环境对公共组织的影响主要表现在以下方面。第一,经济体制决定公共组织的行为方式。在计划经济体制下,行政组织能够在更大范围内干预社会,在市场经济体制下,行政组织只能在有限范围内干预社会。第二,经济利益决定公共组织目标。不同组织都以维护自身经济利益为根本目的,因此,介入社会生产链的公共组织更侧重于实现效率目标,介入社会分配链的公共组织更侧重于实现公平目标。第三,经济实力是公共组织的权力来源。一般来说,经济实力强,组织对结构的每一次调整,都会带来社会资源和社会财富的重新配置,由此产生新的公共利益领域,迫使公共组织进行结构的重建或目标的重塑。

3. 文化环境

文化是公共组织行为方式的凝固化表现，文化环境对公共组织的影响相对政治环境和经济环境而言较迟缓，但是作用时间更长，组织变革必须在文化延续过程中进行。文化环境的基本要素包括认知、价值、意识形态、行为规范、道德传统等。

文化环境对公共组织的影响主要表现在以下方面。第一，认知水平决定公共组织对公共问题的确定和处理方式。第二，价值左右公共组织对待社会事务的态度。第三，意识形态使公共组织的政治、经济利益目标更加鲜明。第四，行为规范决定公共组织如何与其他组织以合法合理的方式进行沟通交流。第五，道德传统使公共组织能够不依靠国家强制力而自愿扮演特定社会角色，发挥角色功能。

4. 技术环境

技术本身是组织因素之一，制约着组织管理和活动的方式方法。技术环境的基本要素是经验技术、实体技术、知识技术。从技术形态与社会组织的互动历程看，农业技术支持着农业型组织，工业技术则支持着工业型组织，今天，信息技术的发展则从多个方面影响着公共组织的结构和行为，技术环境在组织环境子系统中的地位达到前所未及的高度。

信息技术环境对当下公共组织的影响主要表现在以下几方面。第一，信息技术的应用使组织结构模式出现"去中心化"的趋向。相对于传统大规模的集权化层级结构而言，"去中心化"组织指那些结构松散，内部部门彼此之间直接控制程度非常小的组织。组织最底层与最高层通过电子化沟通即可及时、方便地进行信息交流，不再需要传统上过多的管理层次，各级管理者的权力在缩小，基层的处方权得到扩大，"去中心化"的结果是大规模的集权化层级结构让位于扁平化网络。第二，互联网的出现使公共组织管理方式发生了变化，科层制的上级控制管理正逐步转向下级自我管理，质量小组、自发工作小组以及以项目为导向的组织日渐增多，并且出现了一种特殊形式的组织——虚拟组织，来自不同地区的成员通过互联网实现共同目标，组织管理者不得不实施"远程管理"，其工作主要是协调而不是直接下指令，甚至直到目标实现，管理者也未曾亲眼见过成员一面。第三，信息技术以及其他新技术的运用，改变了组织运行的物质依赖条件，组织过程得以缩短，效率大幅提升，适应性不断增强。第四，技术开发与创新的内在动力使组织内部分化出专门进行技术创新的新部门，创新、追求卓越成为组织管理者的职责，组织管理者具备越来越多的企业家精神。

3.2 当代中国的公共组织

在当代中国，公共组织同样包括政府组织和非政府公共组织两大类。但与西方国家相比，除了第三部门组织之外，我国非政府公共组织中还有事业单位这种形式。

3.2.1 中国政府组织

按管辖权力范围，我国政府组织从中央到地方分为五个层次，即国务院、省（自治区、直辖市）、市（州、盟）、县（县级市、旗）和乡（镇）。其中，国务院即中央人民政府，是最高国家权力机关的执行机关，是最高国家行政机关；其他四个级别的地方政府领导和管理所辖区域内公共事务，领导所属下级各行政机关。但直辖市的政府组织结构略有不同，直辖市以下设区或县，这个组织的级别与其他省或自治区的市（州、盟）相同；城区只有街道办事处这一派出机构，农村则设相当于其他省和自治区的县（县级市、旗）相同级别的镇。

1. 国务院的组成和职权

1）国务院的组成

国务院由总理、副总理、国务委员、各部部长、各委员会主任、审计长和秘书长组成。国务院总理的人选由国家主席提名，全国人民代表大会决定。国务院副总理、国务委员、各部部长、各委员会主任、审计长、秘书长的人选由国务院总理提名，全国人民代表大会决定。在全国人民代表大会闭会期间，根据国务院总理的提名，由全国人大常委会决定部长、委员会主任、审计长、秘书长的人选。国务院每届任期5年。总理、副总理、国务委员连续任职不得超过两届。国务院实行总理负责制，副总理、国务委员协助总理工作。国务院秘书长在国务院总理领导下，负责处理国务院的日常工作。各部、各委员会实行部长、主任负责制。国务院会议分为国务院全体会议和国务院常务会议。国务院全体会议由国务院全体成员组成，国务院常务会议由总理、副总理、国务委员、秘书长组成。总理召集和主持国务院全体会议和国务院常务会议。国务院工作中的重大问题，必须经国务院常务会议或者国务院全体会议讨论决定。

国务院除法定的组成部门外，还设有直属机构、办事机构等，这些机构的主要领导由国务院任免。但这些机构的工作作为国务院工作的组成部分，仍要接受全国人大及其常委会的监督。

2）国务院的职权

根据宪法的规定，国务院行使下列职权：①根据宪法和法律，规定行政措施，制定行政法规，发布决定和命令；②向全国人民代表大会或者全国人大常委会提出议案；③规定各部和各委员会的任务和职责，统一领导各部和各委员会的工作，并且领导不属于各部和各委员会的全国性行政工作；④统一领导全国地方各级国家行政机关的工作，规定中央和省、自治区、直辖市的国家行政机关的职权的具体划分；⑤编制和执行国民经济和社会发展规划和国家预算；⑥领导和管理经济工作和城乡建设；⑦领导和管理教育、科学、文化、卫生、体育和计划生育工作；⑧领导和管理民政、公安、司法行政和监察等工作；⑨管理对外事务，同外国缔结条约和协定；⑩领导和管理国防建设事业；⑪领导和管理民族事务，保障少数民族的平等权利和民族自治地区的自治权利；⑫保护华侨的正当权利，保护归侨和侨眷的合法的权利；⑬改变或者撤销各部、各委员会发布的不适当的命令、指示和规章；⑭改变或者撤销地方各级国家行政机关的不适当的决定和命令；⑮批准省、自治区、直辖市的区域划分，批准自治州、市、县、自治县的建置和区域划分；⑯依照法律规定决定省、自治区、直辖市范围内部分地区进入紧急状态；⑰审定行政机构的编制，依照法律规定任免、培训、考核和奖惩行政人员；⑱全国人民代表大会和全国人大常委会授予的其他职权。

2. 地方各级人民政府及其职权

1）地方各级人民政府的设置

根据宪法和地方组织法的规定，地方各级人民政府是地方各级国家权力机关的执行机关，是地方各级国家行政机关。省、自治区、直辖市、自治州、县、市、市辖区、乡、民族乡、镇设立人民政府。地方各级人民政府实行行政首长负责制，地方各级人民政府的省长、自治区主席、市长、州长、县长、区长、乡长、镇长都由同级人民代表大会选举产生，不是由选民直接选举产生。地方各级人民政府对本级人民代表大会负责并向其报告工作。县级以上的地方各级人民政府在本级人民代表大会闭会期间，对本级人大常委会负责并向其报告工作。地方各级人民政府对上一级国家行政机关负责并向其报告工作。地方各级人民政府都是国务院统一领导下的国家行政机关，服从国务院领导。

2）地方各级人民政府的职权

根据宪法和地方组织法规定，县级以上地方各级人民政府行使下列职权：①执行本级人民代表大会及其常委会的决议和上级行政机关的决定和命令，规定行政措施，发布决定和命令；②领导所属的各个工作部门和下级人民政府的工作；③改变或者撤销所属各工作部门的不适当的命令、指示和下级人民政府的不适当的决定、命令；④依照法律的规定任免、培训、考核和奖惩国家行政机关工作人员；⑤执行国民经济和社会发展计划、预算，管理本行政区域内的经济、教育、科学、文化、卫生、体育事业、环境和资源保护、城乡建设事业和财政、民政、公安、民族事务、司法行政、监察、计划生育等行政工作；⑥保护社会主义全民所有的财产和劳动群众集体所有的财产，保护公民私人所有的合法财产，维护社会秩序，保障公民的人身权利、民主权利和其他权利；⑦保护各种经济组织的合法权益；⑧保障少数民族的权利和尊重少数民族的风俗习惯，帮助本行政区域内各少数民族聚居的地方依照宪法和法律实行区域自治，帮助各少数民族发展政治、经济和文化事业；⑨保障宪法和法律赋予妇女的同男子同工同酬和婚姻自由等各项权利；⑩办理上级国家行政机关交办的其他事项。乡、民族乡、镇的人民政府依照宪法和地方组织法的规定，行使有关职权。

3.2.2 第三部门组织

在我国，第三部门包括在民政部门注册的社会团体、基金会、民办非企业单位及未注册的草根组织两种类型。本书将在第7章专门论述。

3.2.3 事业单位

事业单位是我国特有的公共组织，它随着计划经济体制的建立而出现，起着对部分公共事务进行管理的作用。虽然到目前为止，社会主义市场经济体制已在我国基本确立，但事业单位并没有因计划经济体制的解体而消失，至2011年年底，全国事业单位还有126万个，拥有工作人员超过3 000万人。而且，在我国公共管理的很多领域，事业单位依然是一个重要的管理主体。

1. 事业单位的内涵

事业单位这一概念是我国特有的提法。有学者考证，1955年第一届全国人大第二次会议《关于1954年国家决算和1955年国家预算的报告》首次在国家正式文件中使用了"事业单位"这一名词，并一直沿用至今。对事业单位概念的界定，存在着多种说法，这里列出较有代表性的几种。

(1) 1963年出台的《国务院关于编制管理的暂行办法(草案)》：事业单位是为国家创造或者改善生产条件，能促进社会福利事业发展，满足人民文化、教育、卫生等需要，经费由国家事业费开支的单位。

(2) 1965年《国家编制委员会关于划分国家机关、事业、企业编制界限的意见(草案)》：凡是直接从事为工农业生产和人民文化生活等服务活动、产生的价值不能用货币表现，属于全民所有制单位的编制，列为国家事业单位编制。

(3) 上海辞书出版社1980年版的《辞海》(缩印本)：事业单位是受国家机关领导，不实行经济核算的部门或单位，其所需经费由国库开支。

(4)《简明社会科学词典》(上海辞书出版社1982年版)：事业单位是从事教育、卫生等事业，非独立经济核算单位的部门或单位。由国家举办的事业单位，所需经费均由国库支出，收入也归国库，如学校、医院等。

(5) 1984年全国编制工作会议印发的《关于国务院各部门直属事业单位编制管理的试行办法》(讨论稿)：凡是为国家创造或者改善生产条件，从事为国民经济、人民文化生活、社会福利等服务的活动，不以为国家积累资金为直接目的的单位，可定为事业单位，使用事业编制。

(6) 1998年10月颁布的《事业单位登记管理暂行条例》：本条例所称事业单位，指为了社会公益目的，由国家机关举办或者其他组织利用国有资产举办的，从事教育、科技、文化、卫生等活动的社会服务组织。

(7) 成思危主编的《中国事业单位改革——模式选择与分类引导》：事业单位是为了社会公益目的，由各级政府、企业法人、社团法人或公民个人出资以及以上述法人和自然人的某种合资形式依法(《事业法》)举办的，依法自主运作，独立承担民事责任，从事教育、科技、文化、卫生、体育等方面的非营利性社会服务活动的独立法人。

归纳上述定义可以发现，事业单位这一概念具有如下特点。

第一，"事业单位"是在长期的社会主义建设实践中形成的，对非政府机关、企业组织、群众团体的社会公共服务型事业组织的一种约定俗成的名称。"事业单位"一词首先是在日常生活、政策文件中使用，并通过政策性的文件从管理的角度进行界定。之后，工具书编纂者、理论工作者从词语编纂、学术研究的角度对其进行了定义，但是"事业单位"一词的实践意义大于学术意义。随着事业单位的不断发展、变化、调整，管理者对事业单位范围的界定、事业单位管理内容与方式的不断变化，人们对事业单位的理解也不断变化。最突出的例子是1998年《事业单位登记管理暂行条例》、《民办非企业单位登记暂行条例》两个法规出台后，事业单位从法律意义上仅指国家事业单位。

第二，"事业单位"一词本身并不含有强调所有制、举办主体的意义，但事实上具有国有公办的性质。原因是计划经济体制下几乎所有事业单位都由国家举办、属于全民所有，少数集体所有制事业单位也大多按全民所有制事业单位进行管理。改革开放以后，由于民办事业单位不需要政府的编制、国家也不给财政拨款，非国有事业单位出现不断发展壮大的势头，这就需要将属于全民所有制(国有)事业单位与非国有事业单位区别开来进行管理。因此，改革开放后人们开始强调所有制、举办主体的意义。1982年出版的《简明社会科学词典》虽未直接从所有制角度定义、区分各类事业单位，但强调"由国家举办的事业单位，所需经费均由国库支出，收入也归国库"，暗示非国家举办事业单位的存在。此后，"集体所有制事业单位"、"个体所有制事业单位"、"民办事业单位"等概念的使用愈加频繁，在管理及研究中也愈加强调所有制、举办主体之分。1996年，国家正式以"民办非企业单位"取代"民办事业单位"概念(与第三部门的区分主要体现在是否营利上)。1998年《事业单位登记管理暂行条例》、《民办非企业单位登记暂行条例》两个法规出台，事业单位(即国家事业单位)、民办非企业单位(即民办事业单位)被明确分为两种组织，并分别在两个管理部门(编制管理机构与民政部门)进行登记。因此，从法律意义上说，事业单位仅指国有事业单位，而"民办事业单位"则获得新的名称、成为新的组织类型——民办非企业单位。经过几十年，转了一个大圈，事业单位的定义又回到计划经济时期的定义：国有、国办。但定义的基础不同：计划经济时期非国有事业单位微不足道，事业单位就是指国家事业单位；改革开放之后，事业组织举办主体、所有制形式多元化，必须强调国家事业单位与社会力量举办事业组织之别，有必要将国家举办的事业单位从全部事业组织中单列出来。当然，不少学者(包括公众)继续用事业单位(或公共事业组织等)称所有事业组织，但这属于学术探讨用语或日常口语而非法律定义。

第三,事业单位的核心特征——服务,从计划体制时代至今一以贯之地保持着并作为一种共识传承。从 20 世纪 60 年代的文件到 1998 年的两个登记管理条例均承认这点:1965 年 5 月 4 日发布的《国家编制委员会关于划分国家机关、事业、企业编制界限的意见(草案)》称事业单位"直接从事为工农业生产和人民文化生活等服务的活动"。《事业单位登记管理暂行条例》称事业单位是"社会服务组织",《民办非企业单位登记暂行条例》称民办非企业单位为"从事非营利性社会服务活动的社会组织"。服务意味着事业单位是提供服务的、持续性运作的实体性组织,这一特征将其与成员组织——社会团体、权力组织——党政机关、产品(商品)生产组织——企业组织区别开来。

第四,事业单位的活动领域相对稳定——以教育、科技、文化、卫生为主要活动领域。从计划经济的 20 世纪 60 年代到改革开放之初,再到明确建立社会主义市场经济体制、发展社会主义市场经济的 20 世纪 90 年代之后,无论政策性文件、学术论著、词典、《辞海》等工具书,还是 1998 年发布的两个登记管理条例及相关文件,均把事业组织活动领域定位在科教文卫等行业。正是这种活动领域的稳定性,使事业单位始终有特定空间维持其组织特征的连续性,并由此产生一个特定的概念:事业。在传统上,事业是一种行业性概念或行业集合概念,实际上事业指的就是事业单位活动的领域。

综合以上分析,可以把事业单位定义为:为了社会公共利益,国家机关举办或其他组织利用国有资产举办的,从事教育、科学、文化、卫生、体育等活动的社会服务组织。如国家举办的学校、医院、研究所、文化艺术团体、新闻机构、社会福利机构等。这类组织主要由政府举办,所需资金主要由财政提供,部分资金由其为社会服务所得收入予以补充,其基本功能是以自身的专业知识和技能为社会提供公共服务或公共产品,其服务或产品价格由政府制定,政府对这些组织实行必要的行政管制,由国家编制部门统一管理。目前的事业单位在数量上是仅次于企业的第二大社会组织,主要分布在教育、卫生、科研、文化体育、城市公共事业、社会福利等各个领域。其中,国有事业单位占 90%以上,非国有事业单位的比重不足 10%。由于大多数事业单位隶属政府部门,其使命是执行由政府决策所确定的公共服务,其权威间接来源于政府的公共行政权。需要指出的是,国外虽有类似的社会组织,但都没有这一称谓,一般把它包括在非政府组织、非营利组织、第三部门中。

2. 事业单位的构成

依据我国事业单位业务范围的传统划分与民政部发布的《民办非企业单位登记暂行办法》对民办非企业单位的登记申请分类规定,可大致确定事业组织的活动领域(表 3-1)。

表 3-1　事业单位活动领域

事业单位	民办非企业单位
1. 教育事业	1. 教育事业
2. 科研设计事业	2. 科技事业
3. 文化艺术事业	3. 文化事业
4. 新闻出版广播电视事业	4. 卫生事业
5. 卫生事业	5. 体育事业
6. 体育事业	6. 劳动事业
7. 农、林、牧、水事业	7. 民政事业
8. 城市公用事业	8. 社会中介服务业
9. 社会福利事业	9. 法律服务业
10. 机关附属事业	10. 其他
11. 其他事业	

通过表3-1所列活动领域，可以确认事业组织涉及的业务活动皆属广义社会服务领域。其实，关于这一点，有关法律已做明确肯定：《事业单位登记管理暂行条例》第二条规定“事业单位是从事教育、科技、文化、卫生等活动的社会服务组织”；《民办非企业单位登记暂行条例》规定“民办非企业单位是从事非营利性社会服务活动的社会组织”。服务是事业组织区别于政府、政党等政治组织与企业等经济组织的重要特征。通过进一步的分析，可以发现事业组织的活动领域有以下四个特点。

第一，事业单位活动领域极为广泛，但重点是教育、科研、文化、卫生等领域。事业单位服务的内容也很丰富，包括为生产服务，为改善人民文化生活服务，为增进社会福利服务等涉及整个社会的各个领域与方面。20世纪90年代初，在我国国民经济行业十三个部门的分类中，事业单位相对集中在第三、七、八、九、十部门，并且广泛分布在非工业的其他八部门中。其中，教育事业单位人数最多，有1 248.8万人，约占总数的49.3%；卫生、科研、文化、农、林、牧、水利、城市公共事业依次排在后面。据20世纪90年代后期的统计，我国由各类国家机关（包括党群机关）举办的事业单位约114万个，人数达2 846万人，其中教育事业单位人数为1 282万人，占45%；医疗卫生事业单位人数为381.7万人，占13.4%；农、林、水事业单位人数为320万人，占11.25%；科研事业单位人数为94.5万人，占3.3%；文化艺术事业单位人数为59.7万人，占2%。前后比较，变化不大。因此，尽管事业单位的活动领域十分广泛，重点却是教、科、文、卫等传统所谓的文教部门。

第二，民办非企业单位的活动领域与事业单位相似，但事业单位活动领域比民办非企业单位更广泛，服务内容也更丰富。从表 3-1 所列事业领域可以看出：民办非企业单位涉及的领域与事业单位涉及的领域相近（民办非企业单位第 6 类劳动事业、第 8 类社会中介服务业、第 9 类法律服务业在事业单位中可大致属于第 1 类教育、第 11 类其他等门类）；但民办非企业单位涉及的领域，事业单位全部涉及，而事业单位从事的部分活动，民办非企业单位不能涉及，因此，民办非企业单位活动领域小于事业单位活动领域。究其原因，一是政策对民办非企业单位活动领域限制过严，包括新闻、广播电视、气象等公共事业领域目前尚未或尚未全部对民办非企业单位开放；二是由于民办非企业单位是新生事物，正式为我国法律承认的时间不长，与经历了几十年计划体制培育并长成参天大树的事业单位相比，民办非企业单位只不过是一株幼苗，受环境、自身能力的限制，还不能把枝叶伸展得太远，活动领域小也属正常。

第三，民办非企业单位的内部结构与事业单位相近。事业单位的重点活动领域是教、科、文、卫等传统的所谓“文教部门”，而民办非企业单位也以教育、卫生、文化、民政等为重点活动领域。据国家民政部统计，到 2011 年，全国共有民办非企业单位 20.4 万个。其中：科技服务类 10 956 个，生态环境类 846 个，教育类 104 894 个，卫生类 21 573 个，社会服务类 31 750 个，文化类 8 827 个，体育类 7 700 个，商务服务类 6 897 个，宗教类 169 个，国际及其他涉外组织类 36 个，其他 10 740 个。

第四，事业组织涉及的领域并非事业组织专有领域，其他类型的组织（特别是企业）也在其间活动。除教育事业国家法律明确规定“任何组织和个人不得以营利为目的举办学校及其他教育机构”外，其他领域基本是处于事业组织与企业组织共存状态。当然，某些领域（如卫生）是以事业组织为主，某些领域事业组织与营利企业组织各占半壁江山（如文化），某些领域（如交通等）以企业为主。

事业组织的活动领域尽管相对集中、稳定，但除教育等少数事业外，非事业组织也在其中扮演重要角色，因此，仅凭活动领域、从事“社会服务”这一标识尚不能把事业组织与其他组织区分开来。

3. 事业单位分类改革

当前，我国正处于全面建设小康社会的关键时期，加快发展社会事业，满足人民群众公益服务需求的任务更加艰巨。面对新形势新要求，我国社会事业发展相对滞后，一些事业单位功能定位不清，政事不分，事企不分，机制不活；公益服务供应量不足，供给方式单一，资源配置不合理，质量和效率不高；支持公益服务的政策措施还不够完善，监督管理薄弱。这些问题影响了公益事业的健康发展，迫切需要通过分类推进事业单位改革加以解决。从党的十四大提出事业单位分类改革的目标算起，中国特有的“事业单位”改革已经走过了 19 年历程。2011 年 3 月，中共中央、国务院出台《关于分类推进事业单位改革的指导意见》把事业单位改革推向攻坚阶段，并提出了较为彻底的改革目标：到 2020 年，建立起功能明确、治理完善、运行高效、监管有力的管理体制和运行机制，形成基本服务优先、供给水平适度、布局结构合理、服务公平公正的中国特色公益服务体系。

1）事业单位类别

“行政的归行政，市场的归市场”，是对我国事业改革原则的通俗说法。改革的整体思路是：首先在清理规范现有事业单位基础上，按照社会功能将现有事业单位划分为承担行政职能、从事生产经营活动和从事公益服务三个类别。承担行政职能的单位，其行政职能逐步被划归行政机构或其自身被转为行政机构；从事生产经营活动的单位，逐步被转为企业；从事公益服务的单位，继续被保留在事业单位序列，强化其公益属性。改革后的事业单位，即从事公益服务的事业单位，应成为建设服务型政府的重要组织支撑，成为提供基本公共服务的主力军，以实现政府公共服务的核心职能。

特别需要指出的是，今后不再批准设立承担行政职能的事业单位和从事生产经营活动的事业单位。而对于从事公益服务的事业单位，也要进行细分。根据职责任务、服务对象和资源配置方式等情况，将从事公益服务的事业单位分为两类：从事义务教育、基础性科研、公共文化、公共卫生及基层的基本医疗服务等基本公益服务，不能或不宜由市场配置资源的单位，划入公益一类；从事高等教育、非营利医疗等公益服务，可部分由市场配置资源的单位，划入公益二类。具体由各地结合实际研究确定。

2）行政职能事业单位改革

根据国家有关法律、法规和中央有关政策规定，按照是否主要履行行政决策、行政执行、行政监督等职能，从严认定承担行政职能的事业单位，是进行该类事业单位改革的基础。

即使同属行政职能事业单位，也要分不同情况对其实施改革。应结合行政管理体制改革和政府机构改革，特别是探索实行职能有机统一的大部门体制，推进承担行政职能的事业单位改革。涉及机构编制调整的，不得突破政府机构限额和编制总额来调整，主要通过行政管理体制和政府机构改革中调剂出来的空额逐步解决。对部分承担行政职能的事业单位，要认真梳理职能，将属于政府的职能划归相关行政机构；职能调整后，要重新明确事业单位职责、划定类别，工作任务不足的单位予以撤销或并入其他事业单位。完全承担行政职能的事业单位，可调整为相关行政机关的内设机构，确需单独设置行政机构的单位，要按照精简效能的原则设置。已认定为承担行政职能但尚未调整到位的事业单位，在过渡期内继续按照现行法律、法规和政策规定履行职责，使用的事业编制且只减不增，其人事、财务、社会保险等依照国家现行政策规定实施管理。

3）从事生产经营活动事业单位改革

从事生产经营活动事业单位改革的总的原则是：推进转企改制。要周密制定从事生产经营活动事业单位转企改制工作方案，按照有关规定进行资产清查、财务审计、资产评估，核实债权债务，界定和核实资产，由同级财政部门依法核定国家资本金。转制单位要按规定注销事业单位法人，核销事业编制，进行国有资产产权登记和工商登记，并依法与在职职工签订劳动合同，建立或接续社会保险关系。事业单位转企改制后，要按现代企业制度要求，深化内部改革，转变管理机制，并依照政企分开、政资分开的原则，逐步与原行政主管部门脱钩，其国有资产除国家另有规定外，由履行国有资产出资人职责的机构负责。

为了将从事生产经营活动事业单位改革工作做好，要完善过渡政策。为平稳推进转制工作，可给予该类单位过渡期，一般为 5 年。在过渡期内，对转制单位给予适当保留原有税收等优惠政策，原有正常事业费继续拨付。在离退休待遇方面，转制前已离退休人员，原国家规定的离退休费待遇标准不变，支付方式和待遇调整按国家有关规定执行；转制前参加工作、转制后退休的人员，基本养老金的计发和调整按照国家有关规定执行，保证离退休人员待遇水平平稳衔接。在医疗保障方面，离休人员继续执行现行办法，所需资金按原渠道解决；转制前已退休人员，转制后继续按规定享受职工基本医疗保险、补充医疗保障等待遇。有条件的转制单位，可按照有关规定为职工建立补充医疗保险和企业年金。要进一步做好离退休人员的服务管理工作。

4）从事公益服务事业单位改革

公益服务事业单位是今后将长期保留的，但必须强化事业单位公益属性，进一步理顺体制、完善机制、健全制度，充分调动广大工作人员的积极性、主动性、创造性，真正激发事业单位生机与活力，不断提高其公益服务水平和效率，促进公益事业的发展，切实为人民群众提供更加优质高效的公益服务。

第一，在管理体制上，应实行政事分开，理顺政府与事业单位的关系。行政主管部门要加快职能转变，创新管理方式，减少对事业单位的微观管理和直接管理，强化政策法规、行业规划、标准规范的制定和监督指导等职责，进一步落实事业单位法人自主权。对面向社会提供公益服务的事业单位，积极探索管办分离的有效实现形式，逐步取消其行政级别。对不同类型事业单位实行不同的机构编制管理，科学制定机构编制标准，合理控制总量，着力优化结构，建立动态调整机制，强化监督管理。

第二，建立并健全法人治理结构。面向社会提供公益服务的事业单位，应探索建立理事会、董事会、管委会等多种形式的治理结构，健全决策、执行和监督机制，提高运行效率，确保公益目标的实现。不宜建立法人治理结构的事业单位，要继续完善现行管理模式。

第三，深化人事制度改革。事业单位应以转换用人机制和搞活用人制度为核心，以健全聘用制度和岗位管理制度为重点，建立权责清晰、分类科学、机制灵活、监管有力的事业单位人事管理制度，加快推进职称制度改革。不同类型事业单位应实行不同的人事管理，依据编制管理办法分类设岗，实行公开招聘、竞聘上岗、按岗聘用、合同管理。

第四，深化收入分配制度改革。应以完善工资分配激励约束机制为核心，健全符合事业单位特点、体现岗位绩效和分级分类管理要求的工作人员收入分配制度。结合规范事业单位津贴补贴实施绩效工资，进一步做好义务教育学校、公共卫生与基层医疗卫生事业单位实施绩效工资工作；对其他事业单位按照分类指导、分步实施、因地制宜、稳慎推进的原则，实施绩效工资制度。各地区各部门要根据改革进程，探索对不同类型事业单位实行不同的绩效工资管理办法，分步实施到位。同时完善事业单位工资正常调整机制。

第五，推进社会保险制度改革。完善事业单位工作人员参加基本养老、基本医疗、失业、工伤等社会保险的制度，逐步建立起独立于单位之外、资金来源多渠道、保障方式多层次、管理服务社会化的社会保险体系。事业单位工作人员基本养老保险由社会统筹和个人共同负担，个人缴费全部记入个人账户。养老保险基金单独建账，实行省级统筹，基本养老金实行社会化发放。实行“老人老办法、新人新制度、中人逐步过渡”的政策，对改革前参加工作、改革后退休的人员，妥善保证养老待遇水平平稳过渡、合理衔接，保持国家规定的待遇水平不降低。建立事业单位工作人员职业年金制度，同时统筹考虑企业、事业单位、机关离退休人员养老待遇水平。

第六，加强对事业单位的监督。建立事业单位绩效考评制度，将考评结果作为确定预算、负责人奖惩与收入分配等的重要依据。加强审计监督和舆论监督。面向社会提供公益服务的事业单位要建立信息披露制度，重要事项和年度报告要向社会公开，涉及人民群众切身利益的重大公益服务事项要进行社会公示和听证。

【本章小结】

现代社会中的主要组织包括公共组织和非公共组织。公共组织就是以管理社会公共事务、提供公共产品和公共服务、维护和实现社会公共利益为目的，协调利益关系、提供公共服务、管理公共事务、维护公共利益的拥有法定的或授予的公共权力的所有组织实体。它以管理社会公共事务、维护和实现公共利益为基本职责；不以营利为目的，目标不易计量；通过行使公共权力来管理公共事务；活动必须依法进行并受到高度监督；体现出较强的政治性倾向，行为具有强制性和权威性。公共组织运行时需要具备物质要素和精神要素，物质要素包括人员、经费和物资设备，精神要素包括目标、权责结构和文化系统。在结构形式上，公共组织有纵向和横向之分，纵向结构形成公共组织的层级制，横向结构形成公共组织的职能制；在具体表现形态上，公共组织有直线制、职能制、直线职能制和矩阵制四种。

公共组织包括政府和非政府公共组织两种，如果把政府组织称为传统的第一部门或公部门，以实现私人利益为目标的企业称为私部门，介于两者之间、既非政府单位又非一般私营企业的非政府公共组织应被称为第三部门。除此之外，在我国还存在一种既非政府组织，又不宜划入西方国家意义上的第三部门范围的公共组织——事业单位，由于历史的原因，事业单位还承担着部分公共管理的任务。政府是国家的行政管理机关，基本职能是维持和处理社会公共事务。现代国家组建政府主要有总统制、内阁制和委员会制三种形式。非政府公共组织自古有之，且在当代社会公共事务管理活动中起着越来越重要的作用。

事业单位是极具中国特色的公共组织，在当代中国的公共管理变革中，事业单位改革和发展成为一个关系全局的重要内容。当前，我国正大力推进分类改革，按照社会功能将现有事业单位分为承担行政职能、从事生产经营活动和从事公益服务三个类别进行有区别的改革，目的是建立功能明确、治理完善、运行高效、监管有力的管理体制和运行机制。

【核心概念】

公共组织（public organization）

政府（authority）

事业单位（institution unit）

非政府公共组织（non-government public organization）

【思考题】

1. 公共组织具有哪些特征？
2. 如何理解公共组织纵向结构和横向结构的基本特点？
3. 简述我国政府组织的构成及职权。
4. 分析我国事业单位及其管理体制的形成原因、存在问题及其如何进行分类改革。

【扩展阅读】

对组织以及公共组织的系统知识，朱国云的《组织理论：历史与流派》（南京大学出版社 1997 年版）提供了较为详细的介绍。聂平平和尹利民主编的《公共组织理论》（武汉大学出版社 2009 年版）是一本全面阐述公共组织理论的著作，阅读该书可以更深入地把握当代公共组织理论和实践。关于我国事业单位改革的理论分析，庄序莹等著的《事业单位改革与发展》（上海财经大学出版社 2009 年版）是近年来较有影响力的一本专著。

第 4 章

政府角色与政府改革

【学习目标】

在本章的学习中，需要掌握政府扮演的角色以及当代政府的改革方向。政府与市场的关系是定位政府角色的一条主线，在划清市场失灵与政府失灵的范围后，需要重点把握市场经济条件下政府应当履行的基本职能，并了解政府角色的历史演变过程。同时，围绕政府角色转变的客观要求，把握当代政府改革的特点与趋势，并对当前我国政府改革情况有基本了解。

在公共行政学产生与发展的过程中，研究和探讨的主体自始至终都是政府，公共管理学的兴起也是发端于对政府角色及其管理职能的争论，"政府是什么"、"政府应该做什么"等问题始终是公共管理学探讨的焦点。当前，各国政府都在致力于迎接全球化、国际竞争加剧和科技的迅速发展所带来的新挑战。尤其是在面临人口老龄化、自然资源枯竭、环境问题和突发性公共危机增加等一系列棘手问题时，政府应基于何种立场、扮演什么角色、以怎样的手段才能更加有效地管理公共事务，达到"善治"的目的，已经成为当下各国政府探寻的重要议题。

4.1 政府角色

社会中的角色，指个人或组织在特定的社会环境中相应的社会身份和社会地位，这些个人或组织按照一定的社会期望，运用一定权力来履行相应社会职责。在不同的时期，人们对政府角色的认识有很大不同，但这些差异主要是围绕政府与市场的关系来展开的。

4.1.1 政府与市场关系：政府角色定位的主线

1. 市场失灵

市场经济作为一种基本的资源配置方式，始终处在不断发展变化的过程之中，人们对市场经济的认识也在不断发展和深化。古典政治经济学的创始人亚当·斯密认为资本主义的发展“受着一只‘看不见的手’的指导”，在市场的自发作用下，当每个人为追求自己的目标而努力的时候，它就像被一只“看不见的手”指引着去实现公共利益。因此，政府应放任经济自由发展，依靠市场自发调节。亚当·斯密在主张由“看不见的手”充当社会经济主要调节器的同时，认为政府的经济职能是有限的，无非是充当一个经济上的“守夜人”的角色。市场机制广泛地发挥作用，给资本主义经济带来了空前的繁荣与进步。但随着资本主义向其高级阶段的发展，种种难题也随之出现，而且是市场本身无法克服的问题，这就是所谓的“市场失灵”。

西方经济学家在对资本主义经济发展历程进行回顾和总结时，认为市场机制的全面运行空前地调动了人类的创造力与生产力，积累起巨额的财富与资本，然而人类为此付出(从自然、社会到人文)的代价，也是空前的。这种代价的增迭，曾一次次造成资本主义社会的困厄与危机，即那种并非由“看不见的手”可以回春的恶疾。这些困厄与危机，一次次缓解或“化凶为吉”，在他们看来，首先是得力于“看得见的手”，即政府对市场的干预。

虽然市场机制可以有效地配置资源，但它不是万能的，市场机制发挥最佳功能所依赖的市场条件在现实经济生活中无法实现。即使是在完善的市场信息和完全的市场竞争条件下，能够使资源配置实现帕累托效率最优化，也不能保证这种符合帕累托效率原则的资源配置同时符合整个社会的公共利益。资本主义市场经济发展过程中的大量事实证明了这一点。市场竞争必然会导致垄断产生，宏观经济的波动也使完全竞争的条件难以实现，在社会公众收入分配等领域，即使完全的市场竞争也不能解决收入分配不公正的问题，仅仅依靠“看不见的手”来调节市场，必然导致市场失灵。为弥补市场失灵，政府这只“看得见的手”必须要在经济调节中发挥作用。正如美国著名经济学家斯蒂格利茨所指出的：市场之所以出现失灵现象，是因为没有人对市场负责。资源配置的决定是由成千上万不同的企业做出的，从而造成了重复生产和无效率。所以，一般而言，如果没有政府干预，就不能实现有效的市场配置。

2．政府干预

由于市场机制对经济活动进行调节时存在缺陷，并会导致经济秩序的失衡而最终出现市场失灵，把政府当成“看得见的手”来调节经济活动的思路应运而生，并形成相应的理论认识。按著名经济学家保罗·萨缪尔森的解释：当今没有什么东西可以取代市场来组织一个复杂的大型经济。问题是，市场既无心脏，也无头脑，它没有良心，也不会思考，没有什么顾忌。所以，要通过政府制定政策，矫正市场带来的经济缺陷。也就是说，政府干预的直接目的不是取代市场，取消市场机制对于配置资源的基础性作用，而是要通过有针对性的干预和引导，补充市场调节的不足，促使市场机制充分发挥良性功能。

按照欧文·E.休斯的观点，绝大多数政府干预可以通过以下四种工具实现①：一是

① [澳]欧文·E.休斯.公共管理导论[M].张成福等译.北京：中国人民大学出版社，2007：95.

供应，即政府利用公共财政直接提供非市场化的商品与服务，包括道路、防务、教育、卫生以及社会保障等，这是政府干预的主体部分；二是补贴，即政府通过资助私人经济领域的某些个人以生产政府所需的商品或服务，补贴的范围包括农业、工业、私人公共交通或私立学校等，这实际上是供应的补充手段；三是生产，即政府生产在市场上出售的商品和服务，与政府供应不同，生产无关乎政府预算，且使用者必须付费，也就是政府组建公共企业直接参与市场竞争；四是管制，即政府运用国家的强制性权力，允许或禁止私人经济领域的某些活动，如征收关税、颁发许可证照以及管制劳动力市场，管制可以是经济管制也可以是社会管理。

3. 政府失灵

然而随着政府干预的加强，政府干预的局限性和缺陷也日益显露出来，政府财政赤字与日俱增，政府规模扩张，大量政府开支落入特殊利益集团的私囊，政府的社会福利计划相继失败，经济停滞膨胀。这种景象被称为“政府失灵”。需要指出的是，“政府失灵”理论是公共选择学派的理论前提，而公共选择理论正是克服了西方主流经济学主要研究经济市场上的供求行为及其相应的经济决策而把政治因素当做经济决策的外生变量的局限性，将经济学的分析方法运用到政治市场的分析当中，向我们打开了政府这个黑匣子，目的在于揭示“政府失灵”并试图克服政府干预的缺陷。

所谓政府失灵，是指个人对公共物品的需求在代议制民主政治中得不到很好的满足，公共部门在提供公共物品时趋向于浪费和滥用资源，致使公共支出规模过大或者效率降低，政府的活动并不总像应该的那样，或像理论上所说的那样“有效”。其表现主要体制在以下几方面。第一，决策有较大的盲目性。政府全面而科学地决策的前提是信息的完备和准确，但是，从经济上讲获取信息需要付出一定的代价，从技术上讲信息是在无数分散的个体行为者之间发生和传递的，因此，对所有信息全部占有和准确处理是不可能的。这样，政府决策的盲目性就必然会出现。第二，存在严重的官僚主义。政府的调节是一种“事前”的调节，带有很大的预测性和计划性，而政府的调节决策又是“集体”决策的结果，因此，在失误面前往往首先寻找种种主观和客观理由开脱政府及其公务人员的责任，避开政治市场的惩罚。由于对决策后果无须承担相应的责任，那么，低效、随意等官僚主义的表现就不可避免。第三，存在滥用权力的倾向(寻租)。在政治市场上，公务人员追求权力的努力远比建立相互交换关系的努力更为有利可图。虽然法律上对政府行为规定了一定的约束条件，但是，公务人员所表现出来的对权力运用的偏好和冲动丝毫没有削弱，追求公共资源的局部目标和扩大权力运用的倾向同时在不断强化。第四，政府部门有扩张的内在动机。组成政府的政治个体的自利特性，决定了政府部门有一种内在的超编和超支的扩大倾向。政府部门会千方百计地通过各种关系试图增加本部门的财政预算，并且很不负责任地将预算花掉，造成公共资源的浪费。第五，公共产品的供给低效率或无效率，且只能满足中间峰值偏好。

针对以上问题,公共选择理论从平衡政府与社会关系的角度提出了以下解决思路。第一,理性选择组织类型。传统公共行政模式过分依赖官僚组织来提供公共服务,但是,私人企业、非营利性公共机构、半独立性公共公司和政府官僚机构等各种类型的组织都可以提供公共服务,而特定情况下对特定的服务来说,某一类组织会比其他组织干得更好,由此产生了组织类型的理性选择问题。第二,强化个人选择权。对于公共服务,也可以引入竞争机制来使公民获得类似市场的选择权,就像顾客通过对产品的选择决定企业命运一样,公民对服务机构的选择可以决定单个公共机构的存亡,这必然迫使公共机构改善服务以获得更多的"顾客"。第三,分权化。为了使公民获得真正的自由选择机会,应该通过分权达到"权威分割"的目的,并允许不同组织在职能和管辖区域上有所交叉重叠。第四,公共服务组织小规模化。用小而多代替大而少,以便公民能有更多的选择。第五,自由化。主要是放松对市场和社会的管制。[①]

由于公共选择理论已经触及并提出了公共行政改革的几个关键问题,有的学者将它归入新公共管理理论发展的第一个理论阶段。在实践中,官僚制政府的改革要求也主要针对政府失灵而集中爆发。因此,公共选择理论在一定程度上已经对当代政府的角色做了一个较好的定位,之后的公共管理理论虽然对此做了更充分的阐述,但其基调还是基本未变。

4. 当代市场经济条件下政府的角色定位

经过市场失灵与政府失灵的讨论,人们逐渐认识到,在当代政治经济和文化条件下,政府在市场经济中应扮演以下角色[②]。

(1) 提供经济运行的基础框架。政府应为现代市场体系的正常运转提供必需的制度、规则和安排,包括对财产权的确认和保护,合同的执行,为货币、度量衡、公司章程、破产、专利、版权提供标准,以及维护法律、秩序和关税体制。现代经济社会也是政治社会,离开政治体制为其制定的游戏规则和经济生活的框架,经济体制根本无法运行。合同具有法律约束力是由于政府为其制定法律并最终由国家强制力予以保障。可能除了关税制度以外,人们对于将以上几项作为政府的职能似乎并无异议,因为关税是出于保护本国产业而向某类进口商品征收额外的追加款,但这种做法是否为明智之举,是否具有经济上的正当性,而自由贸易是否将会更有利于本国经济的发展,这些问题目前都还存在争论。

(2) 提供各种公共物品和服务。由于公共物品的特性,有些有益于社会整体的公共物品对个人而言很难根据其使用数量付费。一旦将它提供给某个人,就等于向整个社会提供。这些商品包括国防用品、道路和桥梁、航行救援用品、防洪用品、清理下水道用品、交通管理系统用品以及其他基础设施。许多项目因其应用的广泛性、不可分割性以及非

---

① 王乐夫,蔡立辉.公共管理学[M].北京:中国人民大学出版社,2008:62-63.

② 方虹.公共管理[M].北京:中国劳动社会保障出版社,2005:95-98.

排他性而被界定为公共物品。需要政府干预并不意味着一定要政府直接供应，政府可以通过行政化或市场化的手段来实现某商品的有效供应。

(3) 协调和解决社会冲突。政府得以存在的一个基本原因在于解决或消除社会中的各种冲突，维护正义、秩序和稳定。无论在何种社会，社会冲突都不可避免。而且不管冲突的原因是什么，政府都应致力于冲突的解决。例如，政府在经济上可以采取保护弱者，抑制强者的行动；同时，政府亦可以通过制定儿童劳动法、最低工资法和劳工补偿计划等以平等取代剥削。

(4) 维护有序竞争环境。竞争在放任自流的市场中并不能持续进行，因此需要政府干预以确保竞争的真正实现。离开政府的控制，自由企业制度的优越性将无从体现。不受限制的竞争可能反而会导致对竞争的破坏，而竞争者也完全可能会通过合并或串谋来结束竞争。如果缺乏适度的管制，一些公司会对其他企业进入该产业进行限制，并自行制定商品价格。企业抱怨政府干预过多实际上是一个悖论，政府的行为——包括制定证券交易法、公司法、公平交易法、仲裁法、反垄断法和消费者保护法——对维护和增进私营部门的竞争是必不可少的。

(5) 保护自然资源。我们不能仅依赖竞争性力量来防止资源浪费、保护自然环境并确保后代的利益不受损。市场活动对环境造成的破坏市场失灵的例证，只有政府才能缓解这种对环境的破坏。以控制汽车对环境造成污染为例，政府的行动是制定某些管制性标准，具体包括为汽车制造和行使制定规则、设定污染指标、禁止机动车辆在某些区域内行驶，以及对不符合一系列标准的车辆进行年检等，而这些行为的实施则是以政府的强制性权力为基础的。

(6) 为个人提供获得生活资料的最低条件。市场运作有时会导致某些残酷的或社会难以接受的结果，如贫困、失业以及营养不良等。这是就对人们的影响而言的，而有一部分人则会由于疾病、年迈、没有文化或其他某些原因而被排除在市场经济之外。除了最极端的经济理性主义者之外，所有人一致认为减少贫困是政府的合理职能，但他们在政府扶持的程度、总体成本，以及可能存在社会成本的某些特殊计划等问题上却常常难以达成一致。尽管人们对某些具体的福利项目有很大的争议，但一般仍将减少贫困和提供社会福祉看做政府的合理角色。

(7) 保持宏观经济的稳定。市场经济虽然可以在微观层次有效地调节供求关系，但在保持国民经济的平稳运行的宏观方面，它就显得力不从心了。这就需要公共部门尤其是政府直接调控。政府可以通过制定财政预算、货币政策以及对工资和物价的调控等政府行为缓和各种矛盾。虽然政府行为并不完善，甚至有时是错误的，但社会依然认为政府必须对国家经济负责，而且社会还普遍对政府抱有期望，认为它应该解决任何问题。

(8) 促进社会公平。伴随市场经济制度产生的收入分配差距、贫富两极分化、地区之间的发展不平衡、弱势群体等问题，及失业、贫困、养老、医疗、教育和社会冲突等更严重的社会风险，也只有依靠政府部门才能解决。其中减少和消除贫困是政府促进和实现社会公平的首要任务。为此，政府首先要执行收入的再分配计划，通过转移支付等手段来调节收入分配的差距；其次政府要建立和完善社会保障制度，通过失业救助、退休和抚恤制度、福利制度等手段来解决弱势群体问题；最后政府还要组织公共物品的供给，通过提供卫生保健、基础教育、养老和医疗保险等基本服务来保障弱势群体的生活质量。当然，这些任务的完成都要以强大的财力为后盾，而财力的支持和来源自然是税收，税收使政府解决社会公平问题成为了可能。

需要指出的是，上述的几项职能具有普遍性，适用于绝大多数国家和地区。其中有些职能源于市场失灵的存在，如提供商品、保护环境，但也有些职能与市场失灵无关。

4.1.2 政府角色的演变

1. 资本主义国家政府角色的演变

在西方社会过去数百年的风风雨雨中，政府的作用时盛时衰。政府角色的这种变化，实质是政府与市场的博弈。在不同的历史时期，政府与市场的划分不同，政府所扮演的角色不同，其权力和干预方法也不尽相同。

1）自由主义理论下的政府职能——经济社会的“守夜人”

自由主义的政府职能理论的主题是：政府要尽可能少地干预经济。西方人这一传统可谓源远流长，政治学上可追溯到17世纪的古典自由主义思想。早在300多年前，洛克就在其1690年出版的《政府论》中提出，政府的目的是保护人们的财产①。之后，英国古典自由主义思想家亚当·斯密从利己主义人性论出发构筑了经济自由主义的理论体系。他认为社会个体在自利动机驱使下进行分工劳动，政府只需充当“守夜人”，“只有三个应尽的义务……第一，保护社会，使之不受其他独立社会的侵犯。第二，尽可能保护社会上各个人，使之不受社会上任何其他人的侵犯或压迫，即要设立严正的司法行政机关。第三，建设并维持某些公共事业及某些公共设施”。②

总之，古典自由主义在政府职能问题上倡导“有限政府”论。这一理论的核心观点是：政府是人们为了避免自然状态的种种不便，自愿缔结契约而产生的；政府的权力是人们为了保证自己和他人的权利不受非法伤害而自愿让渡的，因此，它是个人在自然状态下所拥有的权力的一个子集，是有限的，绝对不会超越自然状态下个人所拥有的权力。政府应对社会经济实行不干涉政策，给予个人和企业最大限度的自由，政府的主要职责应当集中在

---

① [英]洛克. 政府论(下)[M]. 叶启芳译. 北京：商务印书馆，1964：80.

② [英]亚当·斯密. 国民财富的性质和原因的研究(下卷)[M]. 郭大力，王亚南译. 北京：商务印书馆，1974：254、272、284.

保障个人最大程度的自由及其私有财产权的安全等方面。

2）福利国家——确立国家对公民所承担的责任

随着 20 世纪 30 年代资本主义经济大危机的出现，自由主义遭到摒弃，凯恩斯主义逐渐受到重视，福利国家的主张得到拥护，政府开始在稳定经济和缓解社会问题等方面扮演重要角色。

尽管福利政策确实使普通社会民众受益，但这并不代表福利国家不会遭到非议。这种试图将政治重新置于经济之上，并强烈反对自由放任的经济体系存在三个问题。首先是财政问题，因为福利国家的政策使各国面临的财政压力越来越大。支持福利计划必须谋得资金，这最终导致对经济体系所生产出来的财富征收赋税。其次，与第一个问题相关的是，这样一种政治计划必须依赖于广泛的政治支持，而在 20 世纪 70 年代末期和 80 年代要获得这样的支持已不再像原来那样容易了。最后，发达资本主义国家当时普遍出现的"滞胀"现象以及福利国家暴露出的诸多问题，使得人们反思凯恩斯理论以及其他的国家干预学说，自由主义再度兴起，新古典主义学派开始重新占据统治地位，并倡导要重新回到以亚当·斯密的理论为基础的更具活力的经济社会。

3）新自由主义——政府角色最小化

新自由主义的政府职能理论是在西方国家职能事实上已经极大扩展的情况下产生的，它们继承了古典自由主义的基本传统，针对政府干预的弊端，主张把政府职能控制在最小的范围内，充分发挥市场机制的作用。

货币主义的代表人物、美国经济学家弗里德曼在多本著作中，表达了自己对国家干预主义和福利国家的看法。弗里德曼指出，西方国家干预的实践并不成功，它的实际效果与预期效果之间有着相当大的差距：正是国家的干预活动阻碍了市场的健康发展，导致了西方经济"滞胀"现象的出现；各种福利措施造成极大的浪费，降低了人们的工作积极性；更为重要的是，国家干预的过程中还包含着对公民个人自由的限制。[①] 因此，政府的干预必须减少而不是增多，它的主要职能在于"防御外来敌人的侵略，确保我们的每一同胞不受其他人的强迫，调节我们内部的纠纷，以及使我们能一致同意我们应遵循的准则"[②]。而其"不要问我们能为国家做什么，也不要问国家能为我们做什么，而要问，我们能够通过国家做什么"一说则道出了新古典主义者眼中国家是为人们谋福利的工具性。

4）当代西方"新公共管理"思想

在 20 世纪 70 年代末和 80 年代初，英国政府自撒切尔夫人任首相以来，以自由主义经济思想为指导，进行了国有企业"私有化"等一系列改革，90 年代则发动了轰轰烈烈的政府改革，强调政府管理中的三 E（economy、effectiveness、efficiency），即经济、效率和效

---

① 何炜. 西方政府职能理论的源流分析[J]. 南京社会科学，1999，(7).

② [美]米尔顿·弗里德曼等. 自由选择：个人声明[M]. 胡骑等译. 北京：商务印书馆，1982：13.

益。这一运动注重管理，而不是公共决策，注重业绩评估和效率，注重用市场或准市场的收费的方法来改造政府的业务部门的运作，用限期合同、节约开支、定工作目标、金钱奖励以及扩大管理自由度等方法，来加强政府工作的竞争性。这些改革的思路和特点被研究人员概括为“新公共管理”。

2. 中国政府的角色转变

1）历史沿革

中国政府的角色转变是随着社会主义市场经济的发展而发展的。从计划经济到以间接手段为主的宏观调控体系框架基本建立，再到市场体系建设取得重大进展，政府直接管理国有企业方式有了较大的改变，促进经济和社会协调发展的职能不断加强，作为公共物品的生产者、提供者和安排者的功能不断加强。

（1）从新中国成立初期到改革开放前。从新中国成立初期到1978年改革开放前的这一阶段，我国改革从总体上看，是在计划经济体制框架内进行的。计划经济时代我国沿袭“斯大林模式”形成的经济体制，以生产资料公有制为基础，除全民所有制和集体所有制以外，其他经济成分或被取消或被严格限制在一定范围内。“企业办社会”的格局排斥社会分工和市场发育，这种体制下政府和市场关系上的弊端，在社会主义制度确立之初就已经有所暴露。尽管以毛泽东为代表的中国共产党第一代领导集体，对计划经济弊病有所觉察，也进行了反思，但是当时的改革都是在传统的社会主义框架内进行的，不可能有理论上的突破。最终，政府还是膨胀起来，商品和市场作为资本主义的尾巴被割掉。

（2）改革开放至今。面对日益复杂的经济活动，计划经济体制下的指令变得越来越难以奏效。传统的高度集中的计划经济体制已不再适应生产力发展要求。要推动经济持续、健康发展，必须对这种体制进行根本性改革。从改革开放开始，我国先是提出了“计划经济为主，市场调节为辅”的原则，继而又提出了有计划的商品经济。随后在1985年9月中国共产党全国代表会议通过的《中共中央关于制定国民经济和社会发展第七个五年计划的建议》中首次提出“转变职能”一词，开始了对中国政府角色转变的探索。可以说多年来，特别是改革开放以来，随着经济体制改革不断深化和对政治体制改革认识的逐渐深入，我国在改革政府体制、转变政府职能上做了许多有益的探索和实践，政府职能发生了多方面积极变化，以间接手段为主的宏观调控体系框架初步建立，并在培育、规范、监管市场体系方面取得了一定进展。同时，政企分开的步伐也正在加速，在管理涉外经济方面也逐步向国际惯例靠拢。政府的服务功能得到了开发，公共服务功能和效率大大加强和提高。但从总体上说，我国政府仍处于角色转变时期。

2）转变目标

政府的转型必须服务于中国社会的整体转型，而中国社会的转型，即从过去高度集中的计划经济向社会主义市场经济的转型，从农业的、封闭的、落后的传统社会向工业的、开放的文明的现代社会的转型，不可能是一蹴而就的，它必将是一个艰苦、复杂的历史过程。

正是这一过程推动着政治、经济、文化等发生根本性的变化。这些变化必然要求政府做出积极的回应。这种回应不是对国家行政做简单的修补或者局部的调整，而是在社会转型的背景中实现角色的转型，即政府从计划经济条件下的全能型政府向市场经济条件下的服务型政府转型。因此，当代中国政府的角色转型定位的目标，就是构建一个公正、透明、有限、高效、法治的服务型政府。

服务型政府以新公共管理理论为基础，在公民本位、社会本位、市场本位理念指导下，在民主法治秩序的框架下，通过法定程序，按照公民意志组建起来，以为公民服务为宗旨，成为高效率、以服务为己任的政府。[①] 它具有以下特征[②]。

第一，它是一种公共的政府。公共管理理念的核心是公共政府理念。所谓公共政府理念，就是正确处理国家与市场、国家和公民的关系，严格界定政府职能的领域和范围，将政府的职能严格限定在公共领域；政府职能的领域之外，是不受到国家权力和政府权力直接干预的、只受市场规律支配和法律规范制约的私人领域即市场领域和公民领域。同时政府的权力要受到体制性制约和监督，以保障公民权利的实现。

第二，它是一种法治的政府。依法行政，即一切行政机关必须严格依照法律规定履行管理国家和社会事务的职责，一切行政行为必须有法律依据，依照法定程序进行，接受法律监督，既不失职，也不越权，违法失职行为应依法承担法律责任。从依法行政的本质来看，依法行政的核心是监督规范行政权，是保障维护公民的合法权益；依法行政的关键是依法治官而不是依法治民，是依法治权而不是依法治事。

第三，它是一种责任政府。法律赋予行政机关权力，也就意味着行政机关应当承担相应的责任，即权力必须与责任挂钩。政府的权力源自人民的授权，为了确保权力的正确行使，只靠政府官员内在的道德自律是不够的，正如孟德斯鸠所言："一切有权力的人都容易滥用权力，这是万古不易的一条经验。有权的人使用权力一直到有界限的地方为止。"因此对政府权力的控制必须依赖于严格的责任体制和监督机制。另外，政府的一切必要开支都源自国家的税收，除此之外，政府不应当为自身谋取任何其他利益，行政权力不仅必须与利益脱钩，而且要承担相应的行政责任。

第四，它是一种有限政府。有限政府是指在权力、职能和规模上受到严格的宪法和法律约束、限制的政府。也就是说，政府在其权力行使的各方面受到多种有效的制约。实行有限政府的核心问题就是使权力受到制约，没有被滥用的危险。与有限政府相对应的是全能政府或者说是无限政府，这是与计划经济相适应的行政治理模式，无限政府通过指令性计划和行政手段进行经济管理和社会管理，政府是全能型的。无限政府扮演了生产者、监督者、控制者的角色，相反为社会和民众提供公共服务的职能和角色被淡化。而在有限

---

① 刘树信. 服务型政府：我国政府管理的新范式[J]. 国家行政学院学报，2005，(1).

② 何元飞，刘国栋. 中国社会的转型和公共服务型政府的建构[J]. 传承，2007，(7).

政府的理念下，政府的职能是有限的，经济调节、市场监管、社会管理、公共服务是政府四项基本职能。在有限政府理念下，在经济领域和其他领域坚持市场机制优先的原则。与职能有限对应的是政府的权力有限、责任有限。

3）转变战略

公共服务型政府的目标一经确定，选择恰当的发展战略就是非常关键的环节，离开正确的战略指导，公共服务型政府的建设可能会迷失方向，甚至会离经叛道。建设服务型政府的目的在于重塑政府改革与发展的取向、弥合政府与公众之间的缝隙、提升公共服务的水平、缩小城乡公共服务的差别，从而转变政府职能、增强政府能力、促进经济和社会的全面发展与进步。为更好地推进公共服务型政府的建设，实现上述目标，应该选择如下发展战略①。

第一，核心战略：理清公共服务型政府的边界与内涵。从中外各国建设公共服务型政府的实践看，公共服务的种类繁多，主要包括教育类、社会保障类、医疗卫生类、科技类、事业类、秩序类和行政类公共服务等。公共服务种类的多样性决定了建设公共服务型政府任务的艰巨性与复杂性。与西方国家发达的公共服务体系相比，我国公共部门所提供的公共服务无论是在数量上还是品质上都存在着较大的差距。同时，我们需要认识到，公共服务体系不是一成不变的，公共服务会随着公共需求的发展而发生变化。作为公共服务的逻辑起点，公共需求会随着社会的进步与发展而不断发生变化，这决定了公共服务的动态性。比如，城市化使原本属于私人性质的垃圾处理问题转变成公共性的问题，结果对垃圾的回收与处理成为城市化后急需提供的一项公共服务。此外，诸如食品安全、文化安全、网络治理等问题都是社会发展与进步后出现的一种新的公共需求。因此，从发展的视角看，公共服务型政府在不同历史时期理应有不同的内涵，我们对此要有正确的认识。

第二，竞争战略：利用市场竞争的力量驱动公共服务。公共服务型政府的核心使命是提供公共服务，要求政府必须在公共管理活动中扮演积极的、主动的服务角色，而要成功地履行这一神圣使命不仅要求公共服务的主体有着良好的公共道德与精神，更需要有一种来自外部的驱动力。外部驱动力的获取可以通过在公共服务的供给中导入市场机制来实现。传统公共服务模式的失败在相当程度上可归咎于公共服务安排中公共部门的垄断地位，正是这种垄断造成了诸如机构膨胀、成本攀升、质量下降、服务意识淡薄等各种负面问题的出现。解决和根治这类问题的根本出路在于打破传统公共服务模式的垄断格局，通过引入竞争机制，利用市场的力量迫使公共服务部门专注于成本的降低、效率的提高和服务态度的改善。因为"机械的效率是有限的，而竞争的效率是无限的"，"哪里有竞争，哪里就会取得较好的结果，会增强成本意识，提供优质服务"②。所以，公共服务型政

---

① 詹国彬. 公共服务型政府：选择的逻辑与发展战略[J]. 内蒙古社会科学(汉文版)，2009，(5).

② [美]戴维·奥斯本，特德·盖布勒. 改革政府——企业家精神如何改革公共部门[M]. 上海：上海译文出版社，1996：57.

府建设亟待引入企业家精神，把部分公共服务推向市场，或是在政府内部引入竞争机制，营造内部市场，从而在公共物品的供给中形成公对公、公对私和私对私的竞争格局，实现利用市场竞争的力量驱动公共服务的目的。

第三，路径战略：选择适当的路径推进公共服务型政府建设。从世界各国建设公共服务型政府的实践看，其路径选择不尽相同，如英国主要通过开展“公民宪章运动”来推进服务型政府的建设，美国通过开展大规模的政府绩效评估运动来推动服务型政府的创建。由于各国经济社会发展水平的差异，公共服务型政府建设的内涵与路径有所不同。但是，它山之石，可以攻玉。研究和借鉴西方国家建设公共服务型政府的经验与做法，对于推进我国公共服务型政府的建设无疑具有积极意义。有鉴于此，在建设公共服务型政府的实践中，需要选择一种既适合中国国情又借鉴了西方经验的路径：①扩大公共服务型政府的宣传力度，让服务的理念深植于公务员与公民的心中，为公共服务型政府的建设与发展提供持久的原动力；②继续推进我国行政管理体制的改革与深化，力争在行政组织机构的精简、行政组织规模的优化、行政区划的科学化、行政管理权限的合理设定、行政责任的落实等方面取得突破；③积极打造电子政府，推行阳光工程，利用先进的信息技术营造一个开放、透明、高效的公共服务平台；④全面建立公共财政体制，让公共财政的阳光普照各项公共事业，促进区域间公共服务的协调与均衡发展；⑤不断加强公务员以及事业单位人员的队伍建设，通过教育、学习、培训、竞争等方式转变其服务态度，增强其服务意识，为公共服务型政府的创建提供强大的人力资源保障。

第四，效能战略：运用评估保障公共服务的成效。传统管制型政府是一种注重投入而轻视产出、注重管制而轻视服务、注重管理过程而忽视管理结果、以政府为本位而非以公民为本位的政府，而公共服务型政府不仅关注服务的理念、服务的方式、服务的过程，更关注服务的成效。避开公共服务的成效去谈公共服务型政府的建设无异于纸上谈兵，在公共服务型政府的建设过程中，我们始终要坚持效能战略，运用评估机制保障公共服务的成效。为此，我们需要在以下方面做出努力：①在公共服务型政府建设过程中全面引入公共服务的绩效考评制度，通过在公共服务的供给过程中引入竞争机制，创设公共服务中的鲶鱼效应；②根据各领域内公共服务的性质，从公共服务的效果、效率、充足性、公平性、回应性、可及性等维度制定科学的公共服务评估指标体系，确保绩效考评科学与客观；③引入多元的公共服务评估方法，力求通过运用定量分析与定性分析相结合，正式评估与非正式评估相结合，内部评估与外部评估(公民评估与第三方评估)相结合，事前评估、事中评估与事后评估相结合的方法获得客观、公正的评估结果；④强化公共服务评估结果在政府管理中的运用，尤其是要把评估结果作为公共服务部门资源的获取以及人员的奖惩与晋升的参考依据，切实增强公共服务评估结果的权威性与效用性，达到用考评驱动公共服务的目的。

第五，文化战略：培育公共服务文化，倡导公共精神。与上述战略相比较，文化战略是一种更高和更深层次的战略，离开文化战略，其他战略工具在公共服务型政府建设中的有效性、稳定性和持久性势必受到影响。犹如企业文化的重要性之于企业一样，公共组织文化是公共部门的灵魂。在创建公共服务型政府的过程中，我们应该始终坚持把培育公共服务文化作为政府管理者的终极使命，大力倡导公共服务精神，转变政府的文化基因，让管理的核心职能回归服务，让服务成为一种流行文化，因为政府的根本使命在于满足社会的公共需求，政府应该竭尽所能地为社会公众提供高品质的公共物品。让政府提供公共服务、公民享受公共服务成为理所当然的事情，因为某些时候，那些未受教育者（公民）并未意识到享受公共服务是他们的一种权利。而政府官员则把公共服务当做一种个人的喜好，并且视其为个人借以获取奖赏的资本，这种根植于公务员与其委托人双方的情感意识之上的、制度化的文化态度和行为方式促成了不道德的行为。当然，文化战略的推进是一个长期而艰辛的过程，需要经过几年甚至几十年，但是，良好的公共组织文化一经形成，效用是无可估量的。当组织文化的力量足够强大时，管理者甚至无须利用权威就可以控制员工的行为，因为组织文化中所包含的规范、习俗、意识形态、道德制裁和禁忌等能够帮助他们实现这一点。

4.2 当代政府改革

我们已经知道，公共管理学的兴起肇始于 20 世纪 70 年代末的政府改革运动，而且，公共管理学理论发展过程中的每一次重大争论、每一步里程碑式的跨越，都与政府改革实践不无关系。

政府组织与架构为政府职能之载体，其设置是否科学与合理决定了政府能力和治理效能。各国政府改革尽管范围不同、内容各异、方法悬殊，但都不同程度地以结构改革为基础，即以优化政府组织架构为基础。改革的目标无一例外的是依照精简、统一、效能的原则和确保政府全面履行职能的要求，合理设置政府行政机构，健全政府运行机制，使政府的运作更为高效，以期向公民提供更为优质的公共服务。经验表明，任何一次政府机构改革成功的起点在于，对政府机构改革的时机、程度、规模、重点和效应做出前瞻性的判断，其前提是对政府机构设置及管理规律的科学认识和准确把握。

4.2.1 西方国家政府改革的特点和趋势

从西方国家政府机构改革的实践和现有政府机构设置及管理的状况看，有以下十点共同的规律、特点和趋势[①]。

---

① 张成福，李丹婷，李昊城．政府架构与运行机制研究：经验与启示[J]．中国行政管理，2010，(4)．

1. 与宪政体制相符合，根据国情特色设置机构

从世界范围看，基于形态各不相同的宪政体制，各国形成了具有一国特色的国家体制、政权组织以及政府和人民相互之间的权利义务关系，这些是各国政府机构设置和改革的先决条件。此外，一国政府机构的设置和改革，总是与一定的社会、政治、经济、文化、民族、历史传统等因素息息相关，政府体制和政府机构本身也具有独特的实体状况及发展规律，不存在放之四海而皆准的同一形式。

从政府机构管理的规律上看，西方各国的政府架构和运行机制总是与一国的宪政体制相符合。在不同的宪政背景下，各国在政府架构、行政制度、司法制度、政党制度等方面都各不相同。宪政体制的核心是宪法体系，也是政府架构设计和政府运行机制改革的基础依据。如美国在三权分立的政体下，总统为行政首脑，在联邦中央政府下实行地方自治；英国在君主立宪制下，实行立法与行政的议行合一，内阁实际上是议会的一部分；法国强调集权化和官僚化，总统与总理并存，行政权力集中于总统。对政府改革而言，最基本的前提是维护一国的宪政体制；而政府改革的根本目的，在于实现以维护良好宪政秩序为基础的治理。

从政府机构设置的形态上看，西方各国的政府机构设置具有显著的形态差异，充分体现了各国的宪政特色和国情特色。如美国的行政机构分为总统办事机构、政府各部和独立机构三类，英国政府行政机构主要由内阁和中央政府各部构成，法国政府机构包括总统府、总理府和中央各部。一方面，政府机构的形态与特征反映了一国宪政与国情的特色；另一方面，虽然各国处在不同的政府机构形态之下，但是，其对政府的角色与职能的基本定位是具有共识的，对政府组织科学管理规律的认识是共通的，对政府组织改革的价值取向与发展趋势的认识也有许多相同之处。

2. 与政府职能转变相适应，依据职能需要设置机构

一国政府架构和政府机构是为特定的社会环境和历史条件所不断形塑的，是向整个社会负责的开放系统。政府机构设置是不断变化的，取决于政府管理环境的变化以及政府职能和任务变化的需要。

首先，政府核心职能转变必须适应政府管理环境变化的客观需要。政府职能也是一个生态系统，它像生命的有机体那样，同其生存的外部环境有着密切不可分的有机联系和相互影响。政府职能的外部生态环境极其复杂、多样和多变，直接或间接地影响着政府职能的演变。从人类社会的发展进程看，民众的物质生活和精神生活的需求趋于扩大化，需要通过政府来进行管理的社会公共事务也不断增加。当某些公共事务增加到具有一定的普遍性或有特别重要的意义时，客观上就要求政府核心职能也随之发生转变。

其次，政府职能的转变带动了政府机构的改革。随着政府管理职能的转变和扩大，其行政信息量增大，行政运作的方式以及行政管理的手段等也随之改变，需要通过政府职能的转变以适应管理环境变化的需要。20 世纪中期，西方国家政府在能源、交通、运输、环

境保护等方面的管理职能增加，也随之设立了相应的政府部门。事实上，政府机构的设置和调整一直是与政府管理的职能重点密切相关的，如英国布朗政府设立了创新、大学和技术部(DIUS)和少儿事务部(DCSF)。

最后，依据职能需要设置机构是政府机构设置的基本原则。政府机构是政府职能的载体。英国《富尔顿报告》中指出，按“任务分工”的职能原则设计政府体制，能使“混乱与重叠的情况减少到最低限度”。实践证明，政府的职能需要增设、撤销和调整机构的标准；只有以政府职能为中心，政府机构才能恰当地确定它的工作任务、制度、结构和人员。

3. **政府规模精简化，行政权力非集中化**

政府机构精简是一项复杂的工程，至少涉及以下四方面的改革：中央政府的结构性重组，自上而下的(从中央到地方)分权，私有化以及其他的“卸载”改革，减少规模或规模的适度化。从总体上看，各主要国家的政府机构改革均适应“市场化”、“分权化”与“解除管制”的时代潮流而实施精简，让企业、民间组织和地方政府有更多的施展空间。政府规模的精简取决于其行政权力削减、转移和下放的程度。实现政府规模精简化和行政权力非集中化的基本原则如下。

第一，市场能做的，政府不做。政府向市场放权的主要形式是公共服务提供方式的市场化，其主要目的在于：一是利用市场经济的“经济原则”与“效率原则”，改善并提高政府公共服务的水平和质量；二是针对某些政府职能和政府业务，给予删减或终止，以此缩小政府活动和政府职能的范围。西方国家的基本做法之一是大力推行和发展公私部门的公共服务竞争机制。通过对内部和外部服务承担者进行比较以检验资金的价值，保证公共服务以最佳的方式提供，实现“市场检验”基础上的公共服务市场化。如英国政府依据公共服务公私竞争原则实行了竞争招标制、合同出租制和战略性合同出租制。

第二，民间能做的，政府不做。政府向民间放权的主要形式是通过“授权”把权力转移给民间组织代为行使。现代政府管理的总体趋势是政府与民间组织多元化管理主体协作加强，努力实现社会治理(governance)与政府管理(administration)相结合。民间组织在凝聚社会资源、构建组织网络、奠定基层民主特别是社会自治的组织基础方面具有公权力所无可比拟的优越性。鉴于此，政府会把更多能够由民间组织承担的职能以多种形式下放给民间组织承担，这些组织不仅能够有效提供公共产品与公共服务，而且要承担对社会公共事务的管理。

第三，地方能做的，中央不做。中央政府向地方政府“放权”的实质是中央政府将若干权力(如法规制定权、财权、项目管理权、人事权等)下放到地方政府，促进中央与地方政府职能的合理分工，以顺应分权化的改革趋势。合理分工的基本原则是宏观调控权要集中在中央，执法监管权要相对集中，公共服务职能要尽可能交由地方政府负责；中央政府的任务主要是对经济、社会的宏观管理和宏观调控。在机构设置上，中央政府要强化宏观调控机构和公共行政机构，地方政府应强化经济执行机构和各项社会事业管理机构，各有侧重地加强、弱化和精简各自的机构，以实现中央对地方的分权。

第四，合理控制部委和委员会的数量。从中央政府部委和委员会设置的总体规模看，西方主要国家内阁部门一般保持在15～20个。同时，为了缓解政府职能持续扩张与政府机构保持合理规模之间的矛盾，西方国家采取的主要改革措施，就是将性质相似、职能类同、业务相近的政府部门进行有机整合，实行大部门体制，从而达到统一、精简、高效能的目的。

4. 遵循客观合理的建制原则，促进政府组织合理化

各国政府建制固然有差异性，但总地来讲，具备形式的合理性，符合组织建制的基本原理。中央政府二级机关(部、会)的设置以及组织模式(部、委员会、独立机关、特殊法人、幕僚组织)的选择，都应遵循客观合理的组织建制原则，避免政治化的顾虑。

(1) 二级机关的设置条件：①该机构所要处理的中央事务涉及重要的政策决定；②其业务影响范围显著且基于广泛的公共利益；③其机构预算达到一定的规模。

(2) 领导体制的基本形态：行政组织的领导体制一般以首长制为常态，委员会制为例外。美国总统制为首长制的典型代表，瑞士联邦政府为委员会制的典型代表。行政组织实行首长制的优势在于权力集中，责任明确，决策和行动迅速，指挥有力，避免相互扯皮，效率较高。

(3) 独立机关的设置原则：①所需决策尽可能的专业化与去政治化；②所需决策特别需要顾及政治与社会的多元价值；③需要行政机关发挥准司法性功能，此外，独立机关的组成与运作，应与政府部门一般业务机关相区别，其不得参与内阁政府运作，以确保自身专业性和独立性；④独立机关的设置强调整合资源，统筹运用各独立机关的行政资源，为节约资源和减少人力配置，必须统筹各独立机关在行政资源业务上所需的人力及资源，以期提高效率。

(4) 特殊法人的设置原则：①具有管制功能或是强制性色彩的公共服务，适用于企业化的经营管理；②具有自主权；③公共服务应有相当自主性并应去政治化；④适合民营化或引入更多的民间社会机制的公共服务，在尚未安排民营化或去机关化之前有必要进行过渡性的安排。

5. 强化政府政策领导与统合功能，加强政府的政策能力

强化政府的政策领导与统合功能，加强政府的政策能力，是西方国家行政改革的基本特点和趋势。英国布莱尔政府在《政府现代化》(*Modernizing Government*)政策白皮书中确立的主要改革目标之一，就是“确保政策制定更加联合并具有战略意义”。西方国家的普遍做法有以下三种。

(1) 注重前瞻性和战略性。政府治理能力主要体现为政府战略决策能力和战略管理能力。政府决策应着眼于宏观的、总体的、长远的谋略，关注国家发展的总体格局，注重前瞻性思考。政府应注重决策的科学化和民主化，注重政府发展的持续性和总体性谋略，注重政府面临的重大的社会发展议题,以更宏观的视野和更长远的眼光来制定国家发展的战略。

(2) 设立政策幕僚机关。为了加强政府的政策能力,西方国家普遍设置专门的政策咨询机构,以确保政治中立性和政策一贯性,发挥专业性的优势,如美国的政策顾问机关(幕僚机关)和英国的政策小组。

(3) 强调部门间统合,防止部门本位主义出现。传统官僚制的弊病之一是会导致严重的部门本位主义出现。在政策执行过程中体现为政府部门只以部门范围为终极思考范围,缺乏对与其他部门的整体性和关联性的思考。为防止部门本位主义出现,在部门设置合理化和职责划分明晰化的基础上,中央政府要强化统合功能,积极促进相关部门之间的协调、对话和合作。

6. 落实业务与组织的划分,促使机构的职责明确

从管理角度看,行政机关的业务与组织划分,应该根据劳动分工原理,本着专业、经济、效率、效能和为顾客服务的原则进行;从政治角度看,行政机关应该依据政治区域或利益群体间的差异来划分组织的职能,以期提高和加强行政的代表性和政治回应性。西方国家行政改革的实践表明,各国政府机构设置以及组织与业务的分配与划分,均试图在专业分工与事权整合之间寻求平衡,以期达到业务专门化,同时又避免叠床架屋、事权冲突、责任不清、协调困难等问题,使政府组织事权集中,职责明确,责任清晰,从而达到精简、效率、统一的效果。西方国家划分业务与组织的原则如下。①合理划分职责。清楚划分各机关的职责,力求职责分明。②适度集中事权。在合理范围内集中事权,避免分散决策,形成高效率的作业。③相关组织整合。主要业务间需要高度互动的,业务所需专业领域较强的,业务合并有利于整体规划的,业务之间整合有利于政府整体财政规划的,均可进行合并。④适时裁撤机构。以下情形之一,机构予以裁撤:阶段性任务已经完成或任务已改变的,任务或职能明显与其他机关重叠或职能萎缩的,职能以委托、委任方式交民间办理更具经济效益的,业务已调整或移交其他机关或单位的。

7. 政府实体多样化,公共治理结构趋于分散化

近几年,政府实体的多样化、政府实体管理的复杂化和公共治理结构的分散化已经成为西方国家中央政府面临的一个重要问题。政府实体在西方国家体现为不同的类型,如英国的"下几步执行机构"(Next Steps Agencies)和"非政府部门公共实体"(NDPBs),美国的独立机构、独立监管委员会和政府公共事业公司,加拿大的服务署、特别事务署(SOAs)和政府部门服务机构,法国的公共管理组织和独立行政权力机构,德国的联邦机构(直接联邦行政机构)、公法实体(间接联邦行政机构)以及一些司法行政实体。从总体上看,政府实体多样化和公共治理结构分散化,既是近年来政府机构设置及管理的新特点和新趋势,也是对中央政府组织和职能的新挑战。明晰政府实体的机构安排,改善分散化的公共治理结构,势必成为未来政府机构改革的重要议题。

(1) 政府实体机构日益多样化。从西方国家的改革经验看,政府设立实体主要有以下三种做法:①在政府部级部门内拆分机构,分拆后的机构将与部门高层建立准合同性质的关系;②从制度上将政府实体从传统的纵向组织部门内剥离出来;③赋予相应的政府实体全部或部分法律地位。基于不同形式的组织建构方式,西方国家现有的政府实体类型多样、规模不同、功能各异,在成立原因、资金来源、法律和组织形式、内部治理结构、责任机制等诸多要素上也具有较大差异。从功能上看,其有准司法功能的,也有监管和商业功能的;从组建方式上看,其可以由政府的行政部门组建,也可由立法部门组建;从人员构成上看,政府实体的工作人员既包括公务员,也包括普通雇员。

(2) 公共治理结构趋于分散化。经济合作与发展组织指出,"出于某一目的而组建一个专门实体的做法,以及 20 世纪八九十年代出现的权力分散趋势所造成的后果之一就是政府实体分散"[①]。公共治理结构分散化突出体现在政府实体之间的协作和政府实体自身的运作过程之中,其对政府的有效管理造成了负面影响,主要包括以下几方面。①组织形式不明确。各类政府实体之间的差异、各自的优缺点不够清晰,难以对其实行规范管理和有效监控。②组织分工不清晰。政府实体的角色和责任分工不明确,高层管理能力不足。③组织责任不能落实。对上级主管部门和部长、议会和公众负责的责任机制不强。④组织协调不力。如何统一协调日益多样化的政府实体,以保持政府和政策的连贯性和一致性,仍然是现今西方国家中央政府面临的重大治理难题。

8. 机构内部分工合理化,政府管理层级力求简化

政府行政机关为推动行政工作,均在政府内部设立若干单位(各国名称不一),分别管理机关职权范围内事务,以顺利完成任务。内部单位是机关内部的组织单元,即构成机关的组织体系。从目前的情况看,各国法令对何种机关设定何种内部单位,单位名称如何制定,层级限度如何划分,以及如何划分内部单位等,均无一致的规定。但从实践中看,行政机关内部单位的设置亦有规律可循。

首先,内部单位设置的类型有规律。政府机关内部单位的设置,实质上是在同一层级中行政人员彼此之间构成的横向分工。一般而言,任何机关的内部单位,依其工作的性质不同,都可划分为两大类:一类是作用于执行与操作,实际推动机关的业务进行,直接完成机关法定目的的内部单位,称目的单位,也称行政单位、业务单位或直线单位;另一类是协助行政首长及目的单位执行工作的单位,亦称业务单位、幕僚单位或辅助单位,其本身并没有目的,仅是支持其他单位与人员达成目的。

其次,内部单位设置的原则有规律。行政机关内部单位一般依机能类同、职责制衡、业务均平、权责分明及整体配合的原则设立。业务性质相同的或相近的单位,应划为同一

---

① 经济合作与发展组织(OECD). 分散化的公共治理:代理机构、权力主体和其他政府实体[M]. 北京:中信出版社,2004:22.

单位掌握，但有制衡之必要的单位，得分不同单位掌控。且同级单位的业务，应相对均衡，避免苦乐不均。

最后，内部单位设置的层级。行政机关内部单位设置的层级不宜过多，以二级为限，但确实有必要的，可以增至三级。一般而言，行政机关应确定各级单位人员之权责，逐级授权，分层负责。

9. 强调积极行政原则，政府组织设置弹性化

自近代以来，现代行政均重视法治行政的原则，政府组织的体制、体系、结构、职能以及管理措施，皆应以法制规范为基础。在现代社会中，环境变化迅速，为求公共问题的迅速解决，提高行政效率，传统的机械法治主义逐渐被积极法治主义所取代，政府组织日益重视积极行政的原则。在政府架构的设置上，虽一级机关设置的原则应该以法律加以规范，但是组织法制为特殊事情的组织需求预留了弹性；有关内部组织更应授权政府自行规划设置。从各国情况来看，组织松绑及实现组织弹性化，已经成为基本趋势，主要表现在以下几方面。①对政府薄弱环节的强化。在政府改革中，要特别考虑对政府的薄弱环节的强化，以期全面转变政府职能。②对重大突发事件的应对。政府机构需要为应对突发重大事件而保持组织弹性。授权政府应为应对突发、特殊或新兴的重大任务而设立临时性的、权宜性的、过渡性的组织。这类暂时性的组织也往往通过日落条款或类似的机制，防止建制常态化。③适度的自主权。政府在内部单位与下级机关的设置与调整中，赋予其与行政机关相适应的自主权。④弹性化的管理。对于独立法人化的政府实体，则在组织结构、人事管理、财务管理三大领域实施弹性化的管理，使之更具有自主权和效率性。

10. 重视内部治理结构的优化，建立优良的治理结构

公共部门的治理结构，是公共部门制定策略和政策，确保目标实现，有效管理风险和负责任使用公共资源的一套体制、机制和程序。简单而言，治理结构涉及一个公共组织的公务人员是如何做出决策，如何制定政策并如何执行政策的。治理结构本身并非目的，其重要性在于良好的治理结构能够确保一个组织实现自己的目标。良好的治理结构一般关注两个方面的要求：一是绩效，即组织能够透过治理结构的安排实现总体的绩效目标，并提供产品和公共服务；二是一致性，即组织透过治理结构的安排以确保组织能够满足法律、规章制度的要求。经验证明，无论是什么样的组织结构，首先都应遵循一些基本的公共治理原则，包括负责任、透明与开放、诚实正直、有公共服务精神、有效率和领导力等。此外，建立和优化政府组织治理结构的方法可能因组织的规定、复杂性、结构以及制度的不同而有所不同。尽管没有同一的途径和方法，但是从国际的经验来看，考虑到以下几个方面是重要的。

(1) 强有力的领导和政府的承诺。政治领导人和高层领导要有明确的政治愿望，领导、支持一切有利于改善内部治理的行为。

(2) 适当的委员会式的治理结构。为确保决策民主、制衡有效、运转协调，在现行许多国家的政府机构中，都建立某种形式的委员会以支持行政首长做出良好的决策和治理。

委员会的性质可能各异，有些委员会是法定的，如人事委员会、监督委员会、审计委员会、执行委员会等；有些委员会则属于咨询性质的和协商性质的。委员会的主要功能是向首长提供建议，或者从事某项特殊的工作，或者就特殊的事情做出决策，委员会可以依靠专家的力量，但他们并不拥有最终的决定权。

(3) 明确的责任机制。组织内外明确的报告、问责和责任链条是有效治理结构的关键。公共组织要承担多元的责任，如对公民的责任、对上级的责任、对代表机关的责任。责任的属性也不相同，如行政责任、政治责任、法律责任等。因此，要明确正式的和非正式的责任及责任关系（什么人，在什么事情上，对谁负责，负什么责任），以及问责的途径和方式。

(4) 建立有效的风险管理机制。减少和控制公共风险是有效治理的另一个重点所在。政府部门需要建立一套有效的风险监测与管理以及内部控制体系，并将之与政策和规划的制定有机整合。

(5) 发展一套绩效监测和评估的体系。提升公共组织的绩效是优良治理的目标之一。因此，发展和建立一套科学的绩效监测和评估体系，就显得十分重要。建立和发展科学的绩效监测和评估体系，可能因政府部门的性质不同而各有所异。但从国际的经验来看，绩效管理法制化，强调战略性管理，强调结果导向，决策机关与执行机关分立，建立绩效评估标准，强调公开透明，绩效评估与激励制度相结合为共同特点。

4.2.2 我国政府机构改革

上述关于政府管理体系的论述，是从“应该”的角度对理想化政府所做的理性评估和原则设定。我们可以从理论上构建理想化政府，但不可能存在各国普遍适用的政府模式。事实上，世界各国政府的管理模式都是根据本国的历史与国情所做的选择。当代中国的政府模式，是新中国历史与改革开放实践共同作用的结果，虽然我们一直在改革，但在建立服务型政府的总要求下，中国政府的改革依然需要继续深化。2008 年，我国中央政府起动了“大部制”改革，我们来看一下基本情况。

人民网北京 3 月 11 日电（人民网前方报道组）——十一届全国人大一次会议 11 日下午 3 时将举行第四次全体会议，听取关于国务院机构改革方案的说明。

这次国务院改革涉及调整变动的机构共 15 个，正部级机构减少 4 个。具体内容如下。

(1) 合理配置宏观调控部门职能。国家发展和改革委员会要减少微观管理事务和具体审批事项，集中精力抓好宏观调控。国家发展和改革委员会、财政部、中国人民银行等部门要建立健全协调机制，形成更加完善的宏观调控体系。

(2) 加强能源管理机构建设。设立高层次议事协调机构国家能源委员会。组建国家能源局，由国家发展和改革委员会管理。

(3) 组建工业和信息化部。组建国家国防科技工业局，由工业和信息化部管理。国家烟草专卖局改由工业和信息化部管理。不再保留国防科学技术工业委员会、信息产业部、国务院信息化工作办公室。

(4) 组建交通运输部。组建国家民用航空局，由交通运输部管理。国家邮政局改由交通运输部管理。不再保留交通部、中国民用航空总局。

(5) 组建人力资源和社会保障部。组建国家公务员局，由人力资源和社会保障部管理。不再保留人事部、劳动和社会保障部。

(6) 组建环境保护部。不再保留国家环境保护总局。

(7) 组建住房和城乡建设部。不再保留建设部。

(8) 国家食品药品监督管理局改由卫生部管理。明确卫生部承担食品安全综合协调、组织查处食品安全重大事故的责任。

国务院机构改革情况参见表 4-1。

表 4-1 国务院机构改革情况

调整后部委	合并、调整或包含的原部委	新增下属机构	隶属关系调整	撤销部门	备注
国家发展与改革委员会	发改委(部制不变)	国家能源局 国家能源委员会		不再保留国家能源领导小组及其办事机构	国家发展和改革委员会、财政部、中国人民银行等部门要进一步转变职能，集中精力抓好宏观调控
财政部	财政部				
中国人民银行	中国人民银行				
工业和信息化部	国家发展和改革委员会的工业行业管理有关职责，国防科学技术工业委员会核电管理以外的职责，信息产业部和国务院信息化工作办公室的职责，整合划入该部	国家国防科技工业局	烟草专卖局改由工业和信息化部管理	不再保留国防科学技术工业委员会、信息产业部、国务院信息化工作办公室	
交通运输部	将交通部、中国民用航空总局的职责，建设部的指导城市客运的职责，整合划入该部	国家民用航空局	国家邮政局改由交通运输部管理	不再保留交通部、中国民用航空总局	考虑到我国铁路建设和管理的特殊性，保留铁道部。同时，要继续推进改革

续表

调整后部委	合并、调整或包含的原部委	新增下属机构	隶属关系调整	撤销部门	备　注
人力资源和社会保障部	将人事部、劳动和社会保障部的职责整合划入该部	国家公务员局	国家外国专家局由人力资源和社会保障部管理	不再保留人事部、劳动和社会保障部	
环境保护部	国家环境保护总局				不再保留国家环境保护总局
住房和城乡建设部	建设部				不再保留建设部
卫生部	卫生部、药监局		国家食品药品监督管理局改由卫生部管理		

资料来源：http：//npc.people.com.cn/GB/28320/116286/116599/6984940.html.

所谓“大部制”，也叫大部门体制，就是在政府的部门设置中，将那些职能相近、业务范围趋同的事项集中，由一个部门统一管理，最大限度地避免政府职能交叉、政出多门、多头管理，从而提高行政效率，降低行政成本。中国共产党第十七次全国代表大会报告提出“大部制”改革的思路，是我国行政管理体制改革在新的历史条件下适应市场经济发展的一个新举措；它可以化解政府中存在的机构重叠、职责交叉、政出多门的矛盾以及权限冲突，有助减少和规范行政审批，简化公务手续和环节，提高政策执行效能；它也是国外市场化程度比较高的国家普遍实行的一种政府管理模式。需要指出的是，提出“大部制”的改革思路，不仅是对新时代公共管理规律取得新认识的结果，也是我国政府改革历史经验的积淀。下面通过分析我国政府机构改革的历程以及本次改革的特点，来加深对“大部制”改革的认识。

1. 我国政府改革历程

1）1951—1953 年

1951 年 12 月，政务院做出《关于调整机构紧缩编制的决定（草案）》，进行了新中国成立以来第一次精兵简政工作。其主要内容有：①调整紧缩上层，合理充实下层；②合并分工不清和性质相近的机构；③精简机构，减少层次；④明确规定干部与勤杂人员的比例；⑤要求划清楚企业、事业机构和行政机构的编制和开支；⑥严格编制纪律。这次机构改革以加强中央集权为中心内容。到 1953 年年底，政务院工作部门增加到 42 个。

2）1954—1956 年

1954 年，随着政权组织形式的确定和各级政权机关的建立，我国从当年年底开始，用了一年多的时间，对中央和地方各级机关进行了一次较大规模的精简。中央一级机关的精简包括：①在划清业务范围的基础上，调整精简了机构，减少了层次；②各级机关根据业务需要，紧缩了编制，明确了新的编制方案；③妥善安置了精简下来的干部。地方各级机关也进行了精简，专员公署和区公所分别是省、县政府的派出机关，精简比例较大。以后，随着依法成立的国务院开始增设机构，到 1956 年，机构总数达 81 个，形成了新中国成立以来政府机构数量的第一次高峰。

3）1956—1959 年

1956 年下半年，中央提出了《关于改进国家行政体制的决议(草案)》。这是第二次较大规模的体制改革和机构改革。这次改革以中央向地方下放权力为主要内容，通过国务院精简所属工作部门，下放权力，以达到扩大地方自主权的目的。1958 年，我国撤销合并了国家建设委员会等 10 多个单位。经过调整，国务院部委减少 8 个，直属机构减少 5 个。到同年年底，国务院设 68 个工作部门。1959 年，国务院工作部门又做了进一步调整和撤并，到同年年底，国务院设 39 个部委，21 个直属机构和办事机构，机构总数达 60 个，比 1956 年减少 21 个。

4）1960—1965 年

这是新中国成立后的第三次较大规模机构改革，包括两个部分：一是先后在中央和地方各级机关进行了两次比较集中的干部精简运动；二是中央收回 50 年代后期下放给地方的权力并恢复被撤销的机构。到 1965 年年底，国务院的机构数达到 79 个，为新中国成立后的第二次高峰。

5）1966—1975 年

“文革”中，政府机构发生非正常的大变动。1970 年，国务院的 79 个部门撤销合并为 32 个，其中 13 个还由部队管理，达到新中国成立以来中央政府机构数的最低点。1975 年，邓小平主持国务院工作，并对各领域进行整顿，与之相适应，国务院工作部门恢复到 52 个。

6）1976—1981 年

1976 年，“四人帮”被粉碎后，鉴于当时经济上面临崩溃，故沿用并发展了 50 年代后期的管理体制和机构设置。到 1981 年，国务院的工作部门增加到 100 个，达到新中国成立以来的最高峰。

7）1982—1987 年

党的十一届三中全会以后，中国进入了一个新的发展时期，开始了经济体制改革，对外开放。与此相适应，从 1982 年开始，首先从国务院做起，自上而下地展开各级机构改革，这次改革历时 3 年之久，范围包括各级党政机关，是新中国成立以来规模较大、目的性较强的一次建设和完善各级机关的改革。这次改革不仅以精兵简政为原则，而且注意到了经济体制改革的进一步发展可能对政府机构设置提出的新要求，力求使机构调整为经济体制改革的深化提供有利条件，较大幅度地撤并了经济管理部门，并将其中一些条件成熟的单位改革成了经济组织。这次改革历时三年，是新中国成立以来规模较大、目的性较强的一次建设和完善行政体制的努力。通过精简各级领导班子和废除领导职务终身制，加快了干部队伍的年轻化，是一个很大的突破。但是，由于当时经济体制改革的重点在农村，对于行政管理没有提出全面变革的要求，所以政府机构和人员都没有真正减下来。这次改革是一次有益的探索，加快了干部队伍的年轻化，但没有触动高度集中的计划经济管理体制，没有实现政府职能的转变。

8) 1988—1992 年

国务院机构改革方案于 1988 年年初制定，同年 4 月，七届全国人大一次会议通过了国务院机构改革方案。这是一次弱化专业经济部门分钱、分物、直接干预企业经营活动的职能，以达到增强政府宏观调控能力和转移行业管理目的的改革。此次改革是在推动政治体制改革、深化经济体制改革的大背景下出现的，其历史性的贡献是首次提出了“转变政府职能是机构改革的关键”这一命题。政府的经济管理部门要从直接管理为主转变为间接管理为主，强化宏观管理职能，淡化微观管理职能。其内容主要是合理配置职能，科学划分职责分工，调整机构设置，转变职能，改变工作方式，提高行政效率，完善运行机制，加速行政立法。改革的重点是那些与经济体制改革关系密切的经济管理部门。改革采取了自上而下，先中央政府后地方政府，分步实施的方式。由于后来一系列复杂的政治经济原因，这一命题在实践中没有及时“破题”；再加上治理、整顿工作的需要，原定于 1989 年开展的地方机构改革暂缓进行。国务院在调整和减少工业专业经济管理部门方面取得了进展，如，撤销国家计委和国家经委，组建新的国家计委；撤销煤炭工业部、石油工业部、核工业部，组建能源部；撤销国家机械工业委员会和电子工业部，成立机械电子工业部；撤销劳动人事部，建立国家人事部，组建劳动部；撤销国家物资局，组建物资部；撤销城乡建设环境保护部，组建建设部；撤销航空工业部、航天工业部，组建航空航天工业部；撤销水利电力部，组建水利部；撤销隶属于原国家经委的国家计量局和国家标准局以及原国家经委质量局，设立国家技术监督局。通过改革，国务院部委由原有的 45 个减为 41 个，直属机构从 22 个减为 19 个，非常设机构从 75 个减到 44 个，部委内司局机构减少 20%。在国务院 66 个部、委、局中，有 32 个部门共减少 15 000 多人，有 30 个部门共增加 5 300 人，增减相抵，机构改革后的国务院人员编制比原来减少了 9 700 多人。但是，由于经济过热，这次精简的机构很快又膨胀起来了。

9) 1993 年

这次机构改革是在确立社会主义市场经济体制的背景下进行的，它的核心任务是在推进经济体制改革、建立市场经济的同时，建立起有中国特色的、适应社会主义市场经济体制的行政管理体制。这次改革的指导思想是，适应建立社会主义市场经济体制的要求，按照政企职责分开和精简、统一、效能的原则，转变职能，理顺关系，精兵简政，提高效率，改革的重点是转变政府职能。这次机构改革的历史性贡献在于：首次提出政府机构改革的目的是适应建设社会主义市场经济体制的需要。但从学术观察的角度看，1993 年的政府机构改革“目的清楚、目标不明确”。建立社会主义市场经济体制的一个重要改革任务就是减少、压缩甚至撤销工业专业经济部门，但从 1993 年的机构设置来看，这类部门合并、撤销的少，保留、增加的多。如机械电子部合并本来是 1988 年改革的一个阶段性成果，1993 年改革时又被拆成两个部——机械部和电子部；能源部本来是在 1988 年撤销了三个专业经济部门的基础上建立的，1993 年改革又撤销能源部，设立了电力部和煤炭部。给人的印象是，目的与目标背道而驰。

10）1994—1997 年

1994 年，我国继续推进并力求尽早完成中央政府机构改革，积极推进地方政府机构改革。重点是转变政府职能，并要做好三个方面的工作：一是把属于企业经营自主权范围的职能切实还给企业；二是把配置资源的基础性职能转移给市场；三是把经济活动中社会服务性和相当一部分监督性职能转交给市场中介组织。1995 年，机构改革的工作重点是抓好省级机构改革的方案和市地县乡的改革，制定事业单位机构改革的方案和主要措施，推动事业单位改革的不断深化。事业单位的改革是机构改革工作的一个重点。其改革的原则是政事分开和社会化，目标是建立符合事业单位自身发展规律、充满生机与活力的管理体制和运行机制，重点是搞好事业单位的分类管理。1997 年 1 月，随着国家电力公司的组建成立，政府机构改革进一步深化，国家其他专业经济部门也进一步深化改革，逐步改组为不具有政府职能的经济实体，或改为国家授权经营国有资产的单位，或改为行业管理组织，将原有的政府管理职能转移给政府综合部门负责。

11）1998—2002 年

1998 年 3 月 10 日，九届全国人大一次会议审议通过了《关于国务院机构改革方案的决定》。本次国务院机构改革的目标是：建立办事高效、运转协调、行为规范的政府行政管理体系，完善国家公务员制度，建设高素质的专业化行政管理队伍，逐步建立适应社会主义市场经济体制的有中国特色的政府行政管理体制。改革的原则是：按照社会主义市场经济的要求，转变政府职能，实现政企分开；按照精简、统一、效能的原则，调整政府组织结构，实行精兵简政；按照权责一致的原则，调整政府部门的职责权限，明确划分部门之间职责分工，完善行政运行机制；按照依法治国、依法行政的要求，加强行政体系的法制建设。根据改革方案，国务院取消了 15 个部、委，新组建了 4 个部、委，保留了 22 个部、委、行、署。改革后除国务院办公厅外，国务院组成部门由原有的 40 个减少到 29 个。

12）2003 年

2003 年的政府机构改革，是在加入世贸组织的大背景之下进行的。改革的目的是：

进一步转变政府职能，改进管理方式，推进电子政务，提高行政效率，降低行政成本。改革目标是，逐步形成行为规范、运转协调、公正透明、廉洁高效的行政管理体制。改革的重点是，深化国有资产管理体制改革，完善宏观调控体系，健全金融监管体制，继续推进流通体制改革，加强食品安全和安全生产监管体制建设。这次改革重大的历史进步，在于抓住当时社会经济发展阶段的突出问题，进一步转变政府职能。比如，建立国资委，深化国有资产管理体制改革；建立银监会，建立监管体制；组建商务部，推进流通体制改革；组建国家食品药品监督管理局，调整国家安全生产监督管理局为国家直属机构，加强食品药品安全与安全生产监管。

可以看到，改革开放以来，中国分别在 1982 年、1988 年、1993 年、1998 年和 2003 年进行了五次规模较大的政府机构改革。2003 年的政府机构改革是一个转折点。之后的政府机构改革，以科学发展观为价值导向，以建设服务型政府为目的，以全面促进经济建设、政治建设、文化建设、社会建设和生态文明建设为目标，以全面履行政府的社会经济职能为基本途径。

2."大部制"改革的特点

与改革开放以来的五次行政体制改革不同，"大部门制"改革方案中加入了"决策、执行、监督"分立的意图，对"三权"进行清理、分立归属，而不仅仅是简单地把职能相近、业务雷同部门合并或拆减。

过去政府机构改革的重点是政府职能转变，比如政企分开、政资分开、政事分开，以及从管理型政府转变为服务型政府，而"大部门制"则是侧重改变政府职能机构繁多、职能交叉的现象，通过减少机构数量，降低各部门协调困难，使政府运作更有效率，更符合市场经济的宏观管理角色定位，彻底塑造公共服务型政府。

大部制改革最大限度地避免了政府职能交叉、政出多门、多头管理。按照大部制的思路调整政府组织结构，无疑会对政府的管理和运行产生重要影响。实行大部体制管理，不仅可以大大减少政府部门之间职能交叉、重叠，政出多门，沟通难、协调难等方面的问题，改"九龙治水"，为"一龙治水"，或者接近于"一龙治水"，而且，通过政府部门的整合和调整，能进一步理顺部门之间的职能，减少机构的数量，减少过多的协调和沟通的环节，这对提高行政效率、降低行政成本也具有重要意义。

3.实行大部制的优势

实行大部制具有以下优势。

(1) 实行"大部制"，最核心的目标是转变政府职能。目前，政府职能转变不到位，"越位"和"缺位"现象并存。其主要原因，就在于部门职能配置不够科学、机构设置不尽合理。大部制改革将会加快推进政企分开、政资分开、政事分开、政府与市场中介组织分开，让政府把不该由政府管理的事项转移出去，把该由政府管理的事项切实管好，从制度上更好地发挥市场在资源配置中的基础性作用，更好地发挥公民和社会组织在社会公共事务管理中的作用，让政府更加有效地提供公共产品。

(2) 实行“大部制”，有利于优化组织结构。经验表明，政府职能与机构设置有着内在联系，政府职能变化了，机构设置也要相应调整。改革开放以来，我国精简了许多专业经济管理部门，健全了宏观管理部门、市场监管部门，同时逐步增设了环保、社保、信息、能源等新的管理部门。这些逐步健全和增加的机构，是政府履行职能所必需的，但也出现了分工过细、机构扩张的趋向。实行大部门体制，将职能相近的部门重组为大部门，既可保证政府有效履行各项职能，又能防止机构数量不断膨胀，形成精干高效的现代政府组织结构。

(3) 实行“大部制”，另一个着眼点是提高政府效能。政府部门职能交叉、权责配置脱节、多头重复管理的问题比较突出，成为了影响行政效能的体制性障碍。例如在城乡建设、环境资源、交通运输、食品药品管理等领域，都存在着类似的问题。实行“大部制”，从体制上减少了职能交叉现象，理顺了部门关系，明确了部门责任，无疑有助于提高政府效能。

(4) 实行“大部制”，可以推进我国政府转型。大部制不仅是保障政府转型的有效措施，更触及政府转型的根本性问题。一方面，适应经济发展方式转变的要求，大部制改革可进一步推动政府从经济建设型转向公共服务型；另一方面，适应和谐社会建设的要求，大部制改革可促进政府从行政控制型转向公共治理型，增强政府在提供公共服务中的主体地位和主导作用。此外，在和谐社会中，社会参与、基层自治、社会监督等是基本趋势。因此，推动政府从传统的行政控制型转向现代的公共治理型，应当成为大部制改革的一个重要目标。

4. 实行大部制需要处理好的关系

实行大部制需要处理好以下几方面的关系。

(1) 如何按照“决策、执行、监督”相互协调、相互监督制约的改革思路，重构政府权力结构和政府的运行机制，为监督大部制的权力提供保障是个重要问题。大部制可以有两种模式：一是在部与部之间，让有些部门专门行使决策权，有些部门专门行使执行权，有些部门专门行使监督权；二是在一个大部门内部，对机构的功能进行分化，让有些机构专门行使决策权，有些机构专门行使执行权，有些机构专门行使监督权。这实际类似于国外政府机构实行决策权和执行权相分离的政策，执行机构内部可以引入市场机制，实行弹性管理。比如《政府采购法》颁布实施后，财政部是政府采购政策制定机构，但不是执行机构。执行权交给设在国务院办公厅下、由国务院机关事务管理局代管的国务院政府采购中心。这样就把决策和执行分开了。

对大部制的约束监督，更值得我们关注的还是如何从外部对其进行监督。实践证明，对公权力的制约，最有效的还是外部的监督，特别是人大、司法、公众、媒体等方面的作用，将会形成大部制改革的外部监督力量。

(2) 大部制能不能有效遏制部门利益，也成为最关键的问题之一。大部制机构设置有可能把部门职能交叉、政出多门、相互扯皮问题，通过改变组织形态来加以抑制。过去部门之间职能交叉，决策周期长，制定成本高，协调沟通困难，原因就在于受到了部门利益的严重影响，所谓"权力部门化，部门利益化，利益集团化"，导致政府运行成本太高、效率太低，甚至把部门利益凌驾于公众利益之上。有人担心，大部制改革可能把分散的部门利益，积聚为集中的部门利益。如果一个部门变为一个超级部，权力很大，对它进行监督将更加困难。

(3) 正确处理中央和地方的条块矛盾。原本中央职能部门之间的牵制是一种权力相互制衡。实行大部门体制后，这种制衡的力量被减少或消灭。新组建的大部门的权力比以前更大，"条条"的管理权能增加。这样，会产生地方政府积极性降低的问题。因为，大部门管理权能的增加，意味着它能够用于管理和控制地方的机会增加，显然，这会导致中央政府与地方政府新的权能博弈，而博弈之中摩擦的潜在可能性就会增加。

大部制改革的实质，是一种权力结构的重构，是政府运行体系和运行机制的一种重新确立；改革的关键，是形成"决策、执行、监督"三权分立的行政格局。它改变了传统公共行政的方式，通过减少机构数量，降低各部门协调困难，使政府运作更有效率，更符合市场经济的宏观管理角色定位，彻底塑造公共服务型政府。

【本章小结】

政府角色主要围绕其与市场的关系来定位。在市场经济条件下，由于市场失灵现象的出现，需要政府干预来实现资源的有效配置；但是政府干预过多，也会产生失灵现象。因此，政府应扮演的角色主要应该是：提供经济运行的基础框架、提供各种公共物品和服务、协调和解决社会冲突、维护有序竞争环境、保护自然资源、为个人提供获得商品和服务的最低条件、保持宏观经济的稳定以及促进社会公平。

作为新公共管理运动起点的当代政府改革运动于 20 世纪 70 年代末开始后，便在西方发达国家逐渐展开，并体现出以下特点和发展态势：依据政府体制和国情特色设置机构；与政府职能转变相适应调整机构；政府规模精简化，行政权力非集中化；促进政府建制合理化；强化政策领导与统合功能；按业务与组织的划分明确机构的职掌；政府实体多样化，公共治理结构趋于分散化；机构内部分工合理化，政府管理层级简化；强调积极行政原则，政府组织设置弹性化；重视内部治理结构的优化，建立优良的治理结构。以精简、高效和建立优良治理结构为目标，我国政府改革明确了建立责任政府、法治政府和公共服务型政府的理念，并在改革开放后的历次改革中不断落实；在近年开始的大部制改革中，我国切实转变政府职能，优化组织结构，提高行政效能，推进政府转型。

【核心概念】

政府角色(government role)
政府失灵(government failure)
政府职能(government function)
政府改革(government reform)

【思考题】

1. 简述政府失灵与应对策略。
2. 政府在市场经济中有哪些基本职能?
3. 当代西方国家政府改革呈现出怎样的特点?
4. 简述新中国政府改革的历程以及当前的改革趋势。

【扩展阅读】

《经济转型与政府角色定位》(傅治平、李一鸣、宋可玉著,国家行政学院出版社 2011 年版)是新近出版的关于政府角色定位问题的著作,对本章内容有更全面和详细的论述。美国学者戴维·奥斯本和特德·盖布勒著的《改革政府——企业家精神如何改革公共部门》(上海译文出版社 2006 年版)以及珍妮特·V. 登哈特、罗伯特·B. 登哈特著的《新公共服务:服务,而不是掌舵》(中国人民大学出版社 2010 版)两本书,是了解新公共管理运动中政府改革的代表性论著。要了解我国政府改革的基本原则以及最新动向,可以阅读汪玉凯的《界定政府边界:汪玉凯谈政府改革》(中国友谊出版公司 2010 年版)以及历年全国人民代表大会通过的政府工作报告。

第 5 章

第三部门的角色与管理

【学习目标】

在新公共管理运动中，第三部门的作用被释放出来，成为参与公共事务管理的重要主体。本章的学习需要掌握以下主要内容：第三部门的内涵、范围及基本类型；第三部门与政府的关系，以及第三部门在公共管理中的作用；第三部门的运营与管理；第三部门在当代中国的发展状况。

传统行政管理模式的核心在于政府控制，强调管理公共事务的合法性。新公共管理模式主张采用行之有效的管理，注重服务和结果。后者由于责任明确、回应能力强、结构透明等明显优势，备受当今政府的青睐。“控制”成为等级制、官僚制、陈旧的行政模式的代名词，“管理”则成为现代政府改革的新选择。但是我们不禁要问，在政府职能的转变下，对比“控制”与“管理”，那些“剩余管理权”将由谁来行使？近一个世纪以来，整个世界似乎被这种社会力量或多或少地影响着。它们有别于政府和私营部门，所从事的是有利于社会并且是前两者所不能胜任或者不愿触及的事情。它们数量很多，甚至是以万来计算；它们涉及的范围广泛，可以覆盖整个公民社会领域。这些就是我们日常冠以诸如“慈善组织、非营利部门、非政府组织、志愿者组织、私人团体、免税组织和民间团体”等一系列名称的团体和组织，本书将其统称为“第三部门”。

5.1 第三部门概述

5.1.1 第三部门的范围

不管是在中国，还是国外，以前人们往往把社会组织一分为二，即“公共部门”(包括政府和其他公营机构）和“非公部门”。按照这种划分，一些营利性企业和非营利组织同属非公部门。但是人们注意到，就行为模式和社会功能而言，以营利为目的的企业与不以营利为目的的社会组织大不相同。如果把它们统称为非公部门，则两者的差别就被掩盖了。

实际上,民间非营利组织所从事的往往是政府和私营企业“不愿做,做不好,或不常做”的事,由此有必要将它们与前两者分开。于是,美国行政学者莱维特(Levitt)提出了“第三部门”这个概念来统称这些组织。简单地说,第三部门就是处于政府与私营企业之间的社会组织。但按这个范围划分,诸如家庭、宗族、黑帮团伙也是处于政府与私营企业之间的社会组织,而现今我们所说的第三部门并不包括这些组织。因此,还是有必要对第三部门给出更精确的定义。

实际上,第三部门这个概念并不是一个被普遍接受的提法。它在美国用得最多,但也只限于一些圈内的专家。有的美国人嫌第三部门太含混,情愿用“免税部门”、“独立部门”或“非营利部门”等提法。在英国和它的前殖民地国家(如印度),“自愿部门”的说法比较通行;在欧洲,人们更喜欢用“慈善部门”。法国总是与众不同,“社会经济”是那儿的提法。到了第三世界国家和前社会主义国家,人们更熟悉的概念是诸如“公民社会”或“非政府组织”之类。这些概念涵盖的都处于政府与私营企业之间的那块制度空间,但是它们各自强调不同的侧面。

“免税部门”是美国的用法,强调国家的税法给予这些组织免税待遇,可并不是所有国家的同类组织都能如此。例如,在中国和很多其他国家,非营利组织并不能享受免税待遇。

“独立部门”是美国的用法,强调这些组织相对于政府和私人企业的独立性。但事实上,在多数国家,这些组织并不像想象的那么独立。至少就其资金来源而言,它们对政府和私人企业的依赖性很大,称它们为“独立部门”实在名不副实。

“非营利部门”也是美国的用法,强调这些组织的目的不是营利。但它们存在的目的不是营利并不等于说它们不可能赢利。事实上,非营利组织的收入往往大于支出,换句话说,它们是赢利的。

“慈善部门”是欧洲国家的常用叫法,强调这些组织的资金来源于私人慈善性捐款。但是私人慈善性捐款并不是这些组织的唯一资金来源,甚至不是它们资金的主要来源。

“志愿部门”是英国的用法,它强调这些组织的运作与管理在很大程度上靠志愿者在时间、精力和金钱上的投入,但是,在很多国家,这类组织的活动主要不是靠志愿者进行的,而是由拿薪水的雇员完成的。

从字面上讲,“非政府组织”这个提法很容易产生误解,因为所有私营机构,包括活跃在市场经济中的千千万万个私营企业也是非政府组织。但是,用这个词的人并无意将其内涵伸展得那么宽。“非政府组织”现多用于有关第三世界国家的文献,但其含义已经历了几次大的变化。最开始它专指受国联 (League of Nations) 或联合国承认的国际性非政府组织。后来,发达国家里以促进第三世界发展为目的的组织也被包括进来。现在它主要用来描述发展中国家里以促进经济、社会发展为己任的组织。不管怎么说,“非政府组织”是一个比“第三部门”窄得多的概念,前者只是后者的一小部分。

"社会经济"一词主要用于法国、比利时，近年来也开始流行于欧盟其他国家。与"非政府组织"相反，这个概念的内涵比"第三部门"要宽，因为它将不少企业类组织也包括了进来，如互助保险公司、储蓄银行、合作社、农产品销售组织等。

"公民社会"是近年来中西方文献中用得最多的一个概念。英文 civil society 中 civil 在中文中既可译为"公民的"又可译为"文明的"；society 在中文里既有"社会"的意思，也有"社团"的意思。因此，civil society 既可用来描述某个特定的，建立在志愿基础上的非商业性组织，也可以用做对所有这类组织的总称。除此之外，对这个名词还有其他诸多不同的理解。这是因为它比以上所有名词的历史都长，黑格尔、马克思、托克维尔、葛兰西、哈维尔都曾用过它，但用法各不相同。歧义如此之多的概念是很难用做分析工具的。

由此可见，所有这些名词都不太理想，都可能引起误解。与它们相比，"第三部门"一词较为中性，可避免由望文生义而产生的误解。①

5.1.2　第三部门的含义和特征

但是到目前为止，关于第三部门的定义还是存在一些争论。这主要是由于：第一，不同的团体和组织的职能有较大的差异；第二，受地域和传统的影响，即使是相同名字的组织，其服务方式上也各有侧重；第三，这些庞杂的组织和团体被归纳为一个定义域，难以描述其共同的内涵。

目前，对于第三部门的定义主要围绕以下两个方面展开。一是突出社会组织的类型划分。如《联合国宪章》第七十一条明确指出："第三部门是指国际范围内从事非营利性活动的政府以外的所有组织，其中包括各种慈善机构、援助组织、青少年团体、学会、合作协会、经营者协会等。"二是强调社会职能。世界银行将第三部门定义为"采取行动以缓解困苦、保护穷人的利益、保护环境、提供基本的社会服务或致力于社区发展的私人组织"。我国著名学者陈振明认为："第三部门是介于政府部门与营利性部门之间，依靠会员缴纳的会费、民间捐款或政府拨款等非营利性收入，从事前两者无力、无法或无意作为的社会公益事业，从而实现服务社会公众、促进社会稳定与发展为宗旨的社会公共部门。"②南京大学黄健荣教授对于第三部门的定义是："政府组织和经济组织之外的以公共利益为目标取向、组织成员志愿参与的正式自治性组织的总和。"③

在上述定义中，我国大部分学者在相关研究中采用陈振明的概括。而我们认为第三部门是一个十分复杂的系统，在定义过程中，应尽量顾及各种第三部门组织的共性，为此

---

① 王绍光，康晓光. 论第三部门在中国的发展及未来[EB/OL]. 社会学视野网，http://www.sociologyol.org/yanjiubankuai/tuijianyuedu/tuijianyueduliebiao/2011-11-23/13556.html.

② 陈振明. 公共管理学[M]. 北京：中国人民大学出版社，2005：392.

③ 黄健荣. 公共管理新论[M]. 北京：社会科学文献出版社，2005：197.

我们给出以下定义：第三部门是独立于政府和私人部门之外，以实现公共利益为目标，强调非营利性、志愿性的合法组织。

为了进一步把握第三部门的共性，学者在给第三部门下定义时都会强调其特征，也有人专门对第三部门的特征做过详细分析。比如，美国学者莱斯特·M.萨拉蒙在对医院、大学、社会俱乐部、职业组织、日托中心、环境组织、家庭咨询服务代理机构等多样化实体的研究过程中，总结了一些共同特征。①这些组织有内部规章制度，有负责人，有经常性活动。应该有根据国家法律注册的合法身份，这样才能具有契约权，并使组织的管理者能对组织的承诺负责，纯粹的非正规的、临时聚集在一起的人不能被认为是第三部门组织。②第三部门组织不是政府的一部分，也不是由政府官员主导的董事会领导，但这并不意味着第三部门组织不能接受政府的资金支持。③第三部门组织可以赢利，但赢利必须继续用于组织的活动，不得在组织缔造者中进行分配，不能为其拥有者积累利润。④这些机构基本上都是独立处理各自的事务，能控制自己的活动，有不受外部控制的内部管理程序。⑤这些机构接受一定程度的时间和资金的自愿捐献，无论是实际开展活动，还是在管理事务中均有显著程度的志愿参与。这一归纳被认为是对西方社会第三部门组织根本特征的经典总结。[①]

我们在归纳第三部门的特征时，理所当然要结合我们国家的情况，同时也要抓住世界范围内第三部门的共同点。按照这一思路，对于第三部门特征可以在萨拉蒙的基础上做如下把握。

第一，组织性。有正式的组织名称和机构、正式注册的合法身份，有内部规章制度，有负责人，经常性活动。在政府与市场之间还有很多非正式的、临时性的、随意性的群体，它们不能算第三部门的一部分。

第二，民间性。在体制上独立于政府，既不是政府机构的组成部分，决策等活动也不受制于政府。当然这并不意味着完全不拿政府资助，或完全没有政府官员参加它的活动，关键是其组织是非政府的。

第三，非营利性。不以营利为目的，且利润与盈余不能被分配，有可能赚取利润，但利润必须服务于组织的基本使命，而不能放到所有者和管理者的腰包里。这是其与其他私营组织的最大差别。

第四，自治性。有严格的内部规章和管理程序，各个组织自己管理自己，既不受制于政府，也不受制于私营企业以及其他第三部门组织。

第五，志愿性。人们参与这些组织是以志愿为基础的，参与者行为是志愿行为，而不是强制性的行为。这并不等于说，组织收入的全部或大部分来自志愿捐款，也不等于说工

---

① [美]莱斯特·M.萨拉蒙等.全球公民社会非营利部门视界[M].贾西津等译.北京：社会科学文献出版社，2007：3.

作人员的全部或大部分是志愿者，只要参与的基础是志愿就算满足这个条件了。

5.1.3 第三部门的类型

我们已经知道，第三部门是一个“多项目”的社会组织，每个个体内部的差别较大，个体之间性质、功能、所处地域以及人们观察角度的不同，使得这些组织呈现较为复杂的形态。为了准确地认识第三部门，我们需对现在所能掌握的第三部门组织进行简要的分类。

1. 根据资金来源分类

按照资金来源不同，可以将第三部门分为政府投入、自给自足和混合型三种类型。

(1) 政府投入型部门就是完全依靠政府财政上的支持运行的部门，所投资金可被看成政府投资给社会组织来实现对于公共物品的管理，此类部门在国外比较典型的是邮局、地震和消防等部门，国内则基本上属于事业单位。

(2) 自给自足型部门就是该团体或者组织，在实现公共利益的前提下，不以营利为目的，适当收取费用维持自身运营的部门，比较典型的是医院。

(3) 混合型，就是以上两种方式的结合。该类部门一方面依靠政府补贴；另一方面依靠赢利。比较典型的是高等教育部门。

2. 根据主体自身的性质和功能分类

美国约翰·霍布金斯大学非营利机构比较研究中心设计的第三部门的国际分类体系把第三部门分为12个类别，分别为文化与休闲、教育与科学研究、卫生、社会服务、环境、发展与住房、法律与政治、慈善中介与志愿行为鼓动、国际性活动、宗教活动和组织、专业协会和工会。

欧共体经济活动产业分类体系(NACE体系)是由欧洲统计办公室设计的，在该体系中第三部门被划分为5类：教育——高等教育、中小学教育、职业教育、护理教育；医疗卫生——医院、诊所、医疗机构、牙医、兽医；研究与开发；其他公众服务——社会工作、慈善机构、专业组织、雇主协会、工会、宗教组织和学会、旅行社；休闲与文化——娱乐机构、图书馆、博物馆、档案馆、动物馆。

3. 根据影响范围分类

根据影响范围大小不同，可将第三部门分成国际性部门、国家性部门、地方性部门(基层性)三类。

(1) 国际性部门。活动的范围和影响已经超出了国度的限制，例如环境组织、慈善组织和指导资助其他国家经济事业发展的私人团体。

(2) 国家性部门。是指在本土上具有影响力的组织。很多第三部门都是在自己国家发展和壮大的，这类部门数量是非常多的。

(3) 地方性或基层性部门。这类组织主要服务对象是小范围或者具有某种特殊性质的群体，广泛地分布在基层，如农村互助组织等。

以上是对第三部门知识脉络的一个梳理，主要是希望通过列举其概念、理论基础、性质和类型等内容，让广大读者对第三部门有一个初步的认识。通过学习，你也许会发现这个部门并不新颖，它就在我们身边，但是又很难用完整的语言对其进行描述，那么希望我们接下来的对公共管理中的第三部门职能作用等方面的介绍，能让你对它有更为深刻的认识。

5.2 第三部门的角色

新公共管理理论在市场化和全球化的双重背景下试图重新树立政府的新角色，而角色的定位取决于政府行使的职能。政府职能涉及经济和社会生活各个领域，它是人民意愿的集中代表，拥有强制力。这点无论是哪种模式都没有改变过，但是问题的关键在于政府应采取什么样的方式去实现高效率和高效能的目标。回顾传统行政模式，单一的管理主体根本不能够及时正确地对社会公共事务做出应有的符合公众预期的回应。为此，新公共管理者将目光集中放在了改变政府角色、缩小政府规模和增加社会管理等方面，这也为第三部门在公共管理领域的发展提供了可能。

5.2.1 第三部门与政府之间的关系

第三部门行使公共管理职能，在一定程度上分担了传统公共行政模式下政府所承担的责任，因此，清楚了政府所扮演的角色之后，我们要理清在共同参与的管理体系中，第三部门与政府两者之间的关系。由于第三部门与政府之间的关系，从逻辑上是源于社会与国家之间的关系，我们有必要首先明确社会与国家的关系。

按照我国学者张霞的总结，社会与国家的关系有六种情况：①对抗关系——公民社会与国家之间是此消彼长的关系，公民社会越完善，民众对国家的需求就越小；②制衡关系——公民社会制衡国家的权力，应扩大公民社会的自治范围，缩小国家的管辖范围；③共存关系——强调国家和公民社会的和谐共存；④公民社会参与国家——强调民间组织不仅要参与国家事务影响政治、经济、文化政策，更要参与基层社区和国际社会的各类活动，发挥利益集团的积极作用；⑤互补关系——强调在弥补“政府失灵”和“市场失灵”方面发挥积极作用；⑥从属关系——公民社会从属于国家，应依靠国家力量调停公民社会内部矛盾、冲突，公民社会受国家的控制和影响。

事实上，没有哪个国家的公民社会和国家的关系能够以一种单一模式长期存在。公民社会与国家的关系在不同领域以不同模式存在，或者是处于多种模式共存的状态。并且不同时期公民社会与国家的关系还会发生变化，呈现完全不同的模式。在早期的西方社会，受自由主义的影响，公民的活动与政治权力之间的关系就是对抗与制衡的关系，政府权力的扩张，极大地干预公民社会的生活。但是近代社会的发展中，公民与国家的关系是更为温和的，主要表现为共存关系、互补关系等。

20 世纪 90 年代以来，广大研究者们开始关注第三部门的作用以及其与政府之间的关系等一般理论层面的问题，但仍不免带有较强的应用型色彩，其代表人物是本杰明·吉军和丹尼斯·杨，现将他们的不同模式理论[①]分别介绍如下。

1. "四模式"

本杰明·吉军提出的"四模式"理论基于以下思考：公共服务的提供实际上由两类不同活动构成，即第一类活动是为公共服务寻找资源，第二类活动是服务的实际提供，国家在动员资源方面的独特优势并不意味着它也垄断服务的提供。"四模式"具体是指以下四方面。

(1) 政府主导模式。政府在筹集经费和提供服务上扮演了主要角色，第三部门存在的空间很小。

(2) 第三部门主导模式。这是与政府主导模式相对的另一个极端，这种模式存在于那些对政府参与公共服务持极端反对态度，或者政府没有能力广泛提供公共服务的国家。

(3) 并存模式。政府和第三部门都积极地参与经费筹集和服务提供，但通常两者活动的领域并不重合，其中还可以分为两种情况：一是第三部门提供和政府相同的服务，但服务对象集中于政府服务所没有覆盖的服务需求者；二是第三部门提供政府所不能提供的那些服务。

(4) 合作模式。第三部门与政府不是单独行动，而是共同行动，该模式通常采取政府提供经费、第三部门提供实际服务的形式，其进一步细分又包括两种不同形式：一是"自动售货机"(collaborative-vendor)模式，第三部门仅仅是政府的代理人，自主性很小；二是"合作伙伴"(collaborative-partner)模式，第三部门在项目管理或政治活动中仍然保持了较大的自主性。

吉军的观点不同于传统的第三部门与政府冲突论，从另一个角度考察第三部门与政府的关系，为接下来更进一步阐释第三部门与政府的合作伙伴关系理论做了铺垫。但不可否认的是"四模式"理论的缺陷在于这些模式背后的理论逻辑并没有被深刻地揭示出来，仅仅是在形式上对其进行了区分。而丹尼斯·杨的"三模式"理论则弥补了相应的不足，使第三部门与政府之间的关系更加清晰。

2. "三模式"理论

丹尼斯·杨将"四模式"简化为"三模型"，即补余模式、合作模式和冲突模式。

(1) 补余模式。第三部门主要满足政府不能满足的公共品需求。该模式背后的理论逻辑是公民偏好的异质性导致总存在政府不能满足公共品需求的可能，这就使第三部门成为良好替代者。

(2) 合作模式。第三部门被视为政府的合作伙伴，帮助政府提供主要由政府资助的

---

① 邓国胜. 公益项目评估[M]. 北京：社会科学文献出版社，2003：199.

公共品。根据公共品理论，政府能够有效地解决为提供公共品获取资源的问题，但是在服务提供环节上，交易成本理论告诉我们，当组织规模增大到一定程度，管理成本就会高于服务外包的成本，此时，将服务外包是明智之举而选择外包对象则面临外包给企业还是第三部门的问题。由于第三部门与企业的运行机制存在差异，政府获取第三部门信息的成本和监督成本会低于企业。因此，政府在选择提供公共品的合作伙伴时，第三部门是更合适的选择。

(3) 冲突模式。第三部门推动政府改革公共政策，以保证政府能够对公众负责，而政府也通过管制第三部门的服务和回应第三部门的行动，影响第三部门行为。

上述两种理论虽然帮助我们理解了第三部门与政府的关系，但是由于带有较强的应用型色彩，研究趋于表象化。

通过上述知识点的介绍，结合现在国家的治理模式，我们认为第三部门与政府的关系不外乎两种：一种是强调二者合作的关系，强调社会组织与政府良性互动、资源相互依赖等；另外一种观点是强调二者的制约关系，如公民社会制衡国家等。当然，为了更加形象地说明两者之间的关系，国外还有研究者将两者之间的关系描述为：第一种是疏离型，代表性国家主要有澳大利亚与阿根廷等；第二种是整合与依附型，代表性国家主要有日本和德国等；第三种是整合与合作关系型，代表性国家主要有荷兰或西欧等国。尽管每个国家对第三部门的定位不同，但是无论哪个国家在研究政府与第三部门之间关系的时候都要以承认第三部门是独立于政府之外的社会主体为前提，否则就失去了研究的重心。

我们认为，第三部门与政府间的关系，应该是两大公共管理主体间的合作与互补关系。两者在目标一致的前提下，既有分工，又能相互促进相互补缺，在不同的领域和范围内实现公共物品和公共服务的有效配置。

5.2.2 第三部门的作用

第三部门在不同国家、不同程度上成为了参与公共管理运动的一支力量，其功能和作用是有目共睹的。具体表现在以下四个方面。

1. 经济领域的作用

第三部门的发展能够推动社会经济的发展。它提供的服务比私人更廉价，更具有创新性。以英国为例，表 5-1 中列举了 2002 年度慈善组织和志愿者组织前 500 名的收支情况[①]，在数据中选取前十名作为研究对象，从中可以看出英国第三部门在推动经济发展方面的作用。

① 刘玉浦. 公共管理与社会发展——广东省高级公务员公共管理研究论文集[G]. 北京：中央编译出版社，2005：448.

表 5-1　2002 年英国部分第三部门收支情况　　单位：亿英镑

组织名称	收入	支出	现有基金
英国文化委员会	4.4	4.37	1.09
欢迎基金	3.32	5.44	112.66
纽非得老人院基金	2.9	2.76	2.31
英格兰艺术理事会	2.62	2.59	0.4
英国癌症研究	2.5	2.39	2.12
汽车与社会 FIA 基金会	2.12	0.03	2.13
全国信托(保护菜地树林植被组织)	2.01	2.02	6.85
慈善援助基金会	1.99	1.90	2.87
牛津饥荒救助委员会	1.89	1.87	0.54
基金	1.89	1.81	1.23

其中牛津饥荒救助委员会在英国共有 762 间连锁店和 80 多个工作点。数据显示，在 2002 年该组织共筹集 1.89 亿英镑，主要是通过出售捐赠者的物品和生产民族工艺品获得。收入运营的规模如此之大，足以见证第三部门在推动经济发展中的作用。

第三部门还可以促进就业，吸纳大量的就业人员。仍以牛津饥荒救助委员会为例，在 2002 年，该组织在世界各地共拥有 3 500 位工作人员，志愿者 2.36 万。据约翰·霍布金斯大学对 36 个国家的研究表明：第三部门可吸纳的就业人数在 4 500 万以上。清华大学 NGO(非政府组织)研究所的调查显示，2000 年以来我国大约有 3 000 万人活动在第三部门，第三部门每年可为社会提供 3 300 万个就业岗位。除此之外，我们必须强调第三部门吸纳就业人员有“特殊性”。众所周知，世界范围活动着的第三部门种类繁多，其中不乏类似预防艾滋病志愿组织、残疾人自救组织等。他们的工作人员多是患者本身和亲属，他们参与社会分工的机会很少，生存本身存在问题。因此，第三部门为其提供的不仅仅是岗位，更多的是生存的价值与信念。

2. 政治领域的作用

第三部门是现代公共管理主体的重要组成部分。在新公共管理中，政府不再作为唯一的合法管理组织而存在，社会主体多元化已经成为了一种趋势。第三部门管理在政治领域的作用，主要指通过获得授权行使一定的行政权力或通过具有的公共权威管理公共事务，并也带有一定强制性质。这点在我国尤为明显。

3. 文化领域的作用

第三部门倡导积极的公民精神，主张培养公民的责任感和奉献精神，追求公共利益，促进公益事业的发展和整个社会的精神文明建设。主要途径是通过公民的自我管理和服务，实现社会自律，进而促进社会和谐。因此，在精神领域可以从微观和宏观两个视角——公民与社会来分析。对于公民，我们也可以细化为参与者、普通民众。参与者指参与第三部门活动的组织者、经营者、服务志愿者等相关工作人员以及接受服务的人。换句话说，参与者可以被理解为整个活动中的供给者和消费者。普通民众泛指没有直接参与活动的人群，这是一个相对的概念，即非参与者都可以理解为普通民众。参与者直接参与活动，双方都可以被看成活动中的"受益人"。供给方在多数情况下是自愿结成，有共同的理念的人群，参与活动有助于激发成员们的奉献精神；接受方除了可以直接在活动中得到物质或精神的帮助之外，还可以激发起自身回报社会、贡献社会的意识。付出与接受都可以促进个人思想的升华。普通民众虽然没有直接参与活动，但是可以通过间接方式感受第三部门组织提供的公益服务，从中受益。公民的思想境界的提高，可以营造良好的社会氛围，促进社会的发展。

4. 社会领域的作用

第三部门对于社会的作用可以概括为几个方面：提供公共物品，促进社会公平，扩大公民参与率等。

第三部门可以为社会成员提供政府不便或不能提供的公共物品，政府提供的公共物品倾向于满足社会成员的中位性的需求，并且往往以统一规范的方式提供，第三部门以其灵活性为社会成员提供满足其特殊需求的公共物品。

在促进社会公平方面，第三部门关注和帮助社会发展中相对薄弱的某些部门、社会弱势群体或边缘性群体。具体通过为其提供信息、资金、实物、技术以及其他资源，扭转劣势的局面，摆脱困境。

第三部门主张公民积极主动地参与社会事务。第三部门为公众提供了各种活动领域，表 5-2 展示的是清华大学非政府组织研究所的一份调查结果。

表 5-2 中国第三部门活动情况

活动领域	数量	比例/%	活动领域	数量	比例/%
文化、艺术	522	34.62	动物保护	47	3.12
体育、健身、娱乐	274	18.17	社区发展	257	17.04
俱乐部	80	5.31	物业管理	93	6.17
民办中小学	30	1.99	就业与再就业服务	239	15.85
民办大学	17	1.13	政策咨询	330	21.88
职业、成人教育	214	14.19	法律咨询与服务	370	24.54
调查、研究	641	42.51	基金会	130	8.62

续表

活动领域	数量	比例/%	活动领域	数量	比例/%
医院、康复中心	159	10.54	志愿者协会	123	8.16
养老院	106	7.03	国际交流	173	11.47
心理咨询	147	9.75	国际援助	50	3.32
社会服务	673	44.63	宗教团体	38	2.52
防灾、救灾	170	11.27	行业协会、学会	603	39.99
扶贫	316	20.95	其他	310	20.56
环境保护	150	9.95			

数据来源：方奇臻，蓝伟豪. 中国非政府组织多元发展[N]. 大公报，2008-04-25.

表 5-2 中共列举了 27 类 6 262 个活动组织。这些组织不仅充分满足了社会多样化需求，同时，也为广大的公民提供了参与社会活动的机会。

5.2.3　第三部门的运营与管理

第三部门的管理是指为了达到组织的目标而运用一定的职能和手段，加以调节和控制的过程，可以分为外部管理与内部运营。外部管理注重立法和监管两个方面。内部管理形式与企业管理相似，也由组织设计、战略管理、财务管理和人力资源管理四大方面构成。

1. 外部管理

在研究与第三部门的法律、法规相关的问题时，我们必须明确两个前提：一是承认第三部门在法律上的实体地位；二是在差别很大的各国法律体系中捕捉基本的、共性的东西。在此我们所做的相关分析是在承认国际上通用的有关第三部门的法律、法规的基础上，结合目前关于该问题已有的研究成果，进行的归纳。

1）登记程序

目前世界各国的第三部门的登记制度主要有登记备案制度、登报声明制度和许可批准制度。登报声明制度是组织成立时不需要任何手续，只需登报告知公众；登记备案制度是组织成立时只需向政府登记备案存查。世界上许多国家的第三部门的登记制度采用这两种方式之一。许可批准制度是组织成立前需向政府申请，经过政府审查并许可批准后方能成立。相对于前两种而言，这种制度能维护国家的公共秩序，却是对公民结社的有条件控制。我国的第三部门登记采用的是该种制度。

2）税收优惠

第三部门得到税收优惠待遇几乎得到了世界各国的认同。这是由第三部门的类型和性质决定的。一个不以营利为目的，为公共事业服务的组织，分担了政府的担子，就应该在税收上享受优惠。第三部门得到税收优惠是得到世界各国、各界人士的普遍认同的，其理论根据是：第三部门减轻了政府的负担，所以应该享受优惠的税收待遇。各国对第三部门都有相应的税收优惠政策，但第三部门享受优惠的范围、享受优惠的程度等差别很大。各国税法对第三部门优惠的规定在范围和程度上是有差别的，但是对象不外乎两点，即对第三部门自身的课税规定及纳税优惠，或是对向第三部门捐赠的个人、公司等实行纳税优惠。

各国对参与商业活动的第三部门也有类似的法律要求，主要是针对第三部门从事的商业活动的类型、范围和收入的使用情况做出要求。一旦第三部门从事的商业活动有任何的违反规定的性质，就会受到处罚或丧失免税资格。

3）组织监管

即使是崇拜自由的国家也不会任由社会组织自由发展。除了对第三部门进行法律框架的限制，各国政府还要扮演外部监管的角色。首先，政府对第三部门的"资格身份"要审查确认，具体包括法人资格审查和免税资格审查，可能需要不同的政府部门负责。其次，政府对第三部门的运行过程要监管。主要涉及法律规定的第三部门的活动宗旨的公益性（比如是否偏离了公益性宗旨）、收益的分配（是否偏离了非营利性而进行个人收益的分配）、内部管理机制是否合法，以及是否违反其他的相应法律规定等。政府对第三部门运行的监督是通过第三部门向政府有关部门提供各种相应的报告，政府部门再根据相应的资料进行审查进行的。除了政府监管之外，由于第三部门的追求与使命有别于其他组织，它的发展还应受到其他组织的监督。

2. 内部管理

1）组织设计与分工

第三部门的组织设计与分工主要有两种方式。一是根据组织功能设置，通常设财务部、人事部、计划部、公关部、募捐部、业务执行部等。二是按服务对象或服务内容来设置。根据服务对象可设儿童福利部、青少年福利部、老年人福利部、残疾人福利部等，根据服务内容可设济贫服务部、救灾服务部、医疗服务部、就业服务部等。众所周知，第三部门的服务业务和对象是十分广泛的，内部层级设置通常需要在最严密管制的正式组织与松散协调的非正式组织之间权衡取舍（这里不做细致说明），一般而言可以分为三个层次：第一，决策阶层，负责组织中目标的制定、资源的分配、生存发展的规划等重大事务；第二，管理阶层，主要从事组织目标下的次级目标规划，通过管理、协调来实现决策层的目标；第三，操作阶层，主要负责组织中基层的具体工作。世界上大多数第三部门都通过设立理事会的形式来行使组织决策和领导的职能。理事会负责制定内部章程，选聘或解聘负责人，批准计划和预算，评审计划的运行情况，保证机构的健康运行。负责人对内负责机构的日常工作，对外代表机构开展各种活动。第三部门一般实行合同制，人员的晋升通过对工作业绩的考核来确定。

2）战略管理

第三部门之所以要实行战略管理，是因为这是关系到全局性、长远性和根本性的重大谋划，是组织发展的方向和总体框架，是在竞争激烈、变化多端的环境中的重要策略。第三部门的战略管理首先是对外部环境的分析。外部环境分析具体包括对所在行业、与政府关系和应对舆论监督等方面的分析。其次是对内部环境的分析。明确宗旨和使命，有利于明确组织的业务范围，提高顾客的满意度。不仅如此，组织具备的能力和资源、是否具有竞争力也是要考虑的问题。再次是实现组织的战略计划。清楚组织目前与未来的发展、不同时期的任务与计划。最后是计划实施。这个包括时间、地点和方式的选择以及如何评估。第三部门虽不是以营利为目的，但是良好和科学的战略管理将有助于其在整个社会中的发展。事实上，现在很多第三部门组织还不能很好地实施战略管理，主要因为受外界因素干扰较多，而内部管理中又很难通过绩效等量化指标达到战略计划的目的，所以实施效果较差。

3）人力资源管理

第三部门有着不同于其他部门的价值体系，更重视公益性、慈善性和志愿性，因此其人力资源的定位也有别于其他组织和部门。第一，人力资源构成不同。一般包括理事会成员、公职成员和志愿者。理事会成员一般包括出资人、社区居民代表、政治家和社会工作者。而公职管理人员则包括执行总裁和付薪职员。第三部门中数量最多的是志愿者，他们通过各种方式，贡献个人的知识、体能、劳力、经验、技术、时间，不以获取报酬为目的。第二，在日常管理中，特别强调价值体系和使命感对员工的激励和凝聚作用。人力资源管理的主要内容包括招聘、选拔、任用、学习和发展、激励、考核、提升。其中着重考查工作人员是否具有利他主义的奉献精神，对组织的使命是否认同，是否具有所需的专业知识和特定的技能等。第三，强调具有卓识远见的领导者和管理者的培养。第三部门在现代社会中的角色越发地重要，组织的构建就更需要专业人才、高素质人才。世界很多国家都有关于第三部门工作人员的专门培训机构，作为一个服务型的组织，其人员素质等更需要得到关注。确保组织的发展得以延续，培养良好的管理者和领导者也至关重要。

4）财务管理

资金是组织运行的基础，是组织生存的保障。重视资金管理的组织才能保证自身的发展，使其处于不败之地，即使第三部门也不例外。资金的合理使用，良好的财务记录也会拓宽收入渠道。第三部门的收入来源比较广泛，具体可以分为自营收入、政府拨款和社会捐助三个部分。自营收入主要指第三部门通过提供产品和服务获得的收入或投资所带来的收入。这里需特别指出第三部门提供的“产品”并不是“免费”的，低收费或收取成本费并不影响其公益性，当然这也不符合市场价值规律。投资收入也是自营收入的一个方面，指在第三部门将获取的资金运用于实现其社会使命的具体项目之前，通过资本运作方式进行投资，获取投资收益，以实现资金的保值与增值所得的收入。政府拨款是政府对于第三部门发展的一种支持，这种方式被世界各国广泛接受，仅仅是所占的比例有所不同。德国的第三部门收入的68%来自政府，法国第三部门的政府支持也占总收入的60%。我国的第三部门收入甚至可以达到70%以上均来自政府支持。社会捐赠是第三部门收入的主要来源。在美、日等发达国家，社会捐赠占有相当大的比重。在美国，每年的捐赠占到所有收入的近80%，几乎全国每人每年都要对一个或几个组织捐赠，这与社会背景和第三部门的发展状况有很大的联系。支出管理指组织为自身的生存发展和开展业务活动以实现其社会使命而发生的各种资金耗费。第三部门的支出也分为活动支出和行政支出两个部分。活动支出是组织通过自身规划，去实现组织的社会使命所用支出；行政支出是非营利组织为了自身的生存与发展而发生的支出。一个合理的资金支出分配，行政支出的管理费用占总支出的比重应控制在一定范围内。我们在强调自身建设的同时，应做到善款善用，实现理想和目标。

5.3 第三部门在中国的发展

5.3.1 东方特色的发展轨迹

1. 传统民间组织

最早的古代社团兴起于春秋时期。具有鲜明非政府组织性质的有战国的“会党”，东汉的“朋党”，宋代的“合会”，明代的教育会、读书社、博雅社、经济会，清代的治学会等。其组建形式多是为夺取政权的政治性团体和各学派文人的学术性团体。此后，又兴起了民间秘密宗教会社、民间互助合作的私社、同行业工商业者联合组织的封建行会等。在我国的历史长河中，各个民间组织也不乏对交往、互助、慈善的追求与向往。我国的官办兼民办性质的“仓储制度”就是最好的例子，救济灾民也是当今慈善事业的启蒙。

2. 近代社会的民间组织

在中国近代，反侵略和反封建的历史任务促进了黑水党、拜上帝会和强学会等组织的成长；资产阶级革命时期的兴中会和光复会开始登上历史的舞台。在新民主主义时期又涌现出了一大批共产主义小组、工农群众社团、妇女社团和公益社团等。根据贾西津的研究和分析，可将当时的民间组织分为六类：①行业协会；②互助与慈善组织；③学术性组织；④政治性组织；⑤文艺性组织；⑥“会党”或秘密结社。总体来看，这个时期主要反映出的发展情况与现代标准的第三部门是有很大差距的，但是其已经具备了一定的规模。

3. 新中国成立后民间组织的发展

新中国成立后我国民间组织的发展时间历程以改革开放为中心点，可划分为两个部分。改革开放前，我国政府对原有的民间组织进行了整顿，将部分政治组织转为政党组织，取缔了部分思想反动落后的民间组织。经过这次整顿，民间组织有了小幅度发展的迹象。然而由于我国在政治上实行的是高度一元化的领导体制，经济上实行计划经济体制，国家控制了绝大多数权利和资源，民间组织更多的是以党和政府的附属部门形式出现，或者是相关职能部门的延伸。如家喻户晓的工会、妇联等组织，它们一直被界定为党的外围组织，是党和政府联系人民群众的机构，因此基本上没有政府与民间之分。即使存在其他民间团体也都是凤毛麟角。而随后发生的“文化大革命”运动，将这部分成果无情地泯灭了。改革开放后，我国社会主义民主和法制建设重新开展，社团开始复苏。

图5-1是清华大学公共管理学院教授、NGO研究所所长王名依据所搜集的国家历年民政部公报相关数据所绘。图中数据显示：改革开放三十多年来，我国社会组织的数量增长呈现为一个几乎可称为“爆炸式增长”的突飞猛进的历史过程。如浙江省萧山市社会团体在改革开放十年间，数量增长了近24倍。经济、政治、文化和社会领域的深刻变革，社会组织形式的多样化，就业岗位和就业形式的发展变化，给予了中国民间组织自新中国成立以来最为广阔的发展空间。

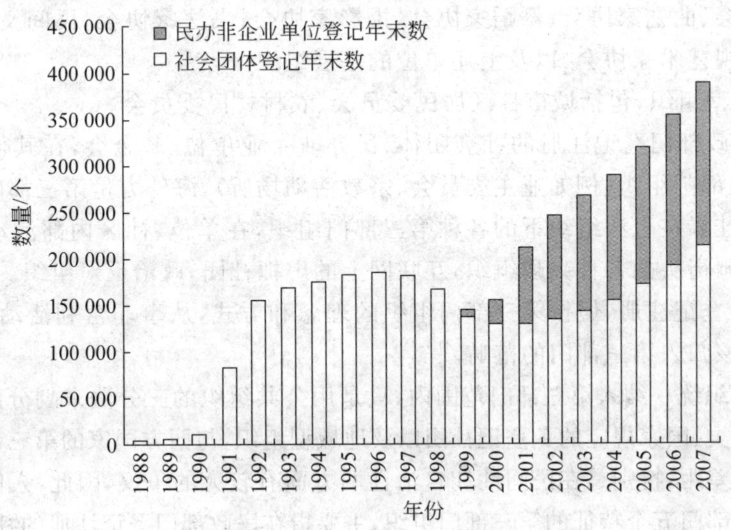

图5-1　1988—2007年我国社会组织数量增长情况

我国是一个有着悠久历史的集权传统的国家，政府包揽社会中的一切事务，包括社会公益事业类的社会组织亦受着政府较大的牵制。这种“亦官亦民”的东方特色模式并不属于国际上通用的“第三部门”的范畴。除此之外，我国第三部门的发展并没有如同西方国家一样有着深厚文化理念的支持，缺少基于社会文化的动力，更多依靠政府权力机构来解决社会问题。但是近年来，自下而上的草根参与意识逐步流行，民间发起的社会力量逐步壮大起来，开始与国际上定义的“第三部门”接轨。

5.3.2 我国第三部门的现状

1. **我国第三部门的范围**

从范围上讲，第三部门是指不属于第一部门（政府）和第二部门（企业）的其他所有组织的集合；从功能上讲，第三部门从事那些政府和企业不愿意做、做不了或都做起来没有效率的事。按照这一划界，我国第三部门在形式上可包括下列组织。

（1）人民团体类组织，主要包括中华全国总工会、中国共产主义青年团、中华全国妇女联合会、中国科学技术协会、中华全国归国华侨联合会、中华全国台湾同胞联谊会、中华全国青年联合会、中华全国工商业联合会，以及上述各单位的基层组织。

（2）国家规定的免登记社团，包括中国艺术界联合会、中国作家协会、中华全国新闻工作者协会、中国人民对外友好协会、中国人民外交学会、中国国际贸易促进会、中国残疾人联合会、中国宋庆龄基金会、中国法学会、中国红十字会、中国职工思想政治工作研究会、欧美同学会、黄埔军校同学会、中华职业教育社、电影家协会、戏曲家协会、美术家协会、音乐家协会、曲艺家协会、舞蹈家协会、摄影家协会、书法家协会、民间文艺家协会、杂技家协会、电视艺术家协会，以及上述单位的基层组织。

（3）地域型组织，包括城市社区居民委员会、农村村民委员会。

（4）在民政部门登记注册的社会团体、民办非企业单位、基金会，在其他政府部门登记注册的第三部门组织（例如业主委员会、宗教活动场所），海外力量第三部门组织在中国的分支机构，挂靠在合法组织下的各种第三部门组织，在单位、社区内部活动的各种第三部门组织，公园街头的各种兴趣组织，互联网上的虚拟社团，政治反对组织。此外，大量以企业法人身份登记注册，但按第三部门组织的理念和方式，从事非营利活动的组织，按功能来看，也应该归入第三部门的范畴。①

把上述组织统一纳入第三部门范围内，只是用公共组织的三分法来划分的，而实际上，上述人民团体类、国家规定的免登记社团以及地域型组织，与西方国家的第三部门组织相比存在着一定的差距，特别是在民间性和自治性两方面有较大的争议，因此，人们通常公认的且最符合第三部门五个特征的第三部门组织，主要指在民政部门登记注册的社会团体、民办非企业、基金会，另外有些应该但未能在民政部门注册的草根组织，也包括在我国第三部门组织范畴内。按照这个界定，我国的第三部门实际上也等同于民间组织。

2. **我国第三部门的作用**

我国的第三部门具有如下作用。

---

① 康晓光．依附式发展的第三部门——第三部门环境分析．中国第三部门观察报告（2011）[G]．北京：社会科学文献出版社，2011：9-10.

(1) 完善社会管理体系。我国自改革开放以来，就一直不断完善国家体系，逐步放权，政府不再是单一的管理主体，虽然这个转变过程速度较为缓慢，但是我们还是可以从大量民间组织的应运而生中看到中国社会的变化。

(2) 唤醒公众的权利和责任意识。民间组织成为民众与政府之间的桥梁，使公众的知情权受到了关注，使政府能依托民间组织，广泛动员群众参与社会活动，最大限度调动群众的积极性。

(3) 促进公共事业发展。通过向社会筹集资金，兴办社会公益事业，我国民间组织在助残、助孤、助老、扶贫、赈灾、环保、维权、帮助弱势群体解决困难等方面做出了巨大的贡献。

5.3.3　我国第三部门的"危"与"机"

1. 发展中的瓶颈

1) 法律制度层面

我国于 20 世纪中后期相继出台了一系列鼓励和规范民间组织发展的政策，其中包括《社会团体登记管理条例》、《民办非企业单位登记管理暂行条例》、《事业单位登记管理暂行条例》、《宗教社会团体登记管理实施办法》、《民政部主管的社会团体管理暂行办法》、《社会团体设立专项基金管理机构暂行规定》和《社会团体分支机构、代表机构登记办法》等。但是时隔 20 多年，我们重新审视这些制度，就会发现这些行政程序性的法规，更多的是给予了社会组织成立的途径，而没有形成一套完整的法律体系，立法层次低，不能从根本上解决第三部门合法性问题。

2) 双重管理困境

国家和政府对社会组织管理的发展缺乏总体规划，多头管理造成了民间组织发展长期处于"乱序"状态。根据我国社团登记管理条例和民办非企业单位登记管理暂行条例，社会组织在正式成为一个合法的民间组织之前必须找到一个业务主管单位，因此就出现"双重管制"。在这种体制之下，民间组织的变更、注销登记由业务单位初审，登记管理机关进行实质审查后做最后决定，并且两者都对民间组织的业务活动进行行政管理。这种体制有一定的好处，在民间组织成立初期起到了重要作用。但是在自由裁量权都很大的条件下，由于审查标准上可能出现不同，极易发生分歧，引发管理混乱。而困境之二是从目前登记管理机关的登记备案情况来看，我国区级民政部门人员编制少，民间组织管理工作任务重，基本停留在登记备案的被动管理层面，也给民间组织的发展设置了障碍。

3) 监督管理问题

在我国，对于民间组织的管理，常常出现过度管理和流于形式两种极端现象。前者出现在登记、准入和管理方面，而后者出现在监管方面。我国政府对民间组织的管理除了年度检查和监管之外，几乎没有任何日常性的评估体系，而且监督权力本身就具有消极性、被动性和随意性，不容易量化与控制。我国目前没有专门的政府评估机构和制度，也没有办法建立比较系统的定量和定性的指标体系，当然建立民间组织的诚信体系也无从谈起。当今，我国的监管主要体现在对民间组织的财务监督上面。民间组织不同于政府部门和企业单位，其资金主要来源于政府财政拨款、社会捐赠和部分营利性收入。而支出是否做到善款善用，专款专用，是监管的重中之重，但是近几年报道的基金不明案说明了我国的财务监管还是不够完善，依旧没有建立一个科学的、独立的财务审计制度。

4）服务认可壁垒

公信度不高，是我国民间组织发展面临的共性问题。所谓公信度就是社会对组织的认可及信任程度。这里的民间组织不包括工会、妇联等部门，是指真正意义上的民间组织，当然也包括自下而上成长起来的草根组织。除了我国根深蒂固的官办思想对民众的影响之外，民间组织的服务不像企业中的产品一样看得见摸得着，测定其质量需要更多的时间，使得其发展举步维艰。缺乏独立性和创造性也让民间组织的发展显示出“不必要性”，得不到大家的认可。即使在现阶段我国社区服务发展迅速的情况下，民间组织依旧不能很好地壮大起来，甚至提供的服务难以满足社区成员多样化的需求，对社区居民还不能形成强大的吸引力。

5）管理非独立性

民间组织在心理上过于依赖政府、“名人”和“能人”来支持组织的运营，是造成我国民间组织积极性和创造性不高的原因。追根溯源，我们发现导致这一问题的原因有两个方面：第一，我国大部分民间组织都是由政府机构转化而来，或者是由政府部门主管，尽管政府从组织上脱离了创办者的头衔，但与民间组织联系依旧密切，对于组织的发展有绝对的影响力；第二，许多组织的领导职位都是由退休下来的老领导、老干部担任，在日常管理中难免会自觉不自觉地保持原有的工作作风，这也导致了民间组织运转的“官办化”。

6）自身能力不足

缺乏高水平的专业人员及良好的自身管理体制是我国民间组织培育和发展中的普遍问题。民间组织由于起步较晚，并且现阶段的发展不够充分，难以得到公众的认可，不足以吸引高水平的人才。特别是组织内领导人的选择与培养，参与人员的知识结构和综合素质，人员老龄化，兼职人员较多，工作热情高的专业知识人员较少等，都是亟待解决的问题。在有关我国民间组织的能力建设的对话中，往往被提及的是民间组织的专业化问题。形同虚设的组织章程，庞大无用的理事会及各种委员会，混乱的自律机制和财务制度，不完善的自我评估与监管机制，都给民间组织的发展带上了沉重的枷锁。

7）资金渠道狭窄

NPO 信息咨询中心在机构调查问卷中列出了 15 个“本组织需要解决的管理问题”，其中选择频率最高的是筹资。经该组织分析，中国的第三部门之所以把筹资作为首要的问题来认识，主要原因是中国的筹资环境、渠道和方法有限。改革开放以后，我国在经济上取得了巨大的成就，但是总的来说，中国还是一个发展中国家，福利资金相对不足，很难再分给还没有纳入政府福利体系的民间组织。体制外的民间组织的发展主要靠自筹资金、少量的社会捐助和一定的服务费用，由于缺乏公益传统以及政府鼓励个人和企业捐赠的措施有限，民间捐赠的数量很少，而第三部门营利性收入更是微乎其微。调查显示，仅政府提供的财政拨款、补贴和会费收入就占了第三部门资金来源的 70%以上，而营业性收入仅占总收入的 6%左右。同时，政府还会限制民间组织从事一些经营活动，使民间组织的经济力量更加薄弱。

然而除了上述问题之外，我国的民间组织还面临着等级准入标准过高，缺乏外部竞争机制，民间组织在经济社会发展中不平衡等问题。非健康轨道运行导致社会中出现了“四强四弱”的格局，即与政府有关的组织强，真正的草根组织弱；城市组织强，农村组织弱；东部组织强，西部组织弱；行业协会强，基金会、公益性以及学术性组织弱。这些都不利于民间组织在社会建设中功能与作用的发挥，也不利于形成统一的管理体系。

2. 发展趋势

(1) 解决合法性问题。民间组织自治化是我们要实现的首要目标。第三部门应在法律的范围内，按照其章程和自治规则运作，不受其他组织和个人的干涉，真正做到从国家政治体系中脱离，还原公民社会本色；其次，组织运行的法制化要加强。从国家角度来说，应制定有关社会组织的内部管理和运作的法律、法规，规范社会组织的内部管理和运作的法律、法规，做到民主化、法治化和程序化，确保组织内部成员的利益。从组织角度来看，组织内部应具有完备的章程、自治规则，完善组织内部的各种制度，不搞一言堂。最后，积极支持出台上位法，形成核心的法律体系。

(2) 促进合作型关系形成。温家宝总理在 2005 年的政府工作报告中提出要“坚决把政府不该管的事交给企业、市场和社会组织，充分发挥社会团体、行业协会、商会和中介机构的作用”。民间组织与政府的关系不是依赖关系、隶属关系，而应该是伙伴关系、平等关系。政府应顺应这种变化与趋势，调整心态和处理方式，从民间组织机构中退出来，减少对于民间组织的干涉。为了推动各级政府逐步在更多领域与民间组织合作，借鉴国际经验，我们建议地方各级政府与有关的民间部门签署合作协议，努力规范政府的行为，同时推进各级政府逐步在更多领域的公共服务上通过政府采购或委托，展开合作。与此同时，我们还希望政府能够为民间组织提供更多的资金并给予其必要的税收等方面的优惠，同时逐步建立、健全相应的评估和监管体系。

(3) 改进登记和准入方式。改进登记方法，排除准入障碍，优化管理方式是国家扶植民间组织最直观的行为。在登记方面我们应在区别组织性质之后，参考英国对于第三部门的登记制度安排，进行分级登记。第一层级是保证所有类型民间非营利组织以正式合法的身份进行普遍备案，建立民间组织数据库；第二层级是在第一层级的基础上对需要特定条件的一类组织，实行登记许可制度，获得登记许可的组织可以享有优惠政策；第三层级也称最高层级，是针对从事特定公共服务或政策的社会公益活动的民间组织给予财政和税收方面的最大优惠。在准入方面要把握三点，即放宽准入条件、简化登记程序和减少审批关卡。放宽准入条件是从组织人数和资金两方面考虑，这可以更好地鼓励基层民间组织的发展；简化登记程序也是从方便基层群众的角度考虑，具体做法是免去申请环节，只要符合条件即可登记，缩短审批时限，简化资产报告，只需银行出具存款证明即可登记。

(4) 改革管理体制。改革登记和业务主管单位双重许可的管理体制，需要从现行政府管理的体制和机构设置上实行必要的改革。但是，实际的情况是，我国已经存在一套民间组织管理部门。这样的改革会牵连多个方面。因此，我们建议在现行的民间管理局的基础上，建立直接隶属国务院的民间组织监管委员会(简称为"民监会")，把目前由业务主管单位行使，以及分散在相关部委和单位的对民间组织的各项主要的行政职能统一到民监会中来，以统一管理的职能。由于民间组织的范围比较广泛，其中不乏专业性较强的公共服务类民间组织，所以在管理过程中要有相应的业务部门或政府授权的中介组织进行资质认证和必要的业务指导。

(5) 实施全面监管。监管是一项高成本行为，即使政府机构承担的监督，也会面临行政能力的限制，执行也未必尽如人意。然而对于代表崇高的特殊职责和角色的民间组织来说，监管更为重要，民间组织一旦出现缺乏效率、缺少使命感和贪污行为，不仅仅会牵绊自身运行，甚至会影响行业、整个民间组织的公信力，酿成不良的社会影响。所以，建立一个全面的监管体系会对民间组织的发展能起到保障和促进作用。发挥政府监管、社会监管和自身监管的作用，构建多层次的监管体系，是我国对民间组织实施全面监管的发展方向。政府主要对民间组织的成立和解散、免税资格、组织管理规范性、活动项目、资源使用以及品质使用进行监管，争取做到注册自由，平等无歧视。第三部门的组织成为正式组织并符合相关的要求才有资格享有免税等优惠政策，在此基础上，政府还要对组织的架构、管理进行监督，保证民间组织从事合法的商业活动。只要这些活动的赢利或者收入不被其成员私分、挪用即可。社会监管主要的依据在于社会公众是社会和国家的主人，民间组织接受了社会捐赠和享受税收优惠，实际上是获得了公益资产，因此也负有一定的公共责任，应该向社会公众有所交代。社会公众如果对非营利组织的运行状况有所疑问，也有权知道和获得与此相关的信息。为此社会组织(第三方)应开发符合中国国情的评估措施。

(6) 变革管理观念。首先，社会组织应当明确自己的身份，保持民间组织的独立人格，才能较好地履行供给公共物品、积累社会资本的责任，提高社会公信力。从某种程度上来说，民间组织提供的服务属于非市场产品，缺乏价格信号和消费者的自由选择，也就会缺乏检验和传递质量信息的机制和渠道。因此，民间组织必须做到积极承担"治理"的重任，制定道德伦理守则，使命优先，发展先进的组织文化，形成公益精神。

其次，社会组织要改善与政府之间的关系。事实上，世界上的大多数国家的政府与民间组织都是有联系的，只不过其关系属于合作，而非领导。政府只需做到完善法律、法规，放宽社会组织的非竞争性限制和加强监管，就可以减少对于民间组织的直接管理，促使其独立发展。

(7) 提升财务管理。完善的财务制度不仅是民间组织发展的有力保障，还能够吸引资金，拓宽融资渠道。财务管理的第一特性是独立性和中立性，机制的建立也要重视评估体系的建立。在微观上我们应通过价格机制规范自创收入管理。我国第三部门自创收入占总收入的6%，收费标准偏低，不易实现价值补偿，但是提高价格又有可能造成消费者负担，脱离了第三部门的使命和意义。我们应限定民间组织价格自由裁量权，引入社会力量定价，确定其收费标准，将事先承诺制融入支出效率管理。事先承诺制指当事人做出承诺后，在原先没有承诺情况下的一些最优选择在事后变得不再最优，使当事人自己在事后的选择余地减少，而剔除事先最优的某些选择，也迫使其对手重新考虑他的策略，从而使做出承诺的一方得到利益。民间组织面临的又一大问题就是产权管理。为防止非营利组织资产流失和保护其他投资者的合法权益，应建立产权规制，解决非营利组织资产所有权缺位或失效问题。在非营利组织资产所有权和经营权分离的基础上，我们要解决资产使用效率低下、配置不均，以及管理不善、流失严重等问题。我国的公共财务管理一直都存在不公开、不透明的特质，第三部门也不例外。但是由于使命的特殊性，第三部门应让赞助者、捐赠人、会员充分地了解他们所捐助的资金、资产、缴纳的会费等都能被谨慎地、按资源提供者及会员捐赠意愿使用。第三部门资金的使用过程都有完整的财务记录，并按时披露完备的财务报表，按时接受审计并公布其结果。对不按规定按时按质发布信息的组织应当给予制裁。

(8) 开展人才战略。第三部门的人力资源管理与政府、企业的人力资源管理相似，不同之处在于所包含的人才类别不同，相对于其他组织而言，非营利组织的人才类别可以分为董事会成员、高层管理人员、普通管理人员和志愿者。这种类似企业结构和政府结构"高度"结合的结构，其人力资源管理既要保持自身的"公益性"，还要学习企业的管理模式。总体来说，第三部门首先要规范岗位设置，制定科学的录用计划，畅通人才引进的渠道，通过组织内部成员竞选或向社会招聘等形式或采用优惠政策吸引海外归国人员，特别是那些有从业经验的人员，也可招用应届毕业生为组织输送新鲜血液。加强现有员工的培训，提高他们职业素质的专业化水平，并适当给他们提供深造的机会，为员工开拓广阔的发展空间。对于不同层次的成员，第三部门管理职能也有所侧重。应以董事会为中心、保障董事特别是独立董事的有效作用、吸纳利害相关者的多方参与，实现非营利事业单位承担的公益性社会服务的职能。在董事会领导下，实行执行长负责制。执行长是整个组织的核心人物和主要负责人，由董事会直接任免。作为高层管理人员的执行长一般是全职的管理者，在事务上与企业的高层管理者类似，负责组织的战略实施、项目开发、雇用和考核组织成员等。普通管理人员是民间组织的中坚力量,对其管理应注意有效配置,持续开发,并通过有效的管理措施,包括建立完善公职人员的保障、激励机制,给优秀人才以成长、发展的空间和动力。志愿者是另一种非常重要的人力资源,但是我国的志愿者以兼职形式存在较多,志愿者对组织的依赖性很小。一般组织中的控制与服从关系在组织和志愿者个人之间没有存在的理由,组织对志愿者的管理不同于对工作人员的管理。因此,在志愿者选择、培训、工作分配、考核、升迁奖惩、淘汰等方面,第三部门应该比赢利企业还要严格,才能吸引各类专业人士因志愿精神为其服务,同时志愿者在工作中得到了前所未有的满足:感到其工作不同于一般的工作,充满挑战,能帮助其他人;感到被需要,社交地位提高了,能自我展现,发挥创造力等。

5.3.4 案例:南都公益基金会"5·12灾后重建资助项目"透视[①]

南都公益基金会成立于2007年5月,是一家全国性的非公募基金会。机构成立之初以支持民间公益为使命,但其之前的工作主要聚集在改善农民工子女的教育环境的"新公民计划"上。"5·12"大地震后,南都公益基金会理事会决定拿出1 000万元资金支持民间组织参与抗震救灾,启动"5·12灾后重建资助项目"。围绕该项目,南都公益基金会的一系列布局和动作凝聚了一大批民间组织参与抗震救灾,其行业地位得到显著提升。

1. 支持民间组织参与赈灾:启动"5·12灾后重建资助项目"

2008年5月12日,四川省汶川县发生8.0级大地震!第二天,南都公益基金会同中国扶贫基金会、中国青少年发展基金会等机构联合发布了《抗震救灾,十万火急;灾后重建,众志成城——中国民间组织抗震救灾行动联合声明》(以下简称《声明》)。《声明》表示,参与救灾行动是义不容辞的责任,他们将全力以赴组织社会力量,各尽所能,出资金出力,协助政府和灾区人民抗震救灾。《声明》号召,各民间组织和公益组织携起手来,充分发挥各自的优势和力量,献出爱心,与灾区群众一起重建家园。《声明》在很短的时间内得到了160多家民间组织的响应,大量的民间组织以前所未有的速度集体亮相灾区,活跃在抗震救灾的各个领域。

5月15日,南都公益基金会理事会根据"支持民间公益"的宗旨和资助型基金会的定位做出决定,紧急安排1 000万元专项资金,为民间组织参与救灾和灾后重建提供支持。它是"5·12"抗震救灾中第一家拿出专项资金资助民间组织救灾的基金会。5月19日,南都公益基金会联合上海浦东非营利组织发展中心(NPI)、北京NPO信息咨询中心,组成"南都公益基金会'5·12灾后重建资助项目'办公室",并在成都设立了联络处。同时,

① 蒋金富.支持民间公益——公益基金会"5·12灾后重建资助项目"透视.中国第三部门观察报告(2011)[G].北京:社会科学文献出版社,2011:258-273.

为了使“5·12 灾后重建资助项目”更好地发挥作用，有效地服务灾民，南都公益基金会四次组织专家调查组到灾区开展需求调查，确定了把灾后过渡房重建、生产自救和社会工作服务体系建设作为“5·12 灾后重建资助项目”的工作重点。

2. 战略性的资助策略：项目资助＋行政经费支持

1）项目资助

除了抗震救灾，“5·12 灾后重建资助项目”另一个重要目标是支持民间组织发展。南都公益基金会希望民间组织在获得资助进行灾后重建的同时，自身能力也得到提升，社会影响力得到扩大。纵观“5·12 灾后重建资助项目”所资助的民间组织，其几乎包括了“5·12”重建中最活跃的那些组织。其中，既有陕西省妇女理论婚姻家庭研究会、北京农家女文化发展中心、天津高鹤童老年公益基金会这些老牌的民间组织，也有“多背一公斤”、北京天下溪教育咨询中心这些年轻的民间组织，还有遵道镇志愿者协调办公室、四川“5·12 民间求助服务中心”这些在汶川大地震中诞生的新组织。

截至 2010 年 3 月 20 日，南都公益基金会“5·12 灾后重建资助项目”共完成涉及 53 家民间组织的 65 个项目。这些民间组织的法律身份不一，52.8％的机构属于社会团体和民办非企业或者基金会，15.1％的民间组织挂靠在其他组织下面，另有 24.5％的民间组织属于工商注册后的组织，还有 7.5％的组织没有注册。这些组织来自全国各地，来自北京的占 41.5％，来自上海的占 17％，而四川、甘肃和陕西这三个受灾最严重地区的本土组织合计达到了 35.8％。此外，还有来自天津、云南和山东的组织各 1 家。

根据工作领域和直接受益群体两个维度，65 个项目可以分成 9 大类 13 小类，其中直接服务于灾民的一线项目共有 40 个，其主要工作领域为建筑、社区建设、图书电影、培训和心理辅导。为抗震救灾提供支持性服务的二线项目有 25 个，其主要工作领域为建筑、图书电影、培训、心理辅导、调查研究、会议和信息平台。总体而言，“5·12 灾后重建资助项目”的资助领域不局限在特定的服务内容上，开放性较强。

2）行政经费支持

不提供项目管理经费，是中国民间组织项目资助的惯例，但“5·12 灾后重建资助项目”却提出为民间组织提供管理经费。在抗震救灾初期，由于民间组织获得的资源相对较多，“5·12 灾后重建资助项目”主要以提供项目管理经费的方式提供资助。也就是说，民间组织找来项目，南都公益基金会为其提供开展项目活动所需的人头费用。到了抗震救灾的中后期，社会对灾区的关注度开始下降，民间捐赠热情减弱，民间组织本身储备的资源消耗完后再找项目就变得很艰难。针对这种状况，“5·12 灾后重建资助项目”的资助策略相应也发生改变，不仅资助行政经费，也资助项目经费。

“5·12 灾后重建资助项目”具有开创意义的资助方式基于南都公益基金会对第三部门发展现状的深刻理解和推动民间组织发展的强烈责任感。这种资助方式在一定程度上克服了民间组织发展的瓶颈，“杠杆作用”十分显著，使得其他民间组织能成倍地调动社会资源投入救灾之中。据不完全统计，截至 2010 年 3 月 20 日，“5・12 灾后重建资助项目”至少带动了 8 000 万元资金投入抗震救灾当中。

3. 资助过程中的能力建设：评估＋培训＋经验交流

1）委托第三方评估

2008 年 8 月 21 日，南都公益基金会第一届理事会第四次会议讨论决定，委托中国人民大学公共管理学院非营利组织研究所对“5・12 灾后重建资助项目”进行评估。评估的内容包括：评估项目的成效；对项目实施机构提出改进意见，以促进相关机构提高能力；促进南都公益基金会项目管理水平的提高；总结项目的经验和教训，形成研究成果供公益实务界与研究界参考。与一般的评估不同，此次评估既希望发现项目本身的问题，也希望发现机构本身的问题，然后找到解决这些问题的办法并迅速整改。

中国人民大学非营利组织研究所评估团队在随后的近两年时间里，对“5・12 灾后重建资助项目”所资助的已结项的 65 个项目一一进行了评估，足迹踏遍了四川、甘肃、陕西等灾区项目点以及北京、上海、天津等项目机构所在地，最后完成了 65 篇分项目报告、1 篇阶段报告、1 篇项目中期总报告和 1 篇项目终期总报告。

在项目评估进程中，评估团队的阶段报告显示，项目执行阶段存在着一些问题，主要体现在：第一，项目目标的完成情况不尽如人意，一些项目执行机构在设计项目时比较模糊，所以无法对其完成的程度做出精确判断；第二，部分机构没有完成项目所设计的活动，其原因在于项目实施机构在设计阶段没有做出准确的需求判断，或实施机构过高估计了自身能力；第三，大多数项目的执行时间与计划时间有出入；第四，部分项目的实施地点有变化；第五，项目实施机构实际投入的资源与原计划相比有变化；第六，项目实施改变原计划时，相关组织没有向南都“5・12”办公室提交相应的项目变更书面文件。

2）项目管理培训

面对这些问题，南都公益基金会开始考虑如何才能改善这种状况，他们决定首先从提高自身的管理水平做起。2009 年 2 月 12—13 日，南都公益基金会接受了专门的项目管理和评估培训。参加培训的人员不仅了解了评估工作揭示出的问题，而且进一步学习了非营利组织的战略和项目、申请方的项目管理、资助方的项目管理、评估方项目管理等知识，既解决了工作中的困惑，也提高了管理能力。

项目管理培训结束后，南都公益基金会对“5・12 灾后重建资助项目”的管理方式进行了整改，将管理方式由“管理外包”改为由南都公益基金会自己的工作团队管理。

3）项目经验交流会

南都公益基金会的另一个工作重心是民间组织的能力建设。根据项目评估团队的提议，2009 年 5 月，南都公益基金会在北京举行了“合作源自信念，责任重于泰山——NGO‘5・12’灾后重建合作论坛”，并在会上发布了“南都公益基金会‘5・12 灾后重建资助项目'中期报告"。50 多家 NGO 交流了各自的工作经验，展示了灾后重建的项目和工作成果，并就基金会与公益服务组织的合作、动员各方力量支持 NGO 参与灾后重建等问题，从房屋重建、生计发展、社会工作服务和志愿者服务等方面，进行了深入的探讨。

中国人民大学非营利组织研究所的评估报告中写道："内部总结和外部总结的结合有效地提升了南都公益基金会的项目管理能力。评估发现，项目管理上的问题集中在项目前期和中期，在项目后期，南都公益基金会对所资助的项目的管理水平有了显著提高。"

4. 长期承诺：设立"灾害救援和灾后重建基金"

正是基于"5·12 灾后重建资助项目"的实践，2010 年 4 月，南都公益基金会决定设立 1 000 万元的"灾害救援和灾后重建基金"。这是我国基金会中，首家为应对自然灾害而设立的专项支持民间组织参与灾害紧急救援与灾后重建的公益基金，作为一个常设基金，它将在未来发生重大自然灾害时，支持民间组织参与各种救灾和灾后重建项目。

南都公益基金会理事周庆治表示："当今社会已经进入风险社会阶段，除由于工业化、现代化和全球化产生的社会风险外，自然灾害所导致的风险也频发。以支持民间公益为使命的基金会，需要建立一种支持民间组织参与紧急救援与灾后重建的长效机制，'灾害救援和灾后重建基金'的设立是南都公益基金会的一种制度性安排，而不是临时性的应急反应。"

"灾害救援和灾后重建基金"已在西南五省大旱以及青海玉树地震的救援和灾后重建上发挥了积极有效的作用。

5. 结语

在"5·12 灾后重建资助项目"中，我们看到，南都公益基金会把一个资助民间组织的项目做成了一个支持民间公益的体系：为民间组织提供项目经费和项目管理费用；注重自我学习，提升了项目管理能力；倡导树立合作互助的行业文化，引领资源供给方履行支持第三部门的责任；鼓励政社合作，推动制度创新；委托第三方开展项目评估，要求其不仅要评估项目的成效，更要找出存在的问题，项目执行方和资助方据此改进管理方式和提高管理能力；项目最后设立了"灾害救援和灾后重建基金"，变应急反应为长效机制，使"5·12 灾后重建资助项目"的生命得到进一步延续。

【本章小结】

第三部门是处于政府与私人部门(私营企业)之间的社会组织，指独立于政府和私人部门之外，以实现公共利益为目标，非营利性的合法组织。在不同的国家，这类组织有不同的称谓，如免税部门、独立部门、非营利部门、慈善部门、非政府组织、社会组织、公民社会等。这类组织具有组织性、民间性、非营利性、自治性和志愿性等特征。

关于第三部门与政府的关系，现有的研究成果强调了两种：一是合作关系，即两者良性互动；二是制约关系，如公民社会制衡国家。在公共管理学的视域下，第三部门与政府应该是两大主体间的合作与互补关系。第三部门的作用主要体现在：推动社会经济的发展，促进就业；通过获得授权管理公共事务；推进文化发展，促进社会文明；提供公共物品，扩大公民参与，促进社会公平。在发挥这些功能时，第三部门的外部管理注重依法运营和建立严格的监管机制；内部管理中有严密的组织分工，实施战略管理、财务管理和人力资源管理等科学化管理。

中国的第三部门自古有之，曾经以结社方式长期存在。新中国成立后，民间组织受到严格的监管。改革开放后，第三部门组织逐渐成长和发展起来。按照第三部门的界定，当前我国可划入这一组织范围的组织主要有人民团体类组织，国家规定的免登记社团，地域型组织以及在民政部门登记注册的社会团体、民办非企业单位、基金会，在其他政府部门登记注册的各种组织等。这些组织起着完善社会管理体系、唤醒公众的权利和责任意识以及促进公共事业发展的作用。但是，当前我国第三部门存在法律制度不健全、双重管理困境、监管不力、服务认可有壁垒等瓶颈，需要在解决合法性问题、优化同政府的合作关系、改革管理体制等方面做出努力。

【核心概念】

第三部门(the third sector)
非营利组织(non-profit organization)
公民社会(civil society)
社会组织(social organization)
公民参与(citizen participation)

【思考题】

1. 简述第三部门的内涵与特征。
2. 政府与第三部门之间的理想关系应是怎样的?
3. 第三部门的作用有哪些?
4. 简述第三部门的内部管理框架。
5. 当前我国第三部门遇到哪些发展障碍? 应当如何进一步推进我国第三部门的良性发展?

【扩展阅读】

关于第三部门的定位，俞可平在《中国公民社会：概念、分类与制度环境》（发表于《中国社会科学》，2006 年第 1 期）一文中的详细分析，可以给我们以另一种角度的启迪。康晓光和冯利主编的《中国第三部门观察报告（2011）》是对我国第三部门进行深度分析与解剖的新作，从中我们可以看到关于中国第三部门发展环境的全面分析，也可以较深入地了解中国第三部门的发展趋势。

第 6 章

公共政策

【学习目标】

把握公共政策的基本内涵，了解公共政策学在西方产生和演变及其在中国的发展历程。熟悉公共政策的主体、客体和环境以及三者相互作用、相互影响的关系，从公共政策的制定、执行、评估、监控和调整、终结等环节把握公共政策的运行过程。了解当代中国的公共政策实践状况。

在公共管理由传统行政模式向新公共管理模式转变的过程中，作为其重要组成部分的公共政策也需要随之变化。美国学者赫伯特·A.西蒙曾说："管理就是决策。"[①]换句话说，公共管理就是对政策的管理。在很大程度上，公共管理主要通过制定和执行各种满足人们利益诉求、实现公共利益最大化的公共政策来完成。

6.1 公共政策学的产生与发展

6.1.1 政策与公共政策

政策是人类社会发展到一定历史阶段的产物。随着社会生产力的发展，社会关系日益复杂，统治阶级为了实现统治意愿，制定一系列的行为规范或准则来维护自身利益，从而就产生了法律、法规、政策等。

从广泛意义上说，政策就是国家、团体或个人在具体环境下的行为准则或行动指南。"政策"与"公共政策"的区别就在"公共"二字，因此，我们把凡是为了解决社会公共问题，调整社会利益关系的政策问题都界定为公共政策问题。

由于标准和侧重点的不同，国内外学者对公共政策的理解也各不相同，但一般而言，在把握公共政策的内涵时都会重点关注以下几方面。

① [美]赫伯特·A.西蒙.管理决策新科学[M].北京：中国社会科学出版社，1982：33.

（1）公共政策的主体。公共政策主体主要指行使决策权的组织或者个人。一方面包括国家权威机关、政党；另一方面包括受以上各政策主体的委托而行使权力的企业组织和社会团体、有影响力的权威人物等。

（2）公共政策的客体。公共政策客体包括政策问题和政策目标群体，其中政策问题指预计会产生重大影响并已进入政府议事日程的社会问题；政策目标群体则指那些利益会受到政策的产生、变化、发展及终结等影响的社会群体。

（3）公共政策的目标。公共政策的目标是调整不同社会成员利益关系，从而解决特定社会问题，其目标直接指向公共政策制定者所领导或代表的国家、社会或共同体的利益最大化。在这里，配置利益关系是满足需求的一种方式，这里的利益主要指社会政治利益、经济利益、文化利益等。

（4）公共政策的表现形式。公共政策系统的产出，通常是以法规、条令、措施、办法、决议以及其他形式实现的。针对政策问题而制定的不同政策产出状态，反映了公共事务处理中的轻重急缓和地位差异。

综上所述，我们认为，所谓公共政策是指国家机关、政党组织及其他获得授权的社会政治团体、个人等政策主体，以权威形式标准化地规定在一定的历史时期内要实现的政治、经济、文化、社会和生态目标的行为准则，它是一系列法规、措施、办法、条例等的总称。

6.1.2　公共政策学的形成与发展

政策分析可以追溯到人类社会早期，但当时的政策分析只是基于人们对自然环境的初步认识，大多停留在个体经验和自然崇拜状态，并且主要目的也仅是实现统治阶级的意志。后来，伴随着工业革命和科学技术的发展，政策也随之产生，同样，受到生产力和社会发展水平的制约，那时的政策是不完善的。

1. 公共政策在西方的发展

学术界一般认为，现代意义的公共政策学发源于西方，兴盛于西方，实际上是发源于美国，兴盛于美国。因为到目前为止，这门学科所取得的主要成就一直都来自美国。西方公共政策形成于20世纪50年代初。在半个多世纪的时间里，其发展大致经历了四个阶段①。

第一个阶段：20世纪50—60年代的形成时期。1951年，美国政治学家哈罗德·拉斯维尔和丹尼尔·勒纳合著的《政策科学：范围与方法之最近发展》一书出版，标志着现代政策科学系统理论诞生。② 在公共政策的形成时期，除了拉斯维尔以外，还有不少其他学者——特别是戴维·伊斯顿和查尔斯·林德布罗姆——对公共政策的形成和发展作出

① 冯静．公共政策学[M]．北京：北京大学出版社，2007：25.

② [美]托马斯·戴伊．理解公共政策[M]．第11版．北京：北京大学出版社，2008：2.

了独特的贡献。

第二个阶段：70 年代的发展时期。20 世纪 70 年代可以说是公共政策学的发展和繁荣时期。主要原因是这一时期发达国家特别是美国经济和科学技术的迅猛发展，为公共政策学提供了更好的经济技术条件，创造了空前有利的环境。这一时期公共政策学的研究重点是公共政策咨询与公共政策周期化，主要代表人物是以色列学者叶海卡·德罗尔。德罗尔出版的被称为“政策科学三部曲”的三部重要著作：《公共政策制定的再审查》(1968)、《公共政策科学》(1971)和《政策科学探索》(1971)对公共政策的发展有重要影响。此外，托马斯·戴伊的《理解公共政策》(1972)、詹姆斯·安德森的《公共决策》(1979)等也都是这一时期具有代表性的学术成果。

第三个阶段：80 年代之后的比较研究时期。这一时期的公共政策学研究进一步开阔了视野，研究的侧重点已从公共政策咨询、公共政策过程转到公共政策的效率上，并且开始在世界范围内对公共政策的效率进行比较研究。阿尔蒙德的《比较政治学》和阿斯福特的《比较的公共政策》等主要代表著作对公共政策比较研究具有开创性的意义。

第四个阶段：90 年代以来的深化拓展时期。进入 90 年代以后，西方公共政策学有了迅速的发展，这一时期的研究表现出两种趋势：一是深化原有研究主题；二是拓展新的研究方向。研究的热点集中在以下三个方面：关于公共政策价值取向的研究、关于公共政策绩效的研究和公共政策分析技术与方法的拓展。

经过半个多世纪的发展，西方公共政策学逐步形成了一门比较成熟的独立学科。公共政策研究的专业化和学科配合的整体化，是当前公共政策科学深入发展的集中表现。从整体趋势上看，近年来公共政策学的发展经历了一条“学科化—组织化—产业化”的道路。

2. 公共政策在中国的发展

中国对公共政策的研究，在古代就已经十分发达。究其原因，史官制度、策士制度、谏议制度和科举制度起到了很大的作用。但由于古代关于政府政策的知识、思想和观点认识的局限性，此时的政策通常只是个人直观体验的产物。

新中国成立后，20 世纪 60 年代中期以前，政策研究机构(如中共中央政策研究室)做了大量的政策研究工作，为党和政府的最高领导机关制定决策起到了一定的指导作用。但是，在十年“文革”期间，中国的公共政策研究处于空白状态。改革开放以来，我国公共政策价值取向一直在侧重公平与侧重效率之间徘徊，长期陷于是“效率优先，兼顾公平”还是“效率与公平并重”的争论之中。科学发展观的提出，整合并明确了新时期我国公共政策的价值取向。新时期中国公共政策的变迁大致经历了三个阶段[①]。

第一个阶段：公共政策动员阶段(1978—1992)。这一阶段开始于改革开放的 1978

① 陈潭. 改革开放以来的中国公共政策变迁[J]. 湖湘论坛，2009，(4).

年,结束于1992年十四大提出建立社会主义市场经济体制。1979年3月,邓小平在理论工作务虚会上提出:"我并不认为政治方面已经没有问题需要研究,政治学、法学、社会学以及世界政治的研究,我们过去多年忽视了,现在也需要抓紧补课。"[①]此外,孟繁森、李铁映也分别发表文章强调公共政策学的重要性和紧迫性。在1986年7月召开的全国软科学学术会议上,时任国务院副总理的万里在《决策民主科学化是政治体制改革的一个重要课题》的报告中明确提出了要做"政策研究"这一重大课题。总体而言,这一时期是政策动员和政策学习的阶段,也是中国公共政策获取经验和不断发展的阶段。

第二个阶段:公共政策的完善阶段(1992—2002)。这个阶段开始于1992年市场经济体制的确立,结束于中共十六大的召开。这一阶段是政策变通、政策调适和政策更替的阶段,是中国公共政策不断扬弃传统计划经济体制、突破"双轨制"瓶颈的阶段,也是一个重大制度的创新阶段。

第三个阶段:公共政策的制度化阶段(2002年至今)。这一阶段开始于中共十六大的召开。这个阶段是一个政策接轨、政策定型和政策治理的阶段,是运用"完全状态"下的政策工具进行政策管理的阶段,也是政策演进进入政策均衡状态的常规阶段。它标志着中国公共政策进入了一个完全"创新替代"和逐步制度化时期。

经过改革开放的不断推进和市场经济建设向纵深发展,进入21世纪的中国公共政策开始逐步走向制度化,并且将会一如既往地按照科学发展观和构建和谐社会的要求阔步前行。

6.2 公共政策的运行机制

6.2.1 公共政策系统

从系统论出发,公共政策是一个包括公共政策主体、公共政策客体和公共政策环境三方面的完整的社会政治系统。公共政策系统的运行实质上就是公共政策主体、客体与环境相互作用、相互影响的过程。公共政策系统是公共政策运行的基础,是政策过程顺利开展的前提。

1. 公共政策主体

公共政策主体是在政策运行过程中直接或间接参与政策制定、执行、评估和监控的个人、组织或权威机构,是政策系统中最基本或首要的因素。尽管各国的公共政策制定过程和政策环境各不相同,但政策主体的构成因素大体一致,一般包括政府部门、政党组织、大众传播媒介、利益集团、智囊团和公民(选民)等。

---

① 邓小平.邓小平文选(第2卷)[M].北京:人民出版社,1994:180-181.

政府部门是公共政策主体中最重要的构成要素。广义上的政府部门包括立法机关、行政机关和司法机关，它们都会成为公共政策问题的制定者。其中行政机关的主要任务是立法，所以它们提出的政策问题也较多。政府作为全体人民利益的代表，在公共政策问题的提出与政策议程的构建方面发挥着主导作用。①

政党组织是公共政策议程中的重要主体。政党，尤其是执政党是政策主体中的一种核心力量。在西方两党制或多党制条件下，各政党要想上台执政，必须成为公共政策问题的提出者；即使在实行中国共产党领导下的多党合作和政治协商制的我国，执政党也会非常重视公共政策问题的提出和解决，以达到稳定社会、促进发展的目的。

大众传媒，即用报纸、书籍、杂志、电影、广播、电视、互联网等诸形式传达信息的渠道。大众传媒能及时反映社会上所发生的公共问题，公众接触大众传媒的各种载体，会影响其对问题内容及问题性质的态度与反应，进而影响公共政策议程的建立及政策的执行等环节。

利益集团，是因共同的兴趣或利益而联系在一起，并且意识到成员之间有这种共同利益的人的集合。利益集团不具有鲜明的政治色彩，但却是政府和公众之间沟通与交流的桥梁，它们会影响公共政策制定的过程。

智囊团又称思想库，是由各种专家、学者组成的政策研究组织，是政策主体的一个独特而又重要的构成因素。它在公共政策中充当着咨询参谋机构、认识机构、评估机构、人才交流、储备机构以及政策宣传机构等角色，并发挥着举足轻重的作用。②

公民（选民）是指具有某国国籍并依照该国宪法享有权利和义务的个人。公民说明了一个人与国家的隶属关系，既包括决策者，也包括普通个人。在现代社会中，公民对公共政策过程也会产生影响。他们可以通过直接参与政策过程、行使投票权、参加政治党派或利益集团等方式发挥作用。

2. 公共政策客体

公共政策客体指公共政策发挥作用时指向的对象，包括所要处理的社会问题和公共政策的目标群体，其研究内容是公共政策的作用对象及其影响范围。

第一，公共政策要处理的社会问题，就是进入政府议事日程的社会问题。问题的产生源于社会期望与现实状态之间的差距。社会问题，即社会成员们的社会期望与实际状态之间的差距不断扩大，引起社会广泛关注并且需要依靠社会力量来解决的社会现象。政府所面临的社会问题很多，但并不是所有的社会问题都会成为公共政策问题，只有一部分社会问题才会引起政府的真正重视。只有引起政府真正重视的这部分社会问题才会进入政府的议事日程，并最终转化为公共政策问题。

---

① 徐家良. 公共政策分析引论[M]. 北京：北京师范大学出版社，2009：125.

② 谢明. 公共政策导论[M]. 北京：中国人民大学出版社，2009：61.

第二，公共政策的目标群体，就是那些受规范制约的社会成员。目标群体的作用不容忽视，他们会根据自己的理解与体会，对公共政策的运行过程及执行结果产生影响。当然，基于公共政策的范围大小不同，目标群体发生作用的范围也不同，从而受影响或调节、控制的社会成员及其范围也各不相同。

3. **公共政策环境**

公共政策目标的实现及变迁、发展过程是受到很多环境因素影响的。所谓公共政策环境，是影响政策制定、执行和终止与发展等的环境因素的总和，包括生态环境、政治环境、经济环境、文化环境、社会环境及国际环境等。其中生态环境属于自然因素，包括地理因素、自然资源等。公共政策是政策环境的产物，政策环境决定和制约公共政策，公共政策则改善和塑造政策环境，公共政策也必须适应政策环境。

政策系统是由政策主体、客体及环境之间相互作用构成的一个大系统。政策主体、政策客体、政策环境三者之间存在着相互依赖和相互作用的密切关系：政策主体与政策客体相互依存、相互影响、相互作用，政策主体要充分认识和把握政策环境和政策客体的实际状况，政策客体与政策环境二者是高度融合并在一定条件下可以相互转化的。总之三者之间的关系复杂多变。

三者之间的相互关系如图 6-1 所示。

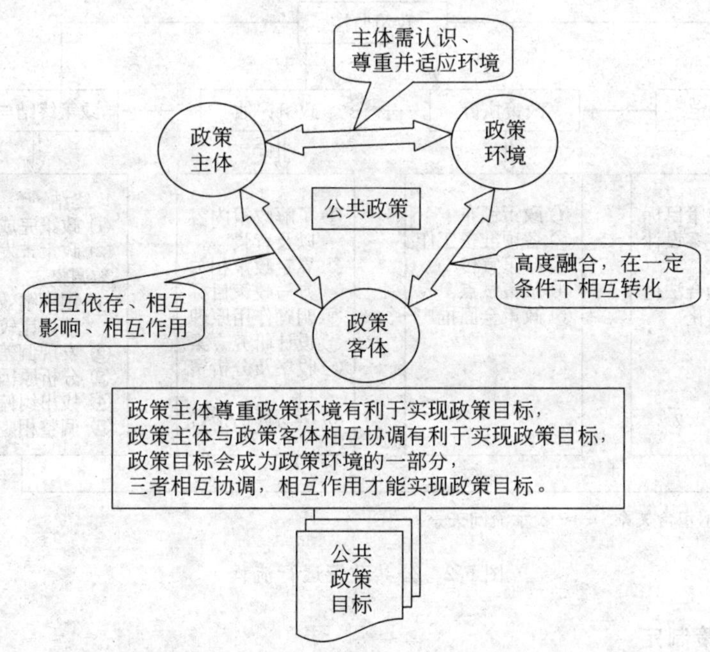

图 6-1　公共政策系统三要素的关系

因此，公共政策主体要制定出有效的公共政策，就需要不断提高自身政策水平，掌握现代政策理论与技术，并且深入实际，了解政策客体与政策环境的真实情况，在尊重和适应政策环境的实际状况的前提下，才可以制定出科学合理的公共政策，从而保证公共政策的良性运行及政策预期目标的顺利实现。

6.2.2 公共政策运行过程

目前世界各国公共政策因各自所处的公共政策环境不同，在具体的运行过程中也有所不同。但任何事物都有共性的、规律性的东西，而公共政策运行的基本情况在各国也是大致相同的，主要包括公共政策的制定、执行、评估、监控和终结与调整等几大环节，这些都是在公共政策环境这一大背景下进行的。同时，一项公共政策的终结不仅意味着此项政策的停止、作废，也意味着另一项新政策的酝酿、产生，因而，公共政策的运行过程并不是一蹴而就、一劳永逸的，它是一个不断更新、不断完善的无限循环过程。公共政策大致运行过程如图 6-2 所示。

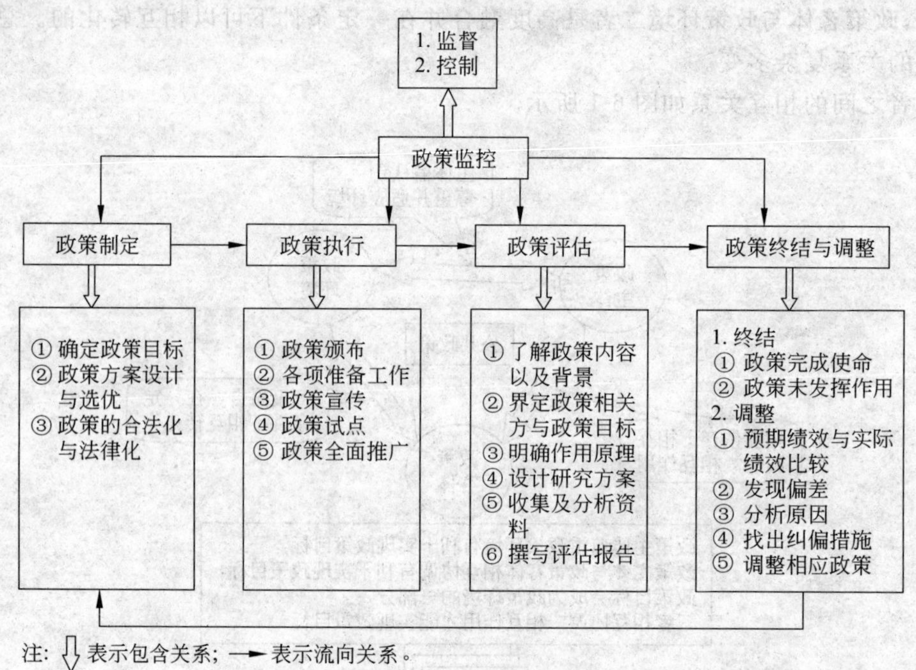

图 6-2 公共政策运行流程

1. 公共政策制定

公共政策制定是政策主体针对特定的政策问题，依据一定的原则和程序，通过确定政策目标、方案及方案优选，使公共政策合法化与法律化的过程。政策制定是整个公共政策过程的首要环节，是政策科学的核心主题。具体而言，公共政策制定主要包括以下几个环节。

(1) 政策目标的确立。公共政策目标是政策主体为解决某一政策问题要达到的目的、效果与结果所采取的行动。政策目标的确立不仅是政策方案设计与优选的前提，也是政策执行的指导方针，并且为政策评估与监控提供了参照标准和调整方向。公共政策目标具有问题的针对性和未来的预期性两大特征。

(2) 政策方案的设计与选择。政策方案设计的过程较为复杂，在设计方案时要遵循可行性、科学性、系统性、稳定性、灵活性等原则。同时设计出来的方案要统筹考虑实施后预期的效果，并保证制定出的政策方案尽可能详细和具体，一般至少包括确立原则、方针及法律草案和规章制度的制成等内容。通常，要设计两种以上的政策方案，以供决策者或决策机构进行最优选择。

选择最优政策方案，也是十分关键的环节，选择了最佳的政策方案有利于充分发挥人力、物力等资源的作用，提高政策资源的利用效率，并能迅速、高效地达到政策的预期目标。当然，最优政策方案的选择有很多的参照标准，在此不赘述。此外，这个过程也会受到内外多种因素干扰，因此，往往最终确定的方案是各个利益相关方进行利益博弈的结果。

(3) 政策合法化和法律化。在对政策方案进行抉择之后，就面临着将政策合法化的问题，即将方案合法化成为真正的具有强制性、权威性的公共政策。政策合法化过程包括政策方案内容的合法化和政策程序的合法化。政策合法化是公共政策制定过程的一个必要环节，又是政策执行的前提。政策方案只有经过合法化的过程，才能成为合法有效的政策，才能对特定的人群具有约束和制约能力，从而保证政策的有效贯彻执行。此外，不同的政策方案，不同的合法化主体，往往导致不同的合法程序。政策法律化的过程，即政策向法律转化的过程，也即立法的过程，只有经过法律化过程，政策才具有强制力和法律约束力。

2. 公共政策执行

公共政策执行指政策执行者通过建立组织机构，运用各种政策资源，采取解释、宣传、实验、实施、协调与监控等各种手段，将政策观念形态的内容转化为实际效果，实现既定政策目标的动态活动过程。[①] 政策执行是将公共政策目标转化成为政策现实的唯一合法有效的途径，是解决政策问题的根本环节。

公共政策的执行包括政策颁布、工作准备、政策宣传、政策试点及政策全面推广等阶段。公共政策法律化后，就要将最后确定的政策文件印制张贴或在相关网站上公示。然后，政策主体要做好物质、思想、组织等方面的准备，进行政策宣传，将政策文件广而告之，

---

① 张金马. 公共政策分析——概念・过程・方法[M]. 北京：人民出版社，2004：383.

让公众及时了解决策者的动态，并权衡自身的利益损益情况。最后，为通过的政策内容选择几个地区进行试验，查看效果并进行相应调整。在确定政策预期较好时，就可以将政策进行全面推广了。同时，在执行过程中，要适时地进行政策监督、控制与调整工作，以确保公共政策能够得到正确的落实。公共政策执行需遵循严肃性、灵活性、协调性、反馈性的原则。

公共政策执行效果决定了政策方案的实现程度，是解决政策问题，实现预期目标的关键。总之，公共政策执行是一个重要而烦琐的过程，目前各国的公共政策主体都十分重视公共政策执行的过程，并积极地进行政策过程的监控和调整。

3. 公共政策评估

公共政策评估指依据一定的标准和程序，对政策的效果做出判断，确定某项政策的效果、效益及优劣，并搞清政策成功或失败的原因、经验和教训的活动过程。公共政策评估也是公共政策运行过程中的一个必不可少的环节，是公共政策过程的重要组成部分。只有通过政策评估，才能得知政策执行的效果如何，才能确定某些公共政策是继续执行、重新调整还是立即终止。也只有通过政策评估，认识到政策执行过程中的经验与教训，才能为后续公共政策的制定起到一定的参考和借鉴作用。

公共政策评估的类型有很多种。有对公共政策事前、事中、事后的评估，也有内、外部的评估；有正式、非正式的评估，也有对过程和影响的评估。而政策评估的标准也有很多种，如效果标准、政策效益标准、政策效率标准、社会公正标准、生产力标准等。

4. 公共政策监控

公共政策监控就是政策监督和政策控制的简称，是为了保证制定出来的政策能够得到切实的贯彻执行，而实行的对政策制定、执行、评估、终结等过程的监督与控制。政策监控贯穿公共政策过程的始终，是公共政策过程的重要环节。

政策监控是有明确目标和方向的，即公共政策的目标，同时，我们不仅要对公共政策过程的不同环节进行监控，而且还要对政策每一环节的不同时点进行监控。我们应通过监督和控制活动，发现公共政策的运行状况，对不合理的政策进行适时的调整或终止，从而保证整个公共政策的灵活性与连贯性。

5. 公共政策调整与终结

公共政策终结是指一项公共政策实施一段时间后，在公共政策评估的基础上对已经实现政策目标、不再需要的政策或无效的政策予以终止的政策行为。政策终结有强制性、连续性和多样性的特点。[①] 政策终结的形式有政策替代、政策合并、政策分解、政策缩减、政策废止等。

政策终结是公共政策过程的最后一个环节，也被看成承上启下的一个环节。政策终

---

① 王传宏，李燕凌. 公共政策行为[M]. 北京：中国国际广播出版社，2003：321-322.

结不仅意味着一项旧政策的终止，也标志着一项新政策的开始或者对原有政策的调整。当然，任何公共政策的调整并不是由某些人或部门随心所欲地决定的。政策的调整，无论是修正、增删、更新还是撤换，都必须有科学依据。同时，任何一项公共政策，都不可避免地存在某种局限性。在政策实施前，或在政策执行初期阶段，其局限性不一定会立即暴露出来，但随着政策实施的深入，某些局限性就会起作用并影响政策的贯彻执行，这时政策调整的任务就会被提上议事日程。

及时地进行终止政策、修正原有政策或出台新政策，不仅可以节约有限的政策资源，而且可以提高政策绩效，有助于实现预期目标。此外，终结一项政策的代价有可能是很大的，因此需对其中可能遇到的阻力与障碍有充分的考虑和应对措施。

6.3　当代中国的公共政策实践

6.3.1　我国公共政策的运行过程

众所周知，公共政策的价值取向以政策制定者的价值偏好、政策的强制性及公共性为基础，贯穿政策的全过程，而作为中国公共政策发展中的重要价值取向——民生取向，已经成为我国构建和谐社会的自觉选择。中国公共政策的特色，表现在政策运行的各个环节中。

1. 政策制定

中国公共政策的制定经历了一个长期的理论和实践的发展过程，并形成了一些本土化的特色。

首先，政策制定主体以中国共产党为核心。中国共产党的各级委员会处于总览全局、协调各方的核心地位。无论是在中央还是在地方，凡涉及公共政策制定和执行的重大问题，一般都要先在中国共产党各级委员会或常委会上进行讨论，各级委员会对其提出政策建议。在当前中国宪政体制下，中国共产党是公共政策的实际最终制定者。

其次，政策制定过程运用的是“机构决策模式”，具有“内输入”的特点。一般是中央政府部门首先提出政策性文件草案，然后与相关部门沟通协商达成共识，最后交人大会议通过颁布或由政府首长签发。①

最后，中国公共政策在制定过程中能较好地体现民主集中制的原则，较全面地反映社会公众的利益诉求。中国公共政策制定中积累的很多经验，诸如以人民根本利益为宗旨，以实事求是为路线和进行实地调查研究、坚持从群众中来到群众中去等方法是值得推广的。但是，其也存在一些需要完善的地方，诸如政策方案的设计和决定阶段的外部主体参

---

① 李树桥. 当代中国公共政策的特色[J]. 中国行政管理，2000，(12).

与性较弱等，为此急需增强我国政府政策议程的民主化、科学化和法制化。

2. 政策执行

公共政策如果没有得到有效的执行，将难以实现预期目标。政策执行是政策理想贯彻实施的重要中介环节，也是公共政策过程的重要组成部分。其执行结果直接关系到整个政策的成败，也直接影响公共管理价值目标的顺利实现。

在中国，中国共产党各级组织和各级人民政府对公共政策的积极贯彻与落实是政策得以顺利执行的重要组织保证。这些机构在执行的过程中，形成了具有中国特色的政策执行方法，如实行强制执行与教育说服相结合的方法，以强制性为主，注重政策宣传和试点试验工作等。尤其值得一提的是，坚持马克思主义哲学中“抓重点、抓关键”、“抓主要矛盾，同时兼顾次要矛盾”的哲学观点，也成为中国共产党在政策执行中的特色。

当然，在中国的公共政策执行过程中也存在一些问题，最严重的问题即政策执行中的“上有政策，下有对策”。这急需各级政策主体采取措施，并且也需要所有公民的积极配合和共同努力予以解决，最终真正实现公共政策的预期执行效果。

3. 政策评估

关于中国公共政策评估的现状，国内著名的学者陈振明教授曾提到八个字：“刚刚起步，问题重重。”[①]在中国，公共政策评估一直未受到足够的重视，人们往往热衷于政策的制定和宣传，却忽视政策效果的评估，使得很多政策没有产生预期的效果。虽然有一些机构进行政策评估，但其多半也是被动的，往往流于形式，因此，政策评估在中国可以说是最薄弱的环节，也是公共政策顺利运行的一个瓶颈。

面对中国政策评估工作中存在的缺陷和问题，各级政策主体必须下大工夫抓好落实，真正地从思想、组织、制度等方面充分推进公共政策评估事业的不断健全和成熟，进而推动中国公共政策的发展和完善。

4. 政策监控

公共政策的监控，即政策的监督与控制，是公共政策的重要组成部分，贯穿政策运行过程的始终。中国目前的政策监督包括各级人民代表大会、政协和各民主党派的监督，各级行政机关的主管部门或综合管理部门的监督，纪检监察部门的监督，审计、统计部门的监督，社会公众和新闻媒体的监督，等等。政策控制则是为了达成特定的政策目标，政策监控者对政策过程尤其是政策执行过程的偏差的发现与纠正的行为。政策的监督与控制是围绕公共政策目标这个中心来开展的。

中国公共政策发展得较晚，还存在很多问题，尤其是在政策的监控方面。例如，在政策制定过程中“太过集中”的模式，以及在政策执行过程中“上有政策，下有对策”现象的普遍存在，在一定程度上也是由政策监督控制系统的缺乏和不健全导致的。所以，加强整个

---

① 陈振明. 政策科学——公共政策分析引论[M]. 第二版. 北京：中国人民大学出版社，2003：332.

公共政策运行过程中的监控机制极具必要性和迫切性。在这方面，中国政策监控者应充分发挥自身作用，同时，借鉴国外成功经验，将政策监控事项真正地落到实处。

5. 政策调整与终结

随着社会经济的发展和科学技术的进步，人们经过"实践—认识—再实践"的过程，扩大了自身的知识视野，同时，加上公共政策在实施过程中存在的问题日益凸显，导致人们开始对之前的公共政策进行调整与修订，这就是公共政策的调整环节。公共政策调整有很多普遍原因，例如，清华大学人文学院汪晖教授提出的："思想争论可以促进公共政策调整，如果没有持续的争论，公共政策的制定就有可能被某些利益关系所主导。"汪晖教授认为，在过去十多年中，围绕"三农"、医疗体制、孙志刚案件、生态危机、国有企业改革等产生的一系列讨论，改变了公共舆论的话题。从一个较长时段看，这类讨论促进了公共政策的调整。这也日益成为中国政策进行调整的一大特色。①

改革开放以来，党和国家虽然十分重视政策终止工作，国务院和地方各级政府也及时进行政策清理，废止了大量不适宜新体制的旧政策，为改革开启了绿灯。但是，中国的公共政策终结工作并不规范，它仍然是中国政策运行过程的一个薄弱环节。

6.3.2　案例分析

1. 案例介绍：养老保险：打破转续坚冰②

在 2009 年还有 72 小时就将成为过去的时候，一件"大事"悄然发生：《城镇企业职工基本养老保险关系转移接续暂行办法》(以下简称《暂行办法》)发布。

公众怎么看待养老保险转移接续政策的出台？据某网站调查，78.9%的人认为此举可以解决跨省就业没有养老保险的后顾之忧，60.1%的人认为其可以激发亿万农民工的参保热情，56.5%的人认为其有利于农村劳动力向城市转移。

1)"坚冰"何以形成

20 世纪 80 年代，为适应国有企业改革的迫切需要，以企业退休费用社会统筹试点为起点，我国的养老保险制度改革逐步展开。但在确定"统筹结合"制度模式前后，各地的养老保险制度大多以市、县级统筹为主。

养老保险自下而上的改革，有着一个更为深厚的背景："分灶吃饭"的财政体制。在基本养老保险制度实施之前，以这一体制为基础的全国性利益格局已经形成。

养老保险制度改革进行了 10 余年后，1997 年 7 月颁发的《国务院关于建立统一的企业职工基本养老保险制度的决定》(国发[1997]26 号)，首次规定了养老保险关系转移的原则：个人账户储存额只用于职工养老，不得提前支取；职工调动时，个人账户全部随同

① 汪晖. 访谈录——"90 年代"的终结[N]. 新京报，2009-09-05(C03).

② 夏波光. 养老保险：打破转续坚冰[J]. 中国社会保障，2010，(2).

转移。

随后，劳动部办公厅关于印发《职工基本养老保险个人账户管理暂行办法》的通知，对养老保险关系转移进行了详细的规定：职工在同一统筹范围内流动时，只转移基本养老保险关系和个人账户档案，不转移基金；职工跨统筹范围流动时，转移办法虽然一共有7款规定，但一句话便可以概括——只转移个人账户，不转移统筹基金。

“分灶吃饭”的财政体制决定了各统筹区养老保险基金的独立核算。在一个统筹区内，养老保险基金收支平衡以及确保养老金按时足额发放的任务主要由对应的该省以及地方政府负责。当统筹基金入不敷出时，当地财政负责兜底。在仅转移个人账户的情况下，作为退休人员养老金主要构成的非个人账户养老金，均由转入地承担，令转入地不愿接受。

在许多地方看来，在只转移个人账户储存额的情况下，转出就意味着转嫁责任，转入就等于承担了大部分养老金发放的责任。

《职工基本养老保险个人账户管理暂行办法》规定的转移办法在各地并没有得到很好的贯彻。许多地方均以户籍为盾牌，拒绝接续参保者在外地缴费形成养老权益。这在一些经济发达地区尤为突出。这些城市都不承认非户籍员工在其户籍所在地或另地的缴费年限和视同缴费年限。例如，北京市就规定：必须在北京缴费满15年才能享受养老保险待遇。人们在户籍所在地或另外城市的缴费年限或视同缴费年限，北京不予认可，不作为在北京享受养老保险的累加年限。

2)“退保潮”引发关注

养老保险转移接续办法的及时出台，在一定程度上要感谢“农民工”。

随着中国外向型经济的飞速发展，2000年后，在“中国制造”的主要生产地珠三角、长三角地区，每年春节前都会出现一种社会现象：“两地排长队。”在火车站，农民工排队买回家的火车票；在社保局的服务大厅前，农民工排队退养老保险。据广东省相关部门调查，2002—2006年全省共办理农民工退保784.53万人次，退保人次呈现逐年上升趋势，年平均增长率为16.95%。

随着统筹城乡发展理念的提出，这种退保现象得到了众多专家学者的“炮轰”，并成为社会和媒体关注的热点。退保，意味着打工者把自己的缴费一次性支取出来，养老保险最后演变成了“活期存款”。打工者终结了养老保险关系的同时，也无奈地放弃了养老保障的权利。媒体把农民工退保风潮下的社保局讥讽为地方政府的“提款机”。

随着农民工“退保潮”的出现，养老保险关系转移问题被“放大”，并受到中央政府及相关主管部门的高度重视。

3)曲折的探路

农民工“退保潮”在责问“允许退保”的规定的同时，放大了一个现状：即便废止允许农民工可以退保的规定，也无法实现让农民工老有所养的初衷，因为城镇职工养老保险制度无法实现接续。

养老保险的接续问题，成了中央领导“三令五申”的对象。2007 年 10 月，在党的十七大报告中，“提高统筹层次，制定全国统一的社会保险关系转续办法”赫然在目；2008 年，“制定全国统一的社会保险关系转续办法”这项工作成为中央政治局常委会的工作要点；2009 年 3 月，转续办法第二次出现在温家宝总理所作的政府工作报告中，报告提出要“加快完善社会保障体系，出台养老保险关系转移接续办法”。

2009 年 9 月 28 日，国庆新闻中心举行主题为“中国社会保障、住房保障情况和住房建设成就”的新闻发布会。人力资源和社会保障部副部长胡晓义在解释转移接续办法没有尽快出台的原因时也表示：“由于农民工有相当一批将来要返回农村，所以，必须使农民工在城镇就业的养老保险权益能够在农村得到延续。这就需要逐步建立农村的养老保险制度，这个条件在今年 9 月 1 日国务院正式颁布《开展新型农村社会养老保险指导意见》之后已经形成。”

无论是提高统筹层次还是制定转移接续办法，都面临着一个共同的问题：在“分灶吃饭”的财政体制下，如何平衡地方利益。在两年的《暂行办法》制定过程中，曾出现了分段计算、“一卡通”等多种思路。最后定型为个人账户全转、统筹基金部分转移的方案，因为它兼顾了各地的地方利益。

《暂行办法》虽然规定只转移劳动者统筹基金的大部分(12%)，而不是统筹基金的全部(20%)，但《暂行办法》的一个重要的标志意义在于：养老保险统筹基金已经开始了“跨省的调剂”，而这正是全国统筹的开始。

2. 案例分析

2009 年 12 月 27 日我国出台了的《城镇企业职工基本养老保险关系转移接续暂行办法》。职工基本养老保险问题，矛盾较多，涉及面广，解决得妥善与否将关系到整个经济的发展和社会的稳定。因此，针对城镇职工制定的办法、规定也属于公共政策的范围。本案例讲述了《暂行办法》的产生过程，这也是经过了很多的政策讨论与调整最终才得以出台的。下面我们运用本章的相关知识，详细讲解一下案例。

(1) 关于政策的制定。《城镇企业职工基本养老保险关系转移接续暂行办法》的出台是一个复杂的过程。开始为适应 20 世纪 80 年代国有企业改革的迫切要求，国家进行养老保险制度改革，但是因为“分灶吃饭”财政体制这块“坚冰”，使得改革困难重重。后来一段“退保潮”引发关注，养老保险转移接续办法的及时出台，在一定程度上要感谢“农民工”。

党中央国务院制定和出台的一系列政策，如 1997 年 7 月颁发的《国务院关于建立统一的企业职工基本养老保险制度的决定》(国发[1997]26 号)；劳动部办公厅关于印发《职工基本养老保险个人账户管理暂行办法》的通知；1999 年出台的《劳动和社会保障部关于贯彻两个条例扩大社会保险覆盖范围加强基金征缴工作的通知》(劳社部发[1999]10

号);2001 年 12 月 22 日,劳动和社会保障部下发的《关于完善城镇职工基本养老保险政策有关问题的通知》;2007 年年初,劳动保障部、财政部印发《关于推进企业职工基本养老保险省级统筹有关问题的通知》;2009 年 8 月,国务院常务会议审议并原则通过的《关于开展新型农村社会养老保险试点的指导意见》;2009 年春节前颁布的在全社会广泛征求了意见的《养老保险关系转移接续办法》和《农民工参加基本养老保险办法》等,每一个办法、决定的出台都是一次公共政策的制定过程。

(2) 关于政策的执行。在案例中,劳动部办公厅印发的《职工基本养老保险个人账户管理暂行办法》对养老保险关系转移进行了详细的规定,总结起来就一句话:“只转移个人账户,不转移统筹基金。”这种只转个人账户的政策设计是以全国统筹为基础,以各地均衡发展为依据,以基金可承载量为前提的,超越了我国养老保险发展阶段的实际情况,导致政策客观上难以执行。因此农民工养老保险转移接续政策几乎不可行。

(3) 关于政策的监控。案例中,因《职工基本养老保险个人账户管理暂行办法》超越了我国养老保险发展的实际阶段,导致执行困难,从而出现了农民工“退保潮”,这引发了公众对养老保险关系无法接续这一现状的关注,从而使得党中央、国务院重新调整了相关政策。养老保险的接续问题,成了中央领导重点关注的“对象”。

(4) 关于政策的调整。案例中,公共政策进行调整就是因为政策环境的改变即客观上的局限性:只转个人账户的政策设计,不符合我国养老保险发展阶段的实际情况。为此中央政府在综合考虑各方面的因素后,经过公共政策调整,出台了一个新的并且能够被各地普遍接受的养老保险转移接续办法,即《城镇企业职工基本养老保险关系转移接续暂行办法》。

【本章小结】

公共管理的价值目标,例如公平、正义、效率、责任等是通过公共政策来实现的。同时,公共政策贯穿公共管理过程的始终,是公共管理履行各项职能的基础。所谓公共政策指国家机关、政党组织及其他获得授权的社会政治团体、个人等政策主体,以权威形式标准化地规定在一定的历史时期内要实现的政治、经济、文化、社会目标的行为准则,它是一系列法规、措施、办法、条例等的总称。经过半个多世纪的发展,西方公共政策学逐步形成了一门比较成熟的独立学科。新中国的公共政策具有自己的实践轨迹,在 21 世纪进入了政策接轨、政策定型和政策优化阶段。

公共政策是一个包括公共政策主体、公共政策客体和公共政策环境三方面的完整系统。公共政策的主体一般包括政府部门、政党组织、大众传播媒介、智囊团和公民等;公共政策的客体指要处理的社会问题和公共政策的目标群体;公共政策环境指影响政策制定、执行和终止与发展等的环境因素的总和。三者间存在着相互依赖、相互作用和相互影响的关系。公共政策运行过程主要包括公共政策的制定、执行、评估、监控和终结与调整等几大环节，是一个不断更新、不断完善的无限循环过程。

当代中国的公共政策实践以民生为取向，形成了自己的特色，比如，建立了以中国共产党为核心的政策制定主体和机构决策模式，政策执行实行强制与说服教育相互结合的方法，等等。但是，我国在政策评估、政策监控以及政策调整等环节上，还存在着一些不完善之处。

【核心概念】

公共政策（public policy）
政策制定（policy making）
政策执行（policy implementation ）
政策评估（policy evaluation）
政策监控（policy control）

【思考题】

1. 简述公共政策的主体、客体、目标及表现形式。
2. 简述公共政策系统中主体、客体、环境三者的关系。
3. 简述公共政策的运行过程。
4. 我国的公共政策运行有何特点？

【扩展阅读】

要全面了解公共政策学的基本理论，陈庆云的《公共政策分析》（第二版）（北京大学出版社 2011 年版）对公共政策各个方面的内容均有所涉及，对于初学者来说，是本不错的入门教材。谢明编著的《公共政策案例分析》（中国人民大学出版社 2009 年版）有助于了解公共政策实务、提高公共政策的分析能力。要想更深入地把握公共政策科学，可以阅读美国学者托马斯・R. 戴伊著的《理解公共政策》（第十二版）（中国人民大学出版社 2011 年版）。

第 7 章

公共部门战略管理

【学习目标】

公共行政向公共管理的范式演变，最大的变化体现在公共管理对组织与外部环境关系的重视上。公共部门战略管理的产生和发展正是这种演变的必然产物，是对传统公共行政学的重大突破，也是公共部门适应瞬息万变世界的重要选择。基于此，学习本章需立足于新公共管理理念视角来把握公共部门战略管理的内涵，了解公共部门战略管理的兴起和发展历程，掌握公共部门战略管理的主要理论，并能对公共部门战略管理在中国的实践与发展做有一定深度的分析。

作为一种新的管理途径或研究路径，公共部门战略规划与战略管理兴起于 20 世纪 80 年代。它试图通过对组织内外环境变量、组织长期目标以及组织角色与环境的匹配的关注，提高组织实现其使命的内在能力。而在内部取向的传统公共行政(学)中，因很少考虑外部环境、长期目标或组织的未来一类的问题，战略概念是没有地位的。从传统公共行政到公共部门战略管理是一种管理的演变，这个演变是在特定的历史背景下发生的。

7.1　公共部门战略管理的兴起

公共部门历来有借鉴私人部门管理经验和技术的传统。公共部门战略管理途径的兴起在很大程度上是私人部门战略管理模式示范性影响的结果，但是它的产生和演进也有其自身的逻辑，是对几十年来公共部门实践和范式的检讨和再思的产物，也是对信息化和全球化时代的复杂变迁环境的能动适应。

7.1.1　私营部门战略管理的演进

“战略”一词在我国古代原意为指导战争的谋略，即克敌制胜的良策。比如，春秋时代，孙武的《孙子兵法》就蕴涵着丰富的战略思想。在西方，战略(strategy)一词来源于希腊语“strategos”或其演变出的“stragia”，前者意为“将军”，后者意为“战役”、“谋略”，均指军队指挥的艺术和科学。后来,"战略"在政治学中得到应用,被用于描述有计划地运用权力和影响贯彻国家目标的活动。

现代意义上的战略管理思想,最早出现在美国管理学家切斯特·巴纳德(Chester I. Barnard)的代表作《经理的职能》(1938)一书中,他运用战略的思想对企业诸因素以及它们之间的相互影响进行了分析,开创了企业经营战略研究的先河。20 世纪 60—70 年代,西方的学者们主要强调战略计划的必要性,70 年代后,人们又在企业战略研究中引入"战略管理"一词,战略管理的思想和方法随后得到了广泛的应用[①]。

私营部门战略管理的演变大致可分为五个阶段:预算和财务控制阶段、长期计划阶段、企业战略计划阶段、公司战略计划阶段和战略管理阶段。

1. 预算和财务控制阶段(20 世纪 50 年代以前)

20 世纪 50 年代以前,私营部门流行的计划形式是预算与财务控制系统,在 50 年代发展为资本预算和目标管理。这一阶段的特点是内部取向,企业依靠编制预算和实行财务控制来组织生产经营活动,以提高企业运行的计划性和协调性。由于预算按年编制,并往往根据现状来编制,因此它的计划性极为有限,可能产生短视的管理方法。

2. 长期计划阶段(20 世纪 50 年代初至 60 年代初)

长期计划理论是战略管理理论的雏形,它是针对短期计划的预见性不强所做的调整,关注更长远的预算和计划目标。这种长期规划的前提或假设条件是环境虽然不断变化,但变化的趋势是过去的延续,其复杂性是可以预测的。它的实质是根据历史情况,通过趋势外推法对企业未来环境的变化做出预测,从而制定长期计划以应付这些变化。但随着经济全球化和竞争的加剧,企业生存环境变化迅速,使得长期计划发挥的作用越来越小。

3. 企业战略计划阶段(20 世纪 60 年代初至 70 年代)

企业战略计划始于 20 世纪 60 年代,那时正是任务、环境监测及分析等概念首次出现之时。企业任务包括对现行与预期的生产或经营的范围、产品、市场,涉及对组织所从事的业务内容的审视。环境监测包括了对组织内部的优势、薄弱环节、机会和威胁进行的详细评估。它包括企业内的一些项目,如工人的技能、管理能力、工厂类型、财务结构、政府部门的限制等。然而其真正改进之处在于对外部环境进行客观冷静的分析,包括对市场构成和发展趋势(包括其他国家)、技术革新的程度、来自同类产品或替代产品的威胁、竞争对手的能力,以及任何会影响组织存亡的事情的分析。目标是任务和监测基础之上的更加具体的指向,较高管理层次的战略要素在较低层次上就变成了目标。

根据任务、环境监测以及明确的目标,企业短期计划和长期计划的内容不断丰富,并且与资源配置和绩效测量结合在一起,最终形成企业战略计划。

---

① 王雁红,詹国彬. 公共部门战略管理研究的兴起和发展[J]. 探索与争鸣,2003,(9).

4. 公司战略计划阶段(20世纪70年代)

公司战略计划出现于20世纪70年代。随着国际竞争的加剧,社会价值观念的变化,公共消费者识别能力的增强,以及国际经济不景气等影响企业的因素增多,一种在具体细节上比企业战略计划要周详得多的公司战略计划应运而生,这种计划的特点是更关心组织的高层,并且更关心企业各部门间的责任分配。

虽然公司战略计划和企业战略计划存在实质性的区别,但两者可属于同一发展阶段,即战略计划阶段。战略计划不仅关注企业财务预算,而且将企业的前景、市场、产品也纳入长期计划当中,同时引进了绩效管理;战略制定得也更加详细,操作性更强。而企业战略计划和公司战略计划都有它们的局限性。安索夫认为,早期带有战略计划色彩的经验碰到三个严肃的问题:"分析失效",即计划成果微乎其微;引入战略计划的"组织抵制";高层管理人员撤销或放松对计划的支持,将战略计划置之一旁。这些问题导致了另一种形式的战略计划——战略管理的产生。

5. 战略管理阶段(20世纪80年代初至今)

由于战略计划忽视战略实施这一致命缺陷,20世纪80年代,战略管理开始取代战略计划。战略管理更为精确和细致,既有战略计划的功能,也包含了比战略计划深远得多的内容。按美国学者安索夫在《新公司战略》(1988)一书中的说法,战略计划与战略管理的区别在于:前者的焦点是制定恰当的决策,而后者侧重的是战略结果的产生,即市场、新产品、新技术的产生。战略计划是由一个专门的部门制定的,而战略管理涉及所有组织部门,它更综合,更完备,它不仅制定出计划,而且使计划与组织的所有部门结合起来。它不是机械地运行,而是承认个体与群体所扮演的中心角色及企业文化的影响。

战略管理包括战略制定、实施、战略实施过程的控制,以及战略管理结果的评价。它是一个全面、动态的管理过程,而不是静态的、一次性的管理。它要求预测和及时反映环境的突变,抓住环境中出现的机会,回避威胁。它要求周期性程序和因地制宜并存,定期的战略管理与渐进战略、应急战略相结合。

总之,正是由于企业所处的技术、市场、社会、政治、经济等外部环境因素在过去几十年发生了翻天覆地的变化,一门新兴管理分支——战略管理得以诞生和发展。它开始于长期规划理论的雏形,逐渐演变到战略规划,最后发展成包括战略决策、战略制定、战略实施的全面、系统的战略管理理论。

7.1.2 公共部门战略管理兴起的背景

20世纪80年代初,战略管理引起了公共部门的重视。从总趋势上看,公共部门战略管理是作为新公共管理运动以及公共管理范式的一个重要组成部分而出现的,是公共部门对急剧变迁的不确定环境的能动适应。当公共部门努力寻找提高效率的方法与途径时,一系列因素促成了战略管理与公共管理的有机结合。

1. **管理环境的变化**

管理环境的变化表现在以下几方面。

(1) 信息技术的发展使公共部门面临的环境变得更加动态和不确定。在信息技术的推动下,"一切过去确定不移的东西现在都变得不确定了,一切清晰的东西变得模糊了,传统的信条、固定的领域的划分、组织的使命,甚至公与私的差异等都变得不确定、不清晰了"。[①] 也就是说,在传统公共行政模式下相对稳定的管理领域,现在正在发生巨大的变化,这就要求公共组织必须对变化有全面准确的预测,必须用战略性的思考和行动来驾驭各种新情况、新问题。

(2) 全球化进程的加快使公共事务治理涉及更广泛和更复杂的领域。随着信息技术的进步,世界经济的全球化和一体化进程的加快,传统严格区分的国界正被快速发展的跨国经济抹平,日益增多的国际交流与合作使世界逐渐融为一个整体。公共问题本身往往涉及广泛而复杂的领域,公共、私人和第三部门的界限也逐渐被侵蚀。这些界限的模糊让我们进入了一个全新的世界。其中,没有一个组织或机构能操纵全部,都只是参与或被影响。这种日益增加的关联需要公共组织更多地从战略角度来进行思考和行动。

(3) 组织面临的限制更多。在公共组织不断发展的过程中,公共组织正面临着严峻的财政紧缩和要求快速有效反应的双重压力。一方面,税收水平大幅下降。民众对提供更快更廉价的公共服务的渴求以及公共舆论对缩减赤字和平衡预算的呼声都迫使预算大幅度缩减,这使公共组织面临着巨大的财政紧缩压力。另一方面,公众对公共服务的需求不但没有缩减,反而日益扩大,并呈现多样化和个性化的趋势,公众对公共服务的强大需求甚至明显超过公共组织现有资源的供给能力。在这种情况下,政府必须致力于提高公共服务的质量和效益,从而更好地适应复杂的环境,迎接未来的挑战。

2. **政府改革的推动**

20 世纪 70 年代末到 80 年代初,战略管理理论逐渐成为企业管理中的一个重要研究方向,从而导致了西方 20 世纪 80 年代企业管理中的战略管理时代的来临。与此对应的是,公共部门由于机构臃肿、效率低下、人员僵化、程序冗杂招致广泛的批评,加上由此产生的一系列信任危机、管理危机和财政危机,新一轮的行政改革运动开始兴起。正是在这场轰轰烈烈的新公共管理运动中,战略管理理论得到进一步的发展和应用,它因被相信具有使公共组织更富于效率、责任和远见的作用而被引入公共部门,成为了公共部门战略管理的学科分支和行为模式。

公共部门战略管理途径是一种公共部门管理(尤其是政府管理)的新实践模式,又是一种公共部门管理的新研究范式。公共部门治理和管理环境的变迁,催生了被传统公共

---

① 陈振明. 公共管理学[M]. 北京：中国人民大学出版社,2005：445.

行政“威尔逊一韦伯范式”长期排斥在外的新领域：公共部门战略管理[①]。

3. 私人部门战略管理的示范性影响

20 世纪 60 年代以来，西方企业在运用战略管理方面取得了巨大的成功。美国哈佛学院著名的案例教学充满了有关“福特公司是怎样利用‘成本优先’战略起死回生的”，“通用汽车公司是怎样利用‘差别化’战略而夺得美国汽车霸主地位的”，“第二次世界大战后的日本汽车企业又是如何将小型轿车打入‘汽车王国’美国的”的描述。私人部门运用战略管理的神奇经历对公共部门产生了巨大的示范性影响，成为公共部门使用战略管理技术的先声。

总之，公共部门战略管理的兴起绝非偶然，而是有其自身的逻辑和内在的根源，是对公共部门面临的复杂环境的能动适应和政府改革的产物，正是由于面临复杂的环境，许多公共与非营利组织开始感受到改变传统运作方式和进行战略性思考与行动的必要性。然而，由于每个公共组织所处的内外环境都有自身的特殊性，改革者对于实行战略管理的感受不同，产生的契机和具体诱因也不同，故这些公共与非营利组织往往因不同的原因陷入战略性思考和行动之中[②]。

7.1.3 公共部门战略管理的发展历程

公共部门战略管理的兴起是由于传统的行政管理模式已经无法满足政府职能的需求，政府急需一种新的管理模式来提高管理效率。从 20 世纪 60 年代，公共部门开始借鉴私人部门的长期计划直到公共部门战略管理兴起。这段时间可以划分为两个阶段。

1. 战略计划阶段(20 世纪 80 年代初至 90 年代)

从 20 世纪 80 年代开始，战略计划开始从私营部门传入公共部门。奥尔森和伊迪是那些主张战略计划应该在公共部门占有一席之地，并可向私营部门计划多方面学习的先驱者之一。他们认为战略计划过程包含以下几个要素[③]：①全部任务与目标描述。其由组织的行政管理部门制定，从中提供战略发展的框架——战略所指向的目标。②环境监测与分析，包括对目前和预期的外界要素和条件的确认与评价。这是组织战略形成过程中务必考虑的内容。③内部概况和资源审计，即根据战略计划形成过程中必须考虑的各种因素，对组织的优势与不足进行分类与评估。④战略的制定、评价和选择。⑤战略计划的运作和控制。

与私人部门相同，公共部门采用战略规划方法的最初阶段的宗旨是形成战略，而非对

---

① 曹堂哲. 西方 30 年来公共部门战略管理研究的总体特征——主题、学科和方法的定性与定量分析[J]. 中国行政管理，2011，(2).

② 陈振明. 公共管理学[M]. 北京：中国人民大学出版社，2005：447.

③ [澳] 欧文 · E. 休斯. 公共管理导论[M]. 张成福等译. 北京：中国人民大学出版社，2007：159.

战略进行管理。公共部门战略计划的渊源来自私营部门，它借鉴了大量私人部门战略规划的分析技术，包括产品组合法、议题组合法、行业分析法、解释性方法、计划系统、适应性战略、竞争仲裁人分析和哈佛 SWOT 分析等。

战略计划的引入对公共部门具有非常重要的意义，它促进沟通与参与，协调利益与价值差异，推动有序决策的制定和开展。然而战略计划在实践中的表现也并不理想，正如休斯指出的，"在公共部门战略计划的初期，战略计划过程唯一的产物通常是制定正式的文件"①。它使组织陷入繁杂的正式文件之中，反而在突变的环境中迷失了自己。

2. 战略管理阶段（20 世纪 80 年代末至今）

80 年代末和 90 年代初，公共部门的改革走向深入，人们很快发现了战略计划的局限性。传统官僚制日益被抛弃，同时，公共组织面临着错综复杂和不确定的环境，尤其是各种突变和意外事件经常发生。在严重的财政紧缩和快速变化中，政府往往无法实现战略计划。这引起了人们对战略计划的执行和控制的广泛关注。在私人部门战略管理的影响下，战略规划在公共部门发展到下一阶段，即战略管理阶段。

战略管理旨在将计划功能与整体的管理工作整合在一起。它不仅包括战略计划过程，而且把战略扩大到包含战略执行和战略控制在内的更大范围。波兹曼和斯特劳斯曼认为战略管理包括四个方面，他们指出："当我们使用战略管理这一术语时，它受四个原则的指导：①关注长远；②把目的与目标融合进统一的等级制；③认识到战略管理与战略计划不会自行贯彻；④不去适应环境而要参与和改变环境。"②前面两点与战略计划基本上没有差别。然而，有效的贯彻执行和与环境更为紧密地相互作用，这两点是从战略计划过渡到战略管理的永恒主题。

伊迪认为，战略管理包括：行动定位，认识到设计的重要性，认识到人的要素的重要性。行动定位保证任何文件都有关于执行的内在过程，包括行动的具体计划、进度、责任与详细成本。设计包括："所要求的结果与实现他们的过程相一致"，因而"一个组织通过战略管理过程完成的任务与这些任务完成的快慢，明显取决于其能力，包括人力资源与财力资源"③。

根据这些不同的观点，从战略计划向战略管理的转变似乎首先要更为注意制定的计划及其代表性；其次要对执行问题给予更多的关注。

---

① ［澳］欧文・E. 休斯. 公共管理导论［M］. 张成福等译. 北京：中国人民大学出版社，2007：164.

② Bozeman，Barry，Straussman，Jeffrey D. Public Management Strategies［M］. San Francisco：Jossey-Bass，1990.

③ Eadie Douglas C. Identifying and Managing Strategic Issues：From Design to Action. In Jack Rabin，Gerald J Miller，W Bartley. Hildreth（eds）Handbook of Strategic Management［M］. New York and Basel：Marcel Dekker，1989.

7.1.4 公私部门战略管理比较

自20世纪80年代,新公共管理浪潮兴起以来,许多先进国家的政府部门都致力于引进私人部门的管理方法来管理公共部门,包括市场竞争、顾客导向、契约外包等。战略管理也不例外,公共部门同样是通过学习,将企业的管理方法运用于公共组织。

但是私营部门是利益导向的,是为股东利益服务的,且在市场竞争中的灵活度、反应力、效率性高且敢于实践创新。公共部门则是相对保守的,受法规的束缚,即有容易妨碍效率的特性。这透露出公私部门的差异。我们要建立公共领域和战略管理的关联性,有效实施公共部门的战略管理,就需要了解公私组织的差异①。归纳而言,其区别主要体现在以下几方面。

(1) 自主性和灵活性。由于公共组织具有公共性,法律、章程规定的义务以及过去的传统,都造成对公共部门的制约,也就限制了组织的自主性和灵活性。因此对公共组织中的管理者而言,考虑这些限制行动的制约,是公共部门战略管理工作的要素之一。

(2) 对政治因素的考量。公共环境充满了需要考虑的政治因素,包括公众舆论、利益团体、部门首长的干涉等。因此,行政机关在决策之际,总是与其他重要的行动者分享权力,因为政府是所有团体共有的,必须对所有团体负责,并且必须公正对待所有团体组织,所以政府所处的环境是政治性的,他们的工作往往涉及谈判、妥协及调节。

(3) 目标的清晰程度及目标间的冲突。公共组织通常同时有着很多目标,这些目标相当模糊且往往相互冲突。在大多数的公共部门,不存在一个可以衡量成功与否的底线,利益团体的需要、使命的变迁、重要利益的相关者和第三方的操控引发了一系列经常相互冲突的期望。

(4) 绩效评估。绩效评估是公共领域进行战略管理的重要一环,然而公共组织的不确定性以及公共服务的抽象性,使得公共部门难以说明它对绩效的期望,更别说对绩效的评估。另外,公共组织实行战略管理有两个目标:一是激发行动;二是找到符合政治时间框架的活动议程。而私人部门实施战略管理是为了放慢行动步伐以获得反馈信息,以确定在条件尚未成熟时,履行义务及当前行动的需要。

(5) 公共审查的可能性与组织的公共性。公共审查的可能性与组织的公共性程度成正比。公共组织的战略是在大众的监督下制定的,对公共部门而言,战略制定过程既是管理过程也是政治过程。政治过程显示出大众了解战略制定过程与制定出好的战略一样重要。这与私人部门在保密环境下制定战略是很不一样的。

(6) 影响范围的差异。在影响范围上公共组织更为宽广。由于公共部门公共性的特性,公共部门的战略管理包含了采取社会行动的机会。公共部门关心社会的生存,被赋予

---

① 魏娜,王学栋.公共管理方法:原理与案例[M].北京:对外经济贸易大学出版社,2008:175.

了一定的强制力，因而必须承担一些其他私人部门所不能承担的责任，因而公共组织在采取战略行动之前，必须努力做出那些反映外部要求的议题，从而对环境做出正确的评估并采取应对措施，以引导社会的健康发展。

影响公共部门和私人部门的因素参见表 7-1。

表 7-1　影响公共部门和私人部门的因素

因　素	公共部门	私人部门
环境		
市场	市场由监督机构构成 提供统一服务的组织相互合作 缺乏数据 市场信号弱	人们的购买行为决定了市场 为提供某项服务相互竞争 资金来源依赖收费 市场信号清晰
制约	指令和义务限制了自主权和灵活性	自主权和灵活性只受法律和内部多数人意见的限制
政治影响	需要缓冲装置以应对外部影响和帮助谈判 政治影响源于权威网络和用户	政治影响被当做例外处理，没有特别的安排 政治影响是直接的
交易		
强制力	人们必须自主和消费组织的服务	消费是自愿的，依据使用情况付费
影响范围	具有较大社会影响的大范围的问题	具有较小社会影响的窄范围的关注
公众审查	将计划保密或暗地里制定计划	可以隐蔽地制定计划并将计划保密
所有权	公民经常以所有者的身份向组织活动及其执行提出期望和要求 无所不在的利益相关者	所有权属于股东，他们的利益可以用财务指标来衡量 除了股东之外，几乎没有利益相关者
组织程序		
目标	长期和短期目标不断变化、复杂、相互冲突且难以界定 最关注公平	有清楚的、大家认同的目标 最关注效率
权力限制	执行视不受权威领导控制的利益相关者而定 政府控制下的机构管理 公共行动所带来的限制	执行被授权给有权力行动的权威人物 基本不受外界影响的机构管理 没有限制
绩效期望	模糊并处于不断变化中，随选举和政治任务的变化而变化，鼓励无所事事	清楚，在长时间内稳定不变，因而使人产生紧迫感
激励	稳定的工作，赞同，任务和角色	金钱

资料来源：保罗 C 纳特，罗伯特 W 巴可夫. 公共和第三方部门组织战略管理：领导手册[M]. 陈振明等译. 北京：中国人民大学出版社，2001：23-24.

由上述分析，我们可以了解到公共部门与私营部门在战略管理上的差异，也归纳出其不同的管理重点。

此外,公共组织的存在,旨在为人民提供持续的服务,其服务的目标在于创造公共价值,即运用资源以满足公共需求并对社会产生实际利益的过程,但由于公共需求和环境的变动,产出的公共价值是否符合民众的需要,将会影响其政策的正当性,所以政府在政策管理战略上应保有公共价值的愿景[①]。

7.1.5 公共部门战略管理的必要性

传统的行政行为因为僵化、缺乏弹性、过分关注内部问题的短视行为而屡遭批评。在新公共管理运动中被广泛应用的公共部门战略管理,便是力图改变人们对官僚体制的固有印象,提升政府整体效能,实现其公共价值的卓越工具。具体而言,公共部门应用战略管理的必要性可归纳为如下几点[②]。

第一,适应更加复杂和不确定环境的需要。在现代社会,公共部门管理面临的环境正在变得更加动态和不确定。不仅政治在发生变化,经济、技术、文化、社会都在发生巨大的变化。在动荡的环境中,组织必须建立一个更有适应性的反应系统。战略管理能够保证组织与其环境之间有一个良好的战略配合,使组织的能力与环境相匹配,同时安排组织内部的结构与程序伴随战略选择而成长并发展出新的、能符合未来挑战的能力。

第二,公共部门角色变化的新要求。20 世纪 80 年代以来,承担过多"划桨者"角色的大政府受到越来越多的质疑。小政府无论在理论或实践上都获得了人们的认同和支持。但这并不代表政府责任的免除。在全球化竞争日趋激烈的今天,政府如何制定并贯彻实施战略规划,让领航者角色凸显成为一个大问题,于是,战略管理的引进便成为顺理成章的事情。

第三,应对公共利益挑战的必然选择。政府是公共利益的代表者。公共利益要求政府治理要兼顾整体利益与局部利益、兼顾长期利益与眼前利益。这就是说,公共管理者要有系统观、整体观、长期观。公共管理必须构建国家或地方长期发展战略,以维持社会的可持续发展与繁荣。

7.2 公共部门战略管理的主要内容

7.2.1 公共部门战略管理的基本特征

作为一种管理实践的模式,与战略规划相比,公共部门战略管理的主要特征如下。[③]

(1) 非连续假设。在环境假设上,战略规划将组织环境假设为一个线性变动的连续

① M J Shafritz, W E Russell. Introducing Public Administration(3)[M]. New York: Longman, 2003: 296-297.

② 张泰峰, Eric Reader. 公共战略管理[M]. 郑州: 郑州大学出版社, 2004: 27.

③ 陈振明. 公共部门战略管理途径的特征、过程和作用[J]. 厦门大学学报(哲学社会科学版), 2004, (3).

过程,组织可以预测和控制环境的变化。这是它实行单点预测并注重深思熟虑的正式规划的原因。而战略管理却将环境看成一个不断变动的非连续过程,其中充满了各种突变和意外事件。故它强调多点预测、危机管理和应急战略。

(2) 以行动为焦点。在战略焦点上,战略规划强调思考与行动分开,将战略制定从战略实施中分离出来,注重最优化战略的制定和正式行动方案的形成。而战略管理则将思考与行动统一起来,强调一个全面的管理过程,不仅包括战略的制定,而且包括战略的实施、控制和效果评价,其焦点在于战略性的思考与行动,在于通过政治谈判、利益相关人的分析和执行过程的管理去实现组织特定的战略。

(3) 以结果为取向。在战略取向上,战略规划是过程取向的,注重引入一个正式的战略管理系统去协调战略计划过程和实现一个特定程序的严格统一。而战略管理却是结果取向的,聚焦于通过特定战略内容的选择和运用去产生有效决定和行动。战略本身不再作为目的,而是作为变革的杠杆去推进组织使命的完成。

(4) 分散管理。在战略主体上,战略规划将决策权力集中于高层,常常局限于少数专业计划人员。将战略制定神秘化,让战略成为战略黑箱的产物,妨碍了中层管理人员的参与,而且架空了高层管理人员的战略决策。而战略管理则更综合,它关注整合组织的力量去实现战略目标,将战略扩展到所有组织单位,既包括计划人员,也包括行政主管、各级运作管理人员和其他利害相关人。它强调形成战略的"草根模式",强调决策权力的分散和大众参与。

(5) 应急能力强。在战略形成上,战略规划注重通过深思熟虑或理性的分析去形成正式的计划,将战略产生看做一个受控的、有意识的规划过程,这往往导致对其他意外的、计划外的但极为有用的信息、意见和行动的忽视。而战略管理则强调有效的战略在某种程度上必然是连续性的、随机应变的,强调通过间接的学习、偶然的发现、灵感、直觉等非理性思维,以及对意外模式的认识去反映不可预知的机会和非连续事件。

(6) 更关注内部因素。在战略视野上,战略规划是由外到内的,将环境看做客观的存在,组织要做的就是调整自己去适应相关的环境,却忽视了组织的内部结构、管理机制和组织文化。而战略管理则是由内到外的,坚持资源为本的观点,注重培养组织具有持久竞争力的资源;它重视人的因素,重视利害相关人的分析,将人的参与和管理团队的建设看做战略管理取得成功的决定性因素;它把核心竞争力看做一个组织共同学习的结果,看做一个组织文化培养的过程,是一个将战略思维融入管理的过程。

7.2.2　公共部门战略管理过程

公共部门战略管理系统是一个由战略管理主体、战略管理客体和所处环境相互影响和作用构成的一个有机整体。它是公共部门战略管理得以顺利实施的一个载体和基础。

系统运行的好坏直接关系到公共部门战略管理的成败。一般认为,公共部门战略管理系统包括战略规划、战略实施和战略评价三个环节。

1. 公共部门战略规划

如前所述,公共部门战略管理规划兴起于20世纪80年代,其目的是找到公共部门组织与外部环境的最佳结合点。战略规划是选定战略方案的过程,经过对组织内外部环境的分析(SWOT分析)阶段、问题议程阶段、拟订方案阶段以及选择方案阶段,最终确定组织将要实行的战略。一般来说,公共部门的战略规划分为两个阶段。

首先,决策者对战略规划达成共识,然后进一步了解相关法律,确定组织使命。可以说,战略规划工作的核心使命就在于让组织能够合理地确定其使命和价值。这是非常重要的一个基础环节,因为使命是组织存在的前提。

其次,进行具体的SWOT分析。SWOT分析是战略管理和战略规划领域广泛使用的分析工具。它是综合考虑组织内部条件和外部环境的各种因素,进行系统分析和评价,进而采用最优战略的常用方法。这里S指组织内部的优势(strength),W指组织内部的劣势(weakness),O指组织外部环境的机会(opportunity),T指组织外部环境的威胁(threat)。SWOT分析的主旨在于给出一个组织内外部环境、问题的集中分析,并激励组织调动其优势,规避风险,最大限度地利用机会。

SWOT分析的关键和难点在于对组织的内外部环境因素进行考察,需要良好的判断。经过SWOT分析,一个组织可以有不同的战略匹配和选择。①优势—机会(SO)战略。SO战略是一种发挥组织内部的优势而利用外部机会的战略,所有的组织及管理者都期望利用自己的优势,并抓住外部环境所提供的机会。组织往往通过采用WO、ST、WT战略而达到能够采用SO战略的状况。②弱势—机会(WO)战略。WO战略的目的是利用外部机会弥补内部弱势。运用这一战略的情况是:组织存在着外部机会,但是内部存在着弱势,妨碍外部机会的实现。③优势—威胁(ST)战略。ST战略是利用优势回避或者减轻外部威胁的影响。④弱势—威胁(WT)战略。WT战略是旨在减少内部弱势的同时规避外部环境威胁的防御性战略。一个面对大量外部威胁和具有许多内部弱势的组织的确处于不安全或不确定的境地。

从以上的分析中,我们可以看出,SWOT分析分为以下几个步骤。

首先,给出一个组织内外环境,结合组织内外部环境的优势与劣势来寻找机会消除威胁,以便更好地掌握组织内部的优势、劣势、机会和威胁。

其次,确定组织的战略议题。其基本内容包括以优先顺序排列的战略议题清单。布莱森认为,创建战略议题的途径在可供选择的直接法、间接法、目标法和成功远景法中,只有直接法和间接法才适合公共部门。

最后,选择战略。它需要在之前综合分析的基础上,确定出战略方案,提出适合组织发展的使命,最终选择可行性的战略。

2. 公共部门战略实施

战略实施是公共部门战略管理过程中的重要手段,但其往往是容易被战略管理者们忽视的一个环节。战略实施要实现的是将选定的战略付诸实际的执行过程。战略规划制定之后,只有实施了,才能使战略起到应有的作用。战略实施是一个复杂的过程,在实施过程中应首先解决组织的资源配置和组织的结构设计问题。战略实施包含战略发动、制定行动计划、组织准备、资源准备、战略实验、全面实施以及战略控制等基本环节。

(1) 战略发动。战略发动是针对战略领导者而言的。战略实施活动需要许多人员协作完成,要求领导者利用各种手段和方法,采取相应的战略来达到成员支持战略计划并将其付诸实践的目的,从而将组织战略的理想变为大多数成员的行动。

(2) 制定行动计划。制定行动计划主要包括分解目标、制定衡量指标、目标协调和注意新旧战略的衔接。总之,制定行动计划的目的是减少战略实施的阻力和压力。

(3) 组织准备。组织准备包括设计适应战略需要的组织结构、配备合适的组织管理和一般人员,及制定必要的规章制度。组织的内部结构及人员配备情况关系着公共部门战略实施的成败,因此,组织准备是战略实施过程中的重要一环。

(4) 资源准备。资源准备也是战略实施过程中必不可少的环节,主要指资金和权力准备,这两方面的准备都是影响战略实施的至关重要的因素。

(5) 战略实验。战略实验包括选择实验对象、设计实验方案和分析实验结果三个方面。可以说,战略实验是战略实施的一个试运行阶段。

(6) 全面实施。全面实施是对组织战略的全面推行,它是在战略实施过程中程序性、操作性最强,涉及面最广、最具体的一个环节。在全面实施的过程中,要充分利用信息、资金和权力等资源,调动各种相关人员的积极性进行战略实施。

(7) 战略控制。战略控制由确立标准、衡量绩效、纠正偏差三个基本环节构成。它需要贯穿整个战略实施的过程,环境的不确定性和难以预测性常常使得战略方案无法像之前设计的那样运行下去,应该说,战略方案只是未来行动的指导,并不是实际的行动。因此,公共部门在战略实施过程中需要进行适时的战略控制。

3. 公共部门战略评价

公共部门战略评价指公共部门根据相应的程序和标准,对战略实施的效益、效率、效果及价值进行判断以决定战略变革、战略改进和制定新战略的方向的行为[①]。战略评价既包括在战略选择和战略实施过程中进行的评价,也包括战略实施后的评价,因此,它是一个适时往复的过程。评价是组织选出最合适的战略方案的有效手段,通过评价可以使组织始终处于预定的方向,使组织与环境保持时时的互动,最为关键的一点是,战略评价能够及时纠正有偏差或有错误的战略管理,从而为以后的战略管理过程提供宝贵经验。

---

① 陈振明. 公共部门战略管理[M]. 北京:中国人民大学出版社,2004:225.

战略评价的意义重大,因此,把握和制定好战略评价的标准就显得尤为重要。战略评价的基本标准主要包括目标的一致性、环境的协调性、经济的可行性和战略的可接受性四个方面。

(1) 目标的一致性标准,指在战略评价系统中,战略目标、评价目标和评价标准三者之间要一致。

(2) 环境的协调性,指不同的外部环境需要有不同的活动与其匹配,在环境发生变化时,组织需要对其战略进行调整以适应环境,根据环境的变化和动荡程度改变战略,使二者保持时时的协调一致。

(3) 经济的可行性。经济的可行性标准要衡量的是,在实施战略的同时能否做到不过度耗费可利用资源,这也是衡量战略的可行性的重要标准。具体说来,在衡量战略实施的结果是否达到组织的预期目的的同时,还要衡量战略实施的成本大小和收益多少。

(4) 战略的可接受性。战略的可接受程度是从客观的角度出发进行衡量的一个标准,即通过这一标准,来评价战略实施是否满足人们的需求。

在了解战略评价的基本标准后,我们还要清楚公共部门战略评价是一个动态且有步骤的活动,具体评价步骤为:检查战略基础——考核组织绩效——采取纠正措施。

检查组织的战略基础,就是在战略实施时,重新审视组织的内部环境和外部环境,通过审查外部环境因素,来评价和确认政治、文化、社会、经济等因素对组织战略目标和战略实施的影响。需要检查的内部因素主要包括人、财、物等资源以及组织声誉、组织文化等。

接下来是考核组织绩效。绩效考核采用将战略实施的期望结果与实际结果进行比较的方法,来确定战略实施过程中取得的成绩。绩效考核的步骤通常是先制定考核计划以明确考核的目的和对象,确定考核的方法和内容等,然后进行选择或设计考核方法与工具等技术设备,接下来收集信息资料,分析实施评价,最终进行绩效反馈和反馈纠正。

最后,在前面检查战略基础、考核组织绩效的基础上,得出战略执行情况的信息,针对总结出的战略实施情况和出现的问题,对战略做出适当调整,以保证组织按照既定目标顺利实施,做到充分利用外部条件,更好地发挥内部优势。通常情况下,反馈纠正这一步骤主要包括根据反馈信息分析偏差和根据分析采取纠正措施两个环节。

7.3 公共部门战略管理在中国的实践

7.3.1 中国公共部门战略管理现状

可以说,国内学者对公共部门战略管理的研究刚刚起步,以翻译介绍西方公共部门战略管理的理论和实践为主,对公共部门战略管理领域的研究主要集中在战略性人力资源、战略绩效、战略性政府采购和地方政府战略等方面。到目前为止,尚有很多领域并未涉足。另一方面，战略管理在我国公共部门的运用也处于起步阶段，公共部门战略管理能力大致体现在以下几个方面。

(1) 战略规划能力。战略规划能力是指管理者或组织通过思考，在衡量影响组织未来的内部和外部环境的基础上，为组织创造目标、前进方向、焦点和一致性的能力。战略规划既是战略管理途径兴起的一个阶段，又是战略管理过程的首要环节。它关系到组织的方向是战略管理全面实施的第一步，也是关键的一步。战略规划能力的强弱直接影响公共部门长远的生存和发展，影响公共部门能否在迅速变化的环境中取得更大的绩效，甚至还影响公共部门的合法性、正当性和公正性。

一方面，我国长期以来受到渐进模式的影响，习惯于"摸着石头过河"，习惯于解决眼前问题，导致了在很多重要领域没有公共目标或者方向模糊不清，只顾短期利益和局部利益，不顾长期利益和整体利益，经不起竞争的考验。

另一方面，已有的战略规划往往缺乏一个整体的思考，即长期、中期和短期战略之间，整体和局部战略之间缺乏整合，导致公共部门内部职能不一致、组织不协调、无法彼此适应，从而丧失互补性。

(2) 危机管理能力。危机管理能力是指政府对危机发生的预见能力和危机发生后的救治能力、评估能力。公共部门战略管理从注重日常管理、常规管理转向注重未来的发展管理和风险管理或危机管理，因此，危机管理成了政府战略管理的焦点。对于各级政府而言，危机管理能力就是执政能力大小的直接体现。按照党的十六届四中全会的精神，要加强党的执政能力建设，政府就必须建立、健全社会预警体系，形成指标统一、功能齐全、反应灵敏、运转高效的应急机制，提高保障公共安全和处理现实中突发事件的能力，保障人民的切实利益和生命财产安全，促进社会的可持续发展。突发性的公共危机事件是近年来困扰社会的棘手问题。现阶段，我国正建设服务型政府，在提供更便捷、更周到的服务的同时，如何化解危机是对政府执政能力的一个重大考验。近年来，我国政府的危机管理能力有所增强，在提供安全、预防危机发生、减轻危机危害、保护国家和人民的利益方面发挥了巨大作用。但同时也存在不少问题，如政府官员危机意识淡薄，法治缺失，缺乏专门的管理机构和协调机制，缺乏有效的绩效评估机制。

(3) 资源管理能力。资源管理能力指政府获取、配置、有效使用以及整合战略实施所需要的各种资源的能力。

政府至少应该拥有四种必须的硬性资源：人力资源、财力资源、物力资源和技术资源。除此之外，其还应该拥有必要的软性资源，包括信息、制度以及公众的认同和支持等。在战略管理过程中，政府常忽视对资源的管理。但是，成功的战略实施前提是获取实施所需要的资源，然后再精心考虑哪些因素会影响战略实施以及采取何种措施能够为战略实施提供必需的支持。因此，政府应该坚持资源为本的理念，注重培养使政府具有持久竞争力的资源。政府应重视人力资源管理，重视对利益相关者的分析；将人的参与和管理团队的建设看做战略管理取得成功的决定性因素。改革开放以来，我国政府在学习借鉴西方建设“服务型政府”模式的经验时，对各种资源的管理能力不断增强，但还有待提升。例如，“虽然中央政府财政收入在不断增长，但它占国内生产总值的比重在不断下降，中央财政赤字占国内生产总值的比重不断上升”；政府部门普遍缺乏具有战略思维的管理者，人力资源的知识、素质、比例等与战略管理的要求不相符；新技术（如电子政务）在政府的普及和利用程度不高；政府的体制、组织结构、制度设计与战略管理的要求不匹配；等等。

（4）项目管理能力。项目管理能力指战略规划具体执行的能力，是将理想的目标转化为可见的现实的能力。项目管理是从企业管理和工程管理借鉴的概念，它在公共部门被证明同样能提供绩效。项目管理就是在一定的时间、成本、人力资源等条件约束下，以项目为对象，由项目团队对任务进行高效率的计划、组织、领导、控制和协调，以实现项目目标的过程。其内容涉及时间管理、技术管理、质量管理、人力资源管理、风险管理、危机管理、采购管理、合同和综合管理等诸多方面。一个组织的战略可进一步分解为一系列具体的项目，而这些具体项目正确实施的结果最终会导致组织使命和大目标的实现以及组织战略的落实。当前，项目管理在我国公共部门中的运用处于起步阶段，项目管理的能力也相对低下。尤其突出的是，在具体项目的实施中，政府对成本、效益、时间和风险的关注很少，项目管理极其不规范。现阶段，在建设服务型政府的过程中，应重视各具体项目的规范管理，特别是公共服务项目的管理，以便更好地体现服务型政府的战略管理能力。

7.3.2 我国政府战略管理能力的提升途径

在经济全球化、国际竞争加剧以及我国加入世贸组织的背景下，提升我国政府的战略管理能力，不仅是公共管理实践的需要，也是现实环境变化的需要。现阶段，我国公共部门的代表——政府需要从以下几个方面来提升战略管理能力。

（1）提高政府危机管理能力。随着社会主义市场经济的深入发展，政府管理社会的任务和内容比过去更繁重、更复杂，社会对加强政府管理、创新政府管理体制提出了更高的要求。胡锦涛总书记把应对突发事件和复杂局面的能力提到“党的执政能力的重要方面”的高度，强调全党同志要居安思危，经常做好思想准备、机制准备、预案准备和工作准备，切实维护改革发展稳定大局。2005 年 7 月 22—23 日，国务院在北京召开全国应急管理工作会议，提出要进一步建立、健全社会预警体系和应急机制，提高政府应对突发公共事件的能力。因此，现阶段我国建设服务型政府，提升政府战略管理能力，就要加强危机管理能力。

（2）建设企业家政府，提高政府的行政效率。面对全球和地域竞争日益激烈的社会环境，我国在建设服务型政府的过程中必须引进企业家政府的理念，使政府像企业一样高效率地运作，使政府领导者像企业家一样具有改革的精神。为此，政府要转变三个观念，树立三个观念。一是转变官本位的观念，树立公众为本、顾客至上的观念。公民是政府的顾客，政府施政要以公众需求为目标，以公众满不满意为衡量公共服务质量的标准，对公众负责。积极推进公众参与公共管理活动，从制度上保证公众意愿和利益得到充分的表达。二是转变重投入轻产出、重过程轻结果的观念，树立成本效益观念。所谓成本效益观念，指政府部门借鉴企业成本控制的方式，通过有效的管理和控制，降低管理成本，提高管理效率，而绝不是让政府唯利是图，在公共管理活动中进行权钱交易，以权谋私，变成有钱才能办事的机构。三是转变采取垄断方式进行管理活动的观念，树立竞争观念。竞争是提高效率的有效途径，作为天然具有垄断性的政府，要善于引进并树立优胜劣汰的竞争机制，通过公平、合理的竞争，不断提高公共管理水平。

(3) 转变政府职能，构建"掌舵式政府"。对于提高服务型政府的战略管理能力来说，转变政府职能，实现由"全能政府"向"掌舵式政府"转变的意义在于可以为战略管理提供时间、精力和资源。政府可以通过以下途径转变职能，以提高战略管理能力。

第一，理清政府与市场的关系。过去的"全能政府"一方面规模过度膨胀，机构臃肿，人浮于事，财政困难，效率低下；另一方面对市场的干预过度，妨碍企业的经营自主权，使公平、有序的市场秩序难以建立。建立"掌舵式政府"，要求政府只是掌舵，弥补市场失灵，而不是划桨，政府把市场可以调节的部分归还给市场。

第二，充分开发社会资源，培育和鼓励第三部门、民营企业的发展并鼓励其参与政府管理。"掌舵式政府"要求政府专注于公共决策和公共领导，因此，建设服务型政府要求政府从服务的直接提供者逐步演变为服务的间接提供者，将一部分公共事业依法定程序委托给民营企业或第三部门。因此，一方面政府要加快行业协会、律师协会、中介组织等的培育和完善，逐步实现其与行政部门的彻底脱钩，同时又使其能协助政府进行行业管理，促进其在公共管理中发挥应有的作用。另一方面政府应制定并完善第三部门和民营企业发展的各种法律、法规，通过立法授权鼓励民营企业参与市政公用、环境保护等公共事业，甚至可以提倡政府部门与之开展合法合理的竞争，以促进自己提供更高质量的公共服务。

(4) 建设"项目管理式政府"。政府部门具有公共性。哪里有公共性，哪里就有约束、政治影响力、权力限制、公众审查和无所不在的公众所有权，这些因素使得政府等公共组织的战略实施变得更加复杂。因此，政府应将战略规划尽量变为一个个具体的项目来实施，满足公众多样化、个性化的需求，提高政府效率，以便更好地实现战略管理的目标，提升我国服务型政府的战略管理能力。具体操作方法如下。

第一，在具体项目的实施中，政府应树立均衡的理念，实现服务型政府的战略目标：政府管理的长期目标与近期目标、公平与效率、发展与稳定、发展目标与政府能力、政府公共权力与政府管理责任、经济增长与环境保护等的平衡。如欧文·E.休斯在《公共管理导论》中所说的，公共部门战略由于政策目标的模糊性、冲突性及各种外部因素和政治力量的介入，正式的计划过程对明确目标和目的过分执著会产生严重的偏差。因此，公共部门应倾向于在多重相互冲突的目标中达成妥协和折中。

第二，重视前期管理、过程管理和结果管理。当前，在具体项目的实施中，政府对成本、效益、时间和风险的关注甚少，只重视项目的前期管理，忽视过程管理和结果管理，项目管理极其不规范，损失严重。因此，要建立独立的、专门的项目监督部门，全过程监督政府投资项目管理，严格控制项目，建立和完善政府投资项目的风险管理机制，引入市场机制，充分发挥政府投资的效益。对于项目建设不能使当地群众受益、造成资源浪费的部门，要追究负责该项目的领导人的责任。

7.3.3 案例：城市战略管理的困境与出路①

1. 路桥区城市管理面临的主要矛盾和问题

改革开放以来，浙江省台州市路桥区的商贸市场得到恢复并迅速发展。商贸业的发展带动了第三产业的增长和工业的兴起。第三产业比重从1990年的20.3%增加到2008年的47.8%，居台州市三个中心城区的首位。2008年，路桥区实现生产总值270.31亿元，财政总收入32.71亿元，地方财政收入15.54亿元，社会消费品零售总额127.66亿元，人均生产总值6.19万元。路桥区已成为浙江省和台州市最为富庶的地区之一。

路桥区商贸业起步于小商品市场和生产生活资料市场，其中路桥中国日用品商城、路桥小商品批发市场年成交额均在50亿元以上，曾经是义乌等地学习和模仿的对象。但是，随着我国商贸业总体环境的变化，路桥区以传统商贸流通形态为主的专业市场也面临着萎缩的趋势。与此同时，国内一些专业市场开始逐步引入现代企业管理制度，向现代流通组织迈进，重组、创新和升级成为中国专业市场发展的主旋律。在这种情况下，路桥区急需对其传统商贸业进行改造，推动产业结构升级。路桥区城市管理面临的矛盾和问题主要有三方面。

其一，发达的商贸业与落后的商贸形态之间的矛盾。该矛盾主要表现在：虽然路桥区商贸业总量较大，但是商贸业内部却存在一些结构性矛盾；路桥区市场的先发优势受传统观念、理念的束缚，没能很好地把握发展机遇，规划滞后，设施落后；路桥区商贸功能发育比较迟缓。

其二，发达的地方经济与落后的城市形象之间的矛盾。路桥区脱胎于农村小集镇，城市规划的基础比较薄弱，在传统商贸形态的影响下，商贸区与居民区混杂、专业市场与零售商铺混杂、商业区与工业区混杂的局面非常明显。另外，城市定位的游移也延缓了商贸业升级和城市规划调整的步伐。在工业立市定位下，商贸业和城市商业改造的力度减

① 王红梅.浙江台州市路桥区城市战略管理的困境与出路——一个公共部门战略转换的案例[J].中国行政管理,2010,(6).

小了。

其三,发达的个体经济与落后的消费模式之间的矛盾。路桥区个体经济十分发达,然而其消费模式却仍然停留在商贸集镇市场的层次,零售业规模偏小、档次偏低、零售业设施"低、小、散"问题突出,体现出集镇型的传统商贸特征。另外,路桥区零售业在台州的首位度较低,正面临其他城区的挑战和威胁。

2. 路桥区城市发展的战略困境

路桥区在面临着商贸业发展的宏观环境急剧变化以及周边地区竞争加剧的外部环境条件下,针对城市管理的矛盾和问题,所采取的战略重点应放在加快产业升级和调整城市布局两个方面,而这两个方面又是紧密联系在一起的:商贸业升级需要增加市场规模,合理安排专业市场的空间布局,从而对城市规划提出新的要求;城市布局调整需要合理安排居民生活用地,零售业和专业市场用地,工业用地以及行政、教育、医疗等城市功能用地的关系,进而要求商贸业进行商业业态和空间布局的调整。因此,对于路桥区而言,可能的战略选择就是对现有商贸业进行重组、改造和升级。其主要包括三个途径:一是通过"新建"一批具有现代流通业态特征的专业市场、大型超市和高档商场、高水平的会展中心和物流中心,从整体上提升路桥区的商贸业和城市形象,引导居民转变消费模式;二是对现有专业市场和商业街进行"改建"和"扩建",改善现有商贸业的设施和软环境,配套修建停车场、仓储中心、综合服务大厅等,将之改造成具有信息、仓储、运输、交易功能的生产资料物流中心,通过"就地改造"提升商贸业的水平和档次;三是对现有市场进行"搬迁",在城区周边规划建设新的市场园区,促进专业市场的集中和集约经营,实现资源共享。从深圳华南城、广东乐从钢材物流中心等国内其他专业市场的发展经验来看,上述战略具有一定的可行性。

然而,看似可行的战略在执行过程中却遇到了很大的阻力。首先,在"新建"和"扩建"市场方面,路桥区面临着比较严重的土地资源制约问题。路桥区自身的发展空间比较有限,城市规模较小,可利用的土地资源十分有限。此外,商业用地程序复杂,成本过高,也加剧了新增商贸用地的难度。土地指标难以获得,致使很多项目难以实施。其次,"扩建"、"改建"和"搬迁"过程牵涉大量的既得利益调整,这使看似简单的市场改造变得复杂起来。在市场的投融资体制上,路桥区实行的是一种多元化的投资模式,其中村办和私人办市场是路桥区市场的主体。在这种体制下,政府对市场调控力度有限,对市场的改造和搬迁缺乏有效的调度力度。现有的市场管理者也缺乏商贸业发展的现代理念,对市场业态提升和电子商务等新的发展趋势无动于衷,也是市场改造和搬迁难以推行的原因之一。最后,新建市场园区需要经过很长的时间来聚拢人气,也是市场业主和商户对新建园区反应不积极的重要原因。例如,椒江区在规划了中央商业区之后,长期面临着人气不足的问题,商业区的经营陷入困境。因此,新的规划能否保证新的市场园区与老市场之间的衔接,是城市战略管理者需要考虑的重要问题。

由于存在以上阻力，路桥区在新的城市规划出台之后，并没有完全按照新的规划进行统筹规划和布局，而是采取了“见缝插针”式的妥协者战略管理模式，即根据项目的需要安排项目的选址和落地。这种战略管理模式在一定程度上可以满足一些商贸项目的进入问题，但是却导致了更加复杂的城市问题。在“见缝插针”式的妥协者战略管理模式下，原有的居民和商业混杂、专业市场和零售混杂、商业和工业混杂的局面完全没有得到解决，同时却加剧了现代商贸形态与传统业态之间的冲突。在这种情况下，传统商贸形态无法得到有效升级，现代商贸形态由于受到城市功能的制约，也无法发挥最佳效益。当外部环境变得更加动荡，居民、业主和商户要求改变现状的呼声越来越大时，路桥区政府感受到了前所未有的压力，意识到需要对城市战略进行更加系统的筹划，采取更为有效的战略管理模式。

3. 路桥区城市战略管理的出路

路桥区城市战略管理可采取以下措施。

第一，战略转换：从“见缝插针”到“统筹规划”。

所谓“统筹规划”，指：①系统考虑城市发展面临的内外部环境，根据机会、威胁、优势、劣势确定城市发展的战略定位；②系统考虑城市发展所拥有的资源条件，对现状和潜在资源进行整合，发挥资源的最大效益，在此基础上对城市空间布局进行统一筹划和安排，优化城市资源配置；③系统考虑城市规划和调整所涉及的利益格局变化，妥善处理居民、业主、商户以及其他利益相关者的关系，对于利益受损者给予合理补偿；④系统考虑城市规划和调整所带来的产业发展格局的变化，避免出现城市规划过程中产业发展效率的损失，妥善处理新旧产业以及新老空间的互动和衔接问题。

从公共部门战略管理的角度来看，“统筹规划”战略是一种共生式战略，它要求相关部门进行整合，建立统一的协调和指挥机构。路桥区目前主管商业和市场的部门是贸易和粮食局，参与建设和管理的有发改局下属的三产办公室、市场园区管委会、新城建设管委会、历史文化保护区管委会、铁路建设指挥部和各街道等。多头管理，存在着主管机构不明确、权威不够、协调能力不强等问题。因此，路桥区按照“政府领导、统一规划、多元投资、规范监管”的原则，成立了路桥商贸城建设领导小组，由区委和区政府主要领导担任组长，区政府分管领导和各有关部门的负责人为组员。领导小组下设办公室，选调专业人员对市场园区和物流项目进行总体策划和包装，提出实施方案。商贸城发展协调小组定期召开例会，听取和协调指挥重大问题。在具体操作层面上，由各有关部门实施，理顺了各方面的关系。

第二，路桥区城市战略转换的途径。

路桥区根据内外部环境的变化，将城市发展定位于建设成台州市商贸中心，提出建设现代商贸城的发展目标。其基本的发展思路是突出路桥区在台州三个中心城区的优势和特色，进一步确立路桥区在台州的商贸中心地位，在现代零售业、专业市场建设、物流中心和会展中心等方面占据台州市发展的中心地位，以此为基础，增强路桥区商贸业的辐射能力，构筑浙江中部沿海地区重要的区域性商贸、物流和会展枢纽。

为了解决土地资源对于商贸业发展的制约，路桥区将土地资源统筹规划，整合资源，有效利用土地，根据现状以及未来新建、扩建市场的需要，列出近期和远期的商贸业用地需求分析表，对土地使用需求进行系统摸底，集约使用。在搬迁和改造过程中，路桥区通过各种途径协调利益相关者的关系，建设合理的利益补偿机制，进一步扶持经营业主做大做强，利用市场搬迁和改造的契机，推动市场升级，加速传统零散的小商品摊位向大型生产生活资料流通中心的转型。

为了将城市规划和调整对市场的影响降低到最低程度，路桥区在规划过程中还特别注意新老市场之间的衔接问题。例如，在规划中心商业区时，将位于市中心的老商业区与腾达路新商业区部分地段结合起来进行规划，这样可以将老商业区的人气逐步过渡到新商业区，从而避免了由于新建商业区和老商业区分割而造成的人气不足问题。

【本章小结】

战略管理是组织适应外部环境变化，在制定和实施关于组织未来发展方向、目标和行动方案的规划过程中，所进行的决策、组织、协调、评价和控制等一系列活动，以及从事这些活动的艺术性和科学性。战略管理是组织整体目标的达成；具有未来导向，并着眼于长远的、总体的规划；是组织寻求成长和发展机会以及识别威胁的过程；是组织多重目标的统一；是直觉和理性分析的结合；是一个持续性的过程；是组织主动搜集外部环境信息，根据外部环境的变化，主动调整组织的战略发展规划的过程。

公共部门战略管理就是战略管理在公共部门的应用，是公共部门在分析内外环境变化的基础上，确立和调整组织的长期战略目标，并进行适当的政策选择，整合组织资源来实现组织的战略目标的政策决策与实施过程。公共部门战略管理的兴起与发展有特殊背景，其虽然大量学习了私人战略管理的经验，但仍保持了公共性。

从系统的观点来看，战略管理系统是由主体、客体和环境三者紧密结合构成的。战略管理可以分为战略规划、战略实施和战略控制三个阶段。它们之间是相互联系、不可分割的，共同形成了一个循环的、持续上升的过程。

公共部门战略管理虽然有积极效果，但是也有问题。社会对于战略计划引入公共部门一直存在着批评意见。同时，战略计划或战略管理并非一蹴而就的事情，重要的是制定计划本身。战略计划和战略管理仅仅为公共组织提供了某些方向和目标，而这些正是公共行政向公共管理的转变过程中必不可少的。我国公共部门迫切需要引入战略管理，大力提高战略规划能力、危机管理能力、资源管理能力和项目管理能力。

【核心概念】

战略(strategy)
公共部门战略管理 (public sector strategic management)
战略规划(strategic planning)
战略实施(strategy implementation)
战略控制(strategic control)

【思考题】

1. 如何理解战略管理?
2. 公共部门战略管理和私营部门战略管理的不同点有哪些?
3. 如何理解公共部门战略管理系统?
4. 中国公共部门战略管理中存在的主要问题有哪些?

【扩展阅读】

关于公共部门战略管理研究的起源、内容、基本范畴、主要领域、研究焦点、研究方法等内容,曹哲堂在《西方 30 年来公共部门战略管理研究的总体特征——主题、学科和方法的定性与定量分析》一文中,进行了详细的梳理。要全面掌握公共部门战略管理思想,陈振明主编的《公共部门战略管理》(中国人民大学出版社 2011 年版)是一本较好的教材。

第 8 章

公共危机管理

【学习目标】

通过本章的学习，把握风险社会与公共危机的关系；理解公共危机和公共危机管理的内涵与特征；了解公共危机的产生原因与诱发机制；掌握公共危机的发展规律；理解危机生命运动周期管理、全面整合的危机管理模式和城市应急联动系统；了解我国公共危机管理的研究与发展。

德国社会学家卢曼说，我们生活在一个"除了冒险别无选择的社会"[①]，风险已经成为人类社会发展的历史境遇。当前，中国正处在社会转型风险和全球风险混合叠加的高风险时期，自然灾害、事故灾难、公共卫生事件、社会安全事件等公共危机作为风险的实践性后果频繁出现，对国家经济、社会发展造成了严重影响。把握城市危机的特点、诱发领域、发展规律，掌握公共危机管理的理论和技术是危机应对实践的必然要求。

8.1 风险社会与公共危机

人类社会始终面临着各种各样的风险，人类文明的发展过程就是回应风险的实践性后果的过程。

8.1.1 风险社会：人类社会发展的历史境遇

作为历史的产物，风险源于人类畏惧自然和强烈生存意愿的真实表达。早在远古时代，生产力水平极其低下，凶猛的野兽、肆虐的山洪频繁威胁着人们，"自然界作为一种完全异己的、有无限威力和不可制伏的力量与人们对立，人类就像牲畜一样慑服于自然界"[②]。进入农业社会，生产力水平有了较大的提高，人类开始利用各种生产工具进行大规模的耕植。

---

① N. Luhmann. Risk: A Sociological Theory[M]. Berlin: de Gruyter, 1993: 218.

② 马克思，恩格斯. 马克思恩格斯选集[M]. 第1卷. 北京：人民出版社，1995：76.

人类所到之处，砍伐森林、烧毁草原，在与自然界的斗争中获得了局部性的胜利。但由于生产工具落后和对自然资源的无序利用，人类仍然难以抵挡由不合理的实践活动所带来的生态风险。伴随着私有制和阶级的产生，人类社会的冲突开始以暴力形式出现，阶级斗争成为人类面临的一种新的风险。18 世纪以后，以蒸汽机的发明、推广、应用为标志的工业革命兴起，人类征服自然的实践活动愈演愈烈。一方面，人类改造自然的能力显著增强，物质财富日益丰富。另一方面，生态恶化和环境污染成为主要的风险源。人类利用先进的生产工具粗暴地干扰自然环境，对自然资源的掠夺性开发和严重破坏，使生态环境的震动频度增大。与此同时，社会阶层的分化和不同利益集团的冲突导致人类社会的内部矛盾日益加剧，并以战争的极端形式爆发，造成了毁灭性的后果。

在工业化浪潮和科技革命的双重推动下，人类社会在 20 世纪 80 年代开始了不断深化的全球化进程。全球化时代的到来加强了国际社会各行为主体之间的互动，这必然导致原来限于一个国家或一个地区的风险扩散到更多的国家和地区。这些风险在扩散的过程中，彼此间还可能产生互动关系，引发新的风险，增强风险的后果，最典型的事例如传染病的蔓延和外来物种的入侵等。同时，现代通信技术的发展也大大增加了风险潜在利益相关者的数量，诱发了因信息不及时、不完整而导致的社会心理恐慌。可见，工业文明时代的风险更具复杂性和多样性。

20 世纪后期以来，人类社会进入了不确定性显著增强的后工业时代，德国学者贝克将这个时代称为“风险社会”。与传统工业社会的风险相比，风险社会的特征主要体现在以下三个方面。一是风险的人为化。“人为被制造出来的风险”或“人造风险”，“指由我们不断发展的知识对这个世界的影响所产生的风险，是我们在没有多少历史经验的情况下产生的风险”[①]。二是风险的制度化。随着人类社会的发展，人们逐渐意识到，社会制度体系在规范社会运行、防范社会风险的同时，也可能由于制度功能的失效使制度本身成为一种现代社会风险的再生产机制，出现所谓的“制度化风险”。三是风险的普遍性。全球化背景下各类资源的流动加速以及各国家相互联系和依赖增强，加速了风险的扩散，加剧了风险的后果，形成了一种普遍性的灾难。

当前，中国正处于社会转型风险和全球风险混合叠加的高风险时期。一方面中国正从传统社会向现代社会转型。在这场变革中，中国同时经历多重转变：一是经济转型，从计划经济向市场经济转变以及下一步向知识经济转变；二是社会转型，从农业性乡村社会向工业性城镇社会转型，从封闭半封闭社会向开放社会转型；三是政治转型，从以个人权威为基础的中央集权政治体制向民主与法制并重的多元治理体制转变。转型孕育着机遇与繁荣，但同时也造成风险加剧和社会矛盾的激变。另一方面，全球化的进程加速了全球物质与信息的流动，使我国不可避免地卷入全球风险社会之中。近年来频繁发生的各类

---

① [英]安东尼·吉登斯. 失控的世界[M]. 周红云译. 南昌：江西人民出版社，2001：22.

灾害事故，如“甲型 H1N1 流感”、“7·23 甬温线特别重大铁路交通事故”充分表明，我国已经步入高风险社会时期。在高风险社会的背景下，如何有效地化解社会风险，科学高效地回应风险的现实后果是政府需要迫切解决的重要任务。

8.1.2　认识公共危机

1. 公共危机的概念

“危机”一词最初是一个医学术语，指人濒临死亡、游离于生死之间的那种状态。到了18—19 世纪，“危机”一词被逐步引入政治领域，用来表明政府体制或政府面临的紧急状态，是相对于政府常规决策环境的一种非常态的环境。随着适用范围的不断拓展，各主要工具书和专家学者从不同角度对危机进行了解释和定义，如，《韦伯辞典》将“危机”一词定义为有可能变好或变坏的转折点或关键时刻。现代汉语词典对危机的解释为：“危机的祸根，如危机四伏”，“严重困难的关头，如经济危机”。

中西方学者对危机也给出了众多的定义。

C. F. 赫尔曼从决策的角度指出，危机是威胁到决策集团优先目标的一种形势，在这种形势中，决策集团做出反应的时间非常有限，且形势常常朝着令决策集团惊奇的方向发展①。

福斯特(Foster)发现“危机有四个显著特征：亟须快速做出决策，并且严重缺乏必要的训练有素的员工、危机资源和时间来应对”。

罗森塔尔(Rosenthal)从整个社会系统的角度将危机定义为“对一个社会系统的基本价值和行为准则架构产生严重威胁，并且在时间压力大和不确定性极高的情况下，必须对其做出决策的关键事件”②。

巴顿(Laurence Barton)强调危机管理过程中沟通的重要性，认为危机“是一个会引起潜在负面影响具有不确定性的大事件，这种事件及其后果可能对组织及其人员、产品、服务、资产和声誉等造成巨大的损害”③。

中国学者薛澜认为：危机通常是决策者的核心价值观念受到严重威胁或挑战，有关信息很不充分，事态发展具有高度不确定性和需要迅捷决策等不利情境的汇聚④。

潘光认为，危机“乃指事物发展过程中若干方面矛盾激化导致的一种打破常规的恶性

---

① Hermann, Charles F, ed. International Crises: Insights From Behavioral Research[M]. New York: Free Press, 1972: 13.

② Uriel Rosenthal, etc. ed. Coping with Crises: the Management of Disasters, Riots, and Terrorism[M]. Springfield Illinois: Charles C, Thomas Publisher Ltd., 2001: 10.

③ [美]罗伯特·西斯. 危机管理[M]. 王成等译. 北京：中信出版社，2001：18-19.

④ 薛澜，张强，钟开斌. 危机管理——转型期中国面临的挑战[M]. 北京：清华大学出版社，2002：53.

状态”[①]。这一界定比较强调危机爆发的原因和危机爆发后所呈现的状态。

余潇枫以非传统安全危机为视角，通过对危机的历史“现实”和理论“逻辑”的分析，将危机定义为由自然或人为的突发事件引发的、导致系统正常运行失序或中断的急难状态，即危机是不安全状态或急难状态[②]。

中外学者从不同的角度解释了危机，但对公共危机的内涵鲜有界定。那么什么是公共危机呢？公共危机指社会偏离正常轨道的过程与非均衡状态。公共危机的影响范围和危害程度涉及社会层面，它的出现和爆发严重影响社会的正常运作，对生命、财产、环境等造成的威胁、损害，超出了政府和社会常态的管理能力，要求政府和社会采取特殊的措施加以应对[③]。

值得注意的是，在社会生活中“突发事件”常常成为危机的代名词。但国际主流社会倾向于采用“危机”一词，因为它能比突发事件更好地反映一个持续的过程对社会的影响。从严格意义上讲，突发事件并不完全等同于危机。并非所有突发事件都是危机，有些突发事件因危害程度和紧急程度都较低，难以归入危机范畴。如果突发事件不对人民生命财产构成危害，如球迷欢庆胜利的游行，也不属于危机事件。同样，多数危机事件具有突发性的特征，但有些危机也具有缓和性，例如有时特大型洪水的形成是一个逐步推进的过程，台海风危机也有一个长期酝酿的过程。但一般来说，我们所说的危机事件都有突发性特征，突发事件如果性质比较严重或向性质严重方向发展，一般可归于危机的范畴。

2. 公共危机的基本特征

公共危机具有以下五个特征。

一是突发性。公共危机往往在意识不到，没有准备的情况下爆发，如 2001 年的“9·11”恐怖袭击事件。危机的突发性并不意味着危机是空穴来风和不可预防的。相反，危机的爆发从本质上来说是一个从量变到质变的过程。酝酿危机的因素总是在逐渐积累，爆发只是一种表象或结果。也就是说尽管危机的爆发看似偶然，但其蕴涵着必然性因素。如果酿成危机的过程没有得到重视或被有效控制，危机的爆发在所难免。相反，如果在危机量变的过程中采取了及时、有效的干预措施，危机的爆发概率和危害程度则会大幅度降低。

二是紧迫性。危机的一个重要特征，就是处理时间的紧迫性。由于危机事件发展迅速，在出现时往往已经造成一定的后果，如交通堵塞、人员伤亡等，因此必须迅速控制事态发展，及时采取应对措施，缓解、防止事态升级扩大。这要求相关责任人必须在第一时间做出决定，即使在有关信息不充分、资源有限的条件下，也要快速果断地决策，否则将会贻

① 潘光. 当代国际危机研究[M]. 北京：中国社会科学出版社，1989：1.

② 余潇枫. 非传统安全与公共危机治理[M]. 杭州：浙江大学出版社，2007：16.

③ 张成福，党秀云. 公共管理学[M]. 北京：中国人民大学出版社，2007：302.

误处置危机的最佳时机。

三是不确定性。所谓不确定性，按照奈特的界定，是人们不可能或无法对问题进行客观分析。面对不确定性，人们的行为在很大程度上依赖于“对自己正确估计机会的估计”，也就是说，在不确定性情形下，人们只能对问题做出主观分析并赋予这种主观分析以一定的主观概率。在危机情境下，不确定性尤为明显。危机的不确定性不仅表现为其发生的难以预测性，而且其发展趋势也无法有效判断，其发展演变速度快，方向不确定，应对处理不当，极易使其恶化升级，引起连锁反应。正是因为危机有不确定性，所以有人说公共危机的实质是非程序化决策问题，其管理应对一般无先例可循。

四是社会性。与企业危机不同，公共危机通常指影响大众和社会秩序的危机，涉及多人或在较大人群范围内具有较大影响。当然企业危机在特定情况下是可以转化为公共危机的。例如在 2008 年 9 月 8 日，媒体曝光不满周岁婴儿疑食用三鹿奶粉导致患有肾结石后，“毒奶粉”风暴越刮越猛。全国多家知名奶制品企业产品中相继被检出含量不同的三聚氰胺，迅速引起了社会对于奶制品监管和食品安全的担忧与质疑，同时也导致政府公信力下降、形象受损。

五是两面性。危机是危险和机遇的综合体，是组织命运“转化与恶化的分水岭”，充分体现了危险与机遇的辩证关系。危机会构成对社会正常秩序和核心价值的破坏和威胁。它的破坏性在于打乱了政府机关的正常工作秩序，影响了公共管理目标的实现，侵害人民的生命财产安全。但危机带来破坏的同时，本身也蕴藏着机遇。正如诺曼·R. 奥古斯丁所说“每一次危机既包含失败的根源，又孕育着成功的种子”。如果政府和社会能从危机中吸取教训，积极反思，则能将危机转化成为促进社会变革和制度创新的推动力，从而有助于国家的长治久安。

3. 公共危机的分类与分级

按照不同的分类方法，我们可以将公共危机划分为不同的类别。例如按危机产生的诱因分类，危机可以分为外生型危机、内生型危机、内外双生型危机。外生型危机是外部环境变化给组织带来的危机，如欧洲的奶制品和肉制品受疯牛病的影响遭受沉重的打击。内生型危机是组织内部管理不善引发的危机，如 2001 年日本一家牛奶公司的生产线没有按照规定的时间要求进行清洗，导致细菌滋生而造成饮用者大量中毒。内外双生型危机是外部环境变化和内部管理不善交互作用的结果。

按危机中的不同利益主体分类，可以将公共危机分为一致性危机和冲突性危机。在危机情境中，当所有相关的利益主体具有同质的要求时，公共危机就属于一致性危机，如自然灾害；当各相关利益主体具有不同的要求时，或者说存在两个或两个以上不同要求的利益主体时，公共危机就属于冲突性危机，如军事冲突。

根据我国转型期政治经济文化实际和公共危机的发生过程、性质和机理，我国将公共危机主要分为以下四类。

一是自然灾害。自然灾害主要包括水旱灾害，台风、暴雨、冰雹、风雪、高温沙尘暴等气象灾害，地震、滑坡、泥石流等地质灾害，风暴潮、海啸等海洋灾害，生物火灾和重大生物灾害等。重大自然灾害是我国城市常见、频发的突发事件类型，分布广、损失大，平均每年造成一万多人死亡，2 000 多亿元的经济损失。比如平均每年有十次台风和热带风暴在我国沿海城市登陆，造成重大损失。崩塌、滑坡、泥石流等地质灾害平均每年造成上千人死亡，导致经济损失高达几十亿元。

二是事故灾难。事故灾难主要包括民航、铁路、公路、水运、轨道交通等重大交通运输事故，工矿企业、建筑工程、公共场所及机关、企事业单位发生的各类重大安全事故，造成重大影响和损失的供水、供电、供油和供气等城市生命线事故以及通信、信息网络、特种设备等安全事故，核辐射泄漏事故，重大环境污染和生态破坏事故等。据有关部门统计，近10 年，平均每年发生各类事故 70 万起左右，导致人口死亡 12 万人左右，受伤 70 万人左右。

三是公共卫生事件。公共卫生事件主要包括传染病疫情、群体性不明原因疾病、食品安全和职业危害、动物疫情，以及其他严重影响公众健康和生命安全的事件，如鼠疫、霍乱、传染性非典型肺炎、食物中毒、重大动物疫情及外来有害生物入侵等。近年来我国人民医疗保健水平有了较大提高，但仍有多种传染病尚未得到有效遏制，公共卫生事件仍严重威胁着人民的生命和健康。据统计，全球新发的 30 余种传染病已有半数在我国发现，且有些传染病尚未得到有效遏制，各类突发公共卫生事件时有发生。2003 年的非典疫情波及我国内地 24 个省份，涉及 266 个县（市、区），截至 2003 年 8 月 16 日，我国内地累计报告非典型肺炎临床诊断病例 5 327 例，死亡 349 例。突发公共卫生事件不仅严重威胁着人民健康和生命安全，也影响了我国经济发展、社会稳定和对外交往，并造成了巨大损失。

四是社会安全事件。社会安全事件主要包括重大刑事案件、涉外突发事件、恐怖袭击事件、经济安全事件以及规模较大的群体性事件等。这类事件具有突发性强、规模大、易升级等特征，必须引起政府足够的重视。尽管我国长期政治稳定，人民安居乐业，但影响国家安全和社会稳定的因素依然存在。尤其是随着时代发展，违法犯罪活动日趋组织化、职业化、智能化、国际化，境内外各种敌对势力加紧勾结聚合，图谋策划暴力、恐怖活动，恐怖主义现实危害上升。此外，我国的公共安全还面临诸多新的挑战，例如城市新二元结构引发深层次社会矛盾，信息技术的飞速发展诱发了网络群体性事件等。

为了有效处置各类突发公共事件，国务院颁布了《特别重大、重大突发公共事件分级标准（试行）》，对公共危机实行分级管理。依据突发公共事件可能造成的危害程度、波及范围、影响力大小、人员及财产损失等情况，我国政府将公共危机由高到低划分为特别重大（Ⅰ级）、重大（Ⅱ级）、较大（Ⅲ级）、一般（Ⅳ级）四个级别。

特别重大突发公共事件（Ⅰ级）指突然发生，事态非常复杂，给国家公共安全、政治稳定和社会经济秩序带来严重危害或威胁，已经或可能造成特别重大人员伤亡、特别重大财产损失或重大生态环境破坏，需要国家和政府统一组织协调，调度各方面力量和资源进行应急处置的紧急事件。

重大突发公共事件（Ⅱ级）指突然发生，事态复杂，对一定区域内的公共安全、政治稳定和社会经济秩序造成严重危害或威胁，已经或可能造成重大人员伤亡、重大财产损失或严重生态环境破坏，需要调度多个部门、相关单位力量和资源进行联合处置的紧急事件。

较大突发公共事件（Ⅲ级）指突然发生，事态较为复杂，对一定区域内的公共安全、政治稳定和社会经济秩序造成一定危害或威胁，已经或可能造成较大人员伤亡、较大财产损失或生态环境破坏，需要调度个别部门、力量和资源进行处置的紧急事件。

一般突发公共事件（Ⅳ级）指突然发生，事态比较简单，仅对较小范围内的公共安全、政治稳定和社会经济秩序造成严重危害或威胁，已经或可能造成人员伤亡和财产损失，只需调度个别部门、力量和资源就能处置的事件。

4. 公共危机的成因

危机事件的发生表现为"突发性"，但其发生往往有一个累积和酝酿的过程。只有明确公共危机发生的原因和发展规律，才有可能对症下药，找到防控和处置公共危机的釜底抽薪之策。关于危机成因的基本理论主要有灾害成因理论和社会冲突理论。

人类对灾害成因的科学研究和系统阐述开始于近代自然科学革命以后，由于每一种灾害都有其鲜明的个性特征，因此人类对这一问题的研究远未取得圆满的成果。但是，如果从宏观上、整体上对灾害的成因做一般的探讨，可以认为一切灾害发生的根本原因在于自然界和人类社会这两大系统内部要素的紊乱失衡，以及两者之间相互作用的不协调，至于引发灾害的具体原因，一般认为有以下几个方面。

一是自然界本身的矛盾运动。人类生存的地球是由各种不同要素构成的，各种要素始终处于不停的运动变化之中，当这种变化由量变发展到了质变，打破了系统的均衡状态，就会发生自然灾害，如自然灾害中的地震、火山爆发等。

二是人类活动对生态环境的破坏。人类一方面从环境中获得物质，以满足自己生存和发展的需要；另一方面人类对环境资源的过度开发造成了对生态环境的巨大压力以及内部各组成部分或要素的不平衡，引起了系统功能的减弱和解体，造成生态环境问题，酿成危害人类社会生存和发展的环境灾害，如人类大量捕杀野生动物，造成某些有害生物的大量繁衍；人类过度放牧和滥砍滥伐造成沙尘暴、土地沙漠化等自然灾害。这些都直接威胁人类的健康和生命安全。

三是人类认识的局限性。人的认识不可能穷尽所有自然现象，这种局限性在科技探索活动中，常表现为人们对其探索活动结果不可能有充分的估计。因而人们在科技探索活动中会出现意外，甚至酿成重大灾害。而且科技探索活动的本质，决定这种灾害是不可避免的[①]。

1956 年，刘易斯·科塞在其代表作《社会冲突的功能》中，通过论述社会冲突对社会巩固和发展的积极作用，来综合功能主义与冲突理论的思想。科塞认为，"任何社会系统在运行过程中都会产生敌对情绪，形成有可能破坏系统的压力，这种敌对情绪超过系统的耐压能力时，就会导致系统的瓦解，因此就产生借助于可控制的、合法的和制度化的疏导机制，来释放社会紧张，消解社会冲突的需要"。社会冲突理论将社会进程视做由某种程度上与他人利益一致，同时又在某种程度上与他人利益冲突的个人利益、群体利益所驱动的连续过程。冲突是社会的固有成分，城市危机的发生就是社会冲突的表现形式。社会冲突的外在表现分为三层：一是不涉及双方关系的基础、不冲击核心价值的对抗；二是社会系统内不同部分(社会集团、社区、政党)之间的对抗；三是制度化了的对抗，即社会系统可容忍、可加以利用的对抗。引发社会冲突的最根本原因在于冲突双方经济利益的对立。在现实生活中，由于各种各样的原因，人们获得的经济利益不尽相同，这种利益分配的不同就成为导致社会冲突的内在根源。

5. 公共危机的发展规律

公共危机与所有类型的危机一样，其发生和发展都有一定的规律可循。为了有效管理危机，学者们全面分析了危机发展的基本态势，并构建了危机运动的不同模型。其中，芬克(Fink)的四阶段模型、米特罗夫(Mitroff)的五阶段模型和基本的三阶段模型最被广泛接受。

三阶段模型为伯奇(Brich)和古斯(Guth)等很多危机管理专家所推崇。它将危机的发展分为事前、事中、事后三大阶段，每一阶段再可划分为不同的子阶段，强调针对公共危机的不同阶段，分别采取预警、应对、善后措施。

芬克(Fink)用医学术语对危机的生命周期进行了描述，他将公共危机的发展划分为四个阶段：征兆期——有线索显示有潜在的危机可能发生；发作期——具有伤害性的事件发生并引发危机；持续期——危机的影响持续，同时该时期也是努力清除危机的过程；痊愈期——危机事件已经完全解决。

危机管理专家米特罗夫(Mitroff)从管理的角度将公共危机的发展分为五个阶段：信号侦测——识别新的危机发生的警示信号并采取预防措施；探测和预防——组织成员搜寻已知的危机风险因素并尽力减少潜在损害；控制损害——危机发生阶段，组织成员努力使其不影响组织运作的其他部分或外部环境；恢复阶段——尽可能快地让组织运转正常；学习阶段——组织成员回顾和审视所采取的危机管理措施，并整理使之成为今后的运作基础。

一般来说，可以将危机的发生和发展划分为潜伏(酝酿)、发作(紧急)、持续(高潮)、解

① 李经中.政府危机管理[M].北京：中国城市出版社，2003：20.

决(消退)四个阶段。各阶段特征如表 8-1 所示。

表 8-1　危机各阶段特征

阶　段	特　征
潜伏阶段	此阶段是危机发生前各种先兆出现的阶段。社会系统或组织较长时间地积累矛盾,处于量变阶段。这是预防、解决突发事件最容易的时期,但是却没有明显标志,事件没有发生或未引起人们关注而不易被人察觉
发作阶段	关键性的标志突发事件发生,时间演变迅速,出人意料。它在四个阶段中持续时间最短,但是对社会冲击、危害最大,能马上引起社会关注
持续阶段	危机得到控制,但是并没有彻底解决,时间段影响还在持续,若应对不当,还有激化升级的可能
解决阶段	问题逐步得到解决,人们关注度逐渐下降,渐渐恢复正常状态。此阶段是消除事件影响,进行组织再造和改革的有利时机,处理得好,不仅可以避免以后类似事件的发生,还可以使组织进入新的发展周期

8.2　公共危机管理的理论架构

鉴于公共危机给人民生命、财产所造成的巨大损失以及对公共安全造成的严重影响,公共危机管理迅速成为社会关注的焦点,也成为公共管理理论界日益重视的一个新领域。

8.2.1　公共危机管理的含义与性质

对公共危机管理的界定是以危机管理的定义为基础的,危机管理是政治学、企业管理、公共关系等学科的议题之一,学者们从各自的学科背景出发,对危机管理的内涵进行了阐释。

1. 公共危机管理的内涵

危机管理最早产生于对国际关系中的政治危机的研究。作为西方政治学研究的传统课题,危机管理理论主要分析的是政治危机,包括政治制度变迁、政权与政府的变更、政治冲突和战争等,研究的目的是探索政治危机的根源,寻找处理和应对政治危机、维护政治稳定或促进政治变革的方法。

20 世纪 70 年代以后,随着经济的发展,企业组织迅速扩张,一系列企业危机随之产生,如 1980 年皮罗克特和盖姆勃尔公司止血塞危机、1982 年强生公司泰诺止痛胶囊事件和 1984 年印度博帕尔毒气渗漏事件等。为了减少损失、降低影响,人们开始将危机管理理论引进企业管理领域,并将危机管理的研究和应用范围逐步推广到生产中因技术进步产生的危机和商业危机。

追溯危机管理这一概念的缘起,我们可以发现它最早由美国学者提出。尽管国内外学者对危机管理的内涵莫衷一是，但当前学术界对危机管理的目标和性质已达成广泛的共识。纵观目前的研究成果，对危机管理的界定有以下几条途径。

一是过程取向的危机管理。过程取向的危机管理强调根据危机的生命运动周期采取有针对性的管理措施。罗伯特·西斯指出：从最广意义上说，危机管理包含对危机事前、事中、事后所有方面的管理。他认为，危机管理不仅要强调对危机反应的管理，而且要重视危机的前因后果。海耶士认为，危机管理是一种适应性的管理及控制过程，它由六个管理步骤组成，包括：对环境做监测、对实际问题做了解、制定可用的被选方案、预测行动方案的可能后果、决定行动方案、下达办理方向及排定计划内容。米特罗夫将危机管理分为五个阶段，分别是信号侦测、探测与预防、控制损害、恢复阶段、学习阶段。国内学者薛澜从时间序列的角度将危机发展演变的过程分为前兆阶段、紧急阶段、持久阶段及危机解决阶段。因此，危机管理过程可以划分为以下五个阶段：危机预警和危机管理阶段、识别危机阶段、隔离危机阶段、管理危机阶段，以及处理善后并从危机中获得收益阶段①。不管是三阶段或五阶段，都强调危机管理应贯穿危机的整个生命运动周期，在危机发展、演变的过程中采取有针对性的措施。

二是目的取向的危机管理。目的取向的危机管理侧重于对危机管理的目的和价值进行研究。如考拉·贝尔将危机管理等同于和平解决冲突，认为它的成功完全取决于能否避免战争。格林注意到危机管理的一个特征是"事态已发展到无法控制的程度"。一旦发生危机，时间因素非常关键，减少损失将是主要任务。危机管理的任务是尽可能控制事态。在危机事件中把损失控制在一定的范围内，在事态失控后要争取重新控制住②。中国学者魏加宁认为危机管理是对危机进行管理，以达到防止和回避危机，使组织或个人在危机中得以生存，并将危机所造成的损害限制在最低程度的目的③。胡平认为：危机管理具有控制和制约的含义，即采取各种措施，控制和限制冲突行为的发展，改变冲突各方不断相互刺激和冲突逐步升级的趋势，使冲突得到隔离和抑制，减少危机引发战争或大规模暴力对抗的危险④。

三是公共关系视域下的危机管理。危机的爆发不仅会给人们的生命财产造成损失，也会严重危及政府的形象。危机管理实质上是一种应急性的公共管理，应使危机管理立足于应付组织突发的危机事件上，通过有计划的专业处理系统将危机的损失降到最低。同时，成功的危机管理还能利用危机，使组织在危机过后树立更优秀的形象。从另一角度看，危机是危险与机遇的综合体，每一次危机既包含了失败的根源，又孕育着成功的种子。

---

① 薛澜，张强. SARS事件与中国危机管理体系建设[J]. 清华大学学报(哲社版)，2003，(4).

② [澳]罗伯特·西斯. 危机管理[M]. 王成，宋炳辉，金英译. 北京：中信出版社，2001：19.

③ 魏加宁. 危机与危机管理[J]. 管理世界，1994，(6).

④ 胡平. 国际冲突分析与危机管理研究[M]. 北京：军事谊文出版社，1993：25.

如果及时采取了有效措施应对危机，危机就会转变为机遇，相关利益群体就会对组织有更大的认同。因此，在危机面前，发现、培育，进而收获潜在的机会，是危机管理的精髓；而应对不当或不及时，将会令事态进一步恶化，相关利益群体会对组织产生不信任感。这种不满情绪的集聚，将导致单一危机事件转化为复合型的危机。

综合上述观点，可以将公共危机管理界定为政府或其他社会公共组织使用现代科学技术和方法，防止可能发生的危机，预报警戒危机发生的征兆，及时处置已经发生的危机，恢复危机造成的损失和伤害，甚至将危险转化为机会，以保护公民的人身财产安全，维护社会稳定的活动。

2. 公共危机管理的性质

公共危机管理具有公共管理的一般属性，如增进公共利益、追求社会公平等，也有其自身的特点。

(1) 公共危机管理属于非常态管理。现代管理活动可以分为常态管理和非常态管理。日常的管理活动由于基于既定的规则和程序而展开，因此属于常态管理的范畴。而公共危机管理则属于非常态管理。原因在于，首先，危机的状态是不确定的。危机往往是在人们意识不到，没有准备的情况下突然爆发，其演变速度、传播链条无法准确判断。管理者难以确保所采取的手段、措施行之有效。但随着人类理性的增长和科学技术的广泛应用，公共危机的不可控性会逐渐降低，公共危机管理有向常态化发展的趋势。其次，公共危机管理常常采用一些非常规的手段，以防止危机的危害进一步扩大。这其中以法律手段和行政手段为主，如“非典”时期的隔离措施。尽管这类措施会在一定程度上侵害公民的权利，但为了维护社会公共利益和尽快恢复社会秩序，这是紧急状态下危机管理者迫不得已的选择。

(2) 公共危机管理是一项系统工程。危机的发生和发展有生命周期。危机管理也是一个系统的过程和循环。按照最为简单的三分法，可以将危机管理的过程分为事前、事中和事后三个阶段。三个阶段环环相扣、密不可分。而面对随时可能发生的公共危机事件，公共危机管理要涉及大范围的物资、人员调配，处理危机也必须动员、组织社会力量共同参与。从公共危机管理实施的过程看，它包括建立机构、培训人员、建章立制、危机监测、预警预防、应急处置、控制修复、善后协调、评估改进等众多环节。公共危机管理，就是对不确定的自然和社会灾难现象的系统管理。因此，可以说公共危机管理是一个系统性很强的管理过程。

(3) 公共危机管理是理论和实践的结合。从 20 世纪 60 年代开始，西方发达国家开始从多学科、多角度对危机和危机管理进行全方位的研究，使危机管理成为一门独立的学科。作为一门学科，危机管理最早产生于国际关系中政治危机的研究。危机管理理论的提出始于 1962 年的古巴导弹危机。它是指某种冲突状态处于转向战争或和平的关口时，为防止其引发战争而力图控制事态的体系。美国等国在总结历史危机事件的基础上，结合全球化理论、社会冲突理论、文明冲突理论等相关理论，对危机管理进行了深入研究①。众多研究成果为城市建立和完善危机管理体制、机制和法制提供了理论指导，危机管理实践也得到了长足的发展，日趋完善。20 世纪以后，随着全球化、信息化、城市化进程的加快，一系列影响较大的公共危机如 2003 年美加大面积停电事故、2005 年哈尔滨水污染事件、2008 年三鹿奶粉事件频繁发生。对这些公共危机的处置进一步丰富了危机管理的研究成果，使公共危机管理进入了发展的快车道，这与风险社会的现实境遇是相适应的。

3. 加强公共危机管理的必要性

全球化浪潮下的现代社会已进入危机频发期，危机不仅对各国政府的管理体制提出了严峻的挑战，还关系到社会的稳定和国家的生死存亡。作为公共服务的提供者、公共政策的制定者、公共事务的管理者以及公共权力的行使者，各国政府应加紧树立科学的危机观，建立规范、灵敏、高效的危机管理体系，减少危机造成的人身、财产损失，维护社会的稳定发展。

首先，公共危机管理是现代社会政府的基本职能。现代政府政治统治的合法性越来越依赖于社会管理的有效性，因为政治统治到处需要以执行某种社会职能为基础，而且政治统治只有执行了这种社会职能才能持续下去。对公共危机进行管理，保护每个公民的人身权和生命权，维护整个社会的公共安全，属于政府的社会管理职能范畴，是政府的基本职能。随着经济的发展和社会的进步，西方发达国家的政府职能在不断地发展变化。政府政治职能中的暴力职能相对减弱，而保持社会稳定和可持续发展的调节职能趋于加强。随着社区主义、民营化、第三部门的迅速发展，新型的社会治理结构逐渐形成，政府提供公共服务的职能也在逐步地扩大，对于诸如就业、住宅、交通、人口控制、环境保护、生态平衡等新的社会问题，政府不得不研究并加以解决，以维护社会经济的发展和政治的稳定。而且从现实情况来看，人口的增加、全球气候的变暖、环境的恶化、恐怖主义的加剧、城市化的发展、贫穷和社会发展的不公正等原因，使得各种公共危机发生的可能性大大增加，所以政府必须研究新情况、解决新问题，建立责任型政府、服务型政府，为公民提供一个安全的公共环境，以满足公民公共安全的需要。

其次，公共危机管理是维护政府形象的必要条件。公共危机不仅给公众和社会带来巨大损失，而且使政府的形象受损。公共危机是一把双刃剑，一方面它威胁着公共利益的安全，另一方面政府通过正确处理公共危机可以赢得民心和威信。因此，对危机事件的应对关系到政府的形象，关系到执政党的地位及前途命运。作为应对公共危机的主体，政府有着不可推卸的责任，所以政府应该不断提高执政水平，更好地监测、预防和应对公共危机事件，树立亲民爱民的政府形象，从而真正实现代表最广大人民群众的根本利益。

最后，公共危机管理能力彰显政府效能。政府效能指国家行政机关和行政人员，为执

---

① 张成福，唐钧，谢一凡. 公共危机管理：理论与实务[M]. 北京：中国人民大学出版社，2010：20.

行和完成政府任务和行政目标从事公共行政活动而发挥功能的程度，及其产生的效率、效果、效益的综合体现。研究政府效能要求对政府行政行为所花费的时间、人力、物力、财力与其所产生的社会效益进行比较。尽管近年来，我国经济保持良好的发展势头，但每年约有高达 2%的 GDP(国内生产总值)用于处理重大安全事故。如何降低危机管理成本、提高危机管理能力已成为危机研究的必要议题，更成为提高政府效能的重要内容。对于公共危机管理来说，政府能力主要包括以下几个方面。第一，政府的紧急状态应急能力。危机管理的成败主要取决于政府的快速反应能力和应对措施的准确性。政府应该提升自身的危机判断力、事态发展驾驭力、紧急事件处理力，以及各级政府和政府部门共同行动的协调程度，使自己有能力预测危机、控制危机和消除危机。第二，政府的社会动员能力。它以政府的公信力为基础，建立在政府与公民的互信互动基础之上，是各国政府努力的目标。第三，政府的财政能力。政府应该在国家预算内设立专门的紧急状态处理基金，建立危机财政调度制度，这样就可以为政府应对紧急状态提供物质保障，而不至于贻误处置危机的最佳时机。公共危机管理能力是政府效能的重要体现。如果不能够有效地防范和控制危机的发生，或是及时修正危机带来的困境，那么，政府将失去社会发展目标实现的基本条件，甚至危及政府统治本身。因此，如何在尽可能短的时间内控制事态，降低损失，做好与民众的沟通，维护国家长远利益是各国政府面临的严峻挑战。

8.2.2　公共危机管理的理论与技术

关于公共危机管理的理论和技术，不少专家已经做了大量的研究。近年来，随着系统科学、计算机技术、"3S"[①]技术在危机管理中的广泛应用，危机管理理论得到了进一步发展，并推动了公共危机管理实践的变革。

1. 公共危机管理的生命周期理论

美国联邦安全管理委员会根据危机的生命运动周期将危机管理分为减缓(缓和)、预防(准备)、反应(回应)和恢复四个阶段。减缓也就是危机缓和，它"意味着在某一事件发生之前采取多种措施防止危机的爆发或消减危机爆发时对自然、社会以及公民个人的有害影响。简言之，危机缓和意味着在危机发生之前遏止或遏制危机"。预防指政府为了应对潜在危机事件所做的各种准备工作，这个阶段工作的着眼点是做好风险评估工作，尽可能事先考虑到会出现哪些风险，并采取有效的预防措施。反应指政府在危机发生、发展过程中所进行的各种紧急处置工作，主要包括：进行预警提示，启动应急计划，提供紧急救援，实施控制隔离，紧急疏散居民，评估灾难程度，向公众报告危机状况以及政府采取的应

① "3S"技术是遥感(remote sensing，RS)技术、地理信息系统(geography information system，GIS)和全球定位系统(global positioning systems，GPS)的统称，是空间技术、传感器技术、卫星定位与导航技术和计算机技术、通信技术相结合，多学科高度集成的，对空间信息进行采集、处理、管理、分析、表达、传播和应用的现代信息技术。

对措施，提供基本的公共设施和安全保障等一系列工作。恢复指政府在危机事件得到有效控制之后为了恢复正常的状态和秩序所进行的各种善后工作，包括灾后重建、总结经验、对灾民进行心理安抚和情感支持等。这种阶段划分的重点是危机减缓和危机预防。美国联邦紧急事务管理局的大量实践证明，根据危机的生命运动周期开展危机管理活动是比较成功的。

2. 全面整合的危机管理模式[①]

危机管理是当代国际社会关注的主题。面对现实生活中的各种各样的城市危机，以政府为主体的公共组织必须采取有效的措施及时回应。有效的危机管理需要政治的承诺和支持，需要以政府为主导形成全社会的危机管理共识，也更需要中央政府整合各级政府、各种组织乃至于整个社会的力量，调动各种资源，完善各种各样的政策、制度、法律以构成法制支持。同时，由于我们处在一个全球化的时代，有效的危机管理还需要地区、区域和国际间的协作等。因此，借鉴西方国家危机管理的成功经验，建立一个以政府为主导的，全面整合的危机管理模式是十分必要的，也是非常适合我国国情的。

所谓全面整合的危机管理模式，指在政府高层领导的直接领导和协调下，通过法律、制度、政策的作用，在各种资源支持系统的支持下，通过组织的整合和社会的协作，通过全程的危机管理，提升政府危机管理能力，以有效地预防、回应、化解和消弭各种危机，从而保障公共利益以及人民的生命、财产安全，实现社会的正常运转和可持续发展。全面整合的危机管理模式，代表着一种危机管理的哲学和理念；代表着一种危机管理的基本制度安排；代表着一种危机管理的整合流程；代表着一种危机管理的科学方法。具体而言，全面整合的危机管理模式应具备以下六个基本特征和主要构成要素：政治承诺、政治领导和政治支持；全危机的管理；发展途径的危机管理；全过程的危机管理；全面风险的危机管理；整合的危机管理；建立在充分资源支持基础上的危机管理；以绩效为基础的危机管理。

3. 城市应急联动系统

随着我国步入“经济转轨、社会转型”的关键时期，各类自然灾害、事故灾难、传染性疾病、群体性突发事件在城市中高频次、大规模爆发。为有效提高政府对各类城市危机的应对能力和处理效率，最大限度地减少灾害事故的危害，确保社会稳定和城市安全，以上海、北京、南宁为代表的大城市纷纷建立了统一指挥、规范有序、科学高效的突发公共事件应急处理体系，并组建了城市应急联动系统。其中，南宁市应急联动系统于 2001 年 11 月 11 日年率先推出。其他一些城市也相继建立并实施了应急联动系统，如深圳紧急事务管理体系、广州“110”社会联动体系、上海城市综合减灾体系、乌鲁木齐“110”和“120”社会联动、武汉城市应急管理联动等。这种以现代信息技术、通信技术为核心的城市应急联动系统（city emergency response system，CERS）是在一个城市中，通过采用统一的号码用于

---

① 张成福. 公共危机管理：全面整合的模式与中国的战路选择[J]. 中国行政管理，2003，(7).

公众报告紧急事件和紧急求助，并整合城市各种应急救援力量及市政服务资源，实现多警种、多部门、多层次、跨地域的统一接警，统一指挥，联合行动，及时、有序、高效地开展紧急救援或抢险救灾行动，从而保障城市公共安全的综合救援体系的集成技术平台①。它集成信息和通信网络系统，将公安、消防、急救、交通、人防等各应急行动部门，统一在一套完整的体系中，实现不同警种及联动单位之间的配合和协调，为城市的公共安全提供强有力保障。

城市应急联动系统利用现代信息技术、通信技术等先进技术将各种应急资源统一在一套完整的智能化信息处理与通信方案之中，提高了公共部门对紧急事件快速反应能力和抗风险的能力，对保障国民经济持续发展、社会稳定和人民生命财产安全具有重要的意义。其核心作用在于能实现公共危机事件处理的全过程跟踪支持。从危机事件的上报、相关数据的采集、紧急程度的判断、实施沟通、联动指挥到应急现场支持、领导辅助决策，采用统一的指挥调度平台，借助网络、可视电话、无线接入、语音系统等各种高科技通信手段，在最短时间内调动公安、消防、环保、急救、交警等不同部门，不同警区的警力协同作战，对突发事件做出有序、快速、高效的反应。

8.2.3　公共危机管理研究的缘起与勃兴

人类社会的发展史可以说是一部与各种危机抗衡、斗争的历史。自人类社会产生以来，人类就面临着各种各样的危机和灾难，在与之斗争的过程中，人类逐步发展和壮大，并将应对危机的朴素观点系统化为真正的危机管理思想。

早期西方学术界对危机管理的研究主要集中在自然灾害方面。随着战后两极格局体制下各国政治、经济、民族、宗教矛盾激化引起的社会危机不断，20世纪60—80年代，西方危机理论在政治学、社会学和国际关系领域出现了第一次研究高潮。代表人物有：格尔、赫尔曼、H. 艾斯克斯坦、C. 蒂利、E. 齐摩门等。“冷战”结束以后，一方面被原来两级争霸格局掩盖的矛盾突然爆发，大规模社会冲突、政权更迭等社会问题频频发生；另一方面伴随着全球化进程的进一步加快，贫富差距、环境恶化等问题日益突出。1997年的亚洲金融风暴、2001年美国的“9·11”恐怖袭击、2002年莫斯科人质事件、2003年我国的“非典”，这一系列事件将危机推进了人们的视野，从而掀起了危机管理研究的第二次高潮。这一时期的代表著作有劳伦斯·巴顿所著的《组织危机管理》、罗伯特·西斯的《危机管理》、罗森塔尔的《危机管理：应对灾害、暴乱与恐怖主义》等。

值得一提的是，“危机管理”的概念是在私人部门中较早使用的。它指企业防备和应对那些威胁企业生存的突发事件，如重大生产事故、劳资纠纷、信誉危机等。伴随着企业

---

①　谭伟贤、杨以仁. 城市应急联动系统综述[OL]. 中国信息化网，http：//www.ciia.org.cn/xwzx/dzzw/11_dzzw/201007/t 20100706_19904.html.

危机管理研究的科学化，以美国为代表的西方发达国家对公共部门的危机管理研究也开始重视起来，从而使危机管理研究开始从私人领域渗透公共领域。危机管理的实践应用从私人部门发展到公共部门。特别是在 1979 年美国成立联邦紧急事务管理局(Federal Emergency Management Agency，FEMA)以后，危机管理的研究重点进一步从私人领域转向国家危机管理体系和危机管理政策等公共领域，公共危机管理开始成为大学的学科和专业，也成为一种社会职业。

当前，西方公共危机管理研究更趋于综合性，其研究机构主要集中在政府机构、非营利性组织和大学。它们的研究具有如下特征：其一，研究内容从单一的政治危机扩展到公共管理的各个领域；其二，研究目的由原来的政治目标转变为建立整合的公共危机管理体系；其三，研究重点由原来重危机现场应对到危机的全生命周期，尤其重视危机前的预警研究；其四，研究导向由本国情况研究走向跨国比较研究；其五，研究方法上立体分层研究体现了当代危机管理研究多元化和全面融合的趋向，表现在从单纯定性研究到定性定量相结合，在个体层面上运用心理学、博弈论，在组织层面上运用组织理论、管理理论，在社会层面上运用社会学、政治学、经济学等。可以说，西方现代危机管理的理论研究已渐趋成熟[①]。

与国外相比，尽管在中国五千年的灿烂文明中，危机管理的经典思想比比皆是，如“存而不忘亡，安而不忘危，治而不忘乱，思所以危则安矣，思所以乱则治矣，思所以亡则存矣”，“祸兮福之所倚，福兮祸之所伏”，“亡羊补牢，犹未为晚”，等等。然而危机管理作为国际领域的一门独立的学科引入中国的时间并不长。国内较早提出创建危机管理学的是王贵秀，他认为危机管理学应以社会危机为独立的研究对象，凭借丰富的内涵、广阔的外延，定能成为一门博大精深的边缘科学。最早从行政学角度研究危机管理的是许文惠和张成福。他们于 1997 年主编了《危机状态下的政府管理》一书。

2003 年“非典”的爆发暴露出我国公共危机管理体系的缺位，同时也催生了公共危机管理学科的出现。作为一个跨学科的新型研究领域，危机管理几乎涉及所有的科学技术，尤其与公共管理、经济学、政治学、社会学、传播学、信息技术和管理科学密切相关。由于政府的推动和应对转型期领域多元化、危害性加剧、震动频度增大的各类公共危机的需要，危机管理作为一门“显学”在我国呈现迅速发展的态势。综观近几年来的研究成果，我国学者对公共危机管理的研究问题与研究领域主要集中在以下几个方面：一是国外有关危机管理理论的引介；二是不同层面、不同角度、不同类型的专项危机管理研究，成果主要集中在公共卫生、自然灾害、群体性事件等方面；三是整合社会学、传播学、政治学、信息技术等相关知识的跨学科交叉研究。

当然，我国公共危机管理研究的兴起与繁荣是有着深刻的现实原因的。

---

① 孙多勇，鲁洋. 危机管理的理论发展与现实问题[J]. 江西社会科学，2004，(4).

首先，全球化时代的到来加强了国际社会各行为主体之间的互动，使得全球性风险系数增大。全球化的核心内容是人员、物质、资本、信息等跨国界的加速流动以及各个国家、社会、人群相互联系和依赖的增强。这必然导致原来限于一个国家或一个地区的风险扩散到更多的国家和地区。这些风险在扩散的过程中，彼此间还可能产生互动，产生新的风险源，增强风险的后果，最典型的事例如传染病的蔓延和外来物种的入侵等。同时，现代通信技术的发展大大增加了危机潜在利益相关者的数量，诱发了因危机信息不及时、不完整导致的社会心理恐慌。

其次，转型引发各类社会矛盾的激变。从 20 世纪 70 年代末起在中国大地开始进行的历史性变革到现在已经持续了 30 多年。在这场变革中，中国同时经历多重转变。转型孕育着机遇与繁荣，但同时也造成风险加剧和社会矛盾的激变。根据世界发展进程的规律，一个国家人均 GDP 处于 500～3 000 美元的发展阶段，是各种社会矛盾和社会问题的高发时期。在这一阶段，经济容易失调、社会容易失序、心理容易失衡、社会伦理需要调整重建。我国恰好处于“经济转轨、社会转型”的关键时期，制度变迁引起的利益和权力的重新转移，使得一部分人的利益受到相对损害，从而形成不稳定的因素。转型期出现的各种管理制度上的漏洞和真空，使得各种灾害不断发生，并对各级政府的正常运行造成了很大的冲击。

8.3 中国公共危机管理的实践

8.3.1 我国公共危机管理体系建设的历程和成就

近年来，我国公共危机事件频繁发生。20 世纪 90 年代，中国的各类危机损失几乎占到全球损失的 25%，而这些公共危机一旦发生，就会产生连锁反应和放大效应，给社会的稳定、人们的人身财产安全造成很大冲击。种种迹象表明，中国已进入一个“危机高发期”。建立和完善现代化的公共危机管理体系，已经成为一项不容忽视的任务。

自 2003 年上半年取得抗击“非典”斗争的重大胜利以来，中国以“一案三制”为核心内容的公共危机管理体系建设工作取得了重大的历史性进步：全国应急预案体系基本形成，应急管理体制逐步理顺，《中华人民共和国突发事件应对法》于 2007 年 11 月 1 日起施行。在应对 2008 年南方低温雨雪冰冻灾害、四川汶川 5·12 特大地震等重大灾害的过程中，中国的公共危机管理体系发挥了显著的积极作用，有效地避免和减少了突发事件的发生，极大地降低了突发事件造成的各种损失。2008 年 3 月，国务院总理温家宝在十一届全国人大一次会议开幕会上所作的政府工作报告中明确指出：“全国应急管理体系基本建立。”回顾中国公共危机管理的实践，其可以分为三个阶段。

1. 起步阶段

2002 年年底至 2003 年上半年在中国广东首先被发现、后来在全球扩散传播的“非典”开启了中国公共危机管理的篇章。“非典”疫情既是一场公共卫生危机，也是一场影响社会安定的复合型危机，更是中国政府形象和国家安全所面临的一次重大危机。到了2003年4月中旬，面对不断肆虐的“非典”疫情及其所造成的负面影响，中国政府开始采取果断措施，紧急出台《突发公共卫生事件应急条例》，逐步扭转“非典”疫情防治被动的不利局面。“非典”疫情让中国付出了代价，也给了中国深刻的警示和启迪，让中国切实认识到增强忧患意识、加强应急管理工作的极端重要性。

2003年7月，胡锦涛主席在全国防治非典工作会议上指出：“我国突发事件应急机制不健全，处理和管理危机能力不强；一些地方和部门缺乏应对突发事件的准备和能力。要高度重视存在的问题，采取切实有效措施加以解决。”他特别强调：“要大力增强应对风险和突发事件的能力，经常性地做好应对风险和突发事件的思想准备、预案准备、机制准备和工作准备，坚持防患于未然。”温家宝在会上指出：“争取用3年左右的时间，建立、健全突发公共卫生事件应急机制”，“提高突发公共卫生事件应急能力”。此后，中国开始了全面加强应急管理工作的积极探索。因此，“非典”危机成为中国全面加强应急管理体系建设的重要起点。2003年因此也成为中国全面加强应急管理的起步之年。

2. 体系构建阶段

2003年10月，党的十六届三中全会通过《关于完善社会主义市场经济体制若干问题的决定》，深刻分析了影响生产力发展的体制性障碍，提出“为适应经济全球化和科技进步加快的国际环境，适应全面建设小康社会的新形势，必须加快推进改革”，“建立、健全各种预警和应急机制，提高政府应对突发公共事件和风险的能力”。2004年9月，党的十六届四中全会通过《关于加强党的执政能力建设的决定》，从加强党的执政能力和政府执行力的层面，进一步提出“建立、健全社会预警体系，形成统一指挥、功能齐全、反应灵敏、运转高效的应急机制，提高保障公共安全和处置突发公共事件的能力”。2006年8月，党的十六届六中全会通过《关于构建社会主义和谐社会若干重大问题的决定》，正式提出我国按照“一案三制”的总体要求建设应急管理体系。《决定》指出：“政府应完善应急管理体制机制，有效应对各种风险。建立、健全分类管理、分级负责、条块结合、属地为主的应急管理体制，形成统一指挥、反应灵敏、协调有序、运转高效的应急管理机制，有效应对自然灾害、事故灾难、公共卫生事件、社会安全事件，提高突发公共事件管理能力和抗风险能力；按照预防与应急并重、常态与非常态结合的原则，建立统一高效的应急信息平台，建设精干实用的专业应急救援队伍，健全应急预案体系，完善应急管理法律、法规，加强应急管理宣传教育，提高公众参与和自救能力，实现社会预警、社会动员、快速反应、应急处置的整体联动；坚持安全第一、预防为主、综合治理，完善安全生产体制机制、法律法规和政策措施，加大投入，落实责任，严格管理，强化监督，坚决遏制重特大安全事故。”①这三次党的

① 参见中国共产党历次全国代表大会数据库[EB/OL]. 中国共产党新闻网，http://cpc.People.com.cn.

全会基本完成了我国公共危机管理体系框架的设计工作。

3. 发展完善阶段

2007 年 11 月 1 日,《中华人民共和国突发公共事件应对法》颁布实施,中国公共危机管理工作踏上新台阶,公共危机管理体系建设进入一个新的发展和完善阶段。此后,中国各种突发性事件的处理,在依照既有的应急管理体系的管理程序有条不紊地进行。如成功应对 2008 年南方低温雨雪和四川汶川地震,及时有效地处置了西藏拉萨"3·14"严重暴力犯罪事件和新疆"7·5"事件,成功举办了北京奥运会、上海世博会等。公共危机管理体系在实践的应对中不断接受检验,并在实践中逐渐成熟和走向完善。中国初步形成的应急管理体系,有效地实现了应急管理工作从单一性到综合性、从临时性到制度化、从封闭性到开放性以及从应对性到保障性的四大转变,为公共危机管理工作向更基础层面纵深推进奠定了扎实的基础。

经过多年的努力,我国应急管理体系建设取得了初步的成就。一是应急预案"纵向到底、横向到边";二是形成了"统一领导、综合协调、分类管理、分级负责、属地管理"的应急管理体制;三是构建了"统一指挥、反应灵敏、协调有序、运转高效"的应急管理机制;四是应急管理的法制化程度有所提高。在全国应急管理体系的框架内,我国也逐步形成了城市危机管理模式。

8.3.2　我国公共危机管理体系建设的发展趋势

当前我国公共危机管理模式呈现出两大特点。一是分兵把口。对导致危机的各种灾害的测、报、防、抗、救、援都实行分部门、分地区、分灾种管理。每一个灾种或几个相关灾种分别由一个或几个相关的部门根据灾害的发生地点在地域上实行属地管理,并且根据灾害产生、发展和结束的各个环节,参照各职能部门的功能实行分阶段管理。这种模式有利于发挥各职能部门、各专业救灾队伍的作用。分兵把口的危机管理模式在小规模单灾种发生时是十分有效的,但在城市这个复合系统内则显得力不从心,尤其是随着社会和技术环境的不断变化,危机发生的潜在可能性在逐步增加。二是"救火式"的群众运动。一旦某一城市发生了危机,政府、军队、民众就会立即被动员起来,像攻坚战一样在短期内迅速组织强大的资源应对,效果也确实十分显著,但效益未必最佳。如果来一场危机就手忙脚乱地像打一场战争,城市政府就会非常被动,经济建设也会受到很大影响①。

在未来的公共危机管理体系建设的过程中,中国必须逐步进行公共治理结构改革,用制度化的措施和方法,科学合理地界定政府、社会、公众等在危机管理过程中的权利、职责及相互关系,构建全社会共同参与的新型危机管理体系。其总体思路是以"三移"推动"三靠",即通过危机管理的关口前移、重心下移、主体外移,形成全方位、立体化、多层次、综合

---

① 宋超.城市危机管理模式新探[J].城市问题,2007,(12).

性的危机管理网络以及常态和非常态有机衔接的机制，最终树立“小灾靠自己，中灾靠集体，大灾靠政府”的危机管理工作理念，为全面推进城市危机管理奠定坚实的制度基础与社会基础。

(1) 关口前移。危机的根源在于各种各样的风险，最高明的危机管理应当是避免事件的发生，有效的危机管理应当“使用少量钱预防，而不是花大量钱治疗”。为此，危机管理必须做到关口的再前移，即从当前侧重对危机的管理到对事件和风险并重的管理，在此基础上实现危机管理工作从事后被动型到事前主导型的积极转变，从而最大限度地避免和减少风险源和危机的发生，形成一个危机管理和风险管理有机结合的公共安全治理框架。

(2) 重心下移。公共危机管理工作应当强调应对重心的下移和第一现场的处置权。在权力相对集中和管理重心下移之间，要结合自身的实际，科学合理地进行职责分工，明晰上下级之间、部门之间、领导指挥与现场处置之间的责、权、利关系。为解决过度集权和过度分权所产生的地方危机管理行为偏差现象，需通过制度化分权，将危机管理重心适当下移，建立和完善以地方为主的危机管理工作权责机制，明确中央和地方在危机管理过程中的权力、责任和义务，特别是要注重营造一种鼓励地方积极创新和勇于承担风险的制度环境。

(3) 主体外移。当今危机事件具有越来越大的开放性和扩散性，因此危机管理也需要采取开放思维和多元治理方法，建立一个由政府、企事业单位、非政府组织、志愿者、公民个体等共同构成的治理网络，形成多元主体责任意识，着力让个体归位，政府到位，社会力量补位，形成多元合力。政府体系外的社会力量不仅是政府的重要信息来源，也是政府应急管理的重要力量。为此，在危机管理过程中，要建立政府、企业、社会组织等多元主体之间平等交流、协商合作的互动机制，让社会个体、各类非政府组织、国际性和区域性组织同政府打破界限，进行跨领域、跨部门、跨地区乃至全球性的良性合作①。

8.3.3 我国公共危机管理案例分析

1. 案例介绍：双汇“瘦肉精”风波

2011 年 3 月 15 日上午 9 时许，央视新闻频道播出《每周质量报告》3·15 特别行动——“健美猪”真相，曝光了“养猪户添加违禁药‘瘦肉精’，监管部门收钱放行，经纪人联络其中，下游厂家有意收购”的乱象。在河南孟州市、沁阳市、温县和获嘉县等地，用“瘦肉精”喂出来的“健美猪”，钻过当地养殖环节的监管漏洞，进入贩运环节。每头猪花两元钱左右就能买到号称“通行证”的检疫合格证等三大证明，再花上 100 元打点河南省省界的检查站，便可以一路绿灯送到南京一些定点屠宰场，无须检测“瘦肉精”，每头猪交 10 元钱

① 钟开斌. 回顾与前瞻：中国应急管理体系建设[J]. 政治学研究，2009，(1).

就能得到一张“动物产品检疫合格证明”。有了这张证明，用“瘦肉精”喂出来的所谓“健美猪”就能堂而皇之地进入南京市场销售。更令人不安的是，这种用瘦肉精喂食的猪，还堂而皇之地流入了肉食行业的龙头老大、以“十八道检验、十八个放心”著称的河南双汇旗下的济源双汇食品有限公司。按照该公司规定，十八道检验并不包括“瘦肉精”检测。

知名企业为逐利置公共安全于不顾，养殖、贩运、屠宰和销售四大环节的监管部门对违禁药品一路绿灯，蚕食着公众对涉事企业的信任以及食品安全领域政府部门几近透支的公信力。节目播出后，上市公司双汇发展午后即跌停，当晚，双汇发展还发布了停牌公告。

“瘦肉精”风波突起，农业部高度重视，在事发当天责成河南、江苏农牧部门严肃查办，严格整改，切实加强监管，并立即派出督查组赶赴河南督导查处工作。国家工商总局紧急通知要求，各地工商部门立即组织开展猪肉市场整治专项行动。国家质检总局也针对“瘦肉精”猪肉事件发出紧急通知，要求全国各地质检机构加强对肉制品生产企业的监督，保障猪肉产品的质量安全。

几天后，国务院食品安全委员会办公室与公安部、监察部、农业部、商务部、卫生部、工商总局、质检总局组成的联合工作组到达河南省，向河南省政府传达了国务院领导重要批示精神，听取了当地政府关于案件进展、生猪排查抽检和“瘦肉精”整治工作情况的汇报。随后，联合工作组赴实地督促案件查办，查看生猪养殖和屠宰环节，调查地方政府和监管部门履职情况，指导责任追究工作。

在地方政府层面，应对举措也较多。据《河南日报》报道，16 日下午，河南省委副书记、省长郭庚茂主持召开省政府常务会议，听取“瘦肉精”猪肉事件查处情况的汇报。而在《河南商报》的报道《我省严查“瘦肉精”》中，河南各个相关主管部门更是纷纷出动：省食品安全工作领导小组办公室以紧急明电向全省 18 个省辖市食安办下发《关于加强“瘦肉精监管整治”工作的紧急通知》；省卫生厅选派专人带领疾病预防控制、卫生监督等有关专家赴焦作、济源等地开展调查，协助当地开展工作；省畜牧局派出 6 个调查组，分赴温县、孟州、沁阳、获嘉等地，会同当地政府迅速开展调查处理工作；省质监局组成 7 个工作组，分赴 7 个重点地市进行检查指导；省食品药品监督管理局向各省辖市局下发紧急通知，对全省“瘦肉精”类兴奋剂药品生产、经营企业进行全面监督检查。

同时，拉网排查的数据也开始公开发布。据 17 日中新网报道，来自漯河市食品药品监督管理局的一份报告称，目前没有发现问题。当晚河南省质监系统的数据也支撑着这一说法。据大河网报道，截至 3 月 17 日 12:00 时，两个质检中心共对河南省以生鲜肉为原料的 31 家食品生产企业的 165 批次样品进行了检验，均未检出瘦肉精。

（资料来源：反腐倡廉网络舆情，2011,(12)）

2. 案例分析

面对如此严重的突发公共卫生事件，中央和河南地方政府高度重视，在第一时间做出批示并进行处置，遵循了危机管理的快速反应原则，促使事件向良性方向发展，在一定程度上挽回了政府形象，维护了社会稳定。但是，河南官方的第一应对却缺乏舆论迫切希望看到的勇气和魄力，不仅排查和问责不愠不火，在媒体舆论监督过程中屡有干预，甚至在排查瘦肉精期间曝出新丑闻，对地方政府的公信力造成严重伤害。这也直接导致了广大群众不信任此后官方给出的数据，以致最后连农业部给出的权威数据也遭到了网友广泛质疑。

当然，双汇“瘦肉精”风波根源在于我国食品安全监管的漏洞。据了解，早在2002年农业部就明令禁止在养殖业使用“瘦肉精”。2009年3月，河南省畜牧、商务、工商、食品药品监管、公安等多个部门联合下发文件，要求强化“瘦肉精”监管。按照职责分工，其监管的环节依次为养殖、屠宰、流通、药品销售以及相关案件侦破等。但实际上各部门共管的局面并没有成为现实。目前，河南省有关“瘦肉精”的检测仍主要由农业部门承担。

以河南焦作为例，在平时的养殖环节中，畜牧局派检验员，每月一次到养殖场中进行“瘦肉精”抽检，但这些检验程序并不严格，接生猪尿液的程序有时由农户自己执行，很容易走过场。

此外，根据规定，生猪只有获得“三证一标”(《出县境动物检疫证明》、《运载工具消毒合格证明》、《牲畜一、五号病非疫区证明》，以及用于检疫追溯的“耳标”)后，才能进入消费市场，否则就是“黑肉”。而在现实中，“三证一标”常常形同虚设，只要付钱就可以得到。

前端监管的漏洞，在加工企业这个环节，一样没有被补上。一位济源双汇内部人士介绍，根据河南省2009年发布的要求企业自检“瘦肉精”的文件，济源双汇在生猪收购前也进行“瘦肉精”检测程序，抽检率为4.5‰左右。济源双汇拥有当地最大的屠宰场，日屠宰量为2 000～3 000头。按照其生产方式，从下订单至屠宰、批发仅有两天的时间，如果提高抽检比例，企业每天的屠宰量就会受到影响。

双汇集团亦在向国务院联合工作组出具的汇报材料中建议，改变多头管理，设立专门的部门和人员；对非法制售、贩卖、饲喂“瘦肉精”行为实施严厉打击，从源头上避免“瘦肉精”流入生产企业；同时，修订和完善整个产业链的检测，提供新型检测方法，提高检测效果，降低检测成本。

【本章小结】

风险是人类社会发展的历史境遇。作为风险的实践性后果，公共危机指社会偏离正常轨道的过程与非均衡状态。根据我国转型期政治经济文化实际和危机的发生过程、性质和机理，可以将公共危机分为自然灾害、事故灾难、突发公共卫生事件、社会安全事件四类。依据公共危机可能造成的危害程度、波及范围、影响力大小、人员及财产损失等情况，可以将公共危机由高到低划分为特别重大(Ⅰ级)、重大(Ⅱ级)、较大(Ⅲ

级)、一般(Ⅳ级)四个级别。公共危机的发生和发展,有一定的规律可循。一般来说,可以将危机的发生和发展划分为潜伏(酝酿)、发作(紧急)、持续(高潮)、解决(消退)四个阶段。

随着现代科学技术在危机管理中的应用,危机管理理论得到了进一步发展。其中,比较有代表性的危机管理有生命周期理论、全面整合的危机管理模式、城市应急联动系统。这些理论和技术的应用,推动了危机管理实践的变革、提高了公共危机管理的绩效。我国公共危机管理体系是以"一案三制"为核心的,经过多年的努力,我国形成了"统一领导、综合协调、分类管理、分级负责、属地管理"的应急管理体制,构建了"统一指挥、反应灵敏、协调有序、运转高效"的应急管理机制。在未来的城市危机管理体系建设的过程中,中国必须通过危机管理的关口前移、重心下移、主体外移,形成全方位、立体化、多层次、综合性的危机管理网络。

【核心概念】

风险(risk)
公共危机(public crisis)
公共危机管理(public crisis management)
危机生命运动周期管理(life cycle management of crisis)
全面整合的危机管理模式(the model of integrated emergency management)
城市应急联动系统(city emergency response system)
一案三制(emergency preplan, legislation, system and mechanism)

【思考题】

1. 公共危机的诱因有哪些?
2. 如何理解危机是危险与机遇的综合体?
3. 公共危机的发生和发展有何特点?
4. 简述城市危机管理的内涵与特征。
5. 以你熟悉的公共危机事件为例,分析如何进行危机生命运动周期管理。

【扩展阅读】

国外关于危机管理的经典著作有劳伦斯·巴顿所著的《组织危机管理》、罗伯特·西斯的《危机管理》、罗森塔尔的《危机管理:应对灾害、暴乱与恐怖主义》等,这些著作从政治学和管理学的角度研究危机的特征、诱因、发展规律和危机管理的措施与方法。国内最早从行政学角度研究危机管理的是许文惠和张成福，他们于 1997 年主编了《危机状态下的政府管理》一书。薛澜、张强、钟开斌结合中国转型期的治理变革于 2003 年出版了《危机管理——转型期中国面临的挑战》一书，该书对危机管理的流程、危机处理与新闻媒体的关系、国外危机管理体系等问题进行了大量的研究，为公共危机管理学科的发展和政府危机管理实践奠定了理论基础。

第 9 章

公共部门人力资源管理

【学习目标】

公共部门人力资源管理是当代政府组织以及非营利性组织人事管理的新模式。目前，如何结合我国行政体制以及人事管理体制改革，在政府人事管理中引入人力资源管理的新观念、新模式，推动我国公共部门人事管理体制的创新和管理模式的转变，提高人力资源管理水平，成为公共管理领域的一个基本主题。通过本章学习，熟悉公共部门人力资源管理的内涵与特征，明确从传统人事行政管理向公共人力资源管理演进的必然性。重点掌握：公共部门人力资源管理的内容、公务员制度。对公共部门人力资源管理在当代中国的运用与发展有效全面的了解。

在现代公共管理领域，公共部门人力资源管理的地位日益凸显，已经成为公共管理成功与否的关键因素。实施有效的人力资源管理，不仅能够降低组织成本，提升组织活力，更重要的是能够提供高质量的公共产品和公共服务，因此，掌握公共部门人力资源管理规律，学习公共人力资源管理的理论与方法，具有重要的理论和实践意义。

9.1 公共部门人力资源管理的发展演进

9.1.1 人力资源管理与公共部门人力资源管理

首先我们了解人力资源的含义。人们对“人力资源”这一概念的认识有多个角度与不同范围，对之下的定义并不完全相同。目前人们通常从广义角度理解人力资源的内涵，即在一定范围内能够作为生产性要素投入社会经济活动的全部劳动人口的总和。与之相对应的人力资源管理是为了实现管理目标而运用各种方法和技术对管理工作中所涉及的人或事进行有效开发、合理配置、充分利用和科学管理的制度、法令、程序和方法的总和。

公共部门的人力资源管理是整个社会系统人力资源管理的一部分。要了解公共部门人力资源管理，我们首先需要对“公共部门”做界定。公共部门是社会生活中相对于私营部门而存在的，旨在提供公共产品和公共服务，根据其性质及提供的服务类别，我们可以将公共部门划分为以下四类。

第一类是公共组织。它们是指国家政权组织系统的一部分，包括各级立法机关、行政机关、司法机关和检察机关，它们拥有公共权力，制定和执行国家宪法、法律，维持社会秩序，从事社会公共事务管理，提供公共产品和公共服务，活动经费全部来源于国家公共财政，不以营利为目的，追求公共利益的实现。

第二类指由国家政权委托和授权的，不以营利为目的的组织体系。这一部分组织也向公众提供科学、文化、医疗卫生等公共产品与服务，其活动经费一部分来源于国家公共财政，一部分来源于为收回成本向服务接受者收取的费用。其在我国一般是从事公共事业服务的国有的或民营的事业单位或组织，是社会组织的重要组成部分，包括公立医院、疗养院、公立学校、科研机构、文化馆、社区公益服务组织等。

第三类指由政府出资组建，生产社会需求的物质产品，以营利和国有资产增值为目的，以企业化方式运营的组织体系，主要指各种国有企业和公共公司。

第四类指基金会，其是利用自然人、法人或者其他组织捐赠的财产，从事公益事业的组织。

在对公共部门界定的基础上，我们把公共部门人力资源管理定义为，公共部门依据人力资源开发和管理的目标，对其所属的人力资源开展的战略规划、甄选录用、开发培训、绩效评估、薪酬福利等管理活动和过程的总和。

9.1.2 公共部门人力资源管理的发展演进

1. 西方公共部门人力资源管理思想的发展历程

人力资源管理最早产生于20世纪60年代的西方工业国家，在我国则是20世纪80年代才兴起。在西方工业社会早期，社会分工、分层及人们之间的社会关系和社会活动日趋复杂，生产力水平日益提高，急需一套系统的管理理论和科学的管理方法与之适应，当时美国的泰勒、法国的法约尔和德国的韦伯等人的管理思想应运而生，比如泰勒认为，科学管理研究的目的是从中找到提高生产效率的方法，他重点研究了企业内部具体工作的作业效率，建立了一套企业管理理论——“科学管理—泰勒制”。泰勒的科学管理论和方法在20世纪初对提高企业的劳动生产率起了很大作用，但是要彻底解决提高劳动生产率的问题还存在很大不足，因此人际关系学派就此产生。它超越了泰勒的经济人假设，提出了社会人假设，为以后的行为科学学派奠定了基础，成为科学管理向现代管理的过渡阶段。

企业管理中的管理思想在形成与发展过程中也逐步向公共部门渗透。人事行政作为政府的一种职能，是伴随国家的产生和社会经济的发展而逐步产生发展起来的。从社会经济发展历史来看，人事行政的发展大体经历了从农业经济社会人事行政、工业经济社会人事行政到知识经济社会人事行政几个阶段。

在农业经济社会，人事行政活动没有统一的规范，用什么样的人、按什么标准选人，主要根据君主或皇帝的意志来决定，其中，血缘亲情是主要依据。

工业革命的兴起，特别是资产阶级革命后，社会要求建立与工业化大生产和市场经济发展要求相适应的人事行政制度。英国等工业化起步较早的国家建立了以公开竞争、注重功绩、强调法制为主要特征的文官制度。其基本特征包括：分类管辖——政务官与事务官分途而治；职务常任——事务官不随政府更迭而进退，其职务由法律保障，非因法定事由和法定程序，不被免职、辞退和开除；政治中立——事务官在执行公务的过程中，对政党政治采取公正超然的态度，对政治问题保持缄默，忠实地执行政府政策；等等。

伴随着信息社会实现程度的提高以及知识经济时代的到来，人事行政发生了新的变化。如果说土地是农业社会资源配置的重心，货币是工业社会资源配置的重心，那么，人才资源则是信息社会资源配置的重心。人才成为推动社会经济发展最重要的因素。人才资源开发能力的高低，是评价人事行政制度优劣的重要标准。因此，各国政府开始以人力资本理论为指导，以人才资源开发为导向，不断改革与完善公务员制度，提高政府效能，并把全社会人力资源的开发作为重要职责，对整个社会的人力资源开发进行宏观管理。

从人事行政管理向公共部门人力资源管理转变，不仅仅是名称的改变，本身是内外部环境快速变化以及对政府改革回应的结果。在新世纪的知识经济社会里，组织人力资源管理的作用明显增强，与企业相比，由于公共部门承担着管理众多社会公共事务、推动国家稳定、繁荣和提升国家竞争能力的责任，公共部门获得、拥有和发展一支具有创造性、尽职尽责的人力资源队伍，无疑是实现政府善治，获得公共部门良好绩效的基本组织保证。因而，公共部门采用人力资源管理的理念与方式，是公共部门发展的必然趋势。相对于传统人事管理，公共部门人力资源管理的进步性主要体现在以下几方面。

(1) 在人性假设上，传统的人事管理把人看做生产成本的一部分，是静态的不具有创造性的；而人力资源管理则把人力视为组织的第一资源，是创造力的源泉，是能够给组织带来巨大效益的决定因素。

(2) 在管理原则上，传统人事管理以“事”为中心，人围绕“事”展开工作；人力资源管理则强调以“人”为中心，要求人与工作岗位相匹配，体现了“人”的至高无上。

(3) 在管理方法上，传统人事管理实施时的依赖力量是硬性的规章制度，不能体现出员工的主动性和创造性；人力资源管理也有较为完备的规章制度，但是让人不是消极地适应工作，而是把人当做宝贵的资源，充分保障人的主动性并且调动其积极性。

(4) 在管理内容上，传统人事管理的程序是“进—管—出”，其主要任务就是招募新人，填补空缺，监督执行；人力资源管理则用先进的管理手段，实施严密和科学的管理程序，在管理内容上显示了战略性和广阔性。

(5) 在地位上，传统的人事管理部门仅仅是附属部门，被看做非生产、非效益部门；人力资源管理部门则已参与组织的决策，逐步成为组织的核心部门[①]。

如上所述，公共人力资源管理是公共管理领域的一大变革，由它取代人事管理是社会发展的必然趋势。

2. 我国公共部门人力资源管理改革是客观形势发展的必然要求

我国传统的人事管理是在新中国成立以后逐步建立和发展起来的，在当时特定背景下发挥了不可替代的作用，主要体现在完善了国家工作人员队伍建设，调动了广大职工的积极性等，但是随着改革开放后整个经济社会发展模式的转型，也凸显很多迫切需要解决的问题，主要体现在以下几方面。

(1) 人事的重大决策权集中在政府行政部门，特别是高级领导层。不论是企业还是公共部门，在机构设置、干部任免、员工进出、工资标准等方面都缺乏自主权。

(2) 把人事管理当做业务管理，仅仅在各部门需要的时候发挥作用，如人手不够时招聘员工，平时发放工资和劳保福利等。

(3) 管理的指向往往着眼于当前，如补充人员、培训员工、解决劳资纠纷等。

(4) 没有形成以绩效为本的现代人力资源管理理念，往往重过程，轻结果，不求有功，但求无过，办事拖拉等。

这些问题的存在，使得我国的人事管理远不能适应公共组织的发展，传统人事管理向公共人力资源管理的转变迫在眉睫。

20 世纪 90 年代，结合西方国家人事管理转变的效果和取得的经验，我国开始对政府机关的工作人员实行国家公务员制度，摸索对国家干部进行分类管理，从而为其他公共部门的人事管理提供经验。此后至今，改革一直持续进行，如领导干部竞争上岗、公务员制度改革、政府雇员制度、事业单位的大规模聘用制改革等。目前我国在公共部门人力资源管理领域，逐渐形成了独立的理论体系，但是在实践过程中，不少方式方法仍是在效仿企业，嫁接私营企业管理的精神并借鉴其技术手段。事实上，公共部门与私营部门在组织的目标、价值观、承担的责任等方面都存在根本的区别，也就决定了各部门人力资源管理方式的区别。与私营部门人力资源管理相比，公共部门人力资源管理呈现如下特征。

(1) 公共性。公共部门的基本价值取向是公共利益，其人力资源管理的目的是实现公共部门的战略目标，而不是像私营部门那样为本部门谋求利益，其管理过程中不能有独立于社会之外的自身利益，同时也受到社会公众的高度监督。

(2) 公开性。作为公共组织，它掌握着公共权力和资源，服务的对象是全体公民。在公共人力资源管理的过程中，公共组织接受公民的委托，代表公民去行使人力资源管理方面的权力，要向公民负责、接受公民的监督。所以，内部的公开性是公共组织管理的重要特点。这点与企业人力资源管理完全不同，因为企业的人力资源管理制度往往是企业秘

---

① 张志刚. 公共管理学[M]. 大连：大连理工出版社，2008：216.

密的一部分。

(3) 复杂性。公共组织特别是政府组织是一个非常复杂的组织结构体系，受价值因素影响，其人力资源管理的模式、内容都较复杂，这样一个复杂的组织要建立一个统一的人事管理制度更是难上加难。另外，这种复杂性还表现在绩效考核的难度上，较难形成可量化的考核标准。私营部门与之相比，则有明确且单一的目标，使得在考核上形成相对简单、明晰的考量标准和关系。公共部门则往往出现多目标和多因素之间的冲突。

(4) 稳定性。与企业相比，公共组织有着相对的稳定性，其组织结构和管理模式都较少发生变化，这种稳定性对公共部门人力资源管理存在有利的一面，同时也有不利的一面。有利之处是，由于其组织和管理在较长时间内比较稳定，任职人员对自己的行为能够产生比较准确的预期；不利的方面是其组织结构相对固化，任职人员无法在短期内获得更多的发展机会，缺乏激励手段。

(5) 服务性。服务性是公共部门人力资源管理的基本属性。公共组织存在的目的，即向社会提供公共服务，所以其将社会利益放在核心位置。公共组织对人力资源实施管理，目的是提高人员的素质，提升人力资源的价值，进而为公民提供更高质量的服务。

公共部门人力资源管理的这些特征，贯彻在整个管理过程中，充分认识公共部门人力资源管理与私营部门的不同，有助于更有针对性地实施管理，更好地推动我国公共部门人力资源管理的发展。

9.2　公共部门人力资源管理的内容

9.2.1　公共部门人力资源管理的内容概述

1. 人力资源规划

公共部门人力资源规划指根据公共组织在一定时期内的战略目标，科学地预测、分析公共组织在变化的环境中的人力资源供给和需求状况，从而制定必要的政策和措施，以确保组织及时获得所需要的人力资源(包括数量和质量)的过程。

1) 人力资源规划的程序

人力资源规划的程序如下。

第一，确定组织目标。任何一个组织实施规划的前提和基础是明确组织自身目标，为规划提供方向，组织目标包括人员的年龄、学历结构、职称比例，人力成本，工作满意度，领导者素养，组织文化，组织效能等。

第二，采集足够信息。要实现科学准确的人力资源规划，必须有充分的信息。要掌握的信息包括组织内外部的政治经济环境、人力资源的现实状况等。

第三，预测供给需求。在信息收集的基础上，采用一系列的工具和方法对供给需求进行预测，主要目的是了解未来一定时期内人力资源的余缺状况。

第四，制定供需规划。包括总规划以及根据总规划制定的具体的业务计划，这是人力资源规划中比较具体的阶段。

第五，实施、评估与反馈。这是规划过程的最后一个阶段，主要的工作是在规划实施过程中，对其效果进行评估，并对结果进行反馈。

2）人力资源需求和供给的方法

人力资源的需求预测，指根据一些关键的组织因素，对未来某个时期组织对人力资源的需求进行估计。人力资源的需求和供给是规划程序中的重要环节，下面介绍一下需求和供给预测的主要方法。

公共部门人力资源需求预测的方法主要有以下几种。

第一，直观预测法。这种方法是根据工作中的经验对组织未来业务量进行预测，从而确定所需人员的方法。这种方法比较简便，适合规模小、发展较稳定的组织。

第二，德尔菲法。其也称专家预测法。这种方法是邀请在某一领域的一些专家，或者有经验的管理人员，对组织所需人员进行预测，并且最终达成一致意见的结构化的方法。

第三，趋势预测法。根据组织过去几年的人员数量，分析它在未来的变化趋势并以此来预测组织在未来某一时期的人力资源需求量。

第四，回归预测法。这是从统计学借鉴过来的一种方法。由于人力资源的需求总是受到某些因素的影响，回归预测法也就是要找出那些与人力资源需求关系密切的因素，并依据过去的相关资料确定它们之间的数量关系。①

人力资源供给预测指的是根据公共组织内部人力资源的信息，对未来外部和内部可提供的人员进行预测。公共部门人力资源供给预测的方法主要有两种。

第一，人员接替法。这种方法是对现有人员的状况进行调查和评价，对他们晋升或者调动的可能性做出判断，当某一职位出现空缺时，可以及时地进行补充。

第二，马尔科夫法。这种方法是用来预测等时间间隔点上（一般为一年）各类人员分布状态的一种动态技术。其基本思想是找出过去的人事变动的规律，以此推测未来的人员状况。

此外要说明的是，人力资源规划不可能一劳永逸，需要根据外部内部环境的变化及时进行调整，是一个长期的动态过程。

2. 工作分析与工作评价

工作分析指搜集与某一特定工作相关的信息，包括工作岗位或者职位的性质、任务、责任以及所需人员的资格、条件等，进行证明和分析的过程。工作分析是公共部门人力资源管理其他功能的基础。

---

① 董克用．人力资源管理概论[M]．北京：中国人民大学出版社，2007：231.

工作评价也称职位评价，指在工作分析的基础上，通过专门的技术和程序，对工作岗位进行系统评比和估价，从而确定职位的相对价值差异的过程。

1）工作分析的程序

工作分析的程序如下。

第一，准备阶段。主要任务是明确工作分析的意义、目标。

第二，调查阶段。主要工作是对工作过程、工作环境、工作内容、工作人员等进行调查。

第三，分析阶段。主要任务是对调查收集到的关于工作的内涵、工作对员工的要求的结果进行分析、总结。

第四，完成阶段。根据收集的信息和调查的结果，编写出工作说明书和工作规范。

2）工作分析的方法

工作分析的方法有以下几种。

第一，面谈法。面谈法指通过与职位的承担者面谈收集信息的一种方法。这种方法的优点是能够迅速便捷地收集职位分析资料；缺点是访谈的结果主观性比较强，因为被访谈者往往夸大其承担的责任和工作的难度。

第二，观察法。这种方法是由职位分析人员对所需分析的工作进行观察，记录工作的内容、形式过程和方法。这种方法比较简单，其优点是职位分析人员能够较全面、深入地了解工作的过程和内容。但其缺点也比较明显，这种方法适应的范围是重复性较大、重复期较短的工作，不适用于脑力劳动者。

第三，问卷调查法。它是指将问题制成问卷发给员工进行回答，从而收集工作信息的方法。国外有几种著名的问卷调查法，比如管理职位描述问卷法（management position description questionnaire，MPDQ），它是一种以工作为中心的工作分析方法，是对管理者的工作进行定量化测试的方法，适用于不同组织内管理层次以上职位的分析；还有职位分析问卷法（position analysis questionnaire，PAQ），它是一种以人为中心的工作分析方法，是一种结构化、定量化的工作分析法，它共有194个项目，包括187项工作元素、7个与薪酬有关的问题①。

第四，关键事件记录法。它指通过制作表格，把导致工作成功或失败的关键事件，或者是对工作特别有效或无效的工作行为进行记录，以此记录作为未来确定任职资格的依据。

3）工作说明书

在收集了充分、准确的工作信息后，对之加以分析，在此基础上，就可以编写工作说明书。工作说明书由两部分构成，即工作描述和工作规范，包括对工作性质、任务、责任、权

---

① 滕玉成，于萍. 公共部门人力资源管理[M]. 北京：中国人民大学出版社，2008：105.

限、工作内容和工作方法、工作环境和工作条件，以及工作者任职资格等所做的统一规定。它以“事”为中心，对工作进行系统、全面、深入的说明，为人力资源管理其他内容提供依据。工作说明书一般包含以下内容。

第一，职位标识，指它能使人们对职位有一个直观的印象，一般包括职位编号、职位名称、所属部门、直接上级和职位薪点。

第二，工作活动内容和工作要求，指工作所要从事的具体的工作任务事项，包括该工作应该做什么、不该做什么、该如何做等内容。

第三，工作环境和条件，包括工作的物理环境、安全环境、社会环境、心理环境以及工作时数、工资结构、福利待遇等。

第四，任职资格，主要包括任职者的受教育程度、工作经历、身体情况、心理品质和能力要求等。

第五，工作职责，要根据工作任务逐项说明，描述出这一职位承担的职责以及每项职责的主要任务活动。

第六，工作关系，指该职位需要与组织内部哪些部门哪些职位发生工作关系，以及需要与外部哪些部门和人员发生工作关系。

第七，业绩标准，就是衡量职位上每项职责的工作业绩的要素和标准。

第八，其他信息，属于备注的性质，比如有些需要说明的但又不属于职位描述和职位规范范围的，可以在其他信息中予以说明。

4）工作评价的方法

在完成工作分析和工作说明书之后，就要进行工作评价。工作评价的方法有如下几种。

第一，排序法。它是工作评价人员根据自己的判断，将组织内所有工作岗位按照价值、责任轻重、复杂程度等因素，由高到低排列出来进行评价的方法。其优点是简单方便，易于操作，但其也有比较明显的缺点，就是对评价人员的素质要求较高，评价人员要对每个职位非常熟悉，并且尽量客观地对职位进行排序。

第二，分类法。这种方法又称等级描述法，是把工作岗位分成若干等级，然后在每一等级内选出一至两个关键岗位，并附上工作说明和工作规范，接着评价每一工作岗位，并逐一与各级的关键岗位比较，相似的编为同一等级，最后排列出各级的高低的方法[①]。分类法的优点在于由于将指定的工作因素作为参考，因而相对于排序法而言更客观、准确些，但是其适合的场所应该是工作内容变化不大的组织。

第三，评分法。它是指对影响工作的主要因素进行排列和评分，让每一因素对应一定的点数，然后加权求和，最后得到各项工作的总点数的方法。其特点是对工作价值的衡量

① 姚先国，柴效武.公共部门人力资源管理[M].北京：科学出版社，2004：116.

更为详细和全面，因而更接近实际。

第四，要素比较法。它是评分法和排序法的综合，指按照已经选择的工作评价的因素，对工作岗位进行分析排序，从而评价其工作价值的方法。这种方法扩大了使用范围，同时因为系统量化简单易操作而被广泛应用。但其也有缺点，评价因素的相对价值还是靠评价人员的主观判断，必然影响其准确度。

3．培训与开发

公共部门人力资源的培训与开发指公共部门通过有计划的培训、教育和开发活动，提高公职人员的知识、技能和能力水平，改善员工的态度，以提高其工作效率，促进公共组织的发展以及任职人员的成长。

1）培训与开发的程序

培训与开发的程序如下。

第一，培训与开发的需求分析。它指的是根据组织的目标，从多个层面，如组织、工作状况、任职人员等了解公共部门任职人员进行培训与开发的必要性，然后运用一些方法，确定哪些员工需要培训与开发，以及需要参加何种培训和开发的过程。对公共部门人力资源培训与开发的需求分析方法主要有现场观察、面谈征询、资料分析、问卷调查绩效考核法等。

第二，确定培训与开发的目标。培训与开发的目标主要有三种，知识目标、行为目标和结果目标。在确定目标时，需要特别注意的是，培训和开发的目标要服从于组织的目标，罗纳德·克林格勒和约翰·纳尔班迪在其著作中提道："使开发战略向组织目标看齐有几个好处：第一，有助于在人力资源开发领域，明晰预算优先选择权，即它为解决组织在开发上打算投入多少钱提供了指导，而且可以根据机构目标达成的程度，来评估各种可选择的投资方案；第二，向组织目标看齐，为我们评估开发活动是否能实际产生一种有效的约束成本的结果，提供了一个框架；第三，它为促进组织目标提供了额外的资源和机制，便利了有关组织目标的信息交流和沟通。"①

第三，实施培训。这个阶段主要包括两个步骤。一是制定培训与开发计划。不同的组织培训和计划各不相同，但大多都应包括几个方面：时间、目标、制定计划的依据、计划的内容等。二是实施培训与开发。这个阶段是整个培训与开发程序中的关键步骤，在实施过程中，应该注意如下几个方面：一是严格按照计划执行；二是认真落实，避免流于形式；三是重视反馈；四是及时修正培训与开发计划。

第四，评估培训结果。其是指实施培训和开发后，通过一些科学的方法，在工作过程中对公共部门任职人员所获得的知识、技能和能力进行评估。实施评估主要是为了：一

---

① ［美］罗纳德·克林格勒，约翰·纳尔班迪．公共部门人力资源管理：系统和战略［M］．孙柏瑛等译．北京：中国人民大学出版社，2001：368-369．

是测量和跟踪培训与开发过程的各个环节，提出改进措施；二是测量受训者在接受培训后的绩效，评估培训与开发规划的整体情况；三是研究培训开发中一些非量化或不可测量的因素等①。

2）培训与开发的方法

培训与开发的方法有以下几种。

第一，讲授法。这是培训中被普遍采用的方法之一。其指培训教师围绕一定的教学内容向培训对象单向地讲授知识。这种培训方法比较简单、易操作，但是受训者在培训过程中是被动的，与教师之间缺乏相互交流和反馈。

第二，研讨法。这种方法是以专题演讲为主，受训者提出问题，并与教师进行双向的讨论。这种方法优势在于可以调动学员的主动性，互动性强。

第三，案例分析法。这种方法通过向受训者提供一定的背景资料，让受训者通过分析、辩论等方法寻找合适的解决方法。这种方法的优点在于比较形象，受训者的参与性较高。

第四，角色扮演法。这种方法通过设计一定的情境，让受训者扮演一个特定的角色，去处理设计好的矛盾与冲突，检验受训者是否符合角色的身份和素质要求，使他们体验到所扮演角色的感受与行为，以发现和改进自己的工作态度和行为表现，从而实现培训的目的。这种方法反馈性好，实践性强。

第五，视听技术法。这种方法主要指利用现代视听技术，运用视觉与听觉的感知方式，对受训者进行培训的方式。这种方法比较直观，但是制作和购买设备的成本较高。

第六，网络培训法。利用计算机网络信息进行培训，这种方法比较符合分散式学习的趋势，传授新知识、新观念的速度较快。

4. 绩效考评

绩效考评指评估者对照一定的工作目标或者绩效标准，采用一定的考评方法，评定员工的工作任务完成情况、员工的工作职责履行情况和员工的发展情况，并且将上述评定结果反馈给员工的过程。

绩效考评的方法有以下几种。

第一，比较法。这是一种相对考评的方法，通过任职人员之间的相互比较从而得出考评结果。这种方法的优点是简单也容易操作，但是这种方法对实现绩效管理的目的，发挥绩效管理作用的帮助不大，不能提供有效的反馈信息。比较法主要有个体排序法、配对比较法、人物比较法、强制比例法几种。

第二，量表法。这种方法是将绩效考核的指标和标准制作成量表，依此对员工的绩效进行考核。它的优点是因为有了客观的标准，因此可以在不同的部门间进行考核结果的

---

① 赵曼．公共部门人力资源管理[M]．武汉：华中科技大学出版社，2008：123-124.

横向比较；由于有了具体的考核指标，因此可以确切地知道员工到底在那些方面存在不足和问题，有助于改进员工的绩效。其缺点是，开发量表的成本较高，需要制定合理的指标和标准，才能保证考核的有效。

第三，关键事件法。这种方法指通过对任职人员在工作中极为成功或者极为失败的事件的观察和分析，来判定该人员在类似事件或者在介于关键事件与非关键事件之间可能的行为和表现。关键事件法经常被用来甄别干部的绩效高度和可能获取的晋升机会。

第四，360°考核法。这种方法又称多方评估者评估法，是对一般和中层管理人员评估考核使用最多的一种方法。它包括直接上级、间接上级、同级领导、下属和自己的评估，评估的指标可以从三个方面来设计：努力程度、工作态度、行为结果。每一个大的指标下设几个目，如工作态度可以包括任务完成的速度、质量、对下属的亲和力、同级领导的认可度等，这样就构成一个指标体系。

第五，平衡记分卡。这种方法由罗伯特·S. 卡普兰(Robert S. Kaplan)和大卫·P. 诺顿(David P. Norton)设计。它包含财务衡量指标，说明已采取的行动所产生的结果。同时，平衡记分卡通过对顾客满意度、内部程序及组织的创新和提高活动进行评估的业务指标，来补充财务衡量指标。平衡记分卡的流程是：以财务、客户、业务流程和学习创新这四个领域的企业战略和目标为基础，开发出包含有关键指标的公司平衡记分卡，再把这些指标逐层分解，落实到各个部门和每个员工。其核心思想在于：企业必须通过创新与学习，持续改善企业内部运作过程，获得最大化的客户满意，才能获得不凡的财务收益。

这种方法刚出现时受到企业界的青睐，后来在西方的公共部门得到大量的运用，但是这一源自企业的方法在被运用到公共部门时，应进行适当的调整和改造。例如可以把财务维度调整为业绩结果，把客户维度调整为民众维度，把内部经营过程调整为内部管理维度。

5. 薪酬管理

薪酬管理指一个组织针对任职人员所提供的服务来确定它们应当得到的报酬总额以及报酬结构和报酬形式的过程。薪酬有直接薪酬与间接薪酬之分。直接薪酬包括工资、奖金、津贴、福利等；间接薪酬指工作本身和工作环境所提供的各种条件，包括工作的趣味性、挑战性、组织的政策和管理等。直接货币收入构成薪酬的主系统，间接货币收入构成薪酬的辅系统。下面介绍几种常见的薪酬制度。

第一，技术等级薪酬制。这是指将劳动技术和复杂程度等因素划分成不同的等级，并规定相应的薪酬标准，然后再对员工的技术水平、熟练程度进行评定，确定其薪酬水平的一种薪酬制度。

第二，职务薪酬制。这是根据职务的工作特点与工作价值来决定薪酬标准的一种薪酬制度。具体而言，就是根据该职务对人员的知识和技能的要求，结合该职务的工作复杂程度、责任大小和工作环境好坏等因素，来确定薪酬标准。

第三,职等薪酬制。这是按照工作性质、繁简程度、资历条件和工作环境等因素进行职位分类,在此基础上,给每一职等和职级配以不同的薪酬标准。

第四,岗位技能薪酬制。这是指以工作技能、责任、强度、工作环境等因素为评价标准,以岗位工资和技能工资为主要单元的薪酬制度。

第五,结构薪酬制。这是按照各种职能将薪酬分为相应的几个组成部分,分别确定薪酬额的一种薪酬制度。

第六,年薪制。这是以组织的管理业绩指标为依据,确定组织的主要负责人年度薪酬的一种制度。

9.2.2 公共部门人力资源管理制度

1. 公共部门人力资源管理制度的分类

按照公共人事管理权归属的不同组合方式,国内学者陈振明、孟华认为公共部门人力资源管理制度可以分为四种模式。

(1) 集权型。这种模式中,管理方式高度行政化,用人单位缺乏自主性和独立性,容易造成用人与治事之间的严重脱节,不利于人才自由进入公共部门。

(2) 分权型。这种模式把人员按照级别高低进行区分,政党对高级公职人员的任用上拥有决定权,而中低级人员的管理权由用人单位执掌。

(3) 人治式。这种模式的根本特征表现为人事任用中的主观随意性,不经过法定程序便做出人事裁决。

(4) 法治式。这种模式下组织遵守法律规定和法定程序进行人力资源管理。

2. 公务员制度

1) 西方国家公务员制度的缘起及完善

现代国家公务员制度(也称文官制度),最早出现于 19 世纪时的英国,它指一国公共组织依靠立法和规章规制,以功绩制为中心原则,以官员稳定性、连续性和职业化为目标,通过专门的人事管理机构,对规定范围内的公务人员的获得、任用、晋升、工作福利、考核激励等方面进行管理而逐步确立的公共组织人事管理制度。第二次世界大战以后开始全面推行。一百多年以来,国家公务员制度一直在不断发展和完善,如国家公务员的体系建设、改革公务员管理的机构、增进公务员制度的绩效等。纵观西方国家公务员制度,它主要呈现如下特征。

第一,强调"价值中立"。在政府中工作的业务类公务员,在执行公务时,不能以公职身份参加政治活动,不能偏袒某一政党、政治团体或者利益集团,不能有个人政治理念或者价值观,应该以客观、公正、中立的态度推动政府的政策,不能介入政治派系或者政治纷争。

第二,公务员制度的法律化。国家公务员制度的法律化、规章化取代了传统人事制度的“人治”，传统人事制度中官员的任用、选拔、晋升取决于君主和个人的意志，有着随意性、随机性。而奉行法律化的公务员制度则基本上都优先制定了《国家公务员法》，规定国家公务员管理的根本原则和基本精神，规定了公务员的权利和义务，明确了公务员管理的职权范围和法定程序，公务员管理逐步被纳入法制化管理的道路。

第三，功绩制取代了恩赐制。国家公务员制度强调个人的能力和功绩，即“论功行赏”，以能力、功绩作为选聘和晋升的标准和原则，而不再是以往的论年资高低、亲疏关系、党派关系等。

第四，严格区分政务官和事务官[①]。政务官和执政党共进退，通过选举产生，有任期。事务官则是通过国家统一考试，择优录用，不受党派政治斗争的影响，实行常任，以功绩制为晋升的准则。

第五，实行科学严格的培训制度。注重公务员的专业化培训，以此提高公务员的整体素质和道德品质，从而适应政府管理的改革。

第六，力图建立科学、客观、公正的绩效评估标准。公务员制度的推行者一直试图探索尽量定量的人事评价体系，除此之外，也积极向企业吸取经验，比如绩效评估指标体系、评价中心等。

第七，强调专门的公务员管理机构。分别设立公务员管理的部内和部外管理机构，并且设立公务员事务仲裁或者公务员权利保护机构。

西方公务员制度在建立的一百多年里，一直在不断发展和完善。同时，我们也要看到，如今的西方国家公务员制度也面临着许多的问题与挑战，比如永业制和终身任职的公务员雇佣模式问题，以职位管理为中心、将公务员作为附属物和工具的管理导向问题等。这些将成为西方国家公务员制度重点改进和完善的内容。

2) 我国公务员制度发展历程

我国的公务员制度经历了一个比较曲折的过程。自新中国成立至 1993 年 10 月，政府的人事管理一直沿用干部人事管理制度，它是在革命战争时期干部制度的基础上，借鉴苏联的人事管理经验逐步建立和发展起来的。此后，我国公务员制度从立法、试点、正式颁布，到全面实施、进一步完善，共分为三个阶段。

(1) 第一阶段(1984—1993 年)，国家公务员制度创立。这一阶段主要是以研究、草拟、修改公务员法规为重点，以克服传统人事行政弊端为背景，以实现国家公务员管理制度化、规范化为落脚点。该阶段历经八年又八个月，根据其工作推进的程度，又可细分为三个工作阶段。

① 1982—1986 年，草拟《国家工作人员法》，后改为《国家行政机关工作人员条例》，十易其稿，最后成为条例的前身。

---

① 陈振明. 公共管理学[M]. 北京：中国人民大学出版社，2005：332.

② 1986—1988 年，将前述条例更名，内容上做了重大修改，并在党的十三大和七届全国人大一次会议上，分别将建立国家公务员制度作为政治体制及干部人事制度改革的重点，还形成了建立国家公务员制度的三大要件：组建人事部，筹建国家行政学院，制定公务员法规。

③ 1989—1993 年，根据边实践、边探索、边修改条例的精神，先后在审计署、海关总署、国家环保局、国家税务局、国家统计局、国家建材局 6 个部门和深圳、哈尔滨两个市进行试点，到 1992 年邓小平南巡谈话发表和党的十四大召开，国家公务员制度建设的步伐不断加快。1993 年 8 月 24 日《国家公务员暂行条例》正式颁布。同年 10 月 1 日起施行。

(2) 第二阶段(1993—2005 年)，国家公务员制度全面实施。这一阶段主要是以全面施行、分步推进、不断完善各项配套的法规为重点，以适应社会主义市场经济体制建立和干部人事制度改革深化为背景，以建设高素质的专业化国家公务员队伍为落脚点。根据其工作推进的程度，又可细分为两个阶段。

① 1993—1996 年，根据统筹规划、从上而下、由易到难的原则，积极而稳妥地在全国范围内推行国家公务员制度，并制定各单项法规与之配套。

② 1997 年以后，根据社会主义市场经济发展，结合政府机构改革，推进国家公务员制度的完善，进一步提高国家公务员队伍素质。

(3) 第三阶段(2005 年 4 月以来)，国家公务员制度进一步完善。2005 年第十届全国人民代表大会常务委员会第十五次会议于 4 月 27 日通过《中华人民共和国公务员法》，自 2006 年 1 月 1 日起施行。以这部法律的制定和实施为标志，我国公务员制度进入比较完善的阶段。

3) 我国公务员的职位分类

随着市场经济体制的创建，我国迫切需要创建一套完整的国家公务员分类制度与之相适应。因此我国国家公务员的分类制度必须适合我国国情，应是对国外公务员分类制度"扬弃"后的具有中国特色的国家公务员分类制度。

从 1949 年到 20 世纪 80 年代开始，我国公务人员的等级划分主要依据职务职级、资历深浅、学历高低等，这是与计划经济相适应的集中统一的管理体制，实际上是一种特殊的"品位分类"，这种分类制度直接结果是导致官本位出现以及效率的低下。1993 年 8 月颁布的《国家公务员暂行条例》第八条明确规定"国家行政机关实行职位分类制度"，"在确定职能、机构编制的基础上，进行职位设置，制定职位说明书，确定每个职位的职责和任职资格条件"。1994 年国家人事部制定了《国家公务员职位分类工作实施办法》，2002 年，在党的十六大报告中再次提到"改革和完善干部人事制度……探索和完善党政机关、事业单位和企业的干部人事分类管理制度"。

在我国《公务员法》中，第十四条明确规定了我国实行公务员职位分类制度。公务员职位类别按照公务员职位的性质、特点和管理需要，划分为综合管理类、专业技术类和行政执法类等类别。

(1) 综合管理类职位。其指机关中除行政执法类职位、专业技术类职位以外的履行综合管理以及机关内部管理等职责的职位。这类职位数量最大，是公务员职位的主体。综合管理类职位具体从事规划、咨询、决策、组织、指挥、协调、监督及机关内部管理工作。这是公务员职位的主体部分。

(2) 专业技术类职位。其指机关中从事专业技术工作，履行专业技术职责，为实施公共管理提供专业技术支持和技术手段保障的职位。与其他类别职位相比，专业技术类职位具有下列三个特征。一是具有只对专业技术本身负责的纯技术性。二是专业技术类职位与其他职位相比具有不可替代性。三是技术有权威性。这种权威性体现在技术层面上，为行政领导决策提供参考和支持，最终的行政决策权仍属于行政领导，如公安部门的法医鉴定、痕迹检验、理化检验、影像技术、声纹检验，国家安全部门的特种技术、特种翻译，外交部门的高级翻译等职位。

(3) 行政执法类职位。其指行政机关中直接履行监管、处罚、稽查等现场执法职责的职位。这是行政执法类职位的本质特征。与政府机关的综合管理类、专业技术类职位相比，行政执法类职位具有下列特点。一是纯粹的执行性。该职位人员只有对法律、法规的执行权，而无解释权，不具有研究、制定法律、法规、政策的职责。这一点，与综合管理类职位的区别尤为明显。二是现场强制性。依照法律、法规直接对具体的管理对象进行现场监管、处罚、强制和稽查。行政执法类职位主要集中在公安、海关、税务、工商、质检、药监、环保等政府部门，且只存在于这些政府部门中的基层单位。

我国公务员职务分为领导职务与非领导职务。领导职务指具有组织、管理、决策和指挥职能的职务，指副科长以上的职务和各级政府职能的领导职务；非领导职务是指不具有领导职责的职务，在厅局级以下设置。

领导职务与级别的对应关系如下。

国家级正职：1 级；

国家级副职：2～5 级；

部级正职、省级正职：4～8 级；

部级副职、省级副职：6～10 级；

司级正职、厅级正职：8～13 级；

司级副职、厅级副职：10～15 级；

处级正职、县级正职：12～18 级；

处级副职、县级副职：14～20 级；

科级正职、乡级正职：16～22 级；

科级副职、乡级副职：17～24 级；

科员：18～26 级。

非领导职务与级别的对应关系如下。

巡视员：8～13 级；

副巡视员：10～15 级；

调研员：12～18 级；

副调研员：14～20 级；

主任科员：16～22 级；

副主任科员：17～24 级；

科员：18～26 级；

办事员：19～27 级。

4）公务员的录用

从新中国成立至今，我国公务员的录用制度发展经历了较长一段时间。新中国成立后的前三十年，我国干部录用基本方法一直是与计划经济体制相适应的按计划接收“干部”。这些“干部”包括国家统一分配的大、中专毕业生和军队转业干部，或者是从企事业单位中选拔出的有经验的工作人员。1982 年，原劳动人事部根据中央提出的干部队伍革命化、年轻化、知识化、专业化的要求，制定了《吸收录用干部问题的若干规定》，这是新中国第一个关于干部录用工作的综合性文件，其中首次提出国家干部、企事业单位吸收录用干部要实行公开招收、自愿报名，进行德、智、体全面考核，坚持考试，择优录用。2006 年开始实施的《国家公务员法》规定，国家行政机关录用担任主任科员以下非领导职务的国家公务员实行“凡进必考”，即对要进入国家公务员的人员一律采用公开考试、严格考核的办法，按照德才兼备的标准择优录用。

我国公务员考试录用制度是适合我国国情的，它不同于西方的文官制度，也有别于我国传统的人事管理制度，它克服了传统人事制度中的权责不清、选拔标准模糊的弊端，在科学化、法制化方面都有很大的提高。我国公务员考试录用坚持“公开、平等、竞争、择优”的基本原则。公开即要求公务员录用必须公开进行，整个考试过程都应当在公众的监督下进行。政府通过报刊、广播电视、广告、政府公报等多种形式，将录用对象、数量、资格条件、报考时间、地点、考试科目、办法等内容向社会公开。平等原则即承认公民在担任公职方面有均等的机会，凡具有报考资格的公民均可报名参加考试。任何人不因民族、性别、家庭、出身、个人身份、宗教信仰、婚姻状况等原因而在录用方面受到歧视，同时，也不因任何原因而享有特权，在考试考核结果面前人人平等。竞争原则要求公务员录用实行公开竞争。有志成为公务员者以自己的才能和品行为条件，参加主考机关组织的选拔录用考试，并争取获胜，各级国家行政机关则通过竞争考试选拔优秀人才择优录用。择优原则要求公务员的录用在公开、平等的前提下，以竞争考试成绩、考核结果为依据，从高到低排列出合格考生名单，择优录用。

公务员录用的程序是公务员录用制度的重要内容。程序如何，不仅对录用工作的科学性、公正性有影响，同时对加强录用工作的社会监督力度，促进录用工作制度化、法制化具有重要意义。公务员录用程序如下，第一，发布招考公告。主管考试部门应该在考试前一定期间内，通过报纸、广播、电视等媒体，发布招考公告。内容一般包括：招考的职位、名额，报考的资格条件，报名的方式、时限等，考试内容和科目、时间、地点和区域分布，报考需要提交的申请材料等其他注意事项。第二，进行资格审查。资格审查主要了解报考者是否具备公务员的基本条件和所报考职位的资格条件要求。报考者同时符合基本条件和职位要求方可报考，资格审查合格的报考者，由录用主管部门发给准考证，参加考试。第三，公开考试。考试在资格审查合格的人员中进行。全面测试基本专业知识，与职位相关的基本能力等。第四，考查和体检。考查是在考试的基础上进行的，其对象是考试合格者。考查的主要内容包括政治思想、道德品质、工作能力、工作表现和实绩、廉洁自律以及是否需要回避等。体检是在考试和考查基础上，对报考者适应职位要求的身体条件的检查。对体检不合格者，招录机关应当按照《公务员录用体检通用标准(试行)》的有关规定，向报考者做出必要的解释说明。第五，审批录用。公示期满不影响录用的，由招录机关将拟录用人员名单按照规定报录用主管部门审批或者备案。中央机关及其直属机关将拟录用人员名单报中央公务员主管部门审批。备案或者审批同意后，由公务员主管部门印发录用通知，招录机关给报考者办理录用手续。

5）公务员考核

公务员考核制度是公共部门人力资源管理中重要的环节。我国政府部门人员的考核制度是在借鉴国外考核管理理论及经验的基础上形成的，确立了以德、能、勤、绩、廉为主要内容，并以绩为重点对象的考核制度。

德，是指思想政治素质及个人品德、职业道德、社会公德等方面的表现。

能，是指履行职责的业务素质和能力。

勤，是指责任心、工作态度、工作作风等方面的表现。

绩，是指完成工作的数量、质量、效率和所产生的效益。

廉，是指廉洁自律等方面的表现。

按照我国《公务员法》和《公务员考核(试行)》的规定，公务员考核分为对领导成员和非领导成员的考核，又分为平时考核和定期考核。对非领导成员的平时考核的重点是日常工作任务、阶段工作目标以及出勤情况，可以采取被考核人填写工作总结、专项工作检查、考勤等方式进行。定期考核一般采取年度考核的方式，在每年年末或者翌年年初进行。考核结果分为优秀、称职、基本称职和不称职四个等次，是对公务员进行奖惩、培训、任用、晋级等的依据。

公共部门人力资源的培训与开发指公共部门通过有计划的培训、教育和开发活动，提高公职人员的知识、技能和能力水平，改善员工的态度，以提高其工作效率，促进公共组织的发展以及任职人员的成长。

6）我国公务员制度的特点

每个国家的公务员制度都根植于自身独特的政治经济文化背景，与西方相比，我国公务员制度在建立完善的过程中，明显结合了中国的国情，带有鲜明的中国特色，其特征主要如下。

第一，坚持党的基本路线。国家公务员不搞“政治中立”。西方国家实行三权分立和两党或者多党轮流执政，强调行政与政治分离、公务员严守“政治中立”不参与政治活动。我国则强调国家公务员必须坚持党的基本路线，在政治上与党中央保持一致，在执行公务中要保持坚定正确的政治方向，并具有政治敏锐性和辨别力。

第二，坚持为人民服务的宗旨。国家公务员不是独立的利益集团。西方国家强调利益分割，公务员是独立的利益集团(可组织工会为自身利益包括工资等问题与政府谈判)。我国则强调国家公务员与政府的利益、目标一致，坚持为人民服务，当人民公仆。

第三，坚持党管干部的原则。国家公务员不搞“两官分途”。西方国家强调“两官分途”(政务官和事务官各自形成封闭的独立集团，待遇不同，升迁途径不同，不能交流)。我国则强调国家公务员不分“政务官”和“事务官”，从办事员到各级人民政府组成人员乃至政府首脑——国务院总理，都是国家公务员。政治待遇平等，升迁途径一致，可以相互转任。

第四，坚持德才兼备的用人标准。国家公务员既不重德轻才，更不重才轻德。西方国家强调对公务员的任用、培训，往往只侧重于才能、技能。

7）我国公务员制度存在的问题与发展方向

尽管我国的公务员制度已经向前迈进了一大步，已取得了骄人的成绩，但是相对于西方而言，这一制度体系还处于起步和磨合阶段，尚存在不少亟须改进的问题。从实践结果看，主要存在以下问题。

第一，优秀人才脱颖而出的机制尚未真正形成。干部人事工作的民主化程度不高，群众参与的渠道不畅，选人用人的视野不宽。“由少数人选人，在少数人中选人”的现象在许多地方仍然继续存在着。“公开、平等、竞争、择优”的选人用人机制并没有完全形成。

第二，干部能上不能下的状况没有明显改变。除了干部到龄离退休外，不称职、不胜任现职的干部难以及时调整和更换。干部队伍缺乏应有的生机与活力。优胜劣汰的机制没有真正形成。

第三，选人用人质量不高，用人失误的现象时有发生。一是在用人问题上，个人说了算的现象在一些地方和单位还严重存在；二是干部选拔缺乏科学的考核制度和评价指标体系；三是用人失误责任追究制度还没有普遍建立起来。

第四，对领导干部缺乏有效的监督管理，特别是对“一把手”的监督更显薄弱。重选拔任用轻监督管理的问题比较突出，也比较普遍。有很多制度只规定该怎么做，而对不该怎么做、违反了规定怎么处理、谁来处理等，则规定得不明确。有的制度本身很好，但贯彻执行不力，形同虚设。

第五，用人上的腐败现象和不正之风屡禁不止。任人唯亲，凭个人好恶选用干部，培植个人势力的现象不同程度地存在；跑官要官，买官卖官，造假骗官等现象有蔓延趋势，甚至发生了数起图官害命的案件。

第六，干部激励机制不健全，各类人才的创造潜能释放不充分。脑体倒挂，人才的价格与价值严重偏离，各类人才的积极性、主动性和创造性远远没有释放出来。

这些问题的存在，说明我国公务员制度仍有很大努力和改进的空间。我们今后工作的主要方向如下。

第一，深化体制改革，包括政治、经济、文化领域。从经济体制看，市场经济的完善有助于为公务员制度提供物质支持。只有建立起较发达的国民经济，才能更好地推行公务员制度。从政治体制看，公务员制度本身是我国政治体制的组成部分，直接受政治体系的影响和制约，作为政府要尽快有效地转变职能，党政分开，坚持党管人才的原则，但在内容和形式上要有新的内涵，不断创新。从文化体制看，公务员制度的完善脱离不了思想文化的土壤，必须要大力发展我国的思想文化教育事业。

第二，加强法制，完善公务员内部机制。通过法律加强我国的公务员管理是今后行政管理的一个重要目标。《公务员法》的出台与实施是我国公务员制度得到完善的重要标志，但是，《公务员法》也只是框架法，作为我国公务员立法的重要指导思想而存在，未来的人事法制建设尚有很大需要完善的空间，还需要制定许多配套的法规。另外，需要继续完善激励机制、新陈代谢机制和勤政廉政机制。只有竞争激励机制完善，才能激起公务人员的积极性和主动性，才能形成公务员能上能下、能进能出的局面。

第三，加强公务员能力建设。建设一支高素质的专业化国家行政管理干部队伍，是公务员制度建设的一个基本目标，要不断探索科学合理的公务员培训方式和培训内容，提高公务员的专业素养和道德品质，建立公务员的专业能力体系并以量化，从而不断提高公务员的执业能力水平。

9.3　公共部门人力资源管理在中国的实践和发展

9.3.1　我国公共部门人力资源管理的发展现状

第二次世界大战后的联邦德国和日本，经济都处于崩溃的边缘，但是在短短的二十年时间内，就迅速崛起成为世界强国，最重要的一个原因是重视人力资源的开发，两国始终把开发和利用人力资源放在首位。美国经济一直保持高速发展，居于世界领先地位的一个主要原因也是大力开发人力资源。世界各国经济发展的经验告诉我们，优先开发人力资源是国家发展的成功举措。近些年来随着公共部门的改革的推进，我国公共部门人力资源管理也日益受到重视，学术界对公共部门人力资源管理的研究也日益趋多，公共部门人力资源管理的实际工作也取得了长足的进展。当然同时我们也要意识到，人力资源管理无论是理论还是实践，在我国还不是很成熟，依然处于探索阶段，若要使人力资源真正成为促进公共管理的核心因素，还有很长的路要走。

1. 我国公共部门人力资源管理的实践成果

在借鉴国外经验的基础上，新中国成立以来，我国对人力资源管理的认识上了一个台阶，同时指导着实践。公共部门的人力资源管理逐步向成熟迈进，具体看，主要取得了以下几方面的成就。

(1) 管理理念不断更新。近年来，以人为主的人力资源管理思想在我国公共部门的运用中不仅得到较好的贯彻，而且与中国经济社会的变化同步更新。比如较典型的人本管理，这是一种主张在传统的"以人为本"管理的基础上，逐步形成一种以人的知识、智力和实践创新能力为核心内容的新的管理理念，它以人的能力作为管理对象和管理核心，是一种新的人力资源管理模式，是知识经济时代人力资源管理的新发展阶段。

(2) 管理功能不断完善。在传统功能的基础上，公共部门人力资源管理进行了不断的创新。第一，基于战略的人力资源的选拔。逐步建立了人员素质和潜在素质的评价系统。对组织员工的能力、技能和专长进行评估，建构科学、合理的员工素质综合评价体系，为培训和职业发展提供客观依据。第二，人力资源管理员工培训与开发创新。很多学者在如何评估培训效果、规避培训风险、培训职业生涯管理和学习型组织等方面做了重要研究。第三，人力资源管理薪酬与绩效考评创新。比如建立竞争型的报酬体系，完善科技人员要素、股权、期权分配制度，360°绩效考评反馈系统以及反映服务质量水平的关键绩效指标评价系统。

(3) 管理模式不断创新。管理学界一直在不断创新管理模式。比如不少学者研究的"4P"模式。该模式把人力资源管理的工作分为价值标准管理(岗位管理)、价值培养管理(人员管理)、价值评价管理(绩效管理)和价值分配管理(薪酬管理)四个部分。其后进行探索的一系列以能力为导向的人力资源实践和基于能力的人力资源管理运作模式，它包括基于能力的招聘挑选、基于任职资格的配置、基于能力的培养、基于能力的绩效管理、基于能力的薪酬体系等。除此之外，近年来流行的基于胜任力的人力资源管理也是比较有价值的思想创新和方法创新。

2. 当前我国公共部门人力资源管理中存在的主要问题

当然，目前我国的公共部门人力资源管理领域也存在不少需要完善和改进的地方，主要体现在如下几个方面。

(1) 我国公共人力资源管理理念参差不齐，有的尚未形成正确而系统的认识。现代人力资源管理理论要求把人放在第一位，强调以人为本，实行个性化管理。而我国目前的管理理念落后于公共部门人力资源管理的实际需要，很多理念仍然沿袭传统人事管理的理念，视人力为成本，采用经验管理方法，注重对现有人才的利用，实施以事为中心的考评办法。

(2) 各公共部门之间存在较难消除的壁垒。在市场经济条件下，人力资源应当和其他生产要素一样，进行市场配置，促进人才在部门和地区间的自由流动，但是目前我国公共部门种类繁多，且层次不一，各部门都只是局限于本部门的职责，而对整个部门的"合力作用"的发挥关心甚少。一旦有问题出现，各部门之间相互推诿，归罪于外，不能积极主动地从整体角度思考，错将精力消耗在一些无足轻重的琐事上，不能以长远的眼光为组织谋求战略性的发展。正是由于存在这样的壁垒，人才资源的合理配置不能完全地实现，人员的潜力无法充分发挥，整个公共部门的利益无法实现最大程度的整合。

(3) 职位分类制度尚未科学化。目前我国职位分类还不发达，公务员的分类系统仍以领导职务和非领导职务的划分为主，而且在实际操作中缺乏具体的工作分析、职位评价和工作说明书等实质性内容，特定的职位要求的职责和条件通常没有明确的规定。此外，对于国家权力机关和党群团体的工作人员，目前参照国家公务员制度进行管理仍旧是"不同类型干部，同一模式管理"。

(4) 人力资源管理中缺乏合理的规划。公共部门与企业的性质不同，企业为了实现利润最大化，可以进行工作分析，制定清晰的职位说明书、有针对性的培训计划与员工的职业生涯规划、基于绩效评估的弹性工资，以激发员工的积极性与创造性，实现"有经济效益"的人力资源管理。而公共部门追求公共利益的最大化，其主要目标是实现组织的稳定、提高服务的质量等，这使得公共部门的人力资源管理受到很多来自内部、外部的压力，真正意义上的人力资源规划很难在公共部门得到有效的实践。尽管如此，西方公共管理改革的实践证明，人力资源管理中有一些共通的理念与做法，可以在公共部门中得到实质性的运用，特别是针对公共部门工作人员的、有前瞻性的规划，对我国的公共部门人力资源的规划还是有一定的指导意义的。

(5) 缺乏科学的人事测评技术。由于沿袭旧的人事体制，公共组织在录用工作人员时的随意性较大。我国早已提出秉着"公开、平等、竞争、择优"的原则，并通过公开考试等科学的方式选任公共部门的工作人员，但实际操作中的主观性并不少见，人力资源的浪费现象也没有得到有效的遏制。而那些科学的能够为选任公共部门的工作人员提供良好条件的人才测评技术，并没有能在公共部门管理领域得到广泛的运用。

(6) 绩效考核存在不足与缺陷。绩效考核是公共人力资源实现有效管理的重要前提。但是我国很多的公共部门绩效考核流于形式，未能对其任职人员起到正面的激励作用，主要体现在以下几方面。首先，公共部门进行的绩效考核，大多数由上级领导来完成，因此这种考核方式信息面明显较窄，难以保证考核的客观性和公正性。其次，考核标准也不够明确与规范。《公务员法》规定对公务员考核的内容是德、能、勤、绩、廉五个方面，同时注重考核工作实绩。但在实践中，许多的考核标准显而易见是定性过于定量，对公务人员“德、能、勤、绩”的考核只是原则性的规定，没有结合本部门的工作实际具体化，各部门千篇一律地复制着，忽视了各种不同工作之间的特性。再次，考核结果方面主要存在的问题是忽略结果的应用，没有针对考核中存在的问题制定个人发展和培训计划，也没有明确考核结果与薪金和职务调整、选拔培训之间的具体联系，因此很难保证考核的结果真实有效。最后，考核方法不科学。现行的绩效考核方法在操作上非常简单，与最新科研成果相结合的考核方法，并没有运用到公共部门的人力资源管理中。

(7) 人力资源管理中的培训体系有待完善。我国的公务员法虽然提出了分类培训的规定，但实际上，培训的有效性与针对性仍然需要提高。我国公共部门的人力资源管理部门对组织成员的培训没有统筹考虑，存在的问题如下。第一，开发培训缺乏科学的需求分析。公共部门大多数的培训都是例行的，或是与当前的政策方针有关的内容，公共部门在培训规划的同时，没有将组织战略与公务员个人需要有效结合，忽视了对培训需求的分析，导致培训没有明确的目标，效果无法评估，培训开发的积极性也就越来越低。第二，培训的内容不科学。我国各类培训机构的培训内容与高校的课程设置大同小异，只是知识难度更低。第三，培训方式落后。以课堂讲授为主，角色扮演、情景模拟、人格拓展等先进教育方法很少运用，培训效果大打折扣。第四，培训常常趋于形式化，只重视考核结果，对培训过程及培训后缺乏跟踪。所以，公务员的系统、科学的培训规划、体系以及管理仍然需要完善。

(8) 公共部门人力资源管理信息基础薄弱。信息是人力资源管理的数据源和分析源。目前公共部门人力资源管理信息，大多限于人员状况、薪酬、培训、绩效考核等方面的简单数据，对人力资源的信息管理也只是对这些原始数据的收集、录入和简单处理，缺乏深入分析，未能充分利用计算机、网络等工具，实现人力资源管理信息的电子化。同时，公共部门人力资源信息有不充分、不对称情况，信息分析和利用的工具存在不适用等问题。信息基础的薄弱，使得公共部门人力资源管理信息共享性不足，进而导致公共部门人力资源管理决策的低效。

3. 我国公共部门人力资源管理发展方向

公共部门人力资源管理有其自身的愿景、使命与价值追求，其管理理念、管理方式需要不断调整、改进与完善。根据实际管理过程中存在的问题以及公共部门发展的目标，公共人力资源管理未来的发展方向主要呈如下几个方面的发展趋势。

(1) 人本化。随着知识经济的不断发展，人力资源已成为最主要、最积极的要素之一，客观要求在人力资源管理中要充分体现“以人为本”的管理理念，实行人本管理。人本管理的核心内容就是把人当做管理的首要因素和本质因素，其出发点和着眼点是人，强调把人作为管理活动的核心和组织最重要的资源，重视人的作用，尊重员工的需要，注重员工的个人发展，把组织目标与员工的个人目标结合起来，通过发挥员工的主动性、积极性和创造性，更好地实现组织目标。随着组织史无前例地对知识员工的大量雇用，组织对员工有更高的绩效期望，员工也对工作有更高的期望值。如希望发现更多的工作意义，有更多机会参与组织的决策，希望被公正对待，并受到尊重。总之，越来越多的员工关注工作要求、工作时间对其家庭及个人生活的影响。因此，从尊重员工的权利入手，加大人力资源开发的力度，促进员工成长，从而可以更好地实现组织的目标。

(2) 制度化。任何先进的人力资源管理理论都需要制度来固化。制度化管理最大的优势在于程序公平，避免了人治的弊端。这些制度包括计划与招聘制度、绩效考评制度、薪酬制度、用人及晋升制度、监督制度等。制度的建立是为了更有效地执行。然而自新公共管理运动兴起以来，公共部门为了克服制度化过度的弊端，走向了有选择性的灵活化，如放松公务员规制，实行以绩效工资为主的弹性工资制度，在用人上改变终身制度，采取雇佣制和聘用制等，以提高公共部门的效率。

(3) 战略化。21 世纪，人力资源是组织获得和保持竞争优势的核心资源。人力资源管理也被视为不易被其竞争对手模仿的主要竞争优势。在经历了 20 多年的公共管理改革之后，公共部门对人力资源的管理，已经跨越了传统的人事管理，而将其作为战略管理中的重要内容，称之为战略人力资源管理。因此，现在的公共部门人力资源管理侧重于更具全局性、前瞻性、战略性的管理内容，包括人力资源政策的制定、执行，根据组织目标的变化进行有效的人力资源规划，使各机构能够更好地使其人力资源适应组织及外部环境的要求，使人力资源管理在公共部门的发展进程中扮演着越来越重要的角色，在新的形势下满足适应社会长期发展的需要，积极从事知识管理、战略调整以及战略更新等工作①。

(4) 复杂化。公共部门组织是纵横交错、层层节制的官僚制组织结构体系，要求目标统一、事权统一和功能配置统一。公共部门人力资源管理权限划分、人力资源绩效管理等日趋复杂，其他任何组织无法比拟。因此，合理划分各级公共管理部门，明确职责范围，建立完整统一的人力资源管理制度，是公共部门人力资源管理的基础。

(5) 现代化。随着信息化的发展，人力资源管理的所有环节在不同程度上都可以运用网络技术来实现。节约管理成本、提高管理效率，已经成为公共部门人力资源管理技术、管理手段创新的一个重要方向。因此，对于公共组织来说，引入并建立一个人力资源综合信息网络管理系统，无疑是实现高效率人力资源管理的物质前提。

(6) 专业化。由于人的复杂性，人力资源的管理难度也越来越大，社会对人力资源管理者的专业化程度要求也更高。这要求人力资源管理者要具备更多的专业化知识，其专业化程度也决定了人力资源管理的实现程度。与此同时，借助网络等信息技术，在人力资源管理中采用电子招聘、在线培训、信息发布、内部沟通等方法，也使人力资源管理模式更加开放，这一方面节约了管理成本，提高了管理效率；另一方面，对人力资源管理者的职业

① 张焕英，王德新，张雪峰. 公共部门人力资源管理的发展趋势与应对研究[J]. 理论探讨，2007，(4).

化水平的要求也更高。因此开放化需要专家化,也促进专家的职业化。

4. 我国公共部门人力资源管理的改革思路与措施

我国公共部门人力资源管理的改革思路与措施如下。

(1) 下放人事管理权力。人事权力集中是我国公共人力资源管理过程中存在的重要问题。我国公共管理涉及的范围大,各地各行业的情况都不相同,大一统的管理思维是不切实际的,适当下放人事管理权力是不可避免的。在这方面,我们可以借鉴西方公共人力资源管理改革的经验。

(2) 借鉴市场化方法,对公共部门人力资源管理进行改革。比如,改变国家公务员的终身雇佣制度,开始逐步实行有弹性的入职和离职制度,合同雇佣制和临时雇佣制也成为公共部门用人的一种常见方式;改变传统的等级工资制,实行以绩效为主的灵活工资制度;建立以工作表现为基础的激励制度。此外在人事录用、职位分类、员工培训等方面,通过放松管制、减少层级控制等措施来提高效率、增强灵活性等。① 当然,公共部门与私营部门存在的差别,使得公共部门人力资源管理不能完全照搬私营部门的做法,公共部门的一些管理方法和市场化的方法依照其各自的适应范围,可以并存于公共部门人力资源管理中,可以根据实际的需要和条件灵活运用两种管理机制,任何绝对化和全盘照搬的做法都是不合适的。

(3) 树立以绩效为导向的管理理念。首先要形成一种以绩效为本的管理文化,倡导讲实话、求实效;其次要在公共部门内部做好岗位分析工作,制定工作标准;最后要严格实行以绩效为依据的考核以及薪酬。

(4) 培育公共伦理与文化。公共部门人力资源管理的目的与私营企业获得利润增长的目的不同,它是为社会提供更多更好的公共物品和公共服务。公共部门的这种公益性特点要求公职人员在其职业生涯的发展过程中,必须具有奉献精神。因而在对公职人员进行培育时,除了注重知识技能的培育外,还要注重公益精神与慈善精神等的培育。

9.3.2 案例分析

1. 案例一:"引博从政"的思考

(1) 案例介绍

2001 年 7 月学者型的广西南宁市委书记李克赴郑州任市委书记。这位学者型书记的到来给郑州的政界带来了一次"震动"。2001 年的一天李克书记到郑州市规划局调研时,发现偌大一个省会城市的规划局工作人员中学历最高的竟只为本科,没有一个硕士。不仅规划部门如此,整个郑州市的干部队伍素质也普遍偏低。据郑州市市委常委、组织部长祁金立介绍,2001 年,郑州 2 000 多名处级干部中,全日制本科毕业的还不到 1/3,李克

① 刘仁春.论公共部门人力资源管理发展的新趋势[J].四川行政学院学报,2005,(6).

书记刚上任时，包括他在内，郑州仅有 3 名博士，且大都分布在基层企事业单位，县级领导干部队伍中基本是空白。这种状况与郑州省会城市以及区域性中心城市的地位极不对称，政府公务员的素质实在令人担忧，政府工作的有效性满意度更令人担忧。这位博士出身的市委书记认为，只有吸引高端人才，提高官员的知识结构才能让郑州突围。一场"引博从政"的"革命"由此展开。2001 年 7—9 月，郑州市委组织部知识分子工作办公室的负责人"五顾茅庐"请回清华大学建筑学博士王鹏任郑州市规划局副局长。2002 年春，郑州市委组织部知识分子办公室定下了"引博"任务：1 年引进 50 名，3 年引进 150 名，使全市所有市直委(局)、正县级事业单位以及县(市)区的领导层至少有一名博士副职。郑州市委组织部向全国 214 个具有博士学位授予权的重点院校、科研院所发出引博信息，并向社会公布了 55 个需要博士担任的副县(处)级领导职位。

(2) 案例评析

人力资源是制约一个国家和地区经济、社会发展的关键性因素。近些年，我国政府积极推行政治体制改革，大力提倡转变职能，精简机构，提高行政效率，而这一切的关键就是政府人力资源的开发与管理。人力资源管理的科学化、法治化、现代化程度，直接关系到国家机器的正常运转、政府行政管理效率的高低和社会生活秩序的稳定。只有建立科学、有效、合理的政府部门人力资源管理体制，才能确保我国政府部门的高效运转，才能赢得公众对政府部门的信任和尊重。而当今中国政府部门人力资源开发与管理存在很多问题，比如，政府人员的招募途径单一，用人观念固化。能否最大限度地引进优秀人才，能否甄选到合适的人才，都关系着我国政府部门工作的有效运转。

郑州市首创的"引博从政"是政府人力资源管理创新的一个案例。此后"引博从政"在湖南、安徽、重庆等多地推广，"博士从政"的出现是社会和时代的一种进步，对提高政府的决策水平和管理水平都有积极意义，我们应予以肯定和鼓励。因为博士从政，有个明显的长处就是深厚的专业基础，有利于改善领导干部学历、年龄结构，提高政府行政决策水平。

但是，近几年博士从政，也遭遇了"排异"反应。分析下来，主要由如下两方面原因造成。①高学历人才不等同于合适的党政人才。博士大多具有深厚的专业功底，但这并不表明博士具有较高的行政管理水平，博士对于一个领域的知识、理论等有较深入的理解研究，但这仅仅具备行政管理的其中一个条件，其他的诸如决策能力、政治立场等并非从博士学历中能看得出。②"引博从政"违反了人才培养和选拔的规律。人才的培养与选拔有自身的规律。目前一些地方政府引进的博士大多没有基层工作经验，这样的年轻人一开始就被委以重任，担任机关处级干部，一个地区的行政事务被交给一个几乎没有任何工作经验的人，委实让人担忧。同时，"引博从政"也违反了招收公务员的"应届毕业生公开招考"制度和"公平、公开"的行政领导职务"竞争上岗"机制，与我国干部人事制度背道而驰。一些地方在引进博士时虽然也采取了面试等补救措施，希望能够录用到德才兼备的公务员。但由于这些地方政府不尊重人才的成长规律，批量引进，结果导致大量不适合从政的博士进入公务员队伍。个别地方为了吸引眼球，一次性拿出大量职位，到各大专院校招聘，把严格的干部录用工作变成了一场场博士引进秀。“博士官”遭遇“排异”反应也就在所难免了。

说到底，党政机关要拥有高层次人才，并非靠引进博士就能解决问题，而要靠能进能出的开放机制、“能者上，庸者下”的公平竞争机制、择优选录机制。

1. 案例二：北京大学人事制度改革的思考

(1) 案例介绍

北大改革的方案在 2003 年 5 月中旬正式下发。此前一周，北大刚刚搞完建校 105 周年校庆。就在这次校庆上，北大正式提出“创建世界一流大学”的口号。

改革的第一条原则就是“要摒弃进入北大就得到终身制铁饭碗观念”。因此，在改革的第一稿中清晰地写明：“讲师层面的流动比例控制在总量的 1/3 以上，副教授层面的流动比例控制在总量的 1/4 以上。”

年轻的副教授和讲师们成为第一批跳起来的反对者。有个副教授给年轻教师们算了一笔账：“他们大都在 25 岁到 35 岁之间，他们在 6 年时间里做出了一流的学术成绩；他们的平均工作时间是每天 16 小时，但现在，这一切要一笔勾销——在一个新体制中拉平到一条起跑线，在 1/3 的流动比例下竞争。”

在改革方案第一稿中，还有着一些近似苛刻的规定，比如“除少数特殊学科外，新聘教授应能用一门外文教学授课”。已经退休的北大中文系教授钱理群愤怒地说：“这就是说没有留过洋的不能当北大的教授。要是按我的脾气，我马上就走人。我相信，我走了是北大的损失，而不是我的损失。”

这个中国的顶级学府内的各种声音，都被媒体迅速放大，从新闻报道到学术论文，最后引发中国高等教育改革的大讨论。因此，深圳大学校长章必功把当年北大的这场改革比做“辣椒水”。

不仅如此，北大改革如同一颗在高教体制的死水中投入的石子，一圈圈的涟漪扩散开去，南京大学、中山大学、浙江大学、厦门大学……中国高校人事制度改革从此开始深化。

(2) 案例评析

高校改革受到许多外部环境的制约，是一项“系统工程”，说到底改革是否顺利进行是看一个改革方案的出台，能否起到对广大教师的激励作用。

北大改革方案在很大程度上贯彻了激励原则。体现在教师招录问题上，改革后的做法是引入外部竞争，在全国乃至全世界范围内招聘教师。过去的做法，基本上是自产自销、内部竞聘。校内竞聘不是没有竞争，也有竞争，但因为封闭，所以缺乏效率和公正。北大的方案破除近亲繁殖、内部竞争，引进外部竞争，使得竞争公开化，试图实现效率和公平的平衡，值得肯定，这是符合激励理论的。实施聘任制可以激发广大教师的工作热情。在高校，两年或三年一聘制度有道理，改革方案另外确定的一些原则，如分级流动、教授终身制、学科末尾淘汰制、教师分类管理等，也贯彻了激励原理。

为了更好地促进改革，需要强化我国高校管理中的教师激励策略，主要应从以下几个方面进行。

(1) 实施聘任制。全面实施聘任制是激励高校教师的根本性举措，能真正实现教师管理制度由"身份管理"向"岗位管理"的转变，打破教师职务终身制，使教师端不成"铁饭碗"。被聘的教师不敢怠慢，未聘的教师还需努力强化自身素质再竞争上岗，从而形成动态的良性激励循环。

(2) 优化教师考评制度。为了让考评发挥最大作用，高校必须建立科学、合理、全面、动态的考评标准和计量体系：要体现学校长远发展和当前需要之间的关系，教师德与才、教学与科研、实验教学与课堂教学、基础研究与应用研究之间的关系、数量与质量的关系；要考虑学科的差异性，注意教师年龄的差别；考评要以定量为主，定性为辅，既坚持原则又灵活运用；考评要以信度与效度为基准，客观、公正地进行；考评的内容要全面，在德、能、勤、绩中，突出教师的进取精神、创新能力和工作实绩；考评的方法要科学、简便，并具有指导意义；考评的结果要明确，提高透明度，使教师随时了解自己的业绩情况，而且要作为教师职称晋升、提职、加薪、培训、深造的依据。

(3) 实施全面薪酬战略。满意的薪酬并不单纯意味着高额的收入，它还包括实现自我价值的条件以及令人满意的工作环境等。目前发达国家普遍推行"全面薪酬战略"，雇主支付给雇员的薪酬分为"外在薪酬"和"内在薪酬"两大类。"外在薪酬"主要指可量化的货币性价值，比如基本工资、奖金、退休金、医疗保险以及住房津贴等货币性福利；"内在薪酬"则是指满意的岗位、便利的工具、培训的机会、良好的工作环境等不能量化为货币形式的各种奖励。外在薪酬与内在薪酬相互联系、互为补充，构成完整的薪酬体系。由于高校教师的期望和需求是全面的，既包括物质需求，更包括精神需求，所以应该率先实施"全面薪酬战略"，打破原有的薪酬项目结构，建立起以职位工资为基础，突出能力和绩效工资的"三元"结构的激励型外在薪酬模式，再辅以合理的内在薪酬制度，最大限度地调动教师的积极性、创造性。

【本章小结】

公共部门人力资源管理指公共部门依据人力资源开发和管理的目标，对其所属的人力资源开展的战略规划、甄选录用、开发培训、绩效评估、薪酬福利等管理活动的总和。

公共行政人事管理在 20 世纪五六十年代逐步推广和完善，到七八十年代以后，随着现代科学技术的不断进步，以及知识经济的来临，人事管理逐步过渡到人力资源管理的阶段，这种转变首先是在企业领域进行，随后逐步推广到公共部门。这种公共部门人力资源管理在我国主要包括公务员制度、公共部门人员的职位分类、招录、考核等内容。

通过二十多年的发展，我国公共部门人力资源管理取得了不错的成绩，但是也面临着挑战。我们要把握公共部门人力资源管理的基本规律和发展趋势，以推动我国公共部门人力资源管理进入新阶段。

【核心概念】

公共部门(public section)
人力资源管理(human resource management)
公务员制度(civil servant system)
人力资源规划(human resource planning)
职位分析(job analysis)
培训与开发(training and development)
绩效考评(performance appraisers)
薪酬管理(salary management)

【思考题】

1. 简述公共部门人力资源管理的内涵及其特点。
2. 简述我国公务员制度的特点。
3. 比较品位分类与职位分类管理的优缺点。
4. 简述我国公共部门人力资源管理的趋势。

【扩展阅读】

在公共部门人力资源管理的经典著作中，美国学者埃文·M. 伯曼、詹姆斯·S. 鲍曼等著的《公共部门人力资源管理》内容翔实且具有实用性，美国学者唐纳德·E. 克林纳与约翰·纳尔班迪著的《公共部门人力资源管理：系统与战略》揭示了当前公共部门人力资源发展的最新趋势。阅读这两本书可以加深对本章所学原理的理解。关于中国公共部门人力资源管理理论与实践，林炜臻发表在《中共山西省委党校学报》2004 年第 6 期的《公共部门人力资源管理战略管理机制建构探讨》以及萧鸣政发表在《中国人力资源开发》2008 年第 8 期的《非营利组织人力资源管理的几个发展方向》两篇论文都做了较为深刻的分析。

第 10 章

公共财政管理

【学习目标】

通过本章的学习，了解公共财政管理的含义、主要内容、总体目标和地位；了解我国财政管理体制的历史沿革以及我国现行的公共财政管理体制；掌握公共财政预算的几种模式、公共收入管理和公共支出管理的主要内容、公共部门会计信息管理的主要方法；重点理解我国分税制财政管理体制的主要内容、发展现状以及改革方向，并思考我国公共财政管理体制未来的改革方向。

公共财政管理是公共管理的一个极为重要和特殊的领域。任何公共组织的管理活动都离不开资金的收和支，实际上，政府部门因征税能力和税收使用能力而区别于其他的社会部门。政府部门资金的使用决定着政府活动的性质和范围，因此，财政管理是一个极其特殊的领域。从某种程度上来说，财政管理改革是公共管理变革的先导。

10.1 公共财政管理概述

10.1.1 公共财政的产生和发展

要了解公共财政管理的概念，首先必须研究什么是公共财政。

财政是一个分配范畴，也是一个历史范畴。不是有了人类社会就有财政，财政是人类社会发展到一定历史阶段才产生的。财政的产生需要具备两个条件：一是经济条件，即生产力发展到一定阶段，社会中有了剩余产品；二是政治条件，即社会共同需要导致公共权力产生。因此，我们可以说财政是随着国家的产生而产生的。

随着社会生产力的发展和国家政权的更替，先后出现了奴隶制财政、封建制财政和现代财政，“公共财政”的概念是在资产阶级国家产生以后，国家财政被纳入议会民主决策和监督的范围，财政资金至少从形式上被宣布用于各种公共利益后才产生的。

在市场经济条件下，由于市场失灵现象的存在，政府成为公共产品责无旁贷的提供者。政府的职能是弥补市场的缺陷,满足社会公共需要,财政则是实现政府职能的物质基础。因此,市场经济条件下的财政也通常被称做"公共财政",指为市场经济提供公共服务的政府分配行为,是国家财政的一种具体存在形态。

10.1.2 公共财政的含义及特征

1. 政府公共财政的含义及职能

公共财政指政府为实现其职能并满足公共需要,凭借政治权力和财产权力,在公共领域进行的资源配置和收入分配的经济活动。在这一系列经济活动中,主要参与主体包括家庭部门、企业部门和政府部门。政府部门一方面以税收、收费等方式获取收入;另一方面又通过向社会公众提供各种公共产品,以及向某些家庭部门和企业部门提供补助或补贴而安排其支出。

公共财政的职能主要包括以下三方面。

(1) 优化资源配置职能。在现代社会中,资源配置的方式主要有两种,即市场配置和政府配置。公共财政所承担的资源配置职能可以弥补市场在资源配置方面的缺陷。其内容主要有:第一,将资源配置于无法按付费原则经由市场配置的公共部门;第二,将资源配置于具有自然垄断倾向而不宜由市场配置的非竞争性商品和行业;第三,将资源配置于具有高风险,且预期收益不确定,但对经济发展有带动作用的高新技术产业;第四,将资源配置于投资大、建设周期长、私人部门无力投资的基础产业和部门。

(2) 调节收入分配职能。调节收入分配职能,指公共财政作为以政府为主体的分配活动,按照社会公平原则,改变和调整市场分配的结果,以协调各种利益分配关系,促进社会稳定和经济发展的职责和功能。其内容主要包括:第一,调节个人之间的收入分配关系;第二,调节部门及产业间的收入分配关系;第三,调节地区间的收入分配关系。

(3) 稳定经济增长职能。稳定经济增长职能,是政府运用税收、公债、转移性支出、投资等财政变量,通过与其他经济变量的有机关联和相互影响,调节和管制社会需求的总量和结构,使之与社会供给相适应,促使经济增长过程持续稳定的职责和功能。第一,调节经济增长速度,使其具有稳定性和持续性;第二,调节经济结构,使其具有协调性和合理性。

2. 公共财政的特征

公共财政的特征主要体现在以下几个方面:

(1) 公共性。从公共财政的分配主体上看,政府仅作为分配主体,并非生产资料所有者。公共财政把满足社会公共需要作为组织国家财政活动的主要目标和基本出发点。这个基本出发点是现代市场经济条件下财政运行的基本取向,也是国家财政活动应遵循的基本边界或指导性原则。从财政收入的来源上看,市场经济条件下的财政收入主要来源于社会经济生活中各市场主体、法人实体和城乡居民依法缴纳的各种税赋。财政收入的公共性,决定了财政支出安排主要集中于社会公共需要方面。而公共性的具体化则体现了财政服务职能对社会全体成员整体覆盖的公共性,体现了财税调节分配的公平性,体现了社会全体成员监督透明的公开性。

(2) 法治性。公共财政是法治化的财政。公共财政以提供公共产品并满足社会公共需要为目的,政府是公共财政的分配主体,作为政权组织者,本身不具备创造物质财富的能力,因此,需凭借政治权力经由非市场性的渠道进行分配,这决定了公共财政收支行为的规范性和法制化。一方面,政府的财政活动必须在法律、法规的约束下进行;另一方面,依靠法律、法规的强制保障手段,社会公众才得以真正参与政府的财政活动,确保其符合公众的根本利益。

(3) 调控性。在市场经济条件下,虽然市场机制能够较好地发挥基础性资源配置作用,但还是会出现自然垄断、风险与不确定性、社会分配不公和宏观经济失衡等市场失灵的现象。此时就只能依靠市场之外的力量,依靠公共活动,特别是依靠政府力量的介入,纠正市场失灵状态。弥补市场失灵也就成为了公共财政的一个重要特征。公共财政通过其资源配置职能的行使,可以引导各种资源的合理流向,弥补市场经济的缺陷,最终实现经济结构的合理布局和经济效率的提高。

(4) 非营利性。公共财政的收支安排是以公共利益的极大化为出发点和归宿的。公共财政应追求公共利益的极大化,通过满足社会公众需要,为市场的有序运转提供必要的制度保证和物质基础。公共财政弥补市场失灵时只能以社会的共同利益为目标,从而决定了公共财政只能进行非营利性活动。只有当市场和资本依靠自身的力量,从根本上否定了政府追逐市场赢利的可能性时,政府职能才能从根本上转变,政府官员才只能通过为市场提供公共产品和服务来实现自己的存在与价值,社会才只能以满足社会公共需要为目的来衡量其政绩。

10.1.3 公共财政管理的内涵与目标

1. 公共财政管理的内涵

对于公共财政管理的概念,中外学者有着不同的界定。

美国学者 B. J. 理德和约翰 · W. 斯韦恩在《公共财政管理》一书中指出:"公共财政管理指处理公共资产与债务,并向公共官员提供有用的相关信息与观点以使他们能够做出相应的决策","公共财政管理考虑的是如何花钱做事,这也是公共组织管理的核心"。[①] 另一位美国学者约翰 · L. 米克塞尔在《财政管理——在公共部门的分析与应用》一书中也指出:公共财政管理是采用企业财务管理相类似的分析方法、技术和管理工具来进行资源配置与控制的活动的,但政府所具有的独有的征税权、禁止权和惩罚权使公共财政管

① B J Reed, John W Swain. Public Finance Administration[M]. 2nd ed. Thousand Oaks, CA: Sage. 1997: 2-6.

理远不同于企业财务管理。[①]

我国学者谢秋朝、侯菁菁认为公共财政管理指的是国家或政府为市场提供公共服务的分配活动或经济活动,它是与市场经济相适应的一种财政类型和模式,是以市场的基础性作用为基点,以市场失灵为前提,其本身具有特定的内涵,以区别于其他财政类型。[②]陈振明认为公共财政管理是公共部门为保证公共财政职能的履行,而对财政收支所进行的决策、管理、监督等活动的总和。[③]

综合中外学者的主要观点,可以这样理解公共财政管理的概念。公共财政管理是指公共组织为保证公共管理职能的有效履行,采用财务管理的一系列分析方法、技术和管理工具,对公共管理活动过程中所发生的公共财政收支情况所进行的分配、决策、管理和监督等一系列技术性行为的总和。理解公共财政管理,应注意以下基本内涵:①公共财政管理的主体是公共组织,且以政府部门为核心;②公共财政发生在公共管理活动之中,是对公共管理过程中发生的财政收入和支出情况的分配、决策、管理和监督;③公共财政管理采用公共财政管理的一系列分析方法、技术和管理工具,具有较强的技术性;④公共财政管理的目的是保证公共管理职能的有效履行。

2. 公共财政管理的内容

公共财政管理主要包括三大部分:公共预算管理、公共收入管理和公共支出管理。公共预算管理决定“做什么”,公共收入和公共支出管理则决定“怎么做”。

1) 公共预算管理

公共预算管理是公共财政管理的重要组成部分。在市场经济条件下,几乎所有的政府收支活动都必须在政府预算的框架下进行。公共预算的这种特殊地位,决定了公共预算管理更具复杂性与政治性。

侧重于政治概念的公共预算管理可定义为政府依据法律有计划地对预算资金的筹集、使用进行的组织、协调和监督等管理活动;侧重于行政概念的公共预算管理可定义为政府依据法律对预算计划进行编制、执行和决策的管理活动。

2) 公共收入管理

公共收入管理指政府为了向社会提供公共产品和服务,满足公共需要而通过一定方式向社会筹集资金并进行有效管理的过程。公共收入的获得主要有三种方式:征税、收费和发行公债。

在引进西方经济学之前,人们一直使用财政收入这一概念来表达政府的这一财政行

---

① John L Mikesell. Fiscal Administration: Analysis and Applications for the Public Sector[M]. 5th ed. Belmont, CA: Thomson/Wadsworth, 1999: 1-2.

② 谢秋朝,侯菁菁. 公共财政学(上)[M]. 北京:中国国际广播出版社,2003:16.

③ 陈振明. 公共管理学[M]. 北京:中国人民大学出版社,2003:357.

为，随着“公共财政”作为财政改革的目标被确定下来，“公共收入”这一说法的使用频率日益增多，凸显了财政收入的公共性特征。

3）公共支出管理

公共支出管理是高度具体化的公共财政管理。公共支出是以国家为主体，以财政的事权为依据进行的一种财政资金的分配活动，集中反映了国家的职能活动范围及其所造成的耗费，主要包括购买性支出管理和转移性支出管理。

就其本质而言，公共支出就是满足社会公共需要的社会资源配置活动，是国家通过财政收入将集中起来的财政资金进行有计划的分配，以满足社会公共需要和社会再生产的资金需要，从而实现国家的各种职能服务。

在公共财政管理的内容中，除了预算、收入与支出管理，公共部门会计也是一个非常重要的领域。公共部门会计是为公共财政决策控制和监督提供信息的系统之一。公共部门会计与私人部门会计最重要的差别在于私人部门会计信息用于计算净价值和利润，而公共部门会计信息用于非营利性组织，反映公共资金的流动及与预算拨款数的变化情况。

3. 公共财政管理的总体目标

公共财政管理的总体目标是追求效率、实现公平和保持稳定。

首先，通过公共财政管理，旨在向公众提供一视同仁的服务，满足社会公共的需求，弥补因市场失灵导致的市场效率损失，实现资源的更有效配置，从而保证国民经济持续均衡发展。

其次，通过公共财政管理，旨在有效地对国民收入、社会财富和社会福利进行再分配，从而缩小社会贫富差距，为社会贫困阶层提供基本的生活保障，实现社会的基本公平。

最后，通过公共财政管理，有效地保持社会总供求的基本平衡，实现充分就业、物价稳定及国际收支平衡，维持经济景气，避免经济波动。

4. 公共财政管理的地位

公共财政管理在公共管理中处于十分重要的地位。

首先，公共财政管理直接管理着公共资源，这决定了它在政府管理中的核心地位。现代政府的经济职能之一，就是解决市场失灵问题和促进社会公平，而这只有通过对社会资源的重新配置和社会财富的再分配才能实现。因此，公共财政管理的方式、水平如何，将直接关系到政府职能实现程度的高低。

其次，任何公共财政管理活动都离不开经费的支持，经费预算是否合理，对公共管理的效能将会产生直接影响。与此同时，资金分配者的角色，也使公共财政管理部门处于公共组织权利的交汇点上，成为公共权利体系中最引人注目的部分。

再次，公共财政管理在推进制度创新和技术创新方面有巨大的潜力。公共财政管理是一个变动性很大的领域，不管哪个财政年度，财政收支都不会完全相同，公共财政管理方式、力度也不会完全一致，实现财政收支平衡的政策措施往往千姿百态，多种多样，这就使得公共财政管理领域存在着更多的制度创新、技术创新的需求，并以一系列创新成果显现出它的活力。

最后，公共财政的变革往往成为公共管理重大变革的先导。纵观近三四十年公共管理产生和发展的历史，公共财政管理是其中最富活力的领域，几乎它的每一次变革都会给公共管理领域里带来深刻的影响。例如，风靡 20 世纪 60 年代的“规划—计划—预算制度”(PPBS)的运动，使得系统理论、运筹学、经济学、政策分析等理论和方法在公共管理领域得到了全面应用，促使公共管理发生了重大的思维变革。20 世纪 70 年代以来，绩效管理的推广，推动了新公共管理运动的开展，对公共财政支出的绩效要求带来了公共组织行为市场化的重大变革。

10.2 公共财政管理的主要内容

10.2.1 公共预决算管理

从西方国家的发展来看，公共财政管理只有 200 多年的历史。在相当长的时间内，公共财政管理与公共预算概念是相互混用的。多年来人们一直相信这样一种假设，即政府会忠实地执行权力机关确定的预算方案。因此，公共财政管理的重点是预算而非执行，或者说，公共财政管理的实质内容是预算。20 世纪六七十年代以来，随着公共选择等理论的兴起，新公共管理运动随之兴起，人们不再轻易相信政府，产生了与执行相关的公共财政管理概念。

1. 公共预算的形成

公共预算与决算是公共财政管理的主要组成部分。在现代社会条件下，几乎全部政府收支活动都在公共预算的框架下进行。公共预算由政府提出，经过立法机关审议批准，是立法机关控制公共管理的重要工具。

公共预算制度萌芽于 13 世纪，发祥地在英国，是在立法权力与行政权力相互斗争中产生和发展的。1215 年英国的《大宪章》颁布，使议会获得了赋税的立法权。资产阶级革命后，议会进而控制了政府的支出，获得了审计监督权。1787 年，在首相威廉·皮特任职期间，议会通过总基金法案，规定除特殊情况外，所有公共收入皆纳入总汇基金，而所有政府支出都出自这一基金。19 世纪中叶，立法部门对财政的控制权确立，议会具有经费核准、拨款、审查的权利。至此，预算制度对财政不仅拥有严密的控制权，而且成为指导、监督、批评、调控行政活动的最有效的工具。

2. 公共预算管理模式

公共预算是一个多要素、多层次组合的复杂系统，且具有多种不同分类。其根据收支管理范围可分为总预算和单位预算，根据预算主体的性质可分为中央预算和地方预算，根据预算计划的时效性可分为年度预算和中长期预算，等等。但从管理的角度看，公共预算管理主要有以下几种基本模式。

1）分项排列预算

在传统预算模式下，财政管理的通常形式是线性项目或投入预算，即分项排列预算。它以预算支出的若干特定目标为核心，采用分项排列的方法依次列出特定目标的预算资金，由拨款机构加以拨付。这种预算以每一年度为预算周期，其特点是将资金配置在那些特殊的支出项目或类型上，而且传统预算为渐进性预算，即预算体现了在上一年度基础上的不断增长。

分项排列预算模式的主要功能是控制政府预算开支，预防腐败。但这种预算形式在实现预算投入控制的同时忽视了资金的使用效率。第一，以行政管理部门作为预算申请和拨款的基础，预算的提交和拨款都需要行政部门的批准，而不是以政府部门所要实现的真正目标为基础；第二，预算审议中采用短期成本的概念，预算决策通常只覆盖一个年度的组织活动，没有编制长期预算的决策规划；第三，预算关注的核心是政府机构的投入而不是服务的提供或产出，传统预算以投入为导向，从一定程度上造成了政府支出的增长和无效率；第四，没有将规划的成本或收益进行比较，传统预算仅仅对财务方面的现金成本进行过考察，而对于间接支付的社会成本等则不进行考察。

2）预算管理改革

在政府占用的资源越来越多的情况下，关注公共资金使用效率的预算改革应运而生，出现以下四种新的预算形式。

(1) 绩效预算。最初的绩效预算将政府的任务分解成各种活动，并根据具体的活动所需要的成本而不是某个项目来编制预算，并对活动的效率进行评估，将政府部门的成本同其产出相比较，将其实际效率与预算水平进行对比。绩效预算所强调的不是对经济资源的单纯购买，而是政府活动的绩效目标和结果。预算中必须要对预算年度中要达到的具体结果所需要的成本进行展示，因此预算程序具有提供资金和制定绩效目标的双重任务。从绩效预算的概念中可以看到传统预算思维方式的转变：预算信息要根据活动来组织；应当对活动成本及从事这些活动的效率进行评估；绩效管理的实现需要对每家政府机构的实际执行情况进行对比分析得出；绩效指标的确定需要将活动与产出联系起来。绩效预算形式以政府的直接产出作为衡量公共资金绩效的标准，其问题在于这些产出未必是公众真正的需求。因此产生了改革绩效预算，强调公共支出目标确认和计划的预算形式改革。

(2) 规划-计划-预算。规划-计划-预算也称为计划项目预算(program planning and budgeting,PPB)，预算实施过程包括：①确定预算项目目标，②从众多目标中选择最紧迫的目标，③运用成本收益分析设计实现各目标的备选方案，④说明实施这些方案以后的各年度成本，⑤对这些方案的实施效果做长期评价衡量。这一模式 1961 年被美国国防部部长罗伯特·麦克纳马拉在五角大楼首先使用，1965 年约翰逊总统将此预算推广。规划-计划-预算模式在预算制定过程中，需要对消费者的需求或者财政支出对于公共目标实现所做出的贡献进行分析，在此基础之上对政府的支出活动进行组织。规划的设立是以实现公共目标的贡献程度为基础，而不考虑具体提供服务的是哪些行政管理组织。这种做法的最大好处在于可以将预算的重点从财政支出的购买对象转移到支出的目的上来。

(3) 零基预算。零基预算不同于传统的渐进性预算，不按上年度的"渐进增量"来考虑预算，而对原有项目进行重新审核，根据实际需要编排预算项目。零基预算的特点在于假定未来的支出与过去的支出之间不存在任何联系，因此各机构每年都要对其支出的合理性进行辩解，零基预算需要对整个预算进行审议，而不仅仅是对其增量部分进行审议，这一点与传统预算是迥然不同的。零基预算于 1977 年由卡特总统引入美国联邦政府，1981 年，里根总统上台便终止了零基预算，其失败的主要原因在于将焦点集中在了预算制定过程的日常细节上，而回避了预算制定的核心难题，即规划的目标和社会价值。

(4) 新绩效预算。由于上述预算形式在实践中都未能取得成功。20 世纪 90 年代以来，一种新的绩效预算形式出现了。新绩效预算的思路是，认为与政府绩效相关的是社会目标与结果，而并不是具体机构的直接的产出或活动。因此，与公众利益相关的，并不是政府部门购买了何种物品。新绩效预算从本质上来说，是以结果为导向的预算，其目的是把预算的重点重新定位到结果上来。新绩效预算的原则有：目标计划或者战略计划，即政府部门需要编制自身的战略计划；绩效度量，即政府部门需要根据战略计划的绩效指标对预算过程进行度量，以实现战略计划中规定的目标；灵活的预算执行，即政府部门在收到财政拨款之后，就要向民众提供政府服务，而不必拘泥于政府预算执行中有关财政支出的细节规定；报告制度，即在年底，政府机构需要对财务报告中所规定的服务结果进行重点报告。

3. 公共预算的编制

目前世界各国通行的公共预算编制方法主要有两种，即单式预算和复式预算。二者的区别如下。首先，从编制方法来看，单式预算将全部财政收入和支出汇集编入同一个总预算表内，结构比较简单，可以明了地反映财政收支全貌，但其缺点在于不能明确地反映出各项财政收支的性质、财政赤字形成的原因以及解决赤字的资金来源。而复式预算则把全部财政收入和支出按经济性质分别编入两个或两个以上的预算表中，各项收支之间建立明确的对应关系，以便促进公共组织更加科学合理地使用资金，准确地反映财政收支平衡状况和财政赤字的形成原因，有利于国家对经济活动进行深入分析和控制调节。其次，从反映财政赤字的口径来看，采用单式预算，大多把债务收入列为正常收入项目，使债务收入掩盖了一部分赤字数额。采用复式预算则一般把债务收入作为建设性预算的收入项目，或把债务收支单独编入融资预算之中。从而比较清楚地反映国家财政的实际情况，便于合理安排财政收支规模。最后，从预算的编制要求看，单式预算结构简单，编制比较省时省力；而复式预算结构复杂，要求编制者具有较高的技术水平。

新中国成立以来，我国的公共预算一直采取单式编制方法，即把全部财政收支汇编在一个统一的预算表中。1978 年以来，随着经济体制改革的深入发展，我国国民收入的分配格局发生了很大的变化，投资体制呈现出多元化的局面。在此情况下，单式预算已不能全面反映国家用于生产建设性的投入及资金来源，不能如实地反映赤字形成的原因和债务收入用途，也不便于对财政收支进行科学地分析和管理。为此，国务院决定从 1992 年起，采用复式预算编制方法。

我国的复式预算按不同的收支来源和资金性质，划分为经常性预算和建设性预算两部分。其中国家以管理者和资产所有者的身份取得的一般收入和用于维持政府活动的经济费用、保障国家安全稳定、发展教育科学卫生等各项事业以及用于人民生活方面的支出，列为经常性预算；国家特定用于建设方面的某些收入和直接用于国家建设方面的支出，列为建设性预算。

4. 公共预算的执行

公共预算的执行，指预算计划付诸实施的过程。根据我国《预算法》的规定，各级预算由本级人民政府组织执行，具体工作由本级政府财政部门负责。预算执行包括收入执行、支出资金拨付和预算调整三个主要环节。收入执行由财政部门统一负责组织，按各项预算收入的性质和征收方式，分别由财政、税务、海关等部门负责；支出资金拨付在财政部门主导下由各支出部门具体负责执行；预算调整指由各级政府在执行过程中通过改变预算收入来源、支出用途以及规模等方法组织新的预算平衡，以适应经济形势变化的需要。各级政府预算的调整均需取得本级人民代表大会的批准。

预算执行与预算编制相比，涉及的利益相关者和参与者更多、更复杂，面临纷纭多变的宏观经济形势，保证执行与预算目标的一致性具有非常重要的意义。为此，亚洲开发银行专家认为，预算执行管理应遵循以下基本原则：①确保按照法律授权权限实施预算，这种授权既包括财务授权，也包括政策授权；②根据宏观经济环境发生的重大变化对预算进行调整；③解决预算实施过程中出现的各种问题；④有效管理资源的购置和使用。

按照新公共行政理论，公共财政管理的主要原则是“将购买者和提供者分开，并建立内部市场”。[①] 这样做的理由不仅在于加强政府财政管理的清廉度，而且可以明晰财政预算的目标。可以说，公共部门改革的重点在于公共财政管理，而公共财政管理改革的难点在于财政预算改革。任何政府的公共支出都是有限的，这样就必须强调公共财政的预算规模和资金的使用效率。

① [美]B 盖伊·彼得斯. 政府未来的治理模式[M]吴爱明等译. 北京：中国人民大学出版社，2001：78.

5. 公共决算

公共决算是对公共决算执行情况的总结和评价，它与公共预算首尾相应，既可反映预算活动的实施程度和管理绩效，又可为新的预算方案的编制提供参考依据和经验教训。

我国的公共决算过程大体包括四个阶段。①准备阶段。每年第四季度，各级财政部门分别下达编制本级政府决算草案的原则、要求、方法和保送期限，并组织年终清理结算。②编制阶段。各支出部门按照有关要求编制本部门决算草案，并逐级上报汇总。③审查阶段。各级财政部门对同级政府收支总决算进行审查。④审批阶段。经各级财政部门审查后的总决算草案，报经本级人民政府审核通过，并提请同级人民代表大会批准。

在我国，公共决算的审查批准和下一年公共预算的编制审批往往同时进行。经过决算，上一轮公共预算过程终告一段落，新一轮公共预算过程随即展开。

10.2.2 公共收入管理

1. 税收管理

税收是国家依照法律预先规定的标准，强制无偿地取得公共收入的一种手段，是政府对社会经济运行实施宏观调控以及调节社会成员个人收入分配的重要工具。税收具有强制性、无偿性和固定性三大特征。

税收管理的基本要素包括以下几个方面。

(1) 课税对象与税率。课税对象指对什么东西征税，即课税的标的物，它可以是物品、事件、条件或活动。所谓税率是指计算税额的尺度，是税额与其课征计量标准的比值，主要有比例税率、累进税率和定额税率三种形式。确定合理课税对象与税率是税收管理的基础工作。

(2) 税负转嫁与税收归宿。税负转嫁是指对一个纳税人征收的税全部或部分地转由他人负担的过程。所谓税收归宿则是税负转嫁的终点。税负转嫁的基本形式是前转和后转，前转是纳税人以提高价格的形式把税收转嫁到商品或生产要素的购买者或最终消费者身上；后转是纳税人以压低价格、降低工资的方式把税收转嫁到生产要素提供者的身上。由于税负转嫁与税收归宿事实上决定了公共收入承担者分担的份额，因此，它们是税收管理中不可忽视的环节。

(3) 税收种类。依据税收对象性质的不同，税收主要来自于所得税、流转税和财产税。其中所得税是对纳税人的所得额或利润额课征的一类税收，包括个人所得税、公司所得税和社会保险税等。流转税是对商品和劳务的流转额课征的一类税收，主要包括增值税、营业税、消费税和关税等；财产税是对纳税人所拥有或支配的财产征收的一类税收，包括一般财产税、特种财产税和财产转让税等。

税收管理的核心是实现公平征税。实现公平征税，首先必须坚持同等税收待遇原则。

即纳税人在相同的经济条件下应被同等对待，缴纳同样多的税。其次，必须坚持支付能力原则。即纳税能力强的纳税人缴纳较多的税收，例如累进税率就是按照课税对象数额的大小规定不同等级的税率，课税对象数额越大则适用的税率越高，纳税人缴纳的税收也就越多。最后，必须坚持收益原则。税收应该根据纳税人从政府提供的产品和服务中得到的收益，在纳税人之间进行分配。

2. 政府收费管理

政府收费是政府提供特殊服务或规制某些经济行为而向相关主体收取的费用。与税收不同，政府收费具有有偿性、排他性和非规范性的特点。所谓有偿性指缴费人可以从政府的服务或特许行为中直接获益。而税收支付并不与获得的服务直接挂钩，且不单独针对个人。所谓排他性指缴费人所获得的服务与利益是排他的，谁缴费，谁获益。所谓非规范性是相对于税收规范而言的，政府收费具有很大的灵活性与变动性，缺乏完备的法律规范，并且政府收费的征收主体不是单一指定机构，而可能是政府各个部门，甚至是经授权的社会中介组织。因此，在公共财政管理中，要选择征税还是收费，关键看受益者是全体公众还是特殊个人或群体，如是后者，收费的形式显然要比课税更符合效率原则。

需要强调的是，政府收费与私人的营利性收费是不同的。政府收费总体上仍是一种财政分配行为，收费的目的不是营利，而是用于补偿具体行政行为的管理或服务成本。

一般来说，政府收费主要包括使用者费和规费两种类型。所谓使用者费是政府对特定服务或特许权收取的价格，如水费、公立学校的学费、停车费、公共汽车车票费、公园门票费等都属于此类收费。使用者费可分为直接费、公共事业特种费和特许费三种形式。直接费指使用公共设施或消费政府提供的商品及服务的费用；公共事业特种费指政府出于公益目的对公共设施进行新建、改建或修缮而对受益人收取的工程补偿费用；特许费指政府因授予某些特定的人以某种特别的权利而对其收取的费用，比如娱乐场所开设的特许费、临街建筑物特许费等。所谓规费是公共部门在履行社会经济管理职能过程中，提供特别行为或服务而收取的补偿费用。规费可分为行政规费和司法规费两种形式。行政规费是行政机关收取的费用，如执照费、护照费、商标登记费、商品检验费等；司法规费是司法机关收取的费用，如诉讼费、执行费等。

政府收费管理需要注意以下问题。一是科学确定收费范围，把收费严格集中在准公共产品或混合产品上，防止任意扩大收费范围，形成“管理就是收费”的不良局面。二是合理确定收费标准，收费标准主要依据行为或服务的成本来确定。例如使用者费，由准入费、使用费、拥挤费组成，其中准入费承担固定成本；使用费承担经营成本；拥挤费承担拥挤成本。当某项产品或服务出现“拥挤”情况时，通常可以通过适当提高收费标准来解决，比如某座桥梁车辆拥塞，可通过收取或调整过桥费而使部分行驶者改道另行，从而减少过桥车辆，解决塞车问题。三是防止乱收费。由于政府行使公共权力，收费本身具有“非规范性"，容易出现乱收费现象，造成社会总的效率受损，损害政府形象。因此，防止乱收费是政府收费管理的一项重要任务。

3. 公债管理

公债是政府凭借其信用而举借的债务，是公共收入的又一重要形式。作为非税收收入，公债与政府收费最大的不同在于公债是公民和社会组织自愿购买而非强制性的，并且公债具有按期偿还和付息的特征。

按照发行地域的不同，公债可分为内债和外债；按照发行机构地位的不同，可分为中央公债和地方公债；按照偿还期限的不同，可分为短期公债(1 年以下)、中期公债(1～10 年)和长期公债(10 年以上)。

公债不仅是弥补公共资金缺口的重要方式，而且是政府调控宏观经济的重要工具。因此，公债在现代市场经济国家受到高度重视，整个 20 世纪，世界各国的公债规模总体上处于上升状态。例如，意大利、比利时、希腊等国的政府债务占 GDP 值的比重超过了100%，日本、加拿大接近 100%，半数以上的 OECD(经济合作与发展组织)国家达到50%～70%。随着公债作用的日益突出，公债管理问题越来越重要并成为公共财政管理的重要组成部分。

公债管理主要包括公债设计、公债发行、公债流通与偿还等内容。其中公债设计是确定公债的类型、发行总额、公债票面价值、利息、偿还期限、发行价格等的活动。公债发行一般采用向社会公众直接或间接募集的公募法，包括国家先将公债出售给银行，再由银行自行发售的包销法；委托经纪人直接在证券交易所出售的公卖法。公债进入市场流通是全面实现公债目标的根本途径，公债流通包括两个市场，一是作为发行市场的一级市场；二是作为流通与转让市场的二级市场。公债最终需要偿还，能否如期如数偿还关系政府信用与声誉。由于政府财力状况及宏观经济条件存在一些不可预测的因素，因此，政府会通过市场采取多种方式进行偿还。

10.2.3 公共支出管理

1. 公共支出管理的基本目标

公共财政具有实现社会资源有效配置、公平社会收入、稳定宏观经济运行和促进经济增长四大职能。这些职能转化到公共支出管理中，相应地形成了公共支出管理的基本目标。

一是稳定宏观经济，实现社会资源有效配置。公共支出管理通过决定总支出水平、财政赤字或盈余的规模，在市场出现波动时进行资源配置，稳定宏观经济。

二是实现公共财政管理目标。具体包括通过支出控制、提高效率、实行项目与工程管理和进行财务披露等形式，实现公共财政管理目标。所谓支出控制，指严格遵守财经纪律，确保预算执行结果与最初的估计相一致；所谓提高效率，指采取绩效预算管理、实行成本会计、竞争性招标采购等手段，实现支出过程中的经济性与效率；所谓项目与工程管理指通过科学的方法和技术，使管理者拥有一定的运营灵活性，在具体的预算资源范围内实现预期目标；所谓财务披露指政府就财政基本状况定期向决策者、管理者以及公众提供准确的信息。

三是符合公共利益要求目标。①扩大透明度。根据国际货币组织的定义，所谓透明度，包括说明政府机构的作用与责任，在规定时间发布全面财政信息，公开预算编制、执行和报告，保证公布信息数据真实性四个方面。②实行责任制。实行责任制要求责任人在具体规定的质量、成本以及时间安排范围内提供公共物品与服务。③满足顾客需求，要求政府的行政系统与程序在设计时应致力于满足各顾客群体的合理需求。

2. 公共支出管理的主要内容

按照公共支出有无直接对资源和要素形成需求的不同，学界把公共支出分为购买性支出与转移性支出。购买性支出指政府直接进入市场，购买商品或劳务的公共支出，它主要体现了政府直接介入资源配置的范围与力度。购买性支出包括投资性支出、教科文卫支出、行政管理支出和国防支出等。转移性支出指政府进行非市场性再分配，它主要体现政府再分配的能力和水平。转移性支出包括社会保障支出、财政补贴支出等。

(1) 投资性支出。投资性支出包括基本建设支出、企业挖潜改造资金支出、流动资金支出、农业支出、林业支出、水利和气象支出以及其他社会公共事务的相关支出等。(表 10-1)。

表 10-1 投资性支出细目表

名　称	内　容
基本建设支出	建筑安装工程费、设备购置费、公用器具及生产用具的购置费等
企业挖潜改造资金支出	企业用于挖潜改造革新和改造方面的资金
流动资金支出	冶金、有色金属、石油、电力、汽车、核工业、航天、烟草工业以及政策性银行等部门的流动资金
农业支出	农业行业管理、自然灾害救助、农业生产资料补贴、农业资源和环境保护、土地管理等支出
林业支出	林业行业管理、森林救灾、天然林保护、退耕还林、森林生态效益、森林工业系统技术性和社会性支出、造林防沙治沙等支出
水利和气象支出	水利行业管理、防汛抗旱、水文水土水资源管理、水利建设、气象等支出
其他	地质勘探费、科技新产品试制、中间实验、重要科学研究补助等费用

(2) 教科文卫支出。教科文卫支出包括教育支出、科学支出、文体广播事业费支出、医疗卫生支出等方面。(表 10-2)。

表 10-2 教科文卫支出细目表

名称	内容
教育支出	普通教育、职业教育、成人教育、广播电视教育、留学生教育、特殊教育、教师进修教育、干部教育等支出
科学支出	自然科学、社会科学、科学技术普及等支出
文体广播事业费支出	文化、出版、文物、体育、档案、地震、海洋、通信、广播、影视、计划生育等事业费支出
医疗卫生支出	卫生、中医、药品监督管理、行政事业单位医疗费等支出

(3) 行政管理支出。行政管理支出包括行政管理费支出、外交事务支出、武装警察部队支出、公检法司支出等方面。(表 10-3)。

表 10-3 行政管理支出细目表

名称	内容
行政管理费支出	人大机关、政府机关、政协机关、共产党机关、民主党派机关、社会团体机关等经费
外交事务支出	外交活动支出,国际组织支出,偿付外国资产支出,地方外事费、对外宣传费等支出
武装警察部队支出	人员费用、装备费用
公检法司支出	公安、边防检查、国家安全、检察院、法院、司法、监狱劳教缉私警察等支出

(4) 社会保障支出。社会保障支出是政府向由于各种原因,暂时或永久丧失劳动能力、失去工作机会或生活面临贫困的社会成员所提供的基本生活费用的支出。

社会保障支出主要包括社会保险、社会救助、社会优抚和社会福利四大类。其中社会保险支出包括养老、医疗、失业、工伤、生育等支出。由于社会保险具有保险性质,因此,保险义务不由政府独自承担,而是由政府、企业与个人共同承担。

从我国的实际情况来看,社会保障支出由三部分构成:抚恤与社会福利救济支出、行政单位离退休支出、社会保障补助支出等。(表 10-4)。

表 10-4 社会保障支出细目表

名称	内容
抚恤与社会福利救济支出	抚恤、军人安置最低生活保障、农村及其他社会救济、社会福利、民政、残疾人事业、自然灾害生活救济等支出
行政单位离退休支出	我国对行政事业单位具有干部身份的工作人员实行退休制,不纳入社会养老保险
社会保障补助支出	社会保险基金补助、就业补助、国有企业职工下岗补助、补充全国社会保障基金、企业关闭破产补助等支出

(5) 财政补贴支出。财政补贴支出是政府根据特定需要向企业或个人提供的无偿补助,是发挥政府"这只看得见的手",克服市场失灵的重要手段。我国财政补贴方式主要包括价格补贴、企业亏损补贴、财政贴息、税式支出和其他补贴。

除此之外,我国还存在着外援支出、债务支出等转移性支出项目,这些也都属于公共支出管理的重要方面。

3. 政府采购管理

政府采购,也称公共采购,是政府机构为了履行职责需要,以购买、租赁、委托或雇用等方式,获取货物、工程或服务的活动。政府向社会公众提供公共产品与服务,同时为了履行职责,它本身也是社会产品与服务的最大消费者。采购是政府内部管理的一项重要内容,涉及财政的支出和利益的输送,如果管理不当、运作不规范,就会影响政府各部门功能的发挥,造成公务人员的贪污腐化行为。因此,世界各国非常重视政府采购,具有法定的程序和规范的方法。

政府采购制度最早形成于 18 世纪西方市场经济国家。20 世纪 70 年代以来,随着公共支出管理日益受到重视,政府采购被广泛采用,并呈现出国际化的发展趋势。1979 年,关贸总协定东京回合谈判制定了《政府采购守则》。随后,关贸组织在乌拉圭回合谈判期间又对《政府采购守则》的内容进行了大幅度的调整与修改,形成了后来世界贸易组织的《政府采购协议》,协议于 1996 年 1 月 1 日正式生效。我国推行政府采购制度开始于 20 世纪 90 年代后期,从 1996 年到 1998 年,全国共有 23 个省(市、区)的 373 个地(市)开展了政府采购工作。1999 年 4 月 21 日,国家财政部制定的《政府采购管理暂行办法》开始实施,2003 年 1 月 1 日,《中华人民共和国政府采购法》(以下简称《政府采购法》)正式生效。

政府采购主体包括主管机关、采购机关、中介机关和供应商。主管机关通常指财政部门或者专门设立的采购政策办公室,负责政府采购政策、原则和方法的制定,采购过程的监督。采购机关指政府采购的具体实施部门,可分为本级政府统一提供采购服务的集中采购机关和自行组织小额采购或非通用商品采购的各政府部门。中介机构指有招标资格和能力的政府采购业务代理组织。供应商指符合政府采购资质,向采购机关提供货物、工程和服务的企业或个人。其中采购机关与供应商是最重要的政府采购主体。

综观世界各国政府采购实践,其大体分为分散采购、集中采购和联合采购三种模式。

分散采购通常是针对那些不存在任何标准化的购买准则、小额的商品或服务而进行的。分散采购适合于高度专业部门以其专业知识分辨采购物品和服务的品质,以更好地适应其业务需要;但其不足之处是不易产生标准化采购作业指导,无专门部门负责采购验收,容易产生内部控制的漏洞。

集中采购是由政府专门机构按照规范的程序和标准,统一采购大额的商品和服务。集中采购有利于节省采购成本,减少各部门个别采购可能造成的不当行为,建立起有效率的采购管理和监督制度，但集中采购由于必须经过规定的程序，采购周期相对比较长，不利于紧急情况和突发事件下发生的采购需求。

联合采购指各有关机关联合起来共同采购某种商品和服务。联合采购可使采购机关采购到较低价格的商品和服务，节约采购成本，同时对厂商也有较大的选择余地。但不足是参与采购的机关势必要放弃部分弹性，因配合联合采购的时间而改变其操作方式，且有可能增加运输成本。

10.2.4 公共部门会计信息管理

权责发生制和收付实现制是会计确认基础的两种基本方法。政府会计传统上一直以收付实现制作为会计确认基础，但是20世纪90年代以来，西方一些国家逐渐在政府预算编制和政府会计核算中引入权责发生制，并且在改进政府管理方面取得了明显的效果。

1. 收付实现制会计基础的局限性

收付实现制政府会计曾经是世界各国的传统做法，它以处理技术简单、资金易于控制而在政府公共管理领域内应用广泛。

政府将收付实现制作为会计确认基础的弊端在于收益的实现与收到款项的时间不在同一期间时，收付实现制会计记录的收益不能代表当期业务活动的真实结果。同样，费用发生与支出不在同一期间时，收付实现制会计记录的费用也不能正确反映当期业务活动所发生的支出。因此，收付实现制会计不能客观公正地反映政府在各个会计期间提供公共产品和服务的实际耗费与效率水平，不利于对政府活动的效率进行评价和监督，也不利于政府内部的效率改进，从而导致政府低效率运行。另一方面，收付实现制也会造成同一会计期间政府权力和责任不相匹配，有可能出现政府代际的债务转嫁，导致政府间权责不清，不能客观、全面评价和考核政府绩效。

2. 权责发生制会计基础的运用

20世纪80年代末，新西兰首先在政府会计中引入权责发生制，对改进公共部门的办事效率和政府受托责任的履行有显著成效。之后，世界各国纷纷开始了在政府会计与预算中引入权责发生制会计基础的理论研究与实践尝试。根据OECD 2000年调查统计，29个OECD成员国中至少有21个国家已经在中央政府或其所属政府部门中采用或正准备推行权责发生制会计。但是大多数国家向权责发生制的转换并不是一步到位的，实践当中，这些国家根据本国国情和现实需要寻求收付实现制和权责发生制两种核算基础的最佳组合，以达到真实反映政府财务状况的目的。目前OECD成员国对权责发生制的应用存在四种形式。①

第一种，完全采用权责发生制。所有发生的会计事项都依照权责发生制进行确认。

---

① 段海洲. 论权责发生制在我国政府会计中的运用[D]. 首都经济贸易大学硕士学位论文，2005.

第二种，采用修正权责发生制。除资产资本化和折旧外，其他方面均采用权责发生制。

第三种，实行完全收付实现制。特定会计事项采用权责发生制。各国通常在雇员养老金收益和公债利息上采用权责发生制，对其他会计事项仍实行收付实现制。

第四种，修正的收付实现制。实行收付实现制，但按权责发生制做补充性规定。通常也是对公债、养老金、有形资产等做出规定，针对这些补充性规定采用权责发生制。基本的财务报表体系仍采用收付实现制。

以上四种形式，即是当前会计核算基础存在的四种类型，具体运用的国家数目如表 10-5 所示。

表 10-5　OECD 成员国权责发生制政府会计实施状况（截至 2003 年）

项目	完全的权责发生制	修正的权责发生制	修正的收付实现制	完全的收付实现制
运用的国家数目	7	2	3	17
占 OECD 国家总数比例/%	24.10	6.90	10.30	58.60

注：实行完全权责发生制的国家有澳大利亚、加拿大、芬兰、瑞典、新西兰、英国、美国；实行修正的权责发生制的国家有冰岛、意大利；实行修正的收付实现制的国家有丹麦、法国、波兰；其余 OECD 国家实行完全的收付实现制。①

权责发生制会计基础为使用者提供了有关由主体控制的资源、运作成本（提供商品和服务的成本）信息、改进的现金流动信息和其他有助于评价财务及其变动、报告主体运作的经济性效率的财务信息。

具体来说，以权责发生制为基础的政府会计的优势主要表现在以下几个方面：①权责发生制有利于对资产的持续管理、对使用年限长的基础建设尤其如此；②在促进资产持续性管理的同时，负债管理也得到了加强，权责发生制避免了隐性负债藏而不露的问题；③权责发生制下的资产减负债的净值，体现了政府公共部门的净财富、净财富数额及其变动，支持政府长期的决策；④权责发生制方法在配比基础上确定产品或服务的“真实完全成本”，且这是一种既具有期间可比性、又可与外部竞争者作比较的成本，其由于有完整、可比的成本信息，可以鼓励竞争，便于决定内部收费或定价问题。同时基于真实成本，管理上就可以要求公共部门以产量（产品或服务）或经营成果衡量其工作绩效。

10.3　我国的公共财政管理体制

10.3.1　我国财政管理体制历史沿革

新中国成立以来，我国财政管理体制的发展变革主要经历了计划型财政管理、计划型

① 李雄飞. OECD 国家权责发生制预算和政府会计改革探析[J]. 企业经济，2003，(2).

财政管理向公共财政管理过渡和明确导向公共财政管理三个阶段。

1. 改革计划型财政管理阶段(1950—1979 年)

新中国成立之初,针对现实国情,我国采取的是高度集中的财政统收统支管理体制,在短时间内遏制了恶性通货膨胀,平衡了财政收支。1953 年,随着经济建设需要我国开始实行中央统一领导下的分级管理体制,此后多年一直实行这种体制直至改革开放。这一阶段财政管理的基本特征是集中与计划,并且由于排斥公共财政体制,因此谈不上公共财政管理。

2. 计划型财政管理向公共财政管理过渡阶段(1980—1998 年)

1980 年,我国着手财政管理体制重大改革,实行"划分收支,分级包干"体制,打破了长期以来财政统收统支的格局。这一体制又被称为"分灶吃饭"的管理模式,进一步确立了地方政府作为公共财政管理重要主体的地位,地方政府独立完成自己的预算及公共收支管理。

1985 年,我国又进行了一次财政管理体制改革,这一次改革的主要内容是确立中央与地方在公共收入上的分配比例,稳定中央财政收入,即实行"划分税种,核定收支,分级包干"。此后虽有几次调整,但基本沿袭了"分灶吃饭"的管理模式。

1994 年,我国推行分税制,这是按建设社会主义市场经济的要求,对公共收入管理做出的历史性调整,对我国公共财政管理体制的建立具有重大推动作用。

1999 年,财政部正式明确提出实施公共财政管理。在这个阶段,随着我国市场经济的逐步发展,我国财政管理公共化程度不断提高,但过去计划型财政管理模式遗留下来的问题仍在很大程度上影响甚至阻碍着公共财政管理体制的建立。

3. 明确导向公共财政管理阶段(1999 年至今)

1999 年以来,全国中央和地方各级政府纷纷按照公共财政的要求改革财政管理体制,一些重大的改革措施相继出台,如实施公共采购制度、部门预算管理、政府收费和罚没收入上缴国库、预算外资金"收支两条线"等,公共财政管理体制逐步建设起来。

10.3.2 我国现行的公共财政管理体制

1. 分税制预算管理体制

财政管理体制有广义和狭义之分,狭义的财政管理体制就是预算管理体制。国家预算管理体制是在中央与地方政府之间、地方各级政府之间划分预算收支范围、财政资金支配权和财政管理权限的一项重要制度。我国从 1994 年起实行分税制预算管理体制,简称分税制。分税制是市场经济国家普遍推行的一种财政管理体制模式。

1994 年,我国经济体制改革在中央的"全面推进、重点突破"的战略部署下进入新阶段,财税体制改革充当改革的先锋,根据事权与财权相结合的原则,我国将税种统一划分为中央税、地方税、中央与地方共享税,建起了中央和地方两套税收管理制度,并分设中央与地方两套税收机构分别征管;在核定地方收支数额的基础上,实行了中央财政对地方财政的税收返还和转移支付制度等。成功地实现了在中央政府与地方政府之间税种、税权、税管的划分,实行了财政"分灶吃饭"。

1）中央和地方的事权及支出划分

根据现行中央政府与地方政府事权的划分,中央财政主要承担国家安全、外交和中央国家机关运转所需经费,调整国民经济结构、协调地区发展、实施宏观调控所必需的支出以及由中央直接管理的社会事业发展支出。地方财政主要承担本地区政权机关运转所需支出以及本地区经济、社会事业发展所需支出。

2）中央与地方的收入划分

根据事权与财权结合的原则,按税种划分中央与地方收入。将维护国家权益、实施宏观调控所必需的税种划分为中央税;将同经济发展直接相关的主要税种划分为中央与地方共享税;将适合地方征管的税种划分为地方税,充实地方税税种,增加地方税收入。分设中央与地方两套税务机构,中央税务机构征收中央税和中央与地方共享税,地方税务机构征收地方税。

3）政府间财政转移支付制度

分税制在重新划分中央财政收入与地方财政收入的基础上,相应地调整了财政转移支付数量和形式,除保留原体制下中央财政对地方的定额补助、专项补助和地方上缴收入(2009 年取消)外,根据中央财政固定收入范围扩大、数量增加的新情况,着重建立了中央财政对地方财政的税收返还制度。具体办法是,中央税收上缴完成后,通过中央财政支出,将一部分收入返还给地方使用。

4）预算编制与资金调度

实行分税制后,中央和地方都要按照新口径编报预算。同时将中央税收返还数和地方的原上缴数抵扣,按抵顶后的净额占当年预计中央消费税和增值税收入数的比重,核定一个"资金调度比例",由金库按此比例划拨消费税和中央分享的增值税给地方。

2. 分税制的改革方向

我国的分税制改革是采取整体设计、逐步推进的方式进行的,现行分税制只是一个初步的基本的框架,具有明显的过渡性质,还需要进一步完善,具体思路如下。

(1) 进一步明确各级政府的事权范围和各级预算主体的支出职责。

事权划分、收入划分和转移支付制度是分税制体制的三大基本要素,事权划分是分税制的基础。因此,明确各级政府间事权划分是进一步完善我国分税制财政管理体制的出发点和基础。

在我国分税制改革过程中,没有以规范的方式明确各级政府间事权关系,政府间事权划分不合理,出现政府缺位、错位和越位等现象。一是一些应当完全由中央承担的支出责任,地方也承担了一部分;完全属于地方的支出责任,中央也承担了一部分。二是部分支出责任中央与地方职责划分不够合理，执行中经常发生交叉和错位。三是我国基层政府承担的事权过重。在公共财政框架下，应基本按照公共产品的属性来划分各级政府的事权。全国性公共物品如国防等一般属于中央政府的事务，地方性公共物品属于地方各级政府的事务，区域性的公共产品应由中央和地方政府共同承担责任。

明确政府职能是政府间事权划分的基本前提。只有在政府职能范围明晰、合理的条件下，政府事权划分的科学性和合理性才能得到保证。在市场经济发达国家，政府职能基本上限定在公共性职能范围内，并根据经济和社会发展需要进行一定调整。而我国在构建社会主义市场经济体制过程中，政府职能仍面临着从非公共性向公共性的转变，因此明确政府职能对于政府间事权的划分具有重要的意义。

(2) 进一步规范政府间收入分配关系。

1994 年分税制改革基本确定了中央政府和省级政府的税种划分，提高了中央财政收入占全国财政收入的比重。省级以下政府间收入分配关系尚不规范，并没有建立起彻底的分税制。

随着经济发展，政府间收入划分体制存在的问题逐渐显现。①中央政府宏观调控能力不够。中央财政收入扣除向地方税收返还部分，实际可支配财力只占全部财政收入(包括债务收入)的约 40%，省以下地方财政实际可支配财力约占 60%。而发达国家中央政府财政收入的比重为：澳大利亚 80%，德国 50%，日本 59%，英国 95%。与之相比，我国中央政府实际可支配财力低于发达国家的一般水平，直接影响到中央政府进行有效的宏观调控。②政府间税权划分方面的改革没有实质性推进，地方政府税收管理权限过小，不利于地方政府因地制宜地解决收入不足的矛盾。

规范政府间收入分配关系应当以税种自身特征和征收效率为依据，将维护国家权益、实施宏观调控所必需的，宜于集中征收的税种划分为中央税；将适合地方征管的，宜于分散管理的税种划分为地方税，充实地方税税种，增加地方税收入。在减少现有政府层级的情况下，让各级政府尽可能有各自相对独立的主要税种税源，并赋予地方政府适度的地方税收管理权。

(3) 合理调整政府间财政收入划分，完善地方税收体系。

目前，我国地方税种除营业税、所得税外，均为小额税种，县、乡级财政无稳定的税收来源，收入不稳定。地方税种的管理权限高度集中在中央，地方对地方税种的管理权限过小。

地方税主体税种应税基较广、收入稳定、规模较大、具有非流动性且税负不能转嫁，本地的税负才能真正落实到本地居民身上，才能把地方公共物品的成本和收益较好地联系起来。地方税主体税种可由三项组成。一是营业税。随着经济发展水平提高，第三产业的发展动力加大，与此密切相关的营业税也有较大的增长空间。同时，营业税与地方经济紧密联系，有固定而充分的税源，具有良好的经济调节功能。二是房地产税。随着经济的发展和市场机制的不断完善，作为财产税类主体税种的房地产税的收入将迅速增加。三是城市维护建设税。改革后的城市维护建设税由于计税依据的改变和课税范围的扩大，其数量在地方财政收入中占较高比重，可作为地方税主体税种之一，通过进一步统一包括内外资企业房地产税、城建税和教育费附加等税收制度，增加地方收入。

通过完善地方税体系，地方政府获得的税收收入应能保证地方政府从事社会服务与管理职能的基本财政需要。地方税的收入规模主要按人口因素确定，并适当考虑发展不平衡造成的社会服务与管理措施存量不均等因素，不论是发达地区还是落后地区的地方政府，通过地方税系提供的财务安排或提供的社会服务按人口平均应大体相等，使我国公民享有的基本公共产品与公共服务基本均等化。

(4) 理顺省级以下财政管理体制，消解基层财政困难。

1994 年之后，中国省以下财政体制运行陷入困境，在上下级政府间的财权与对应事权的安排上，财权的重心上移而事权的重心下移，在全国财政收入强劲增长、地方财政总收入也不断提高的情况下，中央和地方层级高端（省、市（地））在全部财力中所占比重上升，而县乡财政困难却凸显，其财政资源不足以满足当地的公共支出需要，欠发达地区的情况最为严峻。省以下分税制难入轨道使县乡财政困难加剧，与现行财政与政府"五层级"（中央—省—市—县—乡）的大框架有直接关系。

解决上述问题的根本途径是要着力创新财政体制管理方式，基本导向是按照三级基本架构和"一级政权、一级事权、一级财权、一级税基、一级预算、一级产权、一级举债权"的原则，塑造与市场经济相适应的分税分级财政体制，实现省以下财政层级的减少和扁平化。具体措施有四点。①适当简化财政体制级次。扩大"省直管县"、"乡财县管"财政体制和财政管理方式改革试点范围。②进一步完善省以下分税制，适当给予地方政府一定的税收权利。③合理规范各级政府间事权、财权配置，适当减少县级政府的事权和支出责任。通过将基础教育、公共卫生等公共服务领域的支出重心适当向省和中央上移，让省级政府在基础教育、社会保障和公共卫生等公共服务提供中发挥更大的作用。④强化县乡财政的预算约束，提高基层财政管理效率。

(5) 完善财政转移支付制度，推进基本公共服务能力均等化。

1994 年分税制改革以来，为了均衡地区间财力差距，中央财政加大了对地方一般性转移支付的力度，并建立了调整工资、农村税费改革等多项财力性转移支付制度。但目前我国财政转移支付制度仍不完善：一是现行政府间转移支付制度不规范，缺乏有效的监督约束机制和效益评估机制，转移支付资金使用效率不高；二是财力性转移支付中，一般性转移支付规模较小，计算公式还不太完善，而调整工资转移支付、农村税费改革和解决县乡困难的转移支付具有专项用途，专项转移支付的比重较高；三是省以下政府间转移支付体系不完善，省以下纵向财力差距以及省内地区间横向财力差距不断扩大；四是转移支付在财政支出中占比较高，转移支付制度由分税制财政体制的修正补充机制，变成了对基层政府进行财力分配的主导机制。[①]

进一步完善转移支付制度主要有以下途径。

① 逐步建立公共服务标准体系与均等化标准，推进公共服务的均等化。

② 适当简化、整合归并转移支付体系。把适合地方管理的事权下放，明确地方责任，财力也随事权下放地方，在此基础上，对支出基数适当调增，逐步实现财力均衡。

③ 完善一般性转移支付，规范专项转移支付。提高一般性转移支付规模和比例，将部分财力性转移支付和专项转移支付归并到一般性转移支付中，以增强基层政府统筹安排财力、提供公共服务的能力。

④ 提高转移支付的规范性和透明度，加快转移支付法制建设。通过制定相关法律、法规，对中央地方共同事务范围及各自支出的分担比例加以明确，不断提高转移支付的透明化、规范化和法制化。

10.3.3 我国公共财政管理体制的改革与完善

提高公共财政管理的科学性，是保障科学发展、转变经济发展方式的必然要求，也是更好发挥财政职能作用、提高财政资金使用效率的迫切需要。在我国公共财政管理的改革与实践中，应当按照公共财政体制的内在要求，进一步规范财政预算分配机制，完善政府间财政关系，深化国库管理制度和政府采购制度改革，稳步推进公共支出绩效评价制度改革，建立起一套比较完整的财政资金分配、使用和管理机制，努力提高财政资金的规范、安全和有效性。[②] 按照这样的原则，我国的公共财政管理体制需要从以下几方面加大改革力度。

1. 建立现代预算管理制度

(1) 科学编制部门预算，严格加强预算管理。首先，建立、健全科学规范的基本支出和项目支出预算管理体系。通过完善定员定额管理体系和项目库管理办法，打好预算编制基础。其次，改进预算编制的方法，根据部门履行职能需要和财力可能合理分配预算，推进中长期预算编制，提高预算的可预见性。再次，编制中期财政预算。通过在年度预算的基础上编制三年期财政预算，将中期预算与年度预算更紧密地结合起来，以中期预算指导年度预算的编制。最后，进一步规范对财政拨款结余资金的管理，加强结余资金分析。区别结余资金不同情况分类管理，将结余资金预算执行管理与预算编制相结合，完善预算拨款结余资金管理方式。

(2) 强化预算约束，严格执行预算。深化预算执行改革，严格预算执行规范，一是进

---

① 刘家义. 关于2010年度中央预算执行和其他财政收支的审计工作报告. http://finance.sina.com.cn/china/bwdt/20110627/115610052712.shtml.

② 贾康等. 中国财税体制改革的战略取向：2010—2020[J]. 改革，2010(1).

一步严格预算调整，加强对项目执行情况的跟踪分析，建立部门预算执行的预警机制，均衡预算执行进度，严格预算调整，提高年初批复预算到位率和加快年度预算执行中代编预算下达进度，努力减少预算执行中的调整事项，严格按照规定时间办理调整预算工作。二是进一步加强结余资金管理，进一步完善结余资金的管理办法和管理规程，提高规范程度；巩固财政拨款结余资金管理工作的成果，将结余资金管理与预算编制有机结合，进一步加大结余资金消化力度。

（3）建立预算绩效评价制度。随着我国公共财政体制改革的深入，逐步建立一套适合我国国情的预算绩效评价体系已成为当前预算管理改革中所面临的一项重要任务。推行预算绩效评价的国家，预算编制一般经历过由粗到细，再由细到粗的过程。实行绩效预算以绩效合同为依据，财政部门代表政府与各部门签订绩效合同，只要达到已定的绩效目标，部门就有执行预算更大的自主权。实现预算编制由细到粗，需要具备一些约束性条件。在全部政府资源，特别是公共资产没有完全纳入预算管理，全部财政现金也没有被完全监控的现实情况下，目前我国项目预算的着力点仍在投入方面。通过加强财经纪律，强化预算约束和预算控制，树立各部门的预算意识。同时，引进绩效管理的理念和方法，尽快建立科学、合理的预算绩效评价体系，为进一步推进绩效预算改革夯实基础。

（4）深化预算监督改革。在计划经济体制下，政府既是社会管理者，也是经济活动的组织者。而在市场经济体制下，政府对经济活动主要承担的是宏观调控和监管职责。政府为社会提供公共产品和服务，需要经过一个购买过程。财政资金使用便成为一个复杂的交易过程，政府对资金使用的控制力减弱，就需要国家预算管理和监督制度建设能及时跟上。一方面，要完善预算监督体系，加强内部监督，强化人大、审计和社会监督；建立问责机制，加大对违反财政纪律行为的查处和惩治力度。另一方面，要进一步推进预算公开，除特殊保密事宜外，财政部门要将提交给人大会议审议的财政预算和执行情况的报告尽可能地细化，积极推进预算透明度建设。

2. 推进国债管理改革与创新

（1）完善国债管理法规制度。尽快制定出台中国国债管理法律法规及相关管理办法，为规范国债市场各参与主体的行为，规范国债管理活动，形成严密高效的国债市场监督管理机制提供法制保障。

（2）完善国债余额管理制度。逐步增加定期、均衡、滚动发行短期国债规模，强化国债管理与国库现金管理的协调配合，既能增强全国人大对政府债务的控制能力，又增加了国债管理的灵活性，有利于形成较为合理的国债品种和期限结构，促进国债的顺利发行和国债市场的发展完善。

（3）促进国债市场向纵深发展。目前，国内国债发行规模偏大，债务依存度高，流通市场不够完善。要使我国国债体制跟上世界经济发展步伐，国债必须从发行、流通、偿还制度上进行创新，推进国债利率市场化，实现国债品种多样化，促进国债期限分布平缓化及发行方式竞争化，推动国债发行市场投资主体机构化，提高国债市场运行效率，促进国债流通市场对外开放。通过建立一个开放、低成本、高效率、高流动性的国债市场，加强国债风险管理并增强国债的偿还能力，推动中国国债市场化改革向纵深方向发展。

(4) 完善中国国债收益率曲线。国债收益率曲线是其他金融产品定价的基准，通过不断完善国债收益率曲线，推进形成公允、真实反映市场利率水平的国债收益率曲线，可以使国债利率为债券发行、交易定价、资产定价及风险管理提供有价值的参考基准，为机构和相关管理部门在估值和风险管理中提供相对公允的利率标准，强化国债在债券市场的利率基准作用。

3. 完善政府采购制度

我国从1996年开始试行政府采购制度，经过各级政府采购管理部门和集中采购机构以及审计、监察等有关部门的共同努力，政府采购活动逐步走上法制化、规范化运行轨道。但是由于起步较晚，我国政府采购制度还存在着很多不完善的地方，一些矛盾和问题日益凸显，主要表现在三个方面。一是法律、法规不健全，《政府采购法》与《招标投标法》不统一，导致公共工程还“游离”于政府采购范围之外，不利于集中采购规模的扩大，政府采购保护民族产业、支持中小企业、支持自主创新、支持绿色环保等政策功能无法得到有力的落实。二是管理体制和运行机制不完善，“采管分离”不彻底，未能完全赋予集中采购机构代表政府依法行使采购的权力，使得目前近八成政府采购活动由社会中介代理完成。三是采购手段严重落后，效率低，成本高。

完善我国的公共采购制度，首先需要进一步加大规章制度建设力度，从解决突出问题和深化改革两方面着手完善政府采购制度体系，建立、健全以《政府采购法》为基本法的政府采购法规体系，制定落实《政府采购法》的具体实施细则和规章制度。其次，要建立全国自上而下统一的公共采购行政管理体系；按照决策权、执行权、监督权既相互分离又相互协调的要求，建立职责明晰、协调有序的公共采购运行机制；明确集中采购机构代表政府依法行使采购权的法定采购人地位，赋予其相应的行政权利。最后，要推进公共采购信息化建设，搭建全国统一的电子化公共采购平台，形成统一的采购大市场。电子化公共采购是全球公共采购发展的必然趋势，韩国、美国、加拿大、新加坡等国家的电子化公共采购系统已建设得十分完善，并取得了良好的社会效益和经济效益。我国公共采购电子化的建设，应改变目前“各自为政”、“信息孤岛”的局面，需要先行统一数据，统一标准，统一商品库、供应商库、专家库等资源，统一安全机制等。在更高层面上做到统一，实现各级政府采购机构之间的信息资源共享，使公共采购数据最终成为国家决策的重要依据，为从源头上抑制腐败和建设阳光政府提供措施保障。

4. 改革国库集中收付制度

(1) 建立完善的国库单一账户体系,使所有财政资金在账户体系内规范运行。逐步将预算单位实有资金账户纳入国库单一账户体系,并实行动态监控管理,从根本上解决实有资金账户管理中存在的不规范运行问题。按照“规范、统一、高效、精简”的要求设置财政资金专户,逐步将国际金融组织贷款账户、社会保障基金专用账户等纳入国库单一账户体系管理。

(2) 建立完善的国库集中支付运行机制,使之成为整个预算执行管理的基本制度。继续扩大改革的预算级次和资金范围,中央、省和地市应将改革实施到所有本级基层预算单位,并逐步将改革的资金范围扩大到政府性基金和预算外资金,积极推进县级国库集中支付改革,真正实现所有预算单位都实施国库集中支付改革,所有财政资金都纳入改革范围。完善专项转移支付资金国库集中支付相关制度办法,建立专项资金拨付运行管理新机制。应加快推广公务卡制度,在全国建立起完善的公务卡管理制度。

(3) 建立完善的国库集中收缴机制,使财政收入收缴高效透明。我国应不断扩大非税收入改革范围,真正实现所有非税收入的预算单位都实施改革,并将改革推进到所有非税收入种类;进一步完善收缴程序和相关制度办法,建立统一规范的非税收入收缴制度体系;加快横向联网系统建设,完善相关制度办法,使电子缴税横向联网工作在全国全面展开,加强税收收入的收缴管理。

(4) 建立完善的预算执行监控机制,使所有财政资金运行在监控视野之内。动态监控是运用先进管理系统对财政资金运行及具体活动进行实时监控的重要手段,在预算执行管理中日益发挥出强大的威慑作用。通过建立事前、事中、事后一体化的预算执行动态监控机制,可以监测违规操作和突击花钱行为,增强预算执行监管的威慑力。同时,我国应建立、健全事前威慑、事中监控、事后查处的一体化预算执行监控机制,全面提升财政财务监督管理水平。

10.3.4 案例分析

1. 案例介绍:地方债务对我国公共财政管理体制的考验①

地方政府究竟借了多少债?能否还得起?全球金融危机发生以来,政府、市场和学界人士均对此密切关注。传言和猜测不断,每有风吹草动,金融市场亦为之波动。如今,本届政府任期将尽,地方债务终有眉目,这无论对于今后政府决策还是市场投资,均具有重大意义。根据审计报告,截至 2010 年年底,全国地方政府性债务余额 10.7 万亿元。另据财政部预算报告,2010 年年末,中央和地方政府全部债务占 GDP 的比重为 43.9%,远低于国际惯用的 60%的安全标准。

---

① 胡舒立.地方政府真正的债务风险[J].新世纪,2011,(26).

不争的事实是，地方债务在相当大程度上是亚洲金融危机和本轮全球金融危机的结果。1998 年和 2009 年债务余额分别比上年增长 48.20％和 61.92％，为历年增幅峰值。特别是为应对本轮全球金融危机，地方债务规模几乎翻番。在“4 万亿元”经济刺激计划中，中央政府以 1.18 万亿元的投资承诺为杠杆，要求地方政府提供大量“配套资金”。这些举措虽然对经济持续、快速发展起了积极作用，却带来了沉重的债务负担。今后，在债务管理和偿付过程中，还会发生种种意想不到的问题，切不可因总体风险可控便懈怠松劲。

审计报告描述了地方债务存在的多项问题，可以想见，187 万笔债务包含着多么触目惊心的案例。债务问题，凸显了 30 多年来中国在政府改革、财税体制改革等方面积累的矛盾和问题。可以说，政府债务超常规增长，问题出在地方，根子却在基本的制度安排上。

中国分税制改革未能及时完善，留下诸多后患，专项转移支付制度更是难辞其咎。分税制改革以来，中央政府收入占大头，但为促进区域均衡发展，又通过转移支付，将大部分财力转给地方。其中，一般性财力转移支付比重较小，专项转移支付资金成为主导，这与西方发达国家恰恰相反。

专项转移资金，主要由中央各部委通过审批项目的方式下达。为平衡各地利益，项目资金常沦为“撒胡椒面”，资金数额难以满足单个项目需要，于是，形成不成文的惯例，来源于中央、地方和其他资金各占 1/3。在中西部等经济欠发达区域，配套资金大多通过举债筹措，主要来自银行信贷。

专项转移支付资金的另一后果，是严重弱化了各级政府的预算约束。中西部地区的政府财力约 60％来自中央转移支付，但对于巨额“表外资金”，全国人大鞭长莫及，地方人大力有不逮。此外，专项转移支付资金用途由中央决定，进一步混淆中央和地方的事权划分，并阻碍了地方政府向公共财政转变。

如果说债务规模膨胀是应对金融危机的代价，政府改革和财税改革的停滞甚至倒退则是更大的损失。两次金融危机，均以政府经济职能无节制膨胀告终。因此，化解地方政府性债务，不单纯是偿债问题，更应坚决收缩政府经济性活动的范围。

从根本上说，要建立地方政府性债务的长期约束，需要推进政府预算改革。地方债务存在的问题，均直接或间接与预算改革不到位有关。目前，预算改革主要是政府行政系统内的管理规范。下一步，需要推进各级人大对政府预算的实质性审议和监督，催化财政透明，令违规的部门及其负责人受到切实的问责。这才是阻断债务“滚雪球”的治本之方。

审计报告只是地方债务问题的“体检表”，疗救则需制度变革。目前，允许地方政府发行市政债之议不绝于耳；国家发改委也已表示，支持符合条件的地方政府投融资平台公司和其他企业，通过发行企业债券为保障性住房项目融资。长远看，这些主张或属可行，但应首先夯实相关“制度基础设施”，而非仓促推出，聊解燃眉。各级各地政府，均不应对滇公路的警示视若无睹。

2. 案例分析

地方政府举债主要原因在于地方政府在经济和社会发展过程中财力不足，这主要根源于现行财政体制的不完善，它是财政体制长期发展积累的结果。首先，各级政府公共服务事权安排不合理，县乡政府承担了过多的支出责任。当前农村义务教育的支出责任基本上全部压在县及部分乡财政，教育事业支出成为市县财政的第一大支出项目；"县级统筹"的社会保障资金缺口也需要由县级财政兜底。乡级财政负担着包括行政、司法、农业、林业、水利、农机、文化、卫生、广播、计划生育、民政等财政支出，与其收入和行政能力存在相当程度的不对称。其次，行政和财政级次过多，带来中央与地方政府之间财政关系的复杂化，导致基层财政收入来源不稳定，基层财政缺乏稳定的税源。一些地方加大省级集中力度，使得县乡财政可用财力进一步减少，加剧了县乡财政困难。最后，县乡政府职能转变不到位，存在一定程度的重经济发展轻公共服务倾向。这都是导致地方政府债务规模膨胀的重要原因。

中国目前在法律上并没有赋予地方政府举债权，但实际上却存在着较为严重的基层债务问题。基层债务的存在一方面反映了基层财政收不抵支的现状；另一方面，这些债务具有不可持续性，缺乏有效监督，增大了基层财政风险。从发达国家经验看，地方政府都拥有一定举债权，可以利用如债券等举债工具来筹集资金；同时这些国家一般都有公开透明的预算并建立了比较完善的监督机制和信用评级体系来管理地方政府债务。澳大利亚每个州都有自己的信用评级体系，充分利用市场机制，发挥市场自律作用；德国中央政府对地方政府建立了审计监督机制；美国地方政府的债务要受到金融市场和州政府财政与法律体制等方面的限制。结合中国的实际情况，地方政府有举债的现实需要，而给予地方政府举债权的前提是，要有公开透明的预算制度，建立完善有效的监督机制、信用评估体系和问责机制。

【本章小结】

公共财政管理指公共组织为保证公共管理职能的有效履行，采用财务管理的一系列分析方法、技术和管理工具，对公共管理活动过程中所发生的公共财政收支情况所进行的分配、决策、管理和监督等一系列技术性行为的总和。

公共财政管理主要包括三部分：公共预算管理、公共收入管理和公共支出管理。公共预算管理决定"做什么"，公共收入和公共支出管理则决定"怎么做"。

国家预算管理体制是在中央与地方政府之间、地方各级政府之间划分预算收支范围、财政资金支配权和财政管理权限的一项重要制度。我国从 1994 年起实行分税制预算管理体制，简称分税制。完善我国现行分税制的主要措施包括：进一步明确各级政府的事权范围和各级预算主体的支出职责；进一步规范政府间收入分配关系；合理调整政府间财政收入划分，完善地方税体系；理顺省级以下财政管理体制，消解基层财政困难；完善财政转移支付制度，推进基本公共服务能力均等化。

加强财政科学管理，是保障科学发展、转变经济发展方式的必然要求，也是更好发挥财政职能作用、提高财政资金使用效率的迫切需要。在公共财政管理的改革与实践中，应当按照公共财政体制的内在要求，进一步规范财政预算分配机制，完善政府间财政关系，深化国库管理制度和政府采购制度改革，稳步推进公共支出绩效评价制度改革，建立起一套比较完整的财政资金分配、使用和管理机制，努力提高财政资金的规范、安全和有效性。

【核心概念】

公共财政管理(management of public finance)
绩效预算(performance budgeting)
分税制(system of tax distribution)
政府采购(government procurement)

【思考题】

1. 公共财政的主要职能有哪些？请举例说明。
2. 公共预算管理模式主要有几种？试比较各自的特点。
3. 如何理解公共财政管理改革的难点在于财政预算改革？请结合我国实际进行分析。
4. 你认为基础设施建设的责任应如何在各级政府间分配？

【扩展阅读】

美国学者约翰·L.米克塞尔的著作《公共财政管理：分析与应用》(白彦锋、马蔡琛译，中国人民大学出版社 2005 年版)通过研究 20 世纪末到 21 世纪初市场经济国家的公共财政领域，系统地构建了市场经济国家的财政管理结构与制度，对改革我国的公共财政体制很有借鉴价值。陆庆平发表于《财政研究》2003 年第 4 期的论文《公共财政支出的绩效管理》研究探索了我国公共财政支出的绩效管理办法，可以作为本章第二节学习内容的补充阅读材料。关于我国公共财政管理体制改革，王雍君的论文《国库体系重构与公共财政管理》(《财政研究》，2003 年第 4 期)和贾康、白景明的论文《县乡财政解困与财政体制创新》(《经济研究》，2002 年第 2 期)分别从重构国库体系以及调整政府体制和省以下财政体制的角度提供了方法与思路。

第 11 章

公共部门绩效管理

【学习目标】

公共部门绩效管理是一个包含了绩效计划与实施、绩效考核、绩效反馈与改进等环节的系统过程，强调通过持续开放的沟通形式实现组织目标。实践证明，科学的公共部门绩效管理，有助于推进公共管理的科学化、标准化和制度化。通过本章的学习，要掌握公共部门绩效管理的内涵和基本内容，熟悉公共部门绩效管理的基本流程，了解公共部门绩效管理的发展，对我国公共部门绩效评估的现状有总体性把握，能够运用所学知识理解、分析和设计公共部门绩效管理实践。

随着"新公共管理"运动的兴起，西方国家积极提倡在公共部门中引入企业的先进管理办法，公共部门绩效管理应运而生，并在西方发达国家政府改革运动的推动下成为公共管理的重要内容。在我国，随着政府机关效能建设的展开，作为改进公共部门管理和服务效能的一种有效工具，绩效管理受到越来越多的重视，并逐步在我国公共管理领域得到应用和推广。

11.1 公共部门绩效管理的形成与发展

11.1.1 公共部门绩效管理概述

1. 绩效

"绩效"一词含义比较宽泛，可解释为执行、履行、表现、完成、成绩和成效等。它最早被应用于工商企业管理中，指工商企业管理活动的结果和成效，它比机械的效率概念更能表现出一个企业的整体表现和状况。对于公共部门来说，绩效是一个多维性的概念，除了政绩之外，它还强调公共部门运行成本、工作效率、政治稳定、社会进步、发展预期等含义，不仅注重行政内部机制的运转，更注重行政与社会、行政与公民的关系，以公民的满意评价作为最终标准。而且相对于私营部门来说，公平在公共部门绩效体系里具有更重要的地位。因此，公共部门绩效主要指公共部门及其公务人员在依法管理社会公共事务、履行岗位职责过程中的行为和投入所获得的结果及社会影响，一般包括公共部门组织绩效和公务人员个人绩效。

2. 绩效管理

绩效管理是管理组织绩效的实现过程。在西方管理学界，对绩效管理的理解主要有以下几种。一是把绩效管理理解为计划、改进和进一步考察的过程，因为通过组织的结构、技术、系统和程序来实施组织的战略是绩效管理的核心。二是从雇员角度把绩效管理分解成计划、估计和修正的过程，认为组织首先应该将目标与员工达成一致，然后根据承诺设定绩效的预期评价，最后通过相互反馈进行修整，完善目标并采取行动；相应地，绩效管理应通过各个雇员或管理者的工作与整个工作单位的宗旨连接在一起，以支持组织的整体事业目标，这显然是从组织战略和组织文化的高度把管理过程和员工个体结合起来思考。三是提出绩效管理就是结合组织需要对员工进行指导和支持，以尽可能高的效率获得尽可能大的成果，这又从多层面纳入组织绩效管理的核心——效率，对绩效管理进行了整合透视。综合以上观点，我们认为，绩效管理就是围绕组织的目标展开，以绩效评估为核心内容，在绩效评估结果的基础上进行反馈和调整组织及其成员行为的管理方式。

3. 公共部门绩效管理

绩效管理作为当今公私部门普遍运用的一种管理方法，其发展历史可追溯到20世纪初期泰勒《科学管理原理》的时间研究、工作研究与差异工资制。后来法约尔的《工业管理与一般管理》把这种效率观念从工商企业推广到各种社会组织，从此，绩效管理的理论与方法成为了适用于经济、行政、军事和宗教组织在内的一般的管理理论和方法。但在公共管理中，正式引入绩效管理方法则是在20世纪80年代之后。

20世纪80年代中期以来，西方国家为应对科技进步、全球化和国际竞争的加剧，应对经济危机和政府信任危机，在新公共管理运动的推动下，积极采用私人部门的管理方法和策略，在公共部门普遍引入了以强化责任和顾客至上为理念的绩效管理方式。

1）公共部门绩效管理的含义

按最简单的理解，公共部门绩效管理就是将在企业管理中得到较充分运用的绩效管理方式，运用于公共管理之中。具体说来，公共部门绩效管理指的是以公共利益为价值取向，以经济、效率、效益、服务质量的提高和公民满意为直接目标，运用绩效评估的方法来反馈和修正管理过程的方法与机制。从实施步骤看，一般的绩效评估由三大环节构成：一是绩效测量，即将绩效目标转换成一系列相应的量化指标；二是绩效评估，即利用绩效指标对绩效水平进行评估，这是绩效管理的中心环节；三是绩效反馈，即以绩效评估结果为依据调节管理过程。这三个环节最关键的是绩效指标的制定。在企业管理中，绩效指标的测定和绩效水平的量化都容易获得，但在公共部门里却比较困难。

2）公共部门绩效管理的特征

由于公共事务管理面临着比企业管理更为复杂的环境，公共部门绩效管理具有复杂性、难确定性、难量化性等特征。

（1）目标的复杂多元化。首先，在管理的价值目标上，企业只需较为纯粹地追求经济和效率。经济是指在产出质量和数量既定的情况下追求成本最小化；效率是指既定的投入获得较高的产出。但公共部门既要追求经济和效率，也要追求效能和公平。效能是指产出所带来的结果，即强调产出与既定目标的一致性；公平是指在公共管理中，所有利益相关方都能得到公正的待遇。除此之外，公共部门绩效评估还需要考虑民主因素。其次，企业追求的往往是利益的最大化，生产成本与利润成反比，以及产品市场占有率等。这些都是可以明确量化的绩效目标。企业根据环境变化，制定合理、有效、动态的目标，并在此基础上进行人、财、物的配置和管理，使得组织管理更有针对性和效能。公共组织的特殊性，决定了其必须以公共利益为出发点，服务于社会公众，但是，受到各种利益导向的影响，控制着公共部门实际权利的官员们在管理的优先权上难以达成共识，导致目标难以明确规定。有时候，社会目标、无形目标和长远目标更具有根本的意义，实际上这些目标牵涉主体复杂，时间周期较长，受环境变化影响较大，也使公共部门无法立即制定出合理有效的目标。

（2）绩效指标难以确定。一方面，公共部门的服务往往具有垄断性和管制性，很难确定可以参照比较的对象；另一方面，公共信息被公共部门垄断，公众很难根据前面确定的科学的绩效评估标准来对公共部门提供的服务进行评估。另外，公共部门的工作存在明显的相关性和全面性。所以，即使某个部门的简单决策或行为的指标也往往是多重要素决定的结果。这种评估指标的难以确定性限制了公共部门绩效管理的发展。

（3）绩效产出难以量化。企业绩效管理是一个精心策划与整合管理的量化过程，具有“可见性”和“终极性”两个特征，各个环节的绩效考评标准、考评实施方案、考评结果以及反馈信息都清晰明了、责任明确。这就为企业的绩效考评工作提供了直接的、可比较的平台。而公共部门所提供的是公共产品，不具有排他性，很难用指标来衡量该产品是否发挥其效用。现在有些人提出以公众满意度为衡量指标，而满意度要体现公平，由于利益主体多元复杂，公共部门很难兼顾各方，总要有人获益，有人失益，因此需要找到一个平衡点来加以解决，同时要通过很长时间才能看出。另外，单个部门提供的绩效在整个公共服务过程中又往往是“中间状态”，可比性较低，很难说一级或者一届政府在绩效上会有一个直接的体现。

（4）绩效评估信息稀缺。评估信息的掌握决定了评估效果的水平，如果管理主体对于管理对象各方面信息的掌握程度很高，那么绩效评估就具备了较好的前提条件。公共部门服务具有明显的垄断性，其制度结构具有非市场化特征，所以，不管是公共部门本身还是作为顾客的社会公众都难以获得公共服务的准确信息。同时，政府的保密性也大大增加了公共部门绩效管理的难度。

11.1.2 公共部门绩效管理的发展

我们已经知道，绩效评估是绩效管理的中心环节，在整个绩效管理中处战略性的中心地位，因此，对于公共部门绩效管理来说，绩效评估理所当然地成为最受关注的核心。这样，对公共部门绩效管理的发展历程梳理，可以从绩效评估的发展脉络来把握。

1. 西方国家公共部门绩效评估的发展

在新公共管理运动中，英美等西方国家将绩效评估作为突破口与主要抓手，推动政府治理变革，使绩效评估成为公共管理的重要内容。绩效评估在西方国家的广泛应用，导致很多学者认为传统的"行政国家"正在被"评估国家"所替代。其实，公共部门绩效评估是一个历史的概念，西方发达国家对政府绩效管理的尝试最早可以追溯到第二次世界大战以前，但其真正进入绩效管理的实践形式还是在战后，到目前为止主要经历了三个发展阶段。

(1) 起步阶段。这个阶段的绩效评估并未全面展开，只是在投入和产出易于量化的领域实行。早在 20 世纪 40 年代，美国就开始实施绩效审计改革；40 年代中期，雷德和西蒙在《市政工作测量——行政管理评估标准的调查中》，提出了评估的五个方面内容：需要、结果、成本、努力、业绩。英国自 20 世纪 60 年代开始对公共部门进行生产率的测定，土地局、税务局和就业部开始发布各部门的生产率指数，并制定各种绩效指标衡量下属工作。1973 年，美国尼克松政府颁布了《联邦政府生产力测定方案》，力图使政府绩效评估走向正规化、系统化、规范化的道路。

(2) 20 世纪 80—90 年代为政府绩效评估的发展阶段。20 世纪 70 年代，荷兰政府在公共部门中引入绩效预算，80 年代又通过实行绩效契约来使政府绩效评估得以发展。澳大利亚联邦政府于 80 年代专门成立了直属内阁的业绩保护和评估局，负责对政府公共部门及其公务员的绩效考核评估工作。最引人注目的还是英国的政府绩效评估，撒切尔政府相继推出"雷纳评审"、"部长管理信息系统"、《财务管理新方案》，使英国成为时间最长、运用最广、技术上最成熟的"评估国"。渐渐地，西方发达国家基本建立了比较完善的绩效评估体系。以英国为例，这个阶段的政府绩效评估有以下几个特点。一是普遍化。中央部门绝大部分都建立了比较满意的绩效评估机制，而且评估对象还扩展到非政府公共部门。二是具体化。1986 年各政府部门实施的绩效评估指标总数为 1 120 个，1987 年为 1 811 个，1989 年为 2 327 个，三年增长一倍多。三是系统化。以前评估侧重于经济和效率，但从 1986 年开始，对各部门的服务质量和客观社会效果开始重视。

(3) 20 世纪 90 年代至今为政府绩效评估的科学化阶段。在这一阶段中，国外政府绩效评估的发展出现了新趋势。一是政府绩效评估的逐步制度化与法制化。首先，绩效评估成为对政府机构的法定要求。美国 1993 年的《政府绩效与结果法案》、《以绩效为基础的组织典范法》，荷兰的《市政管理法》，日本的《政府政策评价法》等，都以法律的形式要求政府部门进行绩效评估。其次，制度化还表现为绩效评估专门机构的建立与完善。二是绩效评估的科学化和规范化。政府公共部门绩效评估主要围绕经济、效率、效益展开，同时辅之以公正指标，这些辅助指标侧重政府部门的工作过程而非结果，以保证评价工作程序的合法性和公正性。三是绩效评估中的公众导向化和外向化。20 世纪 90 年代初，随着各国政府的改革目标从经济、效率到质量和顾客满意为侧重点的转移，绩效评估以公众为中心的导向日益突出。同时，绩效评估中的公众导向还体现在评估过程中广泛的公众参与，公众成为绩效评估的主体。四是绩效管理评估的理念、方法和技术，向世界各主要发达国家扩展，已经形成一种世界性的潮流。

2. 我国公共部门的绩效评估的发展

在我国，绩效评估并不是完全从外国输入的，古代历史上已有相应的理论与机制。如官吏考核出现在秦朝，兴于唐朝，完善于清朝，虽带有封建特征，但其实践与发展为新中国各个时期公共部门绩效评估的发展提供了丰富的思想资源。

我国在进行社会主义现代化建设的过程中，各个历史阶段都有关于绩效评估的政府管理活动。尽管与西方发达国家相比，我国的绩效评估呈现出理论薄弱与实践不足等特点，但是新中国政府在实践中"摸着石头过河"，也积累了一定的经验，为进一步改进我国公共部门绩效评估奠定了实践基础。以时间的发展阶段来回顾我国公共部门绩效评估，可以以改革开放为分界将其放在计划经济时代和市场经济时代两个阶段中来分析。

我国计划经济时代的政府管理呈现某种运动式的特征，部门目标明晰化不足且经常变化，加上薄弱的信息基础，实施科学的组织绩效评估不大现实。因此，这时的绩效评估主要针对领导者个人，其特点包括非经常化、上级评估下级、评估主要基于个人经验和主观判断等。在制度化成果上，形成了一些带有法规性质的文件，如 1949 年的《关于干部鉴定工作的规定》、1964 年的《关于科学技术干部管理工作条例试行草案》、1979 年的《关于实行干部考核制度的意见》等。

我国公共部门开展真正意义的绩效评估开始于改革开放后，其过程大致可以分为三个阶段。

第一阶段，20 世纪 80 年代中期到 90 年代初期。这一阶段的改革主要以政府"放权让利"为特征，并从理论上确立了以公有制为基础的"有计划的商品经济"的经济体制改革方向，标志着中国政府管理经济的形式开始由直接管理向间接管理转变。这一时期，组织绩效评估主要在"目标责任制"的旗帜下实施，但实施具有自愿性质，中央没有提出统一要求，也没有相应的规范和实践指南。

第二阶段，20 世纪 90 年代。90 年代以来，我国的公共组织绩效管理水平、公共组织绩效管理的规范性有了很大提高。这一时期的实践具有两个特征：第一，目标责任制依然是绩效评估主要的载体之一，但采取了自上而下系统推进的方式，关注焦点是经济增长；第二，政府改革和创新的努力加上国际经验的影响，各种类型和方式的组织绩效评估相继出现，呈现出百花齐放的态势。

第三个阶段，1997 年至今。1997 年党的十五大报告中明确地提出“非公有制经济是社会主义经济的重要组成部分”和“市场在资源配置中起主导地位”，极大地鼓舞和促进了公共经济的发展，对政府管理提出了新的更高的要求，促进了政府职能的转变，绩效管理成为各级政府转变的重要途径。进入 21 世纪后，我国政府的施政理念发生了明显变化，新施政理念要求政府治理模式的转型。为了响应高层领导“构建科学的政府绩效评估体系”的要求，学术界和实践界付出了巨大努力。人事部课题组提出了由 3 个一级指标、33 个二级指标构成比较系统的“地方政府绩效评估指标体系”。可以说，新施政理念和治理模式转变不仅明确了组织绩效评估的地位，而且带来评估模式、实施机制、关注重点和覆盖范围的重大变化。我国的组织绩效评估由此进入了一个新的发展阶段，并将形成一个具有中国特色的管理模式。但是，由于现有基础薄弱和实施的时间很短，这一新模式还处在萌芽和试验阶段。

总体而言，我国的绩效评估方式主要有目标责任制、效能监察、效能建设、行风评议、社会承诺制、公民评议、公共支出评价、电子政务绩效评估、地方人大考核制、地方领导班子实绩考核制等。在对我国绩效评估的实践探索综合考察的基础上，中国行政管理学会联合课题组将这些评估形式分为三种类型：第一种是普适性的政府机关绩效评估，包括目标责任制、社会承诺制、效能监察、效能建设、行风评议等；第二种是具体行业的绩效评估，如教育部门为各级各类学校设立的绩效评估体系；第三种是专项绩效评估，如珠海的“万人评政府”、深圳的“企业评政府”以及山西运城的“办公室机关工作效率标准”等。①当然，这样的划分未必成熟，但是这些绩效评估方式却是中国式绩效评估在实践中摸索出来的有益经验。

11.2 公共部门绩效管理的主要内容

11.2.1 公共部门绩效管理流程

公共部门绩效管理流程如下。

(1) 描绘组织愿景。组织通常是在形成共同愿景的基础上制定战略计划，并且为自己提供确立目标的一种参照标准。组织的愿景，描绘了组织未来的蓝图与方向，一个成功的共同愿景能够为组织确定未来之路。因此，公共部门要实施绩效管理，就要首先对下面三个问题进行认真思考：①组织的未来发展愿景是什么？②组织的基本任务是什么？

① 中国行政管理学会联合课题组.关于政府机关工作效率标准的研究报告[J].中国行政管理，2003，(3)

③组织的未来愿景是否为基本任务所无法完全实现的?

发展愿景可以由政府智囊，结合组织首长与专家学者共同研拟出来，至于政府机关的基本任务则可以从机关的组织条例或其他法律中引申出来，将愿景建立于基本任务之上，避免成为空中楼阁。

(2) 制定战略目标与行动方案。制定战略目标首先在既定的战略经营领域内，综合分析和评价外部环境、需要和资源状况，确定出目标的方向；其次，对自身现有条件进行客观的全面衡量；最后和要达成战略目标所要达到的水准要求进行对比，做出可行的正确决策选择。

政府机关大多通过项目方式来进行资源分配，以推动达成组织战略目标，拟订具体政策、方案或实施计划。通过方案及计划的展开，将战略目标向下细化至单位及个人日常工作。

(3) 建立绩效指标。绩效指标的建立，可采用自下而上的方式，在幕僚部门的帮助下，业务部门在与上级充分沟通互动的基础上提出可操作化的绩效指标。对于公共部门而言，在强化透明、问责要求的呼声下，往往还要将指标公之于众，让民众自由讨论以获取支持与认同。

近年来发展出如平衡记分卡(BSC)法，提供了全面性衡量绩效的架构，除了财务，另还包括顾客、内部流程以及学习与发展等层面。平衡记分卡法是将组织目标具体转化为行为，以创造组织竞争优势。平衡记分卡以四个层面的连接，将组织的愿景与战略转化成目标与绩效量度，协助组织"聚焦"，并整合有限资源，有效协助组织目标的达成。平衡记分卡为如何构建合理的指标体系提供了有益的借鉴。在指标体系建立后，还要仔细检查其是否符合重要性、清晰性、可达性、适度挑战性、公平性、资料可搜集性、弹性、各项标准设定适当性等。

(4) 构建绩效评估机制。在制定了明确的绩效目标和绩效指标并将它们融入政府或部门的预算编制后，就进入了部门业务的执行过程。这一过程包括监测、发展、计分三个步骤。监测指各项测量指标执行过程中，应随时进行检查并回馈绩效信息。发展指对比绩效标准和实际绩效的异同，努力改善缺失以提升绩效表现。计分指建立一个公正的评核委员会，按照严谨、科学、完整的程序和标准进行评估计分，增强绩效评估机制的公信力。

(5) 使用绩效信息。绩效评估的最终目的是获得客观的绩效评估信息，并依此改进管理、提高绩效。绩效评估信息的使用主要包括两个方面：一是向政府相关部门、新闻舆论和公众公布绩效信息，接受社会监督，从而督促政府或部门提高绩效；二是绩效评估信息为政府或部门修正绩效目标、改进政府管理、进行预算编制申请提供客观依据。

11.2.2 确定组织目标

公共组织的绩效目标就是指公共组织适应所处社会环境的需要，依照共有的价值观念，根据国家或政府所赋予的使命和任务，经由构成人员的共同参与及向一致方向努力所追求的各种成就和最后结果，它是公共组织各阶层人员一定时期内的行动指南。

1. 明确组织宗旨

公共组织的宗旨是公共组织的信念、目标、哲学、原则、使命的综合体现，是组织存在的终极原因，也是一个组织区别于其他组织的根本性原因。宗旨陈述是对组织宗旨的全面描述，对于明确组织战略和目标具有根本的指导意义。

许多公共管理专家认为，一个有效的宗旨应当具备六个要素：顾客、服务、市场、战略、哲学内容和对社会公正的关注。

2. 确定组织战略

公共组织战略是关于组织作为整体该如何运行的根本指导思想，是对处于动态变化的环境之中的组织对当前及未来如何行动的一种总体表述，是组织为实现使命和宗旨而确定的行为方向和行动策略。

组织战略是分层的。组织战略包括三种基本的竞争战略：低成本战略、差异化战略和聚集战略。公共组织究竟选择哪一种战略姿态取决于组织本身的专长以及竞争对手的特点。

3. 制定绩效目标

制定绩效目标的具体步骤如下。

(1) 初步拟订绩效目标。在进行充分的准备工作后，公共组织应该开始目标的拟订工作。在实践中，拟订目标很重要的一点是寻找并确定关键目标因素，并在此基础上确定初步目标，将所制定的关键因素目标变成一项项具体可衡量的目标。

(2) 初拟目标的充分讨论与修改。目标草案拟订出以后，管理人员要征求上级意见，

并与下级和同事进行民主协商，在此基础上进行必要的修改。讨论的重点除了目标本身外，也要考虑到目标与上级、同级其他组织的契合问题。

(3) 列出目标实施过程中可能遇到的问题和障碍，并找出相应的解决办法。在目标拟订后，应该再对组织内外部环境(合作伙伴、服务对象等)进行分析，结合自身的人力、财力、物力状况，根据以往的工作经验，详细地设想在目标实施过程中会出现的困难、阻碍、冲突等问题，并书面列明。对列出的各种问题进行深入分析，找出各种解决办法，预定应变机制。

11.2.3 制定绩效计划

绩效计划指在进行绩效管理的组织中，管理者和员工在既有组织战略和目标的指导

下，设定统一的阶段性目标和一致的绩效标准，并据此建立包含承诺计划或是契约的过程。组织绩效计划的制定过程，包括八个步骤，见图 11-1。

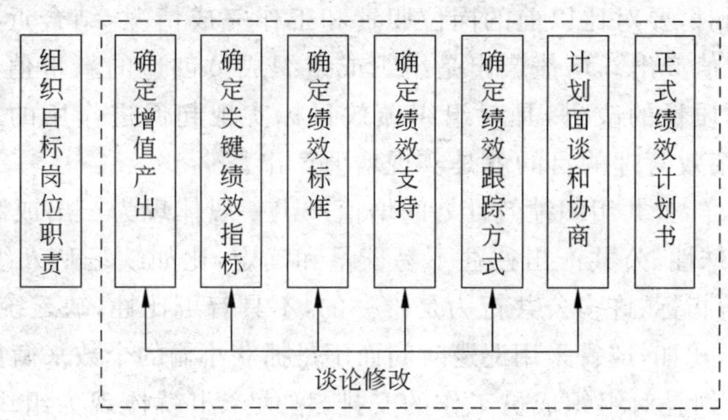

图 11-1　公共绩效计划的过程分解

绩效计划要在组织已经确定绩效目标和岗位责任的基础上进行，绩效计划的结果要形成一份明确的绩效计划书。在绩效计划阶段，首先要确定绩效目标指导下的增值产出，同时要根据组织任务和职责确定组织的关键绩效指标及其权重，建立绩效标准。为了完成绩效计划，管理者需要明确给予成员权力和物质资源以及物质和精神支持等。为了监控指导绩效计划的执行情况，管理者要确定对绩效执行跟踪的方式及信息收集方式，然后管理者和被管理者双方就具体的绩效计划书及计划的各个环节内容进行计划面谈。计划面谈也就是要充分协调沟通，对绩效计划的各个部分进行讨论修改，最终双方达成一致，形成正式的绩效计划书。

下面分别对计划的每一个环节进行说明。

1. 绩效计划的前提

绩效计划的前提是明确的组织目标和岗位职责。

组织目标是制定绩效计划的前提和归宿。所谓组织目标，就是组织在一定时期内奋力争取达到的和所期望的未来状况和最终结果，是组织宗旨和使命的具体外化。只有在组织战略的指导下明确组织目标，绩效计划才有了制定的依据和指导。否则，会导致绩效管理偏离组织的发展方向，违背组织发展战略，失去发展的可持续性。

岗位职责是绩效计划制定的依据和基础。岗位（职位），是组织工作开展的主体，对应着完成不同任务的人。制定绩效计划前要明确组织成员的岗位职责，也就是界定组织成员职位的职责。职位工作界定主要是通过工作分析的方法，对目标职位的关键业务内容及应实现的主要工作成果，用简练而准确的语言进行书面描述。职位工作界定是设计指标、做好绩效计划设计的前提和基础。

如果该组织并非第一次进行绩效考核，那么除了组织目标和岗位职责外，为了体现出绩效管理的连续性，还需要了解组织成员上一个绩效周期的绩效考核结果。

2. 确定增值产出

制定绩效计划时，要对比以前的岗位职责和工作完成情况，结合近期的组织目标，确定本绩效周期的增值产出。增值产出是组织或组织成员创造的新价值，是对以往工作成果的增加或是工作质量的改进，是对组织绩效目标实现起促进作用的工作行为或结果。从某种意义上说，绩效管理的目的就是实现增值产出。

与私人组织一样，公共组织绩效计划的增值产出一般体现为产出或结果。但由于公共组织的复杂性和特殊性，公共产出往往不易衡量和确定，比如缺乏私人组织通常采用的价格、利润等量化评价指标；许多公共行为是唯一的，不具有可比性，缺乏统一的标准，而且其本身就是工作产量，比如，巡警采用巡逻时间而不是抓获小偷的个数来衡量工作产出等。

组织的绩效计划是对组织成员工作的安排，增值产出就体现为组织内每个成员工作的提高程度，包括产品、行为、态度、创新性等。

确定员工增值产出的过程是在组织绩效目标的指导下进行的。也就是说每个成员的增值产出必须符合组织的整体目标。组织成员增值产出的程度也要受到组织整体目标的约束。这就涉及目标的分解和确立组织的关键绩效指标和完成标准的问题。实际上，确定增值产出的过程是与分解绩效目标的过程同时进行的。而分解绩效目标，明确绩效任务是由建立关键绩效指标和绩效标准两个环节完成的。

3. 确定关键绩效指标

关键绩效指标(key performance index，KPI)是连接个体绩效与组织目标的桥梁。它通过把组织战略目标分解为可操作的具体指标，明确表明员工所从事的主要工作和当期的主要任务，体现对组织战略目标的实现程度与组织现有的增值程度。建立关键绩效指标的过程，实际上是组织绩效目标明确化、具体化的过程，也是进一步明确组织价值增值的生长点和控制点的过程，是组织绩效计划的重点工作。

从组织的观点来看，关键绩效指标可分为三个层次。

第一个层次是组织整体层次的 KPI，要根据组织的战略重点，运用头脑风暴法和鱼骨分析法找出工作的重点，也就是找出组织的价值创造和价值评估的重点，并找出这些关键业绩指标。

第二个层次是部门层次的 KPI，即在组织内部各部门设计的落实组织绩效目标的指标。

第三个层次是岗位层次的 KPI，即将部门绩效指标落实到各个岗位所设置的指标。

4. 确定绩效标准

绩效标准是对绩效指标完成情况的一种衡量尺度，也是绩效评估时对每一绩效指标进行评价的依据。从岗位设置的角度讲，绩效标准是对各岗位组织成员工作条件和能力素质的一种要求或规范。可分为两个部分：一部分是职务标准，规定了工作职位本身所包含的工作内容，包括工作业绩、工作态度、工作能力等；一部分是职能标准，也就是要承担特定职务工作所需要具备的能力，包括经验性能力和知识性能力。

制定岗位绩效标准一般分为如下步骤。第一，确定各部门工作一览表，将各部门职责进行分解，列出部门人员应完成的各种工作任务。第二，确定各部门各项工作所需要的知识、技能、经验、资格等，划分出相应的等级，形成一份职能标准等级表。第三，根据工作一览表确定每个岗位的分工，包括确定个人的工作量、主要工作事项等。第四，根据每位员工的工作内容，确定出相应的职务标准；参照职能标准等级表确定每位组织成员的职能标准。第五，管理者和被管理者就所确定的职务标准进行沟通和协商，进行修正补充，达成共识。

5. **确定绩效支持**

在绩效计划阶段，管理者和被管理者要明确完成绩效目标实现增值产出所必须具备的条件。绩效计划的支持条件一般包括物质基础、组织条件、精神支持等。如果组织成员的精神需求和组织按照效率最大化原则制定的工作需求发生冲突，影响士气，或者组织目标、任务和体制发生变化，就需要对工作进行重新设计。

6. **确定绩效跟踪方式**

在绩效计划阶段，管理者和被管理者不但要对绩效的增值产出、衡量标准和支持条件达成一致，而且要就绩效管理周期内的信息收集和跟踪方式达成一致。

为了设计好信息跟踪方式，管理者和员工要就如下问题达成一致：①需要收集哪方面信息；②需要收集多少信息；③什么时候收集信息；④在什么地方收集信息，收集信息的渠道是什么；⑤谁去收集信息，谁来提供信息，双方各有什么责任义务；⑥谁会收集到这些信息，收集信息干什么用；⑦有没有隐私权的问题。

一个好的绩效信息收集和跟踪方式，可以保证管理者在绩效管理各个阶段都获得必需的信息，从而管理者可以根据员工的表现而给予其相应的支持、鼓励或辅导。信息跟踪可以得到组织成员的支持和理解，从而避免造成误解和矛盾，不至于影响绩效目标的实现。

7. **计划面谈和协商**

绩效计划的制定一般以管理者为主，但同时也强调被管理者的参与。在绩效计划的每一个阶段，都要征求员工的意见和建议。可以说，绩效计划是管理者和员工双方共同确定的。

因此，在绩效计划将要确定的时候，管理者一定要和组织成员进行面谈，就绩效计划中各个环节的内容进行沟通和协调，征求组织成员意见，获得组织成员的理解和支持，最终双方达成一致，形成正式的绩效计划书。

8. **正式绩效计划书**

正式绩效计划书是当管理者和被管理者双方在共同认可计划书内容后需要在计划书

上签字，作为以后组织成员开展工作以及绩效周期结束时对其绩效完成情况进行评价的依据。

11.2.4 实施绩效评估

1. 评估内容

1）经济测定

绩效评估的经济测定一般使用成本与投入的比率和行政开支与业务开支的比率这两种比率形式。

公共组织从事管理活动时直接付出的并不是金钱，而是由金钱转化而来的人力、物力、设备等。维持这些投入所花的资金就是投入的成本。从这方面来看，不经济既可以表现为获得某一投入(如购买一台设备)时花了高于市场最低价的资金，又可表现为超量投入(办公条件过于豪华、设备闲置等)。经济测定的主要目标是在获得特定水平的产出时，使成本降低到最低水平，或者说充分使用确定的成本以获得最大限度的产出，实现最佳比例的投入产出。

对公共服务机构来说，直接用于服务对象的开支是业务开支，用于服务机构和人员本身的是行政开支。以社会保障工作部门为例，向符合条件者实际支付的资金是业务开支，而部门的运营资金则是行政开支。由于行政开支和业务开支的性质不同，两者之间的比率就成了经济性的一个标志。行政开支在总开支中的比重过大，或是业务开支在总开支中占得比例过小，都是不经济的表现。

2）效率测定

詹姆斯·威尔逊在《美国官僚政治》一书中所建立的组织效率测定模型，正是以公共组织中工作人员的工作活动或劳动付出作为其效率测定模型的“投入”，之后按照这种劳动付出作为其效率测定模型的“投入”，然后按这种劳动的投入是否可测量，再加上公共组织的产出是否可测量，将公共组织划分为四个类型，即付出和成果都可测量的生产型组织。付出可测成果不可测的程序型组织、付出不可测成果可测的工艺型组织、付出和成果都不可测的应付型组织。

在生产型组织中，领导者能够观察到工作人员的工作及成果，因此可以直接根据工作人员的工作效率来判断他们的表现；在程序型组织中，领导者可使用多种形式的连续监视方法，如直接观察、定期统计报告等；在工艺型组织中，领导者虽然可以按照工作人员取得的成果来判断，但由于领导者无法观察到后者是如何取得这种成果的，因此法规制度的完善和严格执行十分必要；而在应付型组织中，有效的评估几乎是不可能的[①]。

---

① ［美］詹姆斯·Q.威尔逊.美国官僚政治[M].北京：中国社会科学出版社，1995：414-415.

3）效能测定

效能在这里包括产品和服务质量、公共部门活动的客观社会效果、公民的满意水平等一系列要素。效益测定是指主要以投入-产出为主线来衡量组织管理绩效的一种绩效评估。由于一定的行政管理活动在单位时间和单位空间内总会创造一定的社会效益，同时要付出一定的消耗，因此把人力、经费、时间看做决定行政效益内容的三大要素。于是，产出与投入、收入与成本之间的比率就成为了检验和衡量行政效率高低的最高标准。其公式为：

$$行政效益=\frac{社会效益(产出)}{社会资源消耗(投入)}\times 100\%=\frac{收入}{成本}\times 100\%$$

2. 评估程序

绩效评估程序如下。

（1）准备阶段。周密的组织准备是评价工作的基础和起点，也是评价工作得以顺利进行和卓有成效的前提条件。组织准备比较充分，就能抓住关键问题，明确评价的中心和重心，避免盲目性。组织准备阶段的主要任务有：确立评价项目和制定评价方案。

确定评价项目实质上是解决评价什么的问题。全面与有效是对评价项目的要求。评价方案中所确定的评价项目首先要保证与绩效的取得有重要的相关性。虽然绩效评估对公共组织来说十分重要，但这并不意味着公共组织的任何一项行为在任何时候都可以而且有必要进行评价。在确定评价项目时，必须根据理论研究和实际工作的需要，遵循有效性和可行性相结合的原则，选择那些确实需要评价的项目。其次要尽可能全面、完整。评估的项目虽然不应包罗万象，但必须包括影响组织绩效的各个主要方面，这样才能保证评价是全面而有效的。

制定评价方案是公共组织绩效评估准备阶段最重要的一项工作。评价方案设计得合理与否，直接关系到评价质量的高低。评价方案要在公共组织实际情况的基础上应用绩效评估的理论和方法进行精心的设计。

一般来说，评价的方案应将公共组织绩效评估的六要素，即评估者、评估项目、评估目的、评估指标、评估标准和评估方法都包括在内。其中，评价者是评价的主体，评价项目是评价的客体，评价目的是评价的出发点，评价指标是评价的工具，评价标准是评价的准则，评价方法是评价赖以实现的手段。这六个方面相互依存、相互作用，构成了一个完整的绩效评估系统。与此同时，评价方案还要说明评价的场所、时间、频率、工作进度安排与评价经费的筹措及使用等。

（2）实施阶段。实施阶段是整个绩效评估活动中最重要的阶段，其主要任务是利用各种调查手段全面收集公共组织管理活动的各种信息，并在此基础上进行系统的整理分类、统计和分析，运用相应的评价方法，对公共组织管理绩效进行评价，做出评价结论。

此外，要维持一个有效的绩效评估项目还得依靠连续性的监控过程，并且做出必要的变更。因为一个组织变化着的内部和外部环境要素要求绩效评估项目的设计和实施必须做出相应的变化，而且一个总体评价系统包括的几个步骤中的每一个步骤都是问题的潜在根源，因此应加以监控。

(3) 结束阶段。这是处理评价结果、撰写评价报告的阶段。个人的价值观受客观条件的限制，处理评价结果就难免有疏漏。因此，当收集评价信息并得到评价结论后，还必须善加处理，即对评价结果进行复核，以保证公共组织绩效评估工作的质量，保障组织中绩效评估的客观性、公正性和真实性，避免因工作差错而产生不确定的评价结果。

最后，必须撰写评价报告，并以书面报告的形式提交给主管部门，使之了解公共组织绩效评估的情况，及时改进公共组织的管理行为。评价报告除了写明评价机构、评价依据的数据来源、数据指标和方法、采用的评价值、评价责任等内容以及对公共组织管理绩效进行客观陈述外，还必须对评价过程、方法及评价中的一些评分问题加以说明，对评价工作的优缺点进行总结，为提高绩效评估水平提供参考。

11.3 中国公共部门绩效管理实践

随着我国社会主义市场经济的发展和政治体制改革的深入，并鉴于绩效管理对行政体制改革以及提高政府效能的重要推动作用，近年来，绩效管理在我国政府部门已经逐渐展开，相应的实践探索和理论创新也在不断跟进之中。但需要指出的是，如本书第5章的案例所提到的南都公益基金会在“5·12”大地震灾后重建项目中实施第三方绩效评估，在我国第三部门中并不多见，公共部门绩效管理开展得较好的领域还是政府部门。

11.3.1 中国政府实施绩效管理概况

如果将以提高行政绩效为目标进行的改革放到这个范围内来考察，那么，我国公共部门绩效管理实践可以追溯到20世纪80年代，以目标责任制为主要方式的绩效管理逐渐在我国基层政府中展开，效能监察、社会服务承诺制等绩效管理方式也陆续出现。这些情况说明我国公共部门开始在一定范围和一定程度上实施绩效管理。2003年1月27日，时任国务委员、国务院秘书长的王忠禹对中国行政管理学会的效率标准报告做出批示：“政府实施绩效管理是一件非常有意义的工作……请人事部关注此事。”这是中国政府高层领导第一次使用“绩效管理”概念。2004年国务院颁布的《全面推进依法行政实施纲要》中指出：“要积极探索行政执法绩效评估和奖惩办法。”“绩效评估”概念第一次出现在中央政府文件中，但范围只限于行政执法。2005年，国务院在《2005年工作要点》中指出“探索建立科学的政府绩效评估体系和经济社会发展综合评价体系”，绩效评估从行政执法扩展到各级政府的全面工作。随后的几年中，国务院开始推进政府绩效评估工作。2008年政府绩效管理被写入《国务院工作规则》，2008年3月，温家宝总理在十一届人大一次会议上作的政府工作报告中提出要推行“政府绩效管理制度”，绩效管理制度列入2008 年《关于深化行政管理体制改革的意见》，绩效评估由此成为绩效管理的一个组成部分。

其实，在中央政府思考和探索政府绩效管理问题之前，我国一些地方政府在相关研究机构和专家学者的指导下进行了绩效管理的尝试。如，1998 年，福建长泰县进行党政机关“勤政建设”的试点工作，试验的成功促使漳州市于 1999 年在全市推行“效能建设”活动，2000 年，效能建设在福建全省展开并持续至今，成为我国绩效管理的独特模式；2000 年，厦门大学卓越教授参与设计了厦门市思明区的绩效评估系统，在全国产生很大影响并荣获第二届“中国地方政府创新奖”；由零点调查公司首创且持续多年的居民评价政府及政府公共服务调查，是社会独立评价政府的典型范例；兰州大学中国地方政府绩效评价中心受政府委托，承担了甘肃省非公有制企业评议政府部门的工作，从而开创了“第三方评价政府的新模式”；华南理工大学以公民满意度为主要内容，对广东省 21 个地级以上城市政府绩效的大规模独立调研评价，则开创了我国高校独立创议、独立承担评估成本、独立设计并实施绩效评估的先河。以上这些绩效管理方案设计和管理实践探索，表明我国政府上下都已认识到了绩效管理的重要性，并已经在零散和局部的实践中积累了最初的经验。

在推进绩效管理的过程中，我国地方政府的实践在侧重点和运动方式上又各有不同，主要有以下几种类型[①]。

(1) 目标责任制：指通过工作目标设计，将组织的整体目标逐级分解，转换为单位目标并最终落实到个人的分目标。在目标分解过程中，权责利明确，而且相互对称。这些目标方向一致，环环相扣，相互配合，形成协调统一的目标体系。每个个体目标的完成，是组织完成整体目标的前提。我国于 20 世纪 80 年代将目标责任制引入到政府管理中，直到今日还一直是我国绩效评估的重要手段。引入初期由于对目标责任制管理的作用认识不一致，没有形成统一的管理运行体制，目标责任制的效用一直得不到发挥。20 世纪初期，为了进一步提高政府工作效率，目标责任制开始在政府管理中全面被运用。

(2) 效能监察：始于 1989 年，是指纪检监察机关及受其委托的组织，在政府的领导下有计划、有目的地针对行政管理的效率、效能以及国有企业生产和经营管理的质量、效果、效率、效益等情况开展的监察监督活动。

(3) 社会服务承诺制度：最早于 1994 年出现在山东省烟台市，指承担社会服务职能的行业或单位，按照自身特点和要求，把服务内容、服务标准、服务程序、服务时限、服务责任等，公开向社会做出阶段性或长期性的承诺，接受社会监督，承担承诺责任，是具有规范性和约束性质的服务制度。

(4) 效能建设：20 世纪 90 年代中期发端于福建省漳州市等地，指在党委、政府统一

---

① 卓越. 公共部门绩效管理[M]. 福州：福建人民出版社，2004：40.

领导下，强化各级组织的效能意识，以提高工作效率、管理效益和社会效果为目标责任，以加强思想和作风、业务和廉政建设为内容，科学配置组织管理资源，优化管理要素，改善运作方式，改进工作作风，按照廉洁、勤政、务实、高效的要求，构筑组织效能保障体系的综合性工作。

地方政府探索绩效管理过程中积累的有益经验，为全面推进我国政府实施绩效管理创造了良好的条件。2011 年我国稳步有序推进政府绩效管理工作，实现了良好开局。经国务院同意，北京、吉林、福建、广西、四川、新疆、杭州、深圳以及发展改革委、财政部、国土资源部、环境保护部、农业部、质检总局等 14 个地区和部门开展政府绩效管理试点，积累了一定经验，取得了初步成效。截至目前，全国共有 24 个省(区、市)和 20 多个国务院部门不同程度地探索开展了政府绩效管理工作。2012 年 2 月 16 日，国务院常务会议明确提出了开展政府绩效管理试点的要求。监察部于 3 月中旬透露，我国 2012 年起将进一步加大政府绩效管理试点工作力度，在建立、健全绩效管理机制制度、指标体系、考评方法和运用考评结果等方面继续深入探索。中央政府中具体负责实施政府绩效管理试点工作的部门要求，必须认真贯彻落实中央关于文化、教育、强农惠农、节能减排、医药卫生、水资源管理、质量安全与发展、扶贫等方面工作的考核要求，鼓励和支持各地区各部门探索开展对重大公共政策、政府重大投资项目、财政资金以及重大专项工作的绩效管理。在认真总结实践经验和深入调研论证的基础上，要研究提出推行政府绩效管理的指导性意见，明确政府绩效考评指标体系的基本框架。

11.3.2 我国公共部门绩效管理的制约性因素

我国公共部门绩效管理存在如下制约性因素。

(1) 实践中缺少制度基础和社会环境的支撑。有效的绩效管理需要构建完备的绩效管理体系，而绩效管理体系根植于社会环境的土壤之中。绩效管理不同于以往的公共部门管理模式，必然与现存的制度环境和社会环境有一定的不适应。制度基础是公共部门绩效管理得以实现和成功的内部保障，而社会环境则是其得到认可和取得实效的外部条件，二者缺一不可。

在绩效管理的制度基础方面，西方发达国家公共部门绩效管理的应用是以新公共管理的理念为基础的，即分权化管理、责任机制、结果为本、顾客导向等①。反观我国的公共部门绩效管理，政府的职能配置、组织结构和运行机制等，仍停留在原有行政模式的基础之上，即行政权力高度集中、政府领导不愿放权，导致下属机构和职员没有足够的权力来调动和整合人力、财政等各种资源，缺少独立性和自主性，缺少为达成目标而必需的资源，这使绩效管理的效用难以有效发挥。

---

① 刘旭涛.政府绩效管理——制度、战略与方法[M].北京：机械工业出版社，2003：136.

另一方面，社会环境也影响着公共部门运用绩效管理的实效。绩效管理的实施是为了实现政府的回应性，如果公民并不了解和认同这种管理方式，那么绩效管理的结果也不会被认同，绩效管理也就丧失了其存在的意义。同时，公民是公共部门绩效评估中最重要的评估主体，评估既需要公民参与的热情，也需要为公民提供简单便捷的评估手段。

（2）缺少战略规划和管理，制度化、规范化程度不高。我国的政府绩效管理多处于自发和半自发状态，缺乏统一的规划和指导，评估的内容设计和评估构建等几乎都基于政府本身需要而定，缺乏客观的衡量标准，也没有制度化；再者我国政府绩效评估往往都是短期行为，即使针对一项行为考评也往往是“运动式”的，组织者难以从绩效管理的宗旨角度得到全面的反馈。这些现象都亟待改变，当前我国政府绩效管理的主要工作是制定相关制度和法律，努力实现绩效管理的制度化、规范化。

（3）缺乏绩效评估基础和评估能力。绩效评估是进行绩效管理的重要一环，成功的绩效管理需要组织具有一定的评估基础和评估能力。而我国公共部门绩效管理的评估在评估基础和评估能力上，都有一定的欠缺。首先，从评估的内容、程序和方法来看，没有建立一套科学的评估指标体系。片面地将经济业绩等同于政绩，将经济指标等同于政府绩效的评估指标。评估程序没有规范化，评估结果很难做到客观、公正，甚至完全流于形式。评估方法多为定性，较少采取定量方法。其次，从评估方式来看，以官方为主，多是上级行政机关对下级的评估，缺乏社会公众对政府以及政府内部的自身评估。绩效管理过程处于封闭状态，缺乏媒体监督。由于信息不对称，不仅无法进行评价，而且各个部门由于考虑自身利益，无论是材料的收集还是处理分析都存在暗箱操作。从而影响整个结果的客观性和准确性。最后，从评估的目的来看，不是把评估作为提高管理水平的有效措施，而是作为一种应付上级检查，规避社会指责的手段。当某一方面问题成堆、社会反映强烈时，才采取诸如大检查、大评比等方式以求改进，因而使管理工作总是陷于被动状态。

（4）价值取向存在偏差。绩效管理以实现一定的绩效目标为基本要求，新公共管理运动认为公共部门的目标是“3E”，分别是 economy（经济）、efficiency（效率）和 effect（效益），而其后的公共管理学派认为对于公共部门而言，同营利性的企业一样仅追求经济学意义上的目标远不能满足公众的需求，因此增加了 equality（公平）作为公共部门所应当追求的价值，即“4E”目标。公共部门在运用绩效管理的过程中的难点之一就是如何确定目标。对于公共部门来说，同时存在多个需要满足而又可能相互矛盾的价值诉求。

在当代中国，公共部门绩效管理中最为突出的一对价值取向就是——增长与公平，这对变量就是同时需要满足且又相互存在矛盾的价值取向。我国政府在根据公共部门管理和服务的本质设定反映和维护公共部门公共性的标准。公共部门既要追求经济意义的目标，更要顾全公众的利益和社会的公平，这已经成为共识。然而，在现实中，许多地方政府在目标价值取向上只重视经济增长，片面地将经济业绩等同于政绩，忽视社会的全面发展，忽视自然和人的长远发展和利益，甚至导致政府职能的扭曲和变形，不利于解决教育、文化、社会公平、社会保障等其他各方面的问题。在追求效率优先、经济增长优先的价值取向的驱动下，盲目上项目、搞投资，造成大量低水平的重复建设，忽视资源、环境的可承载能力，大搞“形象工程”、“政绩工程”，造成国家财产、物资的巨大浪费，甚至不惜以牺牲下一代或几代人的利益为代价，给社会的可持续发展带来危害。

11.3.3 推进我国政府绩效管理的对策

(1) 巩固制度基础，优化社会环境。公共部门绩效管理在一定的社会生态环境下才能孕育、发展，而不能凭借行政和政治的力量，从外部强行地、人为地“制造出来”，也不能任意地揠苗助长。从英、美等较早实行公共部门绩效管理的国家来考察，之所以在20世纪80年代就推行公共部门的绩效管理，其重要的基础是政府实行治道变革，努力向企业学习管理，并充分利用市场的力量来提升提供公共物品和公共服务的效率和效益。当时有些西方国家已经在企业中普遍实施了绩效管理，在企业的人力资源管理中，也建立了以绩效为中心的考评、激励、培训制度，从而在全社会形成了以绩效评估企业和领导者及员工的规则和惯例。如果一个社会在管理中仍然通行着以资历、当权者关系的亲疏、某些潜规则作为选人议事的准则、规矩和惯例，那么，公共部门的绩效管理就不可能在脱离整个社会体系的情况下孤立地进行。因此，培育企业的绩效管理，努力在全社会形成良好的绩效评估习惯是促成公共部门开展绩效管理的重要社会条件。

(2) 加强绩效管理法制化建设。制度的长期性和稳定性需要法律的确认作为保障，所以，政府职能调整和组织结构改革也需要明晰的法律规定管理层级的调整、确定责任机制以及对结果承担责任的方式等，以此将分权化和责任制等绩效管理的基本理念确实地体现在政府的管理当中。同时，中国公共部门绩效管理大多处于自发状态，带有很大的随意性，甚至是一次性的，尚不是一个连续的规范的制度。在这种情况下，绩效管理更多地作为花瓶而存在，流于形式，不能发挥其应有的效用。所以，以法律的形式确定绩效管理在日常管理中的地位以及具体的实施办法，也是中国公共部门绩效管理的当务之急。各级政府及相关政府部门在实施绩效管理时，应依照规定进行长期的战略规划，并以此制定绩效管理的目标，选择适当的技术方法，将结果及时有效地反馈。尤其重要的是，将绩效评估确定为公共部门中长期、定期地实行的考核，将绩效管理确定为基本的管理方式。

(3) 不断完善我国公共部门的绩效评估体系。绩效管理中最重要的是要建立衡量绩效的指标体系。常用的指标模式是用具体的标准构建的，可概括为“4E”标准：经济(economic)、效率(efficiency)、效能(effectiveness)、公平(equity)标准。我们要借鉴西方发达国家在公共部门绩效管理中的先进经验，结合我国国情，探索完善我国政府绩效评估的指标体系。但由于我国地区差异较大，政府绩效评估的指标设计也应有所不同，根据不同地区、不同层级、不同部门设计出最能测量政府工作成果的指标体系。从有利于改进组织管理、改造业务流程、关注绩效结果三个方面入手，建立我国政府绩效评估的经济指标、效率指标、效益指标和公平指标相结合的指标体系。

在评估方法上，要充分利用现代信息技术手段，加强公共部门之间的沟通。电子政务是现代政府有效行使职能的强有力的工具，为政府绩效管理提供了可资利用的载体。一方面，电子政务的信息网络使得行政信息的传递更为迅速及时，反馈渠道更为畅通。电子政务打破了传统的政府金字塔式的管理层级结构，使政府的组织结构出现扁平化趋势，使执行层与决策层可以直接沟通。同时，它又为公民广泛、深入、普遍的行政参与开辟了道路。另一方面，电子政务为政府绩效管理朝科学化、标准化、制度化的方向发展提供了多方面支持。“网上政府”有助于改善政府的决策，尽量减少相应的成本；政务公开，增强了公共部门管理的透明度，促使政府和公众之间相互了解和及时沟通反馈，减少了公共部门决策的盲目性、主观性，提高了公众对其决策的理解度和支持率。

(4) 评估主体多元化，建立多元主体评估机制。评估主体的多元结构是保证绩效评估信度的基本原则。每个评估主体都有其特定的评估角度，综合大多数的评估主体评估的结果，才能全面和客观地评定被评估对象。公共部门作为社会公共责任的承担者，决定了其绩效评估不只是政府内部组织评估，而且还要接受社会的评估，因而，可以引入企业绩效管理中使用的 360°全方位评估技术。一般而言，评估主体应包括被评估对象本身、直接行政领导、同级行政机关、下级行政部门、公民和独立的社会评估组织，并要根据被评估对象的性质确定对各个评价主体的权重①。当前，我国绩效评估中的社会力量尤为薄弱。因此，在以后的政府绩效评估中，我们要注意以下两点：一是要建设公共部门绩效评估的独立组织，加大独立组织的评估权限，其人员可由政府相关部门和学界专家组成。二要把公众满意度评价放在更为重要的位置，通过社会调查、民意测验等方法，定期征求公众对政府工作的满意程度，使政府部门不仅要对上级负责，更要对公众负责，真正体现服务型政府的理念。

(5) 完善激励机制，重视反馈环节。首先，公共部门不以营利为目的，也没有激烈的市场竞争策动，相应地，改革绩效的驱动力的强度不如企业。而绩效反馈可以在一定程度上弥补这种不足，对做出卓越绩效的机构团队和员工个人给予奖励，或者，将一个部门的绩效评估结果与下一年度的预算相关联，实行预算管理制度，依照是否完成绩效目标和超越绩效目标的程度来确定下一年度能否拿到更大上限的预算和上限的最大值，而对于未能完成目标的部门，可以适当减少预算拨款。绩效管理是重结果而轻过程的管理，与此相关的预算也应当是花钱买效果而非花钱买过程。提高了绩效的部门能够获得更多的资源自主分配权，使预算资金优先分配到绩效杰出的组织和部门中，使组织因高绩效的行为得到奖励，管理人员因高绩效的表现受到奖励，激励其创造更高的绩效。其次，绩效管理的根本目的是改进组织的绩效。

---

① 卓越. 公共部门绩效评估的主体建构[J]. 中国行政管理，2004，(5).

对政府组织而言，评估反馈包括两个方面。一是将评估的结果与下级部门和职员进行沟通，使其了解自身工作所获得的评价，针对得失做出调整。在此过程中，管理者和下级职员就成败得失的原因做出分析，以便被评价者改进绩效。二是将评估结果向公众公布。不是简单地排列若干得分最高或最低的部门，而是详细地公开各个指标上各个部门的得分和评价，使作为评估主体的公众也拥有监督的能力。在其后的绩效评估中，公众便可以得到直观和确定的信息进行比较。在这段时间内，各个部门的绩效（尤其是公众满意度）究竟是提高了还是降低了，通过比较便一目了然，而简单的公布排名则难以实现。绩效结果是一个上升的过程而不是不断地重复，内部和外部的绩效反馈为绩效结果的不断改善提供了基础。

绩效管理的理念和技术被引入公共部门的管理当中，旨在提高公共部门的行政效率、改善其行政效能、增强对公众的回应性。我国公共部门从借鉴西方发达国家的实践开始，在组织管理中转向结果导向，对组织绩效做出考核时注重公民的反馈，平衡记分卡、目标管理等绩效管理的管理技术也被应用到公共部门的常规管理和项目管理之中。从绩效管理的实践中考察，我国公共部门存在诸多的问题和不足，其中最为重要的一点是制度基础和社会环境的缺乏。其次，价值取向上过于强调经济增长、评估主体较为单一、绩效反馈环节的缺失等都影响了绩效管理的实施效果。造成这些问题的原因是多方面的，包括相应法律的空白、观念的滞后等。所以，提升我国公共部门绩效管理的水平需对症下药，既要注重填补法律空白，更要针对具体的问题提出相应的对策，并在实际操作中做出改进。我国公共部门引入绩效管理的时间尚短，与原有体制还处在磨合和调适的过程中，对相关的理念和技术也未能完全地理解和掌握。随着实践经验的不断积累，对各方面的问题和不足给予重视和改进，绩效管理对优化我国公共部门管理效果的作用将日益显现。

11.3.4 地方政府实施绩效管理的案例分析①

1.“四位一体”：地方政府绩效管理体系特征与效果

近年来，我国中部某市结合都市区建设、打造中原经济区核心增长区的目标，于 2011 年出台了《市县（市）区和市直单位绩效考核暂行办法》。该市立足本地实际，形成了“指标设置—跟踪问效—效果评估—反馈改进”的综合性绩效管理体系，并提出了“四位一体”绩效考核的制度设计。“四位一体”是目标、业绩、过错和样本点共同容纳于地方政府绩效管理体系之中，彼此相互呼应，从多角度全面、系统地反映政府绩效，基本要求如下。

1）目标

绩效目标的设置历来是政府绩效管理的首要环节，这里的目标是政府部门和个人通

① 吴建南，连维良，杨宇谦.“四位一体”：地方政府绩效管理体系的案例研究[J].西安交通大学学报（社会科学版），2012，(2).

过努力而期望实现的成果或达成的目的。目标分为年度责任目标、年度安排的阶段性中心工作和重要工作任务两个层次。年度责任目标指市委、市政府年初下达各单位的责任目标和之后追加的目标，以市委、市政府的正式工作部署为准。年度安排的阶段性中心工作和重要工作任务指年内省委、省政府和市委、市政府要求落实的当年重点工作任务和重要工作任务。由于目标的形成和制定应该是动态的，也应当是个过程，年初不能穷尽全年的变化和走势，因而也不能一次性把目标定完善。整个责任目标的制定采取自下而上、上下结合、科学论证、民主集中的办法进行，最终由市绩效考核工作领导小组以《年度工作目标责任书》的形式下达。

2）业绩

随着社会的发展，政府的任务和因形势发展变化产生的新职能众多，很难全部纳入目标体系，而有些工作任务重要程度远远超过了纳入目标体系的一些工作项目。鉴于此，绩效考核仅局限于目标考核仍然不够，因而把目标体系以外、通过自身努力在超额完成工作目标基础上所创造的优异工作成绩纳入业绩考核范畴。业绩设置分为特别重大业绩、重大业绩和重要业绩，具体内容按照项目建设、招商引资业绩内容和其他方面业绩内容分别进行设置。特别重大业绩指年内工作成绩特别突出，对全市经济、社会发展和党的建设做出特别重大贡献、取得特别重大荣誉的业绩。重大业绩指年内工作成绩突出，对全市经济、社会发展和党的建设做出重大贡献、取得重大荣誉的业绩。重要业绩指年内工作成绩较为突出，对全市经济、社会发展和党的建设做出重要贡献的业绩。业绩的内容设置具体采用按条件记业绩、按承诺记业绩和事后追记业绩三种方式进行。对年度内取得的业绩情况，责任单位要即时申报。业绩核查部门对其进行调查并初步认定后，报市绩效考核办最终认定，并编发绩效考核《周报》、《月报》进行通报公示。

3）过错

实际工作中，往往过错形成的损失比有些完成目标的贡献还要大得多，在许多情况下"无过便是功"。基于这种考虑，该市在绩效考核中不仅设置了合理的业绩考核内容，同时也注重把过错项目的评价纳入考核内容，并对过错进行了分类，根据过错程度实施一票或多票否决。该市的过错设置分为重大过错和较大过错。重大过错主要集中于安全生产、反腐倡廉建设、计划生育、生态破坏和环境污染、社会稳定、干部选拔任用、重大项目监管和数字统计等领域，而较大过错除了包含重大过错领域的轻微情形之外，还涵盖了行政执法、行政服务、市容环境、工作反馈、电子政务建设等。重大过错和较大过错按照县(市)区(含市委、市政府各派出机构)和市直各部门分别规定，各种具体情形由相应工作的主管部门负责核查认定。对年度内发生重大过错的责任单位实行一票否决，对发生四次以上较大过错的责任单位实行多票否决。

4）样本点

绩效考核样本点是依据单位主要职责，选择最具有代表性、典型性、示范性的窗口岗位、公众关注事项和有形的主要业务进行绩效考核而确定的工作质量标杆。一般来说，人们把对各种随机现象的观察或实验称为随机实验，而把随机实验的一切可能结果的全体称为样本空间，其中实验的每个结果就称做样本点。该市在绩效考核中借鉴了这一思想，围绕各单位主要职能和工作特点建立一批绩效考核样本点，作为绩效考核的一项重要内容，实现绩效考核由看得见、摸得着的案例说话。该市将样本点视为绩效评估的重点，对承担的工作任务进行梳理，将重点、难点或中心工作列入考核样本点，并对样本点工作进行细化、量化，明确样本点完成的时限、达到的标准及完成的具体措施。从绩效管理体系的角度看，样本点既是对目标体系的完善，也是对考核过程的监督，更是对绩效管理过程的深化和提升。

2. 启示与思考

该地方政府结合建设中原经济区都市区的战略构想，从实际出发提出的目标、业绩、过错和样本点"四位一体"的政府绩效管理体系，呈现出以下特点。

(1) 目标、业绩、过错及样本点制度能够通过对考核对象行为过程的模拟，对考核对象形成良好的激励机制。首先，目标规定了政府工作的基本任务，是为了让人们干成事，能够实现政府工作的基本目标；业绩项目则对政府工作提出了更高要求，属于激励性举措，是为了让人们干好事，能够更好地促使考核对象不断创新、不断进取；过错项目则是从反面规定了政府工作的要求，属于约束性举措，是要考核对象在工作中不要出事，有效地减少负面事件的发生。其次，目标、业绩和过错有效模拟了考核对象的行为过程。通常人们的行为类型即出现频率适合正态分布，一般行为出现频次较多，先进行为和过错行为出现较少，但是却不容忽视，因为他们能够充分体现不同个体之间的差别。因此，设置业绩和过错有助于拉开差距，找出优秀和落后等，避免考核流于形式。最后，业绩和过错的设置反映了每个个体都有立功或是犯错的可能的客观规律。在"四位一体"地方政府绩效考核体系中，重大过错实行一票否决，较大过错项目通常采用目标责任扣分方式，但当较大过错超过四项时则实行"多票否决"。在干部任免中，可以使用业绩优先条件抵消过错项目，实现功过相抵的功能，从而给予考核对象一定的挽救过错的空间，不至于一棒子打死，有力解决了传统"一票否决制"滥用的问题。

(2) "四位一体"政府绩效考核体系是整合组织管理状况、关键问题的解决和利益相关者满意的绩效评价模式，能够较好地满足多目标的实现。该市对市直部门设置了包括促进职能转变、科学决策、依法行政在内的自身建设工作目标和机关党建工作目标，通过加强自身管理，以行政过程的变革推动绩效价值的实现。同时，按照《关于上报绩效考核样本点的通知》的明确规定"要依据职责和工作分工，紧紧围绕市委、市政府下达中心任务中的难点和重点、单位的工作难点和薄弱环节工作、群众最关心的热点问题和最不满意的突出问题等确定领导干部的绩效考核样本点"，样本点着重解决政府工作的关键议题，结合上级政府的要求和考核对象自身的工作职责制定的目标、业绩和过错侧重于满足上级和公众的总体要求。而样本点解决的关键议题主要集中于民众关心的热点问题，侧重于满足上级和公众的具体要求。总体上看，目标、业绩、过错及样本点"四位一体"的地方政府绩效考核体系既能够体现上级的要求，又能够满足公众的利益诉求；既注重宏观又兼顾具体，从而实现不同利益相关者的满意。

样本点是一种"可观察的现实案例考核"，通过政府重点、弱点和热点工作的具体落实，形成绩效事件或绩效案例库，能够有效地与"抽象指标考核"的绩效信息相互印证，提升政府绩效测量的准确性。"四位一体"绩效考核体系中的目标、业绩和过错项目尽管能够对考核对象形成有效的激励，但是其激励作用的发挥要建立在能够获得准确的绩效信息的基础之上。但是由于政府工作本身的复杂性，政府绩效本身很难测度，同时在实践中，一些地方政府和部门绩效评估过程较为松散，缺乏法定程序的约束，很多地方政府的绩效管理有难以完全避免的随意性，从而自觉不自觉地取决于一些领导人的个人意志，在实际操作中常常受到人情干扰乃至人为操控，使评估结果符合领导人的个人偏好，同时还会出现"报喜不报忧"等现象，导致绩效考核信息本身不客观，影响着政府绩效考核结果的使用力度及其激励功能的发挥。尽管政府中的有些绩效信息本身难以量化，但是如果绩效信息系统能够提供充分和有效的事实证据，即便是软性指标，即便是一种定性判断，其评估结果也会相对比较准确。而样本点的建设正是对政府落实具体工作的现实记录，通过与"抽象指标考核"的绩效信息相互印证，保证考核工作的客观与公正。

绩效管理是一项复杂的系统工程，也是一个由目标设置、跟踪问效、过程控制、结果评估、奖惩等环节构成的循环过程。过程管理决定着绩效结果，最终也影响着发展目标的实现。尽管该市目前已初步形成了符合本地实际、适用性较强的政府绩效管理框架，"四位一体"的政府绩效考核体系设计体现出较强的创新性，在实践中也取得了一些良好的效果，但在目标设置、样本点选择和公众参与等方面仍存在有待进一步完善之处。因此，"四位一体"的地方政府绩效考核创新实践只是提供了一个可资借鉴的"标靶"。

【本章小结】

公共部门绩效主要是指公共部门及其公务人员在依法管理社会公共事务或岗位职责过程中的行为和投入所获得的结果及其社会影响。一般包括公共部门组织绩效和公务人员个人绩效等。在公共部门管理的众多模式和方法中，绩效管理由于对公共部门效率和责任的强调，注重结果导向和对公民需求的回应，成为公共部门进行有效资源配置、提高政府效率的主要手段，并因此成为世界各国行政改革的重心。

公共部门管理是一个包含了绩效计划与实施、绩效考核、绩效反馈与改进等环节的系统过程，强调通过持续开放的沟通形式组织目标，并推动团队和个人达成目标。公共部门绩效管理流程由描绘组织愿景、制定战略目标与行动方案、建立绩效指标、建立客观且具有公信力的绩效评估机制和使用绩效信息五个环节构成，其中确定组织目标、制定绩效计划和实施绩效评估是最重要的步骤。

从20世纪80年代起，我国地方政府开始尝试实行绩效管理，出现了目标管理、效能监察、社会服务承诺以及效能建设等形式，这些探索为中央政府启动实施全面绩效管理积累了丰富的经验。但当前我国公共部门绩效管理还存在一系列制约性因素，比如，实践中缺乏相应的制度基础和社会环境；缺少战略规划和管理，制度化、规范化程度不高；缺乏评估基础和评估能力；公共部门绩效管理的价值取向存在偏差。要完善我国公共部门绩效管理需要从以下几方面加大改革力度：巩固制度基础，优化社会环境；加强绩效管理法制化建设；不断完善我国公共部门的绩效评估体系；评估主体多元化，采用360°的多元主体评估机制；完善激励机制，重视反馈环节。

【核心概念】

绩效管理(performance management)

绩效评估(performance assessment)

公共部门绩效管理(public performance management)

【思考题】

1. 公共部门绩效管理的特征有哪些?

2. 简述公共部门绩效管理的主要内容。

3. 分析我国公共部门绩效管理的发展趋势。

4. 从理论上来看，绩效管理相对于传统行政模式具有一定的优越性。那么，这种优越性是否存在现实基础? 谈谈你的看法。

【拓展阅读】

关于公共部门绩效管理，卓越的《政府绩效管理导论》(清华大学出版社2006年版)作了较深入的论述。而对于绩效评估的要素、程序与方法及绩效评估的改革与发展，陈振明主编的《公共管理学》提供了比较清晰的线索。要了解国内外公共部门绩效管理发展新动态，绩效管理网(http://www.jxgl.com)和上海社会科学院政府绩效评估中心的专题网(http://www.sass.org.cn/jxpg/)有比较全面和丰富的信息。

第12章

公共信息资源管理

【学习目标】

新公共管理运动中，公共信息资源管理特别是电子政府日益成为提高管理效率、拓展管理渠道的重要载体，相应的理论认识也在不断深化。在本章我们要熟悉公共信息资源管理的发展历程，充分理解公共信息资源管理在当今公共管理领域的功能，特别在促进公共管理模式转换以及实现公共部门再造、提高公共服务能力等方面发挥的积极作用；了解公共信息资源管理未来的发展趋势；重点掌握公共信息资源管理的内涵及管理环境、电子政府及其管理模式，以及公共信息资源管理在当代中国的运用与发展。

无论是在私人还是公共管理领域，信息技术的飞速发展都对其产生了深远的影响，为了提高信息资源的速度和效率，人们开发出管理信息系统，这套系统首先应用在商业领域，即产生了电子商务，电子商务以其高效率、低成本、快速通信、全天候服务等优点，迅速征服了顾客，给商家和私人机构带来前所未有的丰厚利润，受到了世界各国的重视。与私营部门类似，在公共管理领域内也正逐渐广泛地运用管理信息系统。“电子化政府”正成为政府未来的发展方向，以及提供优质公共服务的有力手段及重要保障。

12.1 公共信息资源管理的发展历程

20世纪中叶，信息论与计算机的诞生，促进了信息技术的发展，并且使得信息技术逐渐成为现代技术中的关键技术。与此同时，随着信息技术的发展，客观上为信息资源管理提供了有力的工具。在公共管理领域，信息以及信息资源的管理已经成为一个越来越重要的部分，同时也成为公共管理者的一项重要职责。利用信息技术改革公共部门以及组织，已经成为公共组织再造的重要方向。从总体上看，公共信息资源管理的发展历经了如下三个阶段。

12.1.1 萌芽阶段

20世纪中期，在现代管理科学最为发达的美国，公共信息资源管理就开始萌芽和发育，"作为一种专门性的管理活动，公共部门信息资源管理产生于20世纪40年代，其最早的生长领域就是美国政府部门的文书管理领域"[①]。第二次世界大战期间临时增设的各种机构，导致了文书数量和文书管理成本的激增，对此，美国政府运用了行政和立法双管齐下的办法实施整治，其结果却意外地形成了对公共信息资源进行管理的专门领域。早在1942年，美国国会就通过了《联邦报告法案》。这是第一个控制文书的联邦政策，其目的是设法减轻公众的统计报告负担、减少报告中不必要的重复，最大限度地利用来自公众的信息。

20世纪70年代起，发达国家的经济和社会领域发生了一系列变革，以美国为代表的西方发达国家开始从工业经济向知识经济转化。知识经济是建立在知识和信息的生产、分配和使用之上的经济，以全球化、网络化、知识化为其基本特征，以信息化为基础和前提条件。随着信息对经济发展和社会进步的作用逐步为人们所认识，对信息进行管理的要求也就呼之欲出。到了70年代后期，人们提出了办公自动化的概念，管理信息系统又成为人们关注的焦点，在公共管理领域，也随之诞生了公共管理信息系统。公共管理信息系统着眼于对公共信息过程的综合、全方位控制和协调，强调以自动化信息处理和信息系统建造为主要内容，重视对信息流的控制。

12.1.2 形成阶段

公共信息资源管理的形成是以公共管理信息系统以及公共决策信息支持系统的建立为基础的。

1. 公共管理信息系统

1986年，美国雪城大学的波兹曼与布莱特·施纳德(Bozemen 和 Bret Schneider)将管理信息系统(MIS)运用到公共部门，提出了公共管理信息系统(public management information system，PMIS)的概念。在他们看来，"公共管理信息系统的特质在于它的经济权威、政治权威、人事系统与工作环境四个方面"[②]。事实上，公共部门已经开始注重将先进的信息技术引入日常管理工作。普通公共部门和公益组织在信息化方面一直努力追赶私人企业，而在一些关系到国家安全和军事利益的政府部门，更多的是要求在信息技术领域处于领先地位。所以公共管理信息系统始终处在不断完善的过程之中，所涉及的管理领域和信息处理方法像滚雪球一样囊括得越来越多。

---

① 黄健荣. 公共管理学[M]. 北京：社会科学出版社，2008：306.

② 张成福，党秀云. 公共管理学[M]. 北京：中国人民大学出版社，2001：248.

对于公共管理信息系统的定义始终没有一个统一的认识,"目前,学界一般认为,所谓公共管理信息系统,就是在公共管理活动中,为管理层有效履行管理功能而提供信息及其服务的有效系统,包括资料收集、分析、选择、存储、处理与服务、传播等步骤的整个过程和体系"①。同时人们认为,一个良好、有效的公共管理信息系统,需要遵循几个基本原则。第一,科学系统原则。既要从整个管理系统出发,遵循公共管理的一般规律,又要从信息收集、加工、传递、储存等工作系统出发,周密地设计公共管理信息系统。第二,经济效益原则。应努力做到以最小的耗费提供效益大、数量多、价值高的公共管理信息。第三,适应性原则。应把各种变化因素尽可能地考虑进去,以提高系统的应变能力。第四,可行性原则。全面考虑所研制的系统在目前的人力、财力和物力之下是否具有一定的可行性。

政府机构在其管理和服务过程中逐步运用现代信息技术,对各种政府信息资源和系统进行整合,建立了网络化的政府管理信息系统,形成电子政府的办公模式,打破了行政机关的组织界限,使政府部门之间、政府部门和社会各界之间通过各种电子化渠道加强了联系,促进了相互沟通。

2. 公共决策信息支持系统

在各种管理活动当中,决策都是重要的组成部分。管理学大师西蒙认为决策是管理的心脏。管理是由一系列决策组成的,管理就是决策。人类的决策活动实际上就是处在不断利用信息并对未来进行预测之中的,因为信息反映了事物演变的历史和现状,隐含着事物的发展趋势。在经济学领域,信息经济学学者认为信息资源可以提高经济决策水平,减少或消除经济活动中的不确定性因素,从而可以优化经济决策,提高经济效益并创造更多的财富;在公共管理领域,公共信息资源的合理利用同样能够规避或消除公共决策中的风险因素,提高公共政策的正确性和权威性。

公共管理信息系统的主要目的,在于帮助公共管理者有效处理复杂的信息,提高行政服务的质量,另外它也是电子政府诞生的基础。但是传统管理信息系统的性质,仍主要面对管理者例行性、经常性、作业性、有固定因果关系的结构化问题,而对非结构化问题和非程序性问题,显得帮助不大。针对这种情况,美国麻省理工学院的高瑞(Gorry)和莫顿(Morton)于 1971 年提出了决策支持系统(decision support system,DSS)的概念,认为任何对决策制定有贡献的信息系统都是决策支持系统。所谓决策支持系统(DSS)就是利用电子计算机系统处理的信息,以支持决策者针对"非结构化"问题制定决策与执行决策的一套体系,"在整个决策体系之中,信息系统是决策的支持系统,也是政府决策的神经系统,是决策系统正常运行的媒介和纽带"②。完善的公共决策信息支持系统,对于公共决策的正确性、科学性,以及深入了解民情、充分反映民意、广泛集中民智、切实珍惜民力具

① 李之洋. 论公共管理信息系统的建构[J]. 四川行政学院学报,2004,(3).

② 颜如春. 论改进与优化我国公共决策系统[J]. 中共成都市委党校学报,2003(5).

有重大的意义。[①]

到20世纪80年代，随着计算机通信、网络技术、数学处理手段及人工智能、管理科学等技术和管理思想的发展，以及数据仓库、数据挖掘及联机分析处理的应用，决策支持系统现在向着智能化DSS、群体DSS和行为导向DSS的方向发展。

在公共管理信息系统和公共决策信息支持系统的共同影响下，在这个阶段，公共信息管理从狭隘的政府文件管理中独立出来，演变成管理对象明确、管理合法化、管理主体职能明确、管理内容有理论指导的专门管理活动。公共信息资源管理形成有四个标志：一是相应概念的明确界定；二是确立了公共信息资源管理的法律地位；三是设立了公共信息资源管理的理论；四是出版了大量有关政府信息资源管理的著作和研究成果，阐述了政府信息资源管理的基本原理和方法。

12.1.3 成熟阶段

20世纪90年代以来，信息技术的飞速发展和应用，深刻地改变了企业的经营、管理、设计和制造方式，信息社会的特征越来越明显。同时，如前所述，信息技术也催生了管理信息系统，“管理信息系统的发展完善及其在商业领域的应用极大地推动了电子政务的产生”[②]。总体来说，从早期电子商务到电子政府，从公共管理信息系统到公共决策支持系统，都离不开信息技术的发展和应用。单从政府角度来看，信息技术应用于公共信息资源管理当中，给政府部门带来了前所未有的办公效率，政治公信度也随之提高。对于信息技术的应用所引发的公共部门(尤其是政府)的变革，信息管理学家马尔香和克雷斯莱因曾谈到，由于信息技术的应用，政府部门发生了四种主要变化：第一，许多政府(和商业)组织为了实施战略规划和操作已用数据处理、办公自动化、通信技术等方面的集成管理取代了对这些技术的垂直管理和控制；第二，由于各种组织变得越来越依赖于信息技术的内部利用，它们也更加关注信息技术规划在组织的战略规划中的整合应用；第三，设计多功能办公自动化网络的需求对于数据处理、通信、办公室管理、文书管理等方面的跨领域利用提出了更多的要求；第四，许多组织在信息技术方面增加的投资要求最高管理层更多地介入对信息技术利用的监督。

由于信息技术所产生的巨大效益，美国政府提出了建设“信息高速公路”的计划，引发了信息技术在全球范围内的传播和世界各国的信息化建设，对此我们在后面会做详细的讨论。值得一提的是，这种“信息技术应用”全球性的推广运动使得“政府信息资源管理不再是美国的‘专利’，它已扩展成为世界各国普遍重视并推行的一项管理活动”[③]。

---

① 刘加夫，黄勇. 论信息化时代公共决策信息支持系统的完善[J]. 跨世纪，2008，(10)。

② 余建坤，陈伯华. 管理信息系统[M]. 北京：科学出版社，2009：338.

③ 冯惠玲. 政府信息资源管理[M]. 北京：中国人民大学出版社，2006：46.

自“电子政府”诞生之日起，或者更准确地说是自信息技术应用到政府管理领域之中，信息管理技术就在世界范围内开始广泛地传播了。不论发达国家还是发展中国家，甚至是较贫穷的国家，都不甘落后，积极引进并创新公共信息管理技术，其中电子政府是重点。“世界各国如此青睐建设‘电子政府’，因为在这里具有成熟的技术背景和激烈的国际竞争背景”①。但是我们认为更重要的应该是“一个电子化的政府必然成为提升一个国家或某个地区竞争力，争得经济和社会发展‘先机’的关键”②。当然了，由于发达国家的信息化基础良好，它们的公共信息管理技术起步比较早，再加上其政治体制的特点，发展速度自然比其他欠发达国家快许多。

美国是较早发展电子政府的国家，也是目前电子政府最发达的国家。欧盟的电子政府的发展虽稍后于美国，但自从进入 21 世纪，欧盟的电子政府已居世界前列，和美国不相上下。尽管加拿大电子政务的启动相对较晚，但其发展速度让人震惊，现在其发展程度仅次于美国。而根据最新调查显示，澳大利亚电子政府发展水平已跻身于全球领先行列，仅次于美国、欧盟和加拿大。在亚洲，日本电子政府建设获得了飞速发展，取得了显著的成果，如其构筑了中央和地方互联的政府内部网络平台，建成了统一的政府门户网站，搭建了多个支撑系统等。我国电子政务的起步也较晚，开始于 1992 年国务院下发的《国务院办公厅关于建设全国政府行政首脑机关办公决策服务系统的通知》，具体的历程在后面的章节会做详细介绍。

综上所述，公共信息资源管理的这个阶段的特点可以概括为：一是公共信息资源管理逐步扩大范围，从美国开始蔓延到世界各国，显示了全球化的特点；二是在现代信息技术的推动下，各国扩展和深入了此前产生和应用的办公自动化，现代信息技术与公共部门的组织结构、管理方式、管理体制和服务方式变革进行了融合渗透；三是公共信息资源管理开始向电子化政府迈进，逐步形成了面向社会的“一站式”互动服务、面向公共部门的跨部门“一体化”业务集成和“流程化”的协同办公、面向业务应用的“统一平台”信息交换与资源共享、面向数字化管理的“可持续发展”公共管理体制与运行机制。③

12.2　公共信息资源管理的内容

12.2.1　公共信息资源管理的内涵

当前，信息已经成为现代社会使用频率最高的术语之一。作为一种最有价值的权利资源，其有序流动对于社会发展具有基础性意义。它已成为和能源、材料资源同等重要的

① 周志田，陈劭峰. 我国电子政府的发展方向及其面临的挑战[J]. 科学对社会的影响，2001，(2).

② 宋歌. 浅谈电子政府的发展历程[J]. 中国经贸，2010，(2).

③ 王乐夫，蔡立辉. 公共管理学[M]. 北京：中国人民大学出版社，2008：298.

一种无形资产，一种新的生产“要素”。我们简单地认为信息是对人类有实际应用价值的经过加工处理的数据或重新组织后的文字语言。展开来讲就是：“对于公司企业经营者来说，‘信息就是巨大的商机’，是一种‘新的重要的企业资源’；对于行政机关的管理者来说，信息意味着时间和效率，意味着决策的成功和计划的周密；对于普通的社会公众来说，信息意味着权利，意味着对社会贡献的大小，当然也同样意味着生命的价值和意义”。①

本书主要讨论的是应用在公共管理领域的信息资源。我们认为公共信息资源是对于社会公共组织而言的。社会公共组织为了履行自己的职责和义务，必然会需求、收集、整理和利用信息资源，然后面向其“服务对象”进行信息资源的传递。发布，从“服务对象”反馈而来的信息也算是一种公共信息资源，稀缺性和不可量化是一切信息资源最突出的特性。既然信息资源（包括公共信息资源）是非常稀缺的和宝贵的，那么研究如何有效管理它就显得格外重要了。20 世纪 90 年代信息和通信技术的革命加速推动了对传统信息资源管理模式的变革。贝拉米和泰勒将适应未来新公共管理的信息资源定义为：①可以从大量的资源中进行数据整合，这样就能够大大增强组织的记忆力；②运用新的方式来整合和匹配将会产生更多的有关外部环境和内部过程的信息方面的数据，可以有效地提高组织智能；③在安排谁将进入并开发信息资源和如何推动以信息为基础的过程方面，具有很大的灵活性；④组织内部和组织之间可以使用各种新的互动方式通信技术。

更进一步讲，“对于公共管理来说，公共管理更依赖于信息。从某种意义上讲，政府便是‘信息处理企业’(information processing business)”②。虽然公共信息资源概念难以界定，但是可以简单地讲，公共信息资源是相对私人信息资源而言，而且管理的主体应由政府、第三部门以及企业这三方共同组成。我们一般认为，公共信息除了政府信息，还包括所有与公共生活相关的政治、经济、科学技术、教育文化和社会生活信息。或换言之，还包括由政府体制之外的公共或私人组织，包括市场组织和非营利组织，以及由公民个体所产生、拥有或传递的与社会公共生活有关的信息，这一观点对公共信息资源的概括更全面、更符合我们的社会实际，在日常生活中也能得到有效的体现，例如政治新闻是不折不扣的公共信息，实时股票行情数据和财经资讯对所有的股民来讲是公共信息，美国和俄罗斯登陆火星的计划对全人类也是公共信息。

在界定了公共信息资源的范围之后，我们再来谈谈对它的管理。公共信息资源管理是以政府为核心的公共组织，为了最大限度地促进信息资源的全社会共享和信息资源效用价值的实现，维护社会公共利益，综合运用各种政治的、经济的、文化的、技术的管理方法和手段，在公共参与下实现对公共信息资源的多元管理。在这里，有三个关键问题要把握好：首先，政府应该而且有责任担负公共信息资源管理的核心角色，其他社会公共组织

① 周晓英，王英玮. 政务信息管理[M]. 北京：中国人民大学出版社，2004：13.

② 张成福，党秀云著. 公共管理学[M]. 北京：中国人民大学出版社，2001：239.

和公众也应当参与其中，真正实现公共信息资源的共享；其次，公共信息资源管理具有公共事务管理的政治性、公益性等特点，但要吸收企业信息资源管理的方法和手段，提高信息资源的效用；最后，公共信息资源管理的价值取向是促进信息资源的全社会共享，维护社会公共利益。

“信息资源”这一新要素随着计算机和互联网通信的普及、计算机科学和信息技术的飞速发展将扮演越来越重要的角色，但显而易见的是，无论在公共管理部门还是商业、私人部门，信息的缺失或者不对称都是“致命的”。简单地说，人们对于新要素的关注，同样也引发对公共信息资源管理的关注。那么，公共信息资源的重要性又是怎么样凸显的呢？

12.2.2　公共信息资源管理环境

政治家和政治利益集团的代言人对行政体制的改革始终乐此不疲，本来是以“官僚制”运行的公共组织和公务员，将早期公共管理暴露出的种种弊端归咎于韦伯的“官僚制行政模式”，包括伍德罗·威尔逊提出的“政治-行政二分法”在内的传统行政模式都受了前所未有的批判。随着政府改革的呼声越来越高，“人们已经认识到，在全球政治经济一体化的过程中，面对许多的困惑与挑战，政府不是解决问题的办法，而是问题本身。同时，政府改革后带来的生机和繁荣使世界为之动心，并纷纷加入到改革的行列”①。精简机构、政企分开、打击官僚主义、提高效率等改革目标提上议案，“小政府，大社会”的理想模式深入人心，并被写入高等学校的教科书。公共行政模式的改革成了大学里的研究课程。

那么公共信息资源管理的环境又有什么变化呢？伴随着传统“官僚制”行政模式向新公共管理的改革，公共信息资源管理所依赖各种信息技术的革新也在如火如荼地进行着，随着部门的精简和现代技术的应用，信息的传递速度更快了，信息的存取、共享、发布更加简易了。这并不是说信息技术将要主宰一切，它只是作为一种辅助性的工具，让公共信息资源管理更加便捷，而且管理技术的现代化使得公共信息资源管理的作用彰显得越来越重要，不仅仅是“信息成为日益重要的战略资源以及政府治理对信息的广泛依赖性增大”②。

从宏观角度分析，可以认为在公共信息资源管理兴起和发展的过程中，管理环境的变化应该起着决定性的作用。显而易见的是，电子商务的广泛应用使商业领域对信息的处理速度和效率有了大幅的提升，由此公众对公共部门的服务提出了更高的效率要求，公共部门创新性地将管理信息系统引入日常管理工作之中，“电子政府”应运而生。由于“电子政府”的诞生，公共部门的业务信息化、精简机构、简化程序、提高办事效率等不再那么遥不可及，它们都是电子化政府所要解决的基本问题，下面，我们先来认识一下“电子政府”。

---

① 周晓英，王英玮. 政务信息管理[M]. 北京：中国人民大学出版社，2004：14.

② 张成福，党秀云. 公共管理学[M]. 北京：中国人民大学出版社，2001：239.

12.2.3 电子政府

1. 电子政府的含义

有了电子商务所提供的技术基础，加上公共信息管理系统的开发应用，20 世纪 90 年代中期，美国政府首先进行"政府再造"运动，"电子政府"作为一种手段被提到议程上来。"美国政府的目标是成为全世界最好的管理者、改革者以及信息、服务和信息系统的使用者。"将现存的和新出现的商业最佳实践应用于政府，为实现生产力、服务和信息传递效率的提高提供了更好的机遇。电子政务的建设将仍然关注客户而非传统地关注于部门和机构。[①] 2002 年美国总统布什签署《电子政务法》，电子政务推广达到最高潮。

电子政府对信息技术的运用为公共信息资源管理提供了一个新的更具操作性的平台。然而，公共信息资源管理作为一项系统工程，不仅要求政府充分利用信息技术的便利，还要求政府要注重观念和制度等其他层面提供强有力的支持，正如休斯所言："公共管理改革和电子化政府是相互关联的改革运动。"[②]一个不争的事实是：电子政府在当代公共管理领域已经成为管理者和公众不可或缺的平台。

对于电子政府的定义，世界经合组织（OECD）是这样界定的："电子政府是指政府将新的信息和通信技术（ICTs）运用到政府的全部职能中，特别是利用互联网及相关技术的网络化潜能来改革政府的结构和运作。"世界银行的表述是："电子政府指政府机构使用信息技术（广域网、互联网、移动通信），改造政府与公众、企业、其他政府机构的关系。这些技术可以服务于下列目标：更好地向公众提供公共服务、改进政府与产业界的互动关系、通过使公众更方便地获得信息来增加公民权利、实现更有效率的政府管理。通过电子政府的构建，政府可以实现如下目标：减少政府腐败、提高政府透明度、增加政府收入和节约成本。"国内学者中比较有代表性的定义为：电子化政府指政府有效利用现代信息通信技术，通过不同的信息服务设施，在其方便的时间、地点及方式下，对政府机关、企业、社会组织和公民提供自动化的信息及其他服务，从而构建一个有回应力、有效率、负责任、具有更高服务品质的政府。综合以上的观点，我们认为所谓电子政府，就是当代政府利用信息技术建立虚拟平台，实现政府的全部或部分功能，以提高管理效率，增强政府与公众的互动，使公众获得更便利、更优质的公共物品和公共服务。

2. 电子政府的基本模式

目前，国际上对电子政府的研究一般认为，电子政府包括两个主要领域：政府和公众的互动（G2C）、政府和企业的互动（G2B）。也有研究将它进一步细分为：政府对政府（G2G）、政府对公务员（G2E）、政府对企业（G2B）、政府对公众（G2C）四个方面。下面我

---

① 刘家真. 中外电子政务研究案例[M]. 北京：高等教育出版社，2008：59.

② [澳]欧文 · E. 休斯. 公共管理导论[M]. 北京：中国人民大学出版社，2007：211.

们将逐一介绍这四种模式。

1）政府机构和政府机构间的互动

G2G 是指政府(government)与政府(government)之间的电子政务，即上下级政府、不同地方政府和不同政府部门之间实现的电子政务活动。如下载政府机关经常使用的各种表格，报销出差费用等，以节省时间和费用，提高工作效率。对于这种模式，休斯认为："为了改善服务提供，政府机构相互之间越来越多地应用电子链接。这并不是全新的，只是能力得到了提高。"①

可见，加强各个政府部门间的联系，实现资源共享、共同作业、统一管理可以更好地为公众提供服务，同时又能节约人力资源和降低管理成本。为了使各种数据和信息在政府内部和政府之间准确、可靠、快速地进行传递，进一步提高政府部门工作效率，有必要继续发展并完善这种模式。

2）政府对公务员

G2E 指政府(government)与政府公务员(即政府雇员)(employee)之间的电子政务，也有学者把它称为内部效率效能(IEE)电子政务模式。其主要是利用互联网建立起有效的行政办公和员工管理体系，为提高政府工作效率和公务员管理水平服务。G2E 电子政府的具体实施方式不一，不同政府部门应从自身需求的实际出发，探索具体可行的电子化管理方式。但一般说来，G2E 模式有以下主要内容②。

第一，电子办公系统。电子办公系统通过计算机网络完成政府工作人员的许多事务，如复制文件、使用办公设施和设备、下载政府机关经常使用的各种表格、报销出差费用等。

第二，电子培训系统。电子培训系统对政府工作人员提供各种综合性和专业性的网络培训课程，员工可以通过网络随时随地注册参加培训的课程、接受培训、参加考试等。

第三，绩效考核系统。绩效考核系统可以按照设定的岗位任务、岗位标准和工作完成情况对政府工作人员的业绩进行科学测量和评估。

从中可以看出，G2E 电子政府着重在政府内部实现革新，从而提升政府工作人员的能力、节省时间精力、降低行政成本。经过内部优化，政府工作可以轻松应对公众对政府各种服务的需求，可以说 G2E 模式是其他电子政府模式的基础。

3）政府对企业

企业与企业之间可以通过电子商务快速完成某项交易，政府与企业之间也存在物质与信息的交流，企业需要政府提供服务，需要遵守政府制定的各项法律、法规，政府需要从企业购得办公用品和其他必需品，如休斯所说："公共组织也在提供服务和采购系统上倾

---

① [澳]欧文·E. 休斯. 公共管理导论[M]. 张成福等译. 北京：中国人民大学出版社，2007：221.

② 汤志伟，张会平. 电子政务的管理与实践[M]. 北京：电子科技大学出版社，2008：16.

注全力以加强其与企业的互动。"[①]传统的政府与企业沟通模式效率是低下的，效果是极差的，我国的实际情况是"一些企业家被各种各样的检查弄得苦不堪言而抱怨：'生产质量、安全生产、税收、卫生……一批检查人员还没走，又来了一批，连正常的经营也受到影响'"[②]。种种弊端暴露出来以后，政府有改善传统模式的趋势，企业有改变这种模式的要求，"逐渐地，政府亦被要求采用电子商务式的运作模式"[③]，即 G2B 模式。

G2B 指政府(government)与企业(business)之间的电子政务，即政府通过电子网络系统进行电子采购与招标，精简管理业务流程，快捷迅速地为企业提供各种信息服务。在 G2B 模式中，政府主要通过电子化网络系统为企业提供公共服务。G2B 模式旨在打破各政府部门的界限，实现业务相关部门在资源共享的基础上迅速快捷地为企业提供各种信息服务，精简管理业务流程，简化审批手续，提高办事效率，减轻企业负担，为企业的生存和发展提供良好的环境，促进企业发展。G2B 模式目前主要运用于电子采购与招标、电子化报税、电子证照办理与审批、相关政策发布、提供咨询服务等。

4）政府对公众

G2C 即政府对公众的电子政务，指政府通过电子网络系统为公民提供的各种服务。与 G2B 模式一样，G2C 模式的着眼点同样是强调政府的对外公共服务功能，所不同的是前者侧重针对企业，后者的服务对象是社会公众特别是公众个人，并且"致力于网络系统、信息渠道以及在线服务的建设，为公众提供更便捷、质量更佳、内容更多元化的服务"[④]。G2C 模式的服务范围更为广泛，例如，网上发布政府的方针、政策及重要信息，介绍政府机构的设置、职能、沟通方式，提供交互式咨询服务、教育培训服务、行政事务审批、就业指导等。

对于这种模式所带来的具体的好处，休斯给出了一个生动的例子。例如，许多关于旅游的工作可以与相同的网站互相链接。当某人或其代理人预备外出旅行时，可以同时登录到护照、信用卡、健康警告和接种疫苗等方面的网站。通过这种链接更换车辆或驾驶执照，或缴纳罚款要简单得多。但是与其他三种模式相比，G2C 电子政府在显示它的优越性方面存在更多的困难，在网络发达和知识化程度比较高的国家，它带来的便捷服务毋庸质疑，但是在网络欠发达和知识化程度较低的国家，公众对网络的认识很少，也不具备绝对理性的行为选择，所以 G2C 模式并不能有效将它的功能展现出来。正如休斯所担心的那样："在不久的将来，政府与公民的链接可能不如政府与商业或者政府与政府间的链接那么重要。虽然其能够为公民提供某些服务，但问题是数量有限的互联网应用者会对效

---

① [澳]欧文·E.休斯.公共管理导论[M].张成福等译.北京：中国人民大学出版社，2007：220.

② 冯惠玲.政府信息资源管理[M].北京：中国人民大学出版社，2006：175.

③ [澳]欧文·E.休斯.公共管理导论[M].张成福译.北京：中国人民大学出版社，2007：221.

④ 汤志伟，张会平.电子政务的管理与实践[M].成都：电子科技大学出版社，2008：15.

率产生影响。”[①]

12.3　我国公共信息资源管理实践

12.3.1　我国公共信息资源管理发展历程

与发达国家相比，我国公共信息资源管理的起步较晚，直到 20 世纪 90 年代才开始启动，但是，在短短的时间内，公共信息资源管理无论在理论还是实践方面都取得了骄人的成绩，政府在信息化管理方面做了不少紧锣密鼓的推进措施，从这些措施推进的步骤可以看出我国公共信息资源管理经历的快速而有效的发展过程。

1993 年年底，我国正式启动了国民经济信息化的起步工程——“三金工程”。这是我国电子政务发展史上具有里程碑意义的事件，标志着“金”字工程的正式启动；1999 年，国务院发起“政府上网工程”，加速推动了我国政府电子政务的进程；1999 年 1 月 1 日，当时的国家经贸委经济信息中心和中国电信牵头，联合 40 多家部委信息主管部门，在北京召开了政府上网工程启动大会。当时，为配合政府上网，中国电信为上网的政府机构专门出台了优惠政策，包括在一定期限内减免接入专线月租费、相关通信费和主机托管费，组织服务商免费为政府制作主页等。

2000 年 5 月，国务院办公厅下发《关于进一步推进全国政府系统办公自动化建设和应用工作的通知》(国办发[2000]36 号)，进一步促进了政府系统内部信息化程度的提高。2002 年 8 月 17 日，中共中央办公厅、国务院办公厅联合下发了《国家信息化领导小组关于我国电子政务建设指导意见》(中办发[2002]17 号)，将“政府先行，带动国民经济和社会发展信息化”正式确立为我国信息化建设的发展战略；同年 11 月，党的十六次全国代表大会进一步明确“信息化带动工业化”、“大力加强电子政务建设”方针策略，提出了具体的目标和要求。根据国务院信息化工作办公室的规划，电子政务建设主要围绕“两网一站四库十二金”展开。“两网”指政府信息化网络的“内网”和“外网”，“一站”指政府的门户网站，“四库”指着力建设人口、法人单位、空间地理及自然资源、宏观经济四个数据库系统，“十二金”指面向政府办公业务建立的 12 个重点信息应用系统。

总体来看，“十二金工程”可以分为四个层次。这个分法也被称为“2523”。其中，第一个 2 指提供宏观决策支持的“金”字工程；5 指涉及金融系统的金财、金税、金卡、金审和金关工程；第二个 2 是指关系到国家稳定和社会稳定的金盾工程、金保工程；3 则是指具有专业性质但对国家民生具有重要意义的金农、金水、金质工程。

其后，政务信息化不断向深入推进，2003—2011 年，政府出台了多项促进信息管理保

---

① ［澳］欧文・E. 休斯. 公共管理导论[M]. 张成福等译. 北京：中国人民大学出版社，2007：222.

障措施。2003 年 9 月 15 日,温家宝总理在国家行政学院省部级干部"政府管理创新与电子政务"专题研究班的讲话,标志着电子政务建设进入了一个信息化与政府管理体制相融合发展的新阶段;2005 年 11 月 3 日,国家信息化领导小组第五次会议在北京召开,国务院总理、国家信息化领导小组组长温家宝主持会议并作重要讲话,会议审议并原则通过《国家信息化发展战略(2006—2020 年)》;2006 年 1 月 1 日,中华人民共和国中央人民政府网站正式开通;2006 年 3 月 19 日,国家信息化领导小组印发了《国家电子政务总体框架》;2008 年 5 月 1 日,《中华人民共和国政府信息公开条例》正式实施。

2011 年 3 月 17 日公布的"十二五"规划纲要,对信息管理未来发展进行展望,指出要大力推进国家电子政务建设,推动重要政务信息系统互联互通、信息共享和业务协同,建设和完善网络行政审批、信息公开、网上信访、电子监察和审计体系,这为公共信息管理发展指明了方向。

12.3.2 电子政务

在我国,电子政务在某种意义上比国外电子政府概念还要宽。因为除了执政党,还有行政性事业单位以及社会组织等也要信息化,所以电子政务主体范围比发达国家要大。在理论探讨中,我国的很多专家和学者将电子政务和电子政府等同一体,认为"电子政务是政府的一种工作方式"[①],忽视了第三部门和其他公共组织在公共信息管理中的角色。在具体展开讲述时又是众说纷纭、各持己见,由此造成很多概念上的混乱,使读者很难判断到底我国是在搞"电子政府"还是"电子政务",二者在内涵和外延上又各自包括哪些内容。"电子政府是信息时代下的政府形态,电子政府或者叫电子网络政府,这是国际社会广泛使用的概念。在我国,体制原因是关键,我国有党委、人大、政府、政协四套班子,它们都从事政务活动。如果仅仅把电子政务看做电子政府,那么势必会有电子党委、电子人大、电子政协。专家们经过多次热烈的讨论,最后统一了意见,应称为'电子政务'。"[②]提供优越于以往任何形态所能提供给的公共服务是电子政务的灵魂,是其核心理念。

电子政务应该包括三层含义:第一,电子政务必须借助信息技术、网络技术和办公自动化技术,这是它的技术基础;第二,电子政务处理的是与公共权利相联系的公共事务;第三,电子政务要对现有的行政组织、运行、流程进行改造,才能够发展成为完整的电子政务。

伴随着信息时代的到来,我国电子政务建设在探索中取得越来越多的成就。"三金工程"是我国中央政府主导的以政府信息化为特征的系统工程,是我国电子政务的雏形。但

① 覃征.电子政务导论[M].北京:高等教育出版社,2008:2.

② 余建坤,陈伯华.管理信息系统[M].北京:科学出版社,2009:340.

真正具有实质性发展的还是要从 1999 年的“政府上网工程”算起，它标志着我国电子政务建设的全面展开。2002 年 8 月 5 日，中共中央办公厅、国务院办公厅以中办发[2002]17 号文转发了《国家信息化领导小组关于我国电子政务建设的指导意见》。根据国务院信息化工作办公室的规划，电子政务建设主要围绕“两网一站四库十二金”展开。“两网”指政府信息化网络的“内网”和“外网”，“一站”指政府的门户网站，“四库”指着力建设人口、法人单位、空间地理及自然资源、宏观经济四个数据库系统，“十二金”指面向政府办公业务建立的 12 个重点信息应用系统，“两网一站四库十二金”覆盖了我国电子政务亟须建设的各个方面，相互渗透和交融，构成了我国电子政务建设的基本框架。2006 年 3 月19 日，国家信息化领导小组印发了《国家电子政务总体框架》，这是我国电子政务发展中的一个里程碑事件，框架不仅清晰地描绘了我国电子政务总体结构形态，而且指明了我国电子政务未来一个阶段的价值取向和发展方向。到目前为止，我国各地政府网站建设逐步完善，政府门户网站体系初步形成，“两网一站四库十二金”工程建设已取得突破性进展，政务透明度进一步增强，政府办公效率得到极大的提高，进一步满足了民众对“服务型政府”的要求。

总的来说，在《国家电子政务总体框架》的指引下，我国电子政务的服务、业务、应用系统、信息资源、基础设施、法律、法规、标准化和管理体制等各方面的整体性和协调性有了显著提高，电子政务正在科学发展的道路上稳步前进。最新发布的《2010—2015 年中国电子政务市场发展分析及投资策略研究报告》指出：“近年来我国电子政务建设取得了重大进展，到 2010 年年底前，我国将基本建成从中央到地方统一的国家政务外网，网络基础设施形成规模，基本能够满足电子政务应用的需要。”那么在此基础上，以打造服务型政府为根本目标的电子政务，势必将进入应用深化的发展新阶段。

12.3.3　“金”字工程

继 1993 年美国政府提出建设“信息高速公路”计划之后，世界各地掀起“信息高速公路”建设的热潮。在这种大的国际背景下，为了加快我国信息化建设的步伐，适应全球建设信息高速公路的潮流，1993 年 3 月 12 日，时任国务院副总理的朱镕基主持国务院会议，提出了建设“三金工程”，即金桥、金关、金卡工程。“三金工程”作为我国国民经济信息化的起步工程正式启动。概括性地讲，金桥工程是以建设我国重要的信息化基础设施为目的的跨世纪重大工程；金关工程就是要推动我国海关报关业务的电子化；金卡工程是以电子货币应用为重点启动的各类卡基应用系统工程。早期的“金”字工程，由于我国中央政府部门的主导，全国的统筹规划，自上而下的贯彻执行，“三金工程”建设进展顺利。

“三金工程”的启动，标志着我国“金”字工程全面铺开。“金”字工程自诞生之日起，如雨后春笋般地涌现出来。从 1993 年的“三金工程”到 2002 年的“十二金工程”，拉动了我国的信息化发展，完备了政府公共管理信息系统，使政府部门和其他公共组织处理公共信息资源的手段实现多样化，提高了政府部门办公的效率并且节约了行政成本。表 12-1 所示为目前我国十二金字工程所包含的项目及应用领域。

表 12-1　我国金字工程项目

金税工程	总称为中国税收管理信息系统(CTAIS)，是我国电子政务的核心系统之一，于 1994 年开始推行
金关工程	以推动海关报关业务的电子化，取代传统的报关方式以节省单据传送的时间及成本为目标的信息化工程
金财工程	利用先进的信息网络技术，支撑预算管理、国库集中收付和财政经济景气预测等核心业务的政府财政综合管理信息系统(GFMIS)
金卡工程	现代化的、比较完善的电子货币系统
金审工程	审计信息化系统建设项目的简称，对财政收支或者财务收支的真实、合法和效益实施有效审计监督的信息化系统
金盾工程	即"公安信息化工程"，为各项公安工作提供强有力的信息支持
金保工程	劳动和社会保障电子政务工程，劳动和社会保险信息化建设的组成部分
金农工程	加速和推进农业和农村信息化，建立农业综合管理和服务信息系统
金水工程	"国家防汛指挥系统工程"。具有国际先进水平的国家防汛抗旱指挥系统
金质工程	国家质量监督检验检疫总局提出的质检业务信息化系统
金卫工程	将信息科学、计算机技术、网络通信技术集中用于医疗卫生领域的大型信息化工程
金桥工程	国家公用经济信息网工程，在全国建成高速宽带综合业务通信网，覆盖全国 200 个经济发达城市

这些"金"字工程不仅加快了我国电子政务活动的开展，同时也为我国信息产业的发展注入了无穷的活力，带动了一大批相关产业的发展，为我国的经济建设做出了巨大的贡献。近几年，根据国内的实际需求又衍生出另外九种"金字工程"，但是没有并入国家整体的"金字工程"之中，其分别为金土工程(国土资源)、金旅工程(旅游)、金信工程(工商)、金贸工程(电子商务)、金智工程(教育)、金图工程(图书馆)、金宏工程(宏观经济管理部门)、金交工程(交通)、金企工程(工业)。

中国到底还需要多少个"金字工程"？对于这个问题，学者从不同研究角度所持的观点是不同的。有的学者认为中国在某些领域还欠缺一部分"金字工程"。有的学者认为"金字工程"作为一个代名词，已经完成了它的使命。也有人认为今后这样的"金字"工程可有可无，因为，现在的信息化建设已经从政府机关走向了各个部委主持的信息化建设，而且全国上下重点领域、行业都在建设信息化工程，并非一定要叫做"金字工程"。举例说，目前中国铁路、高检、煤矿等重点行业也有信息化建设，但是都没有称做"金字工程"，这说明了并非一定要将重点行业的信息化冠以"金字"的头衔。

12.3.4 政务信息公开与"透明政府"

2008 年 5 月 1 日,《中华人民共和国政府信息公开条例》(以下简称《条例》)正式实施。其第一条就规定:"为了保障公民、法人和其他组织依法获取政府信息,提高政府工作的透明度,促进依法行政,充分发挥政府信息对人民群众生产、生活和经济社会活动的服务作用,制定本条例。"在《条例》颁布以前,一些经济发达的省市已经先期开展了政府信息公开工作,如上海市政府就已率先在 2004 年 1 月 19 日颁布《上海市政府信息公开规定》,并于当年 5 月 1 日起执行。《条例》实施后,我国的政府透明化建设全面展开。

《条例》明确指出,信息公开的原则是"公开为原则,不公开为例外"。特别是涉及"三公部门"(公权力大、公益性强、公众关注度高),一定要严格执行公开制度。同时,《条例》还规定,信息公开可采取主动公开和依申请公开两种形式,并列举了应当主动公开信息范围:涉及公民、法人或者其他组织切身利益的;需要社会公众广泛知晓或者参与的;反映本行政机关机构设置、职能、办事程序等情况的;其他依照法律、法规和国家有关规定应当主动公开的。

确切地说,政府信息公开只是推进政府透明化建设的一种手段,其目的是打造"透明政府"。对于"透明政府"这个新兴名词的理解和诠释,我国学者从不同角度出发,分别用了不同的表述方式。有的学者将"透明政府"等同于信息公开的政府,认为"透明政府,又称'阳光政府',主要指通过立法和程序规定将政府掌握的个人与公共信息向社会公开,凡是公民有权接触并使用的信息,政府都有责任有义务在规定的时间、地点向全体公民开放,供全体公民使用"①。总体而言,作为一种政府模式,透明政府应当是指追求信息服务与信息公开的服务与透明价值理念,并通过一定的透明制度和行为得以实现的政府,是实现透明理念、透明制度和透明行为三者有机统一的政府。在这个定义之中,有理念、有制度、有行为三个方面的概括,相对来说,更加全面地对"透明政府"作了概念性的描述。

我们认为,透明政府是包含透明行政理念、透明化制度和透明化操作方法等内容的统一体,主要有三层含义:①从实践层面上来说,政府透明的核心是政府信息公开,指政府机构通过法定形式和程序,主动将政府信息向社会公众或依申请向特定的个人或组织公开;②从制度层面上说,政府透明是一系列透明化制度有机组合的政府范式,包括透明的公共决策和有序的公民参与机制、完备的透明行政法律体系、电子信息技术和基础服务设施的配套等;③从文化层面来讲,透明政府是一种透明文化,反映的是政府执政理念的变革,服务行政伦理观的形成,这也是透明政府建设的最高层次。正如前述,政府透明是包含了透明行政理念、透明化制度和操作方法三个层次的统一体。因此,政府透明化建设也相应地包含了三个层次的内容,即政府信息公开建设、透明化制度建设和透明行政理念

---

① 武丽丽. 浅议用法律构建透明政府[J]. 伊犁党校学报,2008(4).

建设。

具体地说，政府信息公开建设是政府透明化建设的核心内容和集中表现。政府信息公开从具体内容上讲包含了体系的公开、政策的公开和过程的公开；透明化制度建设是实现政府透明的制度保障，包含了政府信息公开的法制建设、政府透明监督机制建设、公众参与机制建设、社会评估机制建设等内容；透明行政理念建设是政府透明化建设的深层次内容，它具体包含了民主行政的理念、服务行政的理念、责任行政的理念和法治行政的理念等内容。需要指出的是，由于本课题研究侧重于实践层面，根据以上理解，我们的分析对象基本上针对政府信息公开制度的实施与完善。

12.3.5 我国公共信息资源管理的发展瓶颈

虽然我国引入西方先进的公共信息资源管理理论和方法已有多年，但是由于我国特殊的基本国情、领导体制和行政理念，在我国，现有政府信息服务基本属于自产自销型。定位于自我服务、内部使用，各部门间纵向容易横向难，管理容易服务难。由于部门之间政务和利益的交叉错综复杂，使得为谋取部门利益有选择性地政府信息公开行为使得公共信息获取利用上的差别日益演化为个人间、组织间发展机会及竞争力的不均衡态势。从我国电子政务实施情况看，正是由于机构、组织部门之间的信息割裂，造成了政府部门信息“孤岛”现象的长期存在。

在我国经济与社会的发展进程中，政府和各类社会组织掌握着全社会主要的信息资源，由于信息“孤岛”的存在，没有发挥出信息资源应有的价值，导致信息资源开发和利用的程度明显滞后，与经济社会信息化的发展要求存在着极大的差异。特别是各级政府机构，作为社会信息资源的最大拥有者，占据着全社会80%的信息资源，由于缺乏系统规范的管理，加上技术手段的落后，大量有效的信息资源不能得到应有的开发和利用，造成社会信息资源的巨大浪费。电子政务中最核心的问题就是实现信息系统间的网上互联互通，所以要加强公共信息资源的整合，建立起跨部门的、综合的公共信息管理系统，消除机构与部门之间的割裂状况。

我国并不缺乏信息资源，但缺乏能让广大群众方便地获取的信息资源，也缺乏促进信息资源开发的法律和政策环境。虽然我国正在努力建设“透明政府”，也颁布了《政府公开条例》，但在政务信息公开实践上依然存在问题。深层次的原因是观念问题，这就需要政府工作人员切实转变公共行政的观念，从历史的惯性中挣脱出来，做到依法行政。

需要指出的是，在我国电子政府建设过程中，还必须特别注意克服两个方面的问题。一是要注意克服“数字鸿沟”问题。不仅是东西部地区之间、城乡之间，而且不同年龄阶段人群也存在使用能力上的“数字鸿沟”。二是要加强网络信息安全。信息安全在一定程度上是电子政府的生命所在，也是电子政府运行过程中必须规范运行的原则基础。

12.3.6　案例分析

1. 案例介绍："三公支出"，总理喊你晒太阳

国务院总理温家宝于 2011 年 5 月 4 日主持召开了国务院常务会议，要求在当年 6 月底，中央财政 2010 年度行政经费支出决算总额和"三公"经费决算总额，经全国人大常委会批准后向社会公开；中央各部门要公开本部门 2010 年度"三公"经费决算数和 2011 年"三公"经费预算情况。

事实上，关于政府经费公开的呼声早就存在。因而在 2007 年 10 月，党的十七大报告中明确指出"保障人民的知情权、参与权、表达权、监督权"、"完善各类公开办事制度，提高政府工作透明度和公信力"、"必须让权力在阳光下运行"等内容。2010 年 74 个中央部门集中在网上"晒账本"，首次向社会公开了部门预算收支总表和财政拨款支出预算表。2011 年 6 月公众一直千呼万唤的"三公"经费终于浮出水面。

但是尽管政府经费在全国部分地区进行了公开，大部分人对于公布的结果却感到诧异。同样是部委单位，三公支出的差异太大，许多数据令人费解。从 2010 年公务接待费决算数这一项来看，最高的中科院为 9 995.5 万元，最低的国务院发展研究中心仅为 5.84 万元，两者相差 1 711 倍。住建部作为国务院的一个较为重要的部委，因其 2010 年公务接待费仅为 26.07 万元而备受网友争议。红十字会因其 2011 年公务接待费预算仅为 3 万元也备受奚落，网友们惊呼这点费用只够上海卢湾区红十字会吃三顿饭而已。

《南方周末》评论："神秘的'三公支出'，在预算编制中其实一直都有相当明确的科目。公开这些支出，在技术上已非常简单，只需打开电脑，动几下鼠标。"但是由于"三公支出"数额巨大且政府部门长期不愿公开，民众对此多有抱怨，并将之称为"三公消费"。人们不禁会问："三公支出"为什么不能如实公开？一种常见的说法是认为技术上存在一定的困难，但是曾有预算领域的高层人士公开表示"三公"的开支在预算里是可以找到的。

（资料来源：吴君亮."三公支出"，总理喊你晒太阳[N].南方周末，2011-06-30）

2. 案例评析

政府部门从来都不缺少群众关注的眼光，随着计算机产业和信息技术的飞速发展，它们成为政务信息公开和普通大众对政府部门有效监督的主要平台。中央政府能够正视公共经费的公开问题，把数据亮出来，让社会公众知情，从信息资源管理角度而言是个长足的进步。信息的充分公开有助于进一步开发利用政府信息资源、规范政府信息资源管理行为，同时对于强化民主政治，防止腐败滋生具有重要作用。

但是从目前公布的内容来看，还是"犹抱琵琶半遮面"。就各部门"三公支出"的公开情况，财政预算公开工作进展不平衡，公开还不够细化，与人民群众的期望仍存在一定差距。就公布涉及的内容而言，按预算支出的科目分为"类、款、项、目"，现在只公布到"项"和"款"，而且各个部门公布的格式并不统一，公开的口径也存在问题。"三公"支出应该如何公开，公共信息资源应该怎样进行管理？

首先，要促进政府观念的转变。政府应该意识到，实行信息公开是社会发展的必然趋势。现代社会政府处理信息原则的确立，不仅是社会民主的体现，也是社会政治文明、行政理性和市场经济健康发展的要求。

其次，要拓宽政府信息公开的渠道，更多地赋予民众政府信息请求权。充分发挥行政资源管理优势，建立政府与公众有关政府信息的互动回应机制，提高政府的反应能力和社会回应能力，扩大公众的参与程度。

再次，促进政府与公众的信息互动。政府应该打破原有的时间和空间限制，打破政府过去的自上而下的逐级下传模式，提高政府内外沟通的效率。

最后，还要完善信息资源管理的法律。只有通过制定法律，政府信息公开才能成为法定的义务，只有通过政府信息公开立法，才能使公众评价和监督行政得以实现。

【本章小结】

信息管理系统，无论是对私人领域，还是公共领域都发挥着不可替代的作用。公共信息资源管理是伴随公共管理领域的改革产生并逐步完善。它指的是，以政府为核心的公共组织，为了最大限度地促进信息资源的全社会共享和信息资源效用价值的实现，维护社会公共利益，综合运用各种政治的、经济的、文化的、技术的管理方法和手段，在公共参与下实现对公共信息资源的多元管理。其中，电子政府的运用为公共信息资源管理提供了一个新的更具操作性的平台。

我国公共信息资源管理在实践中取得不小的成绩。其中电子政务建设是重要内容，在探索中取得越来越多的成就，同时在实践过程中不断完善“金字工程”、加强政务信息公开等。当然由于我国特殊的基本国情、领导体制和行政理念等原因，我国的公共信息资源管理依然需要不断完善。

【核心概念】

公共管理信息系统(public management information systems)
公共信息资源管理(public information resources management)
电子政府(E-government)

【思考题】

1. 简述公共信息资源管理的发展过程。
2. 简述公共信息资源管理的内涵。

3. 简述电子政务的内涵。

4. 简述我国公共信息资源管理需要完善的方面。

【扩展阅读】

关于公共信息资源管理信息，可阅读美国的小瑞芒德和乔治·谢尔所著的《管理信息系统：管理导向的理论与实践》，该书阐述了信息管理的理论基础与实践效用。中国行政管理学会 2001 年出版的《政府建设与政务信息公开研究》，针对中国国情，揭示了政府建设与政务信息公开的内在关系以及建设途径。唐伟、刘强发表在《中国行政管理》2007 年 11 期上的论文《突出资源共享，推进电子政务》，阐述了在电子政务推进过程中资源共享的必要性和重要性。蔡立辉、龚鸣发表在《学术研究》2010 年第 5 期的论文《整体政府：分割模式的一场管理革命》，剖析了网络信息技术在构建整体政府中的意义与作用。

参考文献

[1] [澳]欧文·E. 休斯. 公共管理导论[M]. 张成福等. 北京：中国人民大学出版社，2007.

[2] [德]马克斯·韦伯. 经济与社会(上卷)[M]. 阎克文. 北京：商务印书馆，1997.

[3] [美]赫伯特·A. 西蒙. 管理决策新科学[M]. 李注流，汤俊澄等. 北京：中国社会科学出版社，1982.

[4] [美]托马斯·戴伊. 理解公共政策[M]. 第11版. 孙彩红. 北京：北京大学出版社，2008.

[5] [美]雷蒙德·诺伊等. 人力资源管理[M]. 刘昕. 北京：中国人民大学出版社，2001.

[6] [美]保罗·C. 纳特，罗伯特·W. 巴可夫. 公共和第三部门的战略管理：领导手册[M]. 陈振明. 北京：中国人民大学出版社，2002.

[7] [美]罗纳德·克林格勒，约翰·纳尔班迪. 公共部门人力资源管理：系统和战略[M]. 孙柏瑛等. 北京：中国人民大学出版社，2001.

[8] [美]B. 盖伊·彼得斯. 政府未来的治理模式[M]. 吴爱明. 北京：中国人民大学出版社，2001.

[9] [英]安东尼·吉登斯. 现代性的后果[M]. 田禾. 南京：译林出版社，2000.

[10] [德]乌尔里希·贝克. 风险社会[M]. 何博闻. 南京：译林出版社，2004.

[11] [美]罗伯特·西斯. 危机管理[M]. 王成，宋炳辉，金瑛. 北京：中信出版社，2004.

[12] [美]诺曼·奥古斯丁等. 危机管理[M]. 陈松. 北京：中国人民大学出版社，2001.

[13] [英]马丁·冯，彼得·杨. 公共部门风险管理[M]. 陈通，梁皎洁. 天津：天津大学出版社，2003.

[14] [英]芭芭拉·亚当乌尔里希·贝克，约特斯·范隆. 风险社会及其超越：社会理论的关键议题[M]. 赵延东，马缨等. 北京：北京出版社，2005.

[15] [美]詹姆斯·Q. 威尔逊. 美国官僚政治[M]. 张海涛等. 北京：中国社会科学出版社，1995.

[16] [美]莱斯特·M. 萨拉蒙等. 全球公民社会非营利部门视界[M]. 贾西津. 北京：社会科学文献出版社，2007.

[17] [美] Eric Reader. 公共战略管理[M]. 张泰峰. 郑州：郑州大学出版社，2004.

[18] [美] 约翰·L. 米克塞尔. 公共财政管理：分析与应用[M]. 第六版. 白彦锋，马蔡琛. 北京：中国人民大学出版社，2005.

[19] [美]威尔逊. 行政学之研究[J]. 李方. 国外政治学，1987，(6).

[20] [美]卡罗·安特德. 政府与非政府组织之间的关系[J]. 国家行政学院学报，2000，(5).

[21] 倪星，付景涛. 公共管理学[M]. 大连：东北财经大学出版社，2011.

[22] 王乐夫，蔡立辉. 公共管理学[M]. 北京：中国人民大学出版社，2008.

[23] 张志刚. 公共管理学[M]. 大连：大连理工大学出版社，2008.

[24] 魏娜，王学栋. 公共管理方法：原理与案例[M]. 北京：对外经济贸易大学出版社，2008.

[25] 严新明. 公共管理学[M]. 北京：科学出版社，2007.

[26] 方虹. 公共管理[M]. 北京：中国劳动社会保障出版社，2005.

[27] 陈振明. 公共管理学[M]. 北京：中国人民大学出版社，2005.

[28] 魏娜，王学栋. 公共管理方法：原理与案例[M]. 北京：对外经济贸易大学出版社，2001.

[29] 张成福，党秀云. 公共管理学[M]. 北京：中国人民大学出版社，2001.

[30] 刘玉浦. 公共管理与社会发展——广东省高级公务员公共管理研究论文集(2)[M]. 北京：中央编译出版社，2005.

[31] 国家民间组织管理局. 中国民间组织评估[M]. 北京：中国社会出版社，2007.

[32] 靳建新. 民间组织运作及管理文集[M]. 昆明：云南大学出版社，2006.

[33] 许德明. 新社会组织发展实记[M]. 上海：文汇出版社，2008.

[34] NPO 信息咨询中心. 非营利组织的治理[M]. 北京：中国书籍出版社，2008.

[35] 何颖等. 公共行政的理论之维[M]. 哈尔滨：黑龙江人民出版社，2006.

[36] 中国(海南)改革发展研究院. 中国民间组织的现状、作用和问题分析与建议[M]. 北京：中国经济出版社，2006.

[37] 黄达强. 各国公务员制度比较[M]. 北京：中国人民大学出版社，1990.

[38] 陈振明. 政策科学——公共政策分析引论[M]. 第二版. 北京：中国人民大学出版社，2003.

[39] 徐家良. 公共政策分析引论[M]. 北京：北京师范大学出版社，2009.

[40] 宁骚. 公共政策学[M]. 北京：高等教育出版社，2003.

[41] 王传宏，李燕凌. 公共政策行为[M]. 北京：中国国际广播出版社，2003.

[42] 张金马. 公共政策分析——概念·过程·方法[M]. 北京：人民出版社，2004.

[43] 张骏生. 公共政策的有效执行[M]. 北京：清华大学出版社，2006.

[44] 刘丽霞. 公共政策分析[M]. 大连：东北财经大学出版社，2006.

[45] 冯静. 公共政策学[M]. 北京：北京大学出版社，2007.

[46] 谢明. 公共政策导论[M]. 北京：中国人民大学出版社，2009.

[47] 童星，张海波等. 中国转型期的社会风险及识别——理论探讨与经验研究[M]. 南京：南京大学出版社，2007.

[48] 卢涛. 应对突发事件能力[M]. 北京：人民出版社，2005.

[49] 刘岩. 风险社会理论新探究[M]. 北京：中国科学出版社，2008.

[50] 张成福，唐钧，谢一帆. 公共危机管理理论与实务[M]. 北京：中国人民大学出版社，2009.

[51] 李经中. 政府危机管理[M]. 北京：中国城市出版社，2003.

[52] 许文惠，张成福. 危机状态下的政府管理[M]. 北京：中国人民大学出版社，1998.

[53] 薛澜，张强，钟开斌. 危机管理——转型期中国面临的挑战[M]. 北京：清华大学出版社，2003.

[54] 房宁，负杰. 突发事件中的公共管理[M]. 北京：中国社会科学出版社，2005.

[55] 郭济. 中央和大城市政府应急机制建设[M]. 北京：中国人民大学出版社，2005.

[56] 赵成根. 国外大城市危机管理模式研究[M]. 北京：北京大学出版社，2006.

[57] 李程伟. 公共危机管理：理论与实践探索[M]. 北京：中国政法大学出版社，2006.

[58] 刘长敏. 危机应对的全球视角——各国危机应对机制与实践比较研究[M]. 北京：中国政法大学出版社，2003.

[59] 蔡志强. 社会危机治理——价值变迁与治理成长[M]. 上海：上海人民出版社，2006.

[60] 余潇枫. 非传统安全与公共危机治理[M]. 杭州：浙江大学出版社，2007.

[61] 张小明. 公共部门危机管理[M]. 北京：中国人民大学出版社，2006.

[62] 陈安,陈宁,倪慧荟.现代应急管理的理论与方法[M].北京:科学出版社,2009.
[63] 肖鹏军.公共危机管理导论[M].北京:中国人民大学出版社,2006.
[64] 杨雪冬等.风险社会与秩序重建[M].北京:社会科学文献出版社,2005.
[65] 谢秋朝,侯菁菁.公共财政学(上)[M].北京:中国国际广播出版社,2003.
[66] 谢秋朝,侯菁菁.公共财政学(下)[M].北京:中国国际广播出版社,2003.
[67] 王国清.财政学[M].北京:高等教育出版社,2006.
[68] 中国发展研究基金会.公共预算读本[M].北京:中国发展出版社,2008.
[69] 贾康,赵全厚.中国财税体制改革30年回顾与展望[M].北京:人民出版社,2008.
[70] 卓越.公共部门绩效管理[M].福州:福建人民出版社,2004.
[71] 陈振明.公共部门战略管理[M].北京:中国人民大学出版社,2004.
[72] 周凯.政府绩效评估导论[M].北京:中国人民大学出版社,2007.
[73] 杨洪.政府绩效评估200问[M].北京:人民出版社,2007.
[74] 袁庭栋.古代职官漫话[M].济南:山东画报出版社,2007.
[75] 费正清,赖肖尔.中国:传统与变革[M].南京:江苏人民出版社,1992.
[76] 蓝志勇.行政官僚与现代社会[M].广州:中山大学出版社,2003.
[77] 万俊人.现代公共管理伦理导论[M].北京:人民出版社,2005.
[78] 董克用.人力资源管理概论[M].北京:中国人民大学出版社,2007.
[79] 廖泉文.人力资源管理[M].北京:高等教育出版社,2007.
[80] 张志刚.公共管理学[M].大连:大连理工大学出版社,2008.
[81] 滕玉成,于萍.公共部门人力资源管理[M].北京:中国人民大学出版社,2008.
[82] 陈天祥.公共部门人力资源管理及案例教程[M].北京:中国人民大学出版社,2008.
[83] 孙柏瑛,祈光华.公共部门人力资源管理[M].北京:中国人民大学出版社,1999.
[84] 姚先国,柴效武.公共部门人力资源管理[M].北京:科学出版社,2004.
[85] 齐二石.公共绩效管理与方法[M].天津:天津大学出版社,2007.
[86] 沙莲香.传播学[M].北京:中国人民大学出版社,1990.
[87] 马费成.信息资源开发与管理[M].北京:电子工业出版社,2004.
[88] 谢俊贵.公共信息学[M].长沙:湖南师范大学出版社,2004.
[89] 谢新洲.信息管理概论[M].北京:中央广播电视大学出版社,2004.
[90] 樊博.电子政务[M].上海:上海交通大学出版社,2006.
[91] 李雄飞.OECD国家权责发生制预算和政府会计改革探析[J].企业经济,2003,(2).
[92] 贾康等.中国财税体制改革的战略取向:2010—2020[J].改革,2010,(1).
[93] 侯芳.试论政府会计改革中权责发生制的应用[J].经济论坛,2006,(5).
[94] 郭彤.西方公共管理改革及其对我国财政体制改革的启示[J].审计研究,2004,(2).
[95] 舒成.西方发达国家的公共财政管理理念及其启示[J].江西社会科学,2010,(3).
[96] 张曾莲.政府会计变革的新公共管理与制度经济学解释[J].山东财政学院学报(双月刊),2009,(2).
[97] 张馨.财政公共化变革:新公共管理的启迪[J].财政研究,2004,(4).

[98] 张铭.美国行政学研究发轫的特点(上)[J].中国行政管理,1999,(12).

[99] 陈庆云.关于公共管理研究的综合评述[J].中国行政管理,2000,(7).

[100] 薛澜,彭宗超等.公共管理与中国发展——公共管理学科发展的回顾与前瞻[J].管理世界,2002,(2).

[101] 黄崴,陈武林.中国公共管理学科沿革与现状审视[J].国家教育行政学院学报,2011,(3).

[102] 王海燕.我国公共管理发展的历程、成就与经验教训[J].中共山西省委党校学报,2011,(2).

[103] 俞可平.全球治理引论[J].马克思主义与现实,2002,(1).

[104] 包雅钧.中国学术界有关治理研究的回顾与前瞻[J].中共石家庄市委党校学报,2008,(7).

[105] 毛寿龙.制度创新与政府功能[J].浙江学刊,1995,(5).

[106] 何炜.西方政府职能理论的源流分析[J].南京社会科学,1999,(7).

[107] 谢庆奎.中国政府与政治研究的现状、主题及未来发展[J].北京行政学院学报,2000,(4).

[108] 谢庆奎.职能转变与政府创新[J].新视野,2003,(2).

[109] 李宝元.转型发展中政府的角色定位及转换[J].财经问题研究,2001,(1).

[110] 陈东棋,王冬梅.政府职能转换与政府体制创新[J].福建论坛,2000,(11).

[111] 陈东棋.进一步转变政府经济职能的若干设想[J].经济纵横,2001,(12).

[112] 高尚全.加入WTO后的政府治理改革[J].宏观经济研究,2002,(4).

[113] 李丹阳.中国政府职能转变：沿革、问题与对策[J].燕山大学学报,2002,(2).

[114] 李成言,郭丽岩.政府权能的行政生态学探讨[J].北京大学学报,2002,(6).

[115] 吕恒立,陈晨.对上世纪70年代末以来我国政府职能转变的思考[J].济南市社会主义学院学报,2003,(2).

[116] 迟福林.加快向公共服务型政府转变——从SARS突袭谈起[J].港口经济,2003,(4).

[117] 迟福林.中国的市场化改革进程与非政府组织发展[J].杭州师范学院学报,2003,(5).

[118] 毛军权.基于政府视角的社区民间组织发展瓶颈问题及其对策[J].经济体制改革,2010,(2).

[119] 吴茂见.国家干预的制度创新：民间组织——兼论民间组织与政府干预的维度[J].思想战线,2007,(3).

[120] 张远,祁光华.民间组织兴起与我国公共政策的创新[J].探索,2006,(1).

[121] 王宏伟,徐福缘,何建佳.民间组织：现状、理论与制度环境——个来自供需网的分析[J].企业经济,2010,(3).

[122] 林莉红.民间组织合法性问题的法律学解析——以民间法律援助组织为视角[J].中国法学,2006,(1).

[123] 王晶.我国民间组织与政府关系探析[J].长春工业大学学报(社会科学版),2010,(1).

[124] 李大林.马克思主义政府职能的理论及其启示[J].甘肃社会科学,2007,(6).

[125] 陈毅.对政府职能转变的思考——从“划桨”到“掌舵”再到“服务”[J].云南行政学院学报,2010,(1).

[126] 迟强,龙军.准公共物品志愿供给的风险与政府作用：来自于美国的经验[J].学术论坛,2009,(6).

[127] 朱传一.中国非营利部门的成长及政府在其中的作用社会[J].社会,2000,(11).

[128] 张江丽.中国非营利组织的发展困境——以四川省慈善总会为例[J].经营管理者,2009,(3).
[129] 杨素云.社会组织与当代社会组织的法律建设[J].江苏社会科学,2003,(3).
[130] 杨望成,李江帆.发达国家非营利部门的崛起及其启示[J].佛山科学技术学院学报(社会科学版),2007,(1).
[131] 陆亚娜.第三部门监督的发展路径及其与政治文明的互动关系[J].江苏社会科学,2010,(6).
[132] 李浩昇.动力、制约与均衡机制与中国第三部门发展的关联度[J].改革,2011,(5).
[133] 高玉伟.非政府组织与可持续生态经济建设关系探究——基于经济学视角的分析[J].林业经济,2011,(2).
[134] 陈为智.社会视角下的慈善群体结构及其参与行为分析[J].湖北社会科学,2011,(6).
[135] 王玉珍,任一江.行业协会的组织嵌入与行业秩序改善——基于天津市自行车行业协会的案例分析[J].江西社会科学,2006,(12).
[136] 方卫华.公共政策过程与行业协会的角色定位——中关村外商投资协会的案例研究[J].北京社会科学,2004,(2).
[137] 王智辉.政府管理创新探究——基于新公共管理视角[J].长白学刊,2010,(2)
[138] 张欣毅.政府主导是公共信息资源共建共享的基础与保障[J].图书馆理论与实践,2010,(4).
[139] 唐兵.我国现阶段公共政策分析存在的问题与对策[J].天水行政学院学报,2007,(5).
[140] 陈潭.改革开放以来的中国公共政策变迁[J].湖湘论坛,2009,(4).
[141] 李树桥.当代中国公共政策的特色[J].中国行政管理,2000,(12).
[142] 林栋,丁忠毅.当前我国公共政策执行探究[J].成都大学学报(社科版),2008,(5).
[143] 汪晖.访谈录——“90年代”的终结[J].新京报C03版,2009.
[144] 王曼.我国公共政策的三段范式[J].求索,2010,(1).
[145] 朱秦.我国公共政策发展中的民生价值取向[J].云南行政学院学报,2010,(2).
[146] 朱余斌,葛水林.农民参与公共政策制定的障碍因素及其路径研究[J].农村经济,2010,(9).
[147] 沙奇志.政府公共政策制定中的公共利益与公众参与[J].江淮论坛,2011,(1).
[148] 高小平,刘一弘.我国应急管理研究述评(上)[J].中国行政管理,2009,(8).
[149] 高小平,刘一弘.我国应急管理研究述评(下)[J].中国行政管理,2009,(9).
[150] 徐家良.美日政府危机管理体制比较及启示[J].中国软科学,2004,(6).
[151] 董克用.公共组织人力资源管理及其特点[J].中国人力资源开发,2004,(9).
[152] 杭广社,苏兆林.现代人力资源管理内涵及发展趋势[J].人才资源开发,2006,(2).
[153] 刘素仙.公共部门人力资源管理的特殊性及其有效开发[J].生产力研究,2007,(10).
[154] 胡其图.我国公共人力资源管理现存问题探析[J].内蒙古大学学报,2008,(2).
[155] 孙荣.公共部门人力资源管理的思考：制度与价值[J].中国人才,2008,(9).
[156] 洪燚,方永.国内人力资源管理创新理论研究综述[J].管理科学,2009,(4).
[157] 李雄飞.OECD国家权责发生制预算和政府会计改革探析[J].企业经济,2003,(2).
[158] 郭彤.西方公共管理改革及其对我国财政体制改革的启示[J].审计研究,2004,(2).
[159] 张馨.财政公共化变革：新公共管理的启迪[J].财政研究,2004,(4).
[160] 侯芳.试论政府会计改革中权责发生制的应用[J].经济论坛,2006,(5).

[161] 张曾莲.政府会计变革的新公共管理与制度经济学解释[J].山东财政学院学报(双月刊),2009,(2).

[162] 周志忍.公共组织绩效评估——中国实践的回顾与反思[J].兰州大学学报,2007,(1).

[163] 王雁红,詹国彬.公共部门战略管理研究的兴起和发展[J].探索与争鸣,2003,(9).

[164] 陈振明.公共部门战略管理途径的特征、过程和作用[J].厦门大学学报(哲学社会科学版),2004,(3)

[165] 尹文佳.战略管理理论及其在公共部门的应用——一个学习学派角度的分析[J].行政论坛,2005,(2).

[166] 刘奎明.公共部门战略管理[J].公私之辩,2005,(5).

[167] 曹堂哲.西方30年来公共部门战略管理研究的总体特征、主题学科和方法的定性与定量分析[J].中国行政管理,2011,(2).

[168] 吴建南,连维良,杨宇谦."四位一体":地方政府绩效管理体系的案例研究[J].西安交通大学学报(社会科学版),2012,(2).

[169] 彭向刚,赵娜.论服务型政府绩效评估实施中的问题与对策[J].同济大学学报(社会科学版),2010,(6).

[170] 王福谦.深圳政府绩效管理实证轨迹与模式创新[J].中国行政管理,2010,(12).

[171] 周志忍.我国政府绩效管理研究的回顾与反思[J].公共行政评论,2009,(1).

[172] 贾康等.中国财税体制改革的战略取向[J].改革,2010,(1).

[173] 舒成.西方发达国家的公共财政管理理念及其启示[J].江西社会科学,2010,(3).

[174] 中华人民共和国人事部、中国人事科学研究院、中国政府绩效评估研究课题组.中国政府绩效评估[R].北京:2002,(5)—2003,(12).

[175] 魏洁.国外CIO[J].信息产业报,1998,(6).

[176] 汪玉凯.中国政府信息化与电子政务[J].新视野,2002,(2).

[177] 张成福.电子化政府:发展及其前景[J].中国人民大学学报,2002,(3).

[178] 钱再见.论公共决策系统的活动特质及其风险[J].长春市委党校学报,2003,(4).

[179] 王满船.健全公共信息系统、完善政府危机决策[J].北京行政学院学报,2003,(4).

[180] 张博宇.从"非典"事件探析我国政府信息公开制度的立法[J].河北青年干部管理学院学报,2004,(1).

[181] 聂超朋,李川.新公共管理视野中政府管理的理念创新和模式优化[J].南京政治学院学报,2004,(2).

[182] 周义程.善治视角下我国政府管理的创新[J].中共南京市委党校南京市行政学院学报,2004,(2).

[183] 莫力科,王沛民.公共信息转变为国家战略资产的途径[J].科学学研究,2004,(3).

[184] 夏义堃.公共信息服务的社会选择——政府与第三部门公共信息服务的相互关系分析[J].中国图书馆学报,2004,(3).

[185] 夏义堃.公共信息资源管理的多元化视角[J].图书情报知识,2005,(4).

[186] 夏义堃.西方国家公共信息资源管理的组织结构特色及启示[J].情报学报,2008,(2).

[187] 夏义堃.公共信息资源市场化开发利用的内涵、渠道及制约因素分析[J].理论与探索,2008,(3).
[188] 夏义堃.解读政府公共信息资源管理[J].图书馆论坛,2007,(2).
[189] 夏义堃.政府信息资源管理与公共信息资源管理比较分析[J].情报科学,2006,(4).
[190] 汪玉凯,张勇进.电子政务与政府职能转变[J].学习与探索,2005,(5).
[191] 杨秀丹,白献阳.公共信息资源管理研究[J].图书馆论坛,2005,(6).
[192] 刘红旗,王志凌.面向电子政务环境下的行政理念创新研究[J].经济师,2006,(5).
[193] 蒋永福.论公共信息资源管理——概念、配置效率及政府规制[J].图书情报知识,2006,(5).
[194] 张志清.电子政府建设与研究的几个基本问题[J].武汉科技大学学报,2006,(6).
[195] 江源富,乔立娜,赵经纬.我国电子政务建设的外包模式探析[J].电子政务,2006,(8).
[196] 牛红亮.关于公共信息资源管理的探讨[J].理论与探讨,2007,(2).
[197] 李滟青,杨玉麟.公共信息资源管理研究内容初探[J].学术探讨,2007,(3).
[198] 杨玉麟,赵冰.公共信息资源与政府信息资源的概念及特征研究[J].学术论坛,2007,(6).
[199] 杨玉麟,赵冰,谷秀洁.公共信息资源管理研究综述[J].图书与情报,2009,(1).
[200] 李志更,乔丽娜.政府首席信息官制度的概念理解[J].电子政务,2007,(7).
[201] 肖艳.解读困境中的中国养老保险制度改革[J].新疆大学学报,2008,(1).
[202] 雷银枝.我国公共信息资源管理低效的经济学分析[J].现代情报,2008,(1).
[203] 雷银枝.公共信息资源商品化的成因与对策分析[J].情报科学,2008,(1).
[204] 徐晓林,李卫东.基于信息技术的政府群决策模式研究[J].江西社会科学,2008,(10).
[205] 尹红,李亚平,王博.我国电子政府研究综述[J].中国科技信息,2008,(14).
[206] 王博.电子政府研究综述[J].现代企业文化,2008,(15).
[207] 李长征.中国电子政府运维管理现状与发展趋势[J].电子政务,2008,(17).
[208] 倪明胜、李昱.论公共信息资源管理——概念、基本特征及管理模式创新[J].湖湘论坛,2009,(3).
[209] 刘志刚.公共信息资源共享分析[J].情报探索,2009,(4).
[210] 徐刚,邓胜利.2004—2007年信息资源管理研究进展[J].图书与情报,2009,(4).
[211] 张涵.我国电子政务现状浅析[J].考试周刊,2009,(5).
[212] 赵玉秋.公共图书馆与政府信息公开[J].晋图学刊,2009,(6).
[213] 张玉亮,何振.对公共信息资源管理几个基本问题的探讨与反思[J].图书馆学研究,2009,(6).
[214] 郑彦芬.从信息资源管理、知识管理到竞争情报[J].边疆经济与文化,2009,(9).
[215] 王云超.信息资源管理探析[J].科技情报开发与经济,2009,(35).
[216] 朱晓军.浅析我国电子政务现状[J].管理观察,2010,(1).
[217] 简立军.论预算会计的改革与发展——基于财政改革的研究[D].湘潭大学硕士学位论文,2006.
[218] 段海洲.论权责发生制在我国会计中的运用[D].首都经济贸易大学硕士学位论文,2005.
[219] 李灵芝."新公共管理"及其对我国行政改革的启示[D].广西大学硕士学位论文,2007.
[220] 唐颖丽.预算会计改革的思考[D].河北大学硕士学位论文,2004.
[221] James E Anderson. Public Policy Making: An Introduction[M]. Houghton: Mifflin,1970.

[222] M J Shafritz, W E Russell. Introducing Public Administration (3) [M]. New York: Longman,2003.

[223] B J Reed,John W Swain. Public Finance Administration[M]. Thousand Oaks,CA: Sage,1997.

[224] John L Mikesell. Fiscal Administration,Analysis and Applications for the Public Sector[M]. 5th ed,Cambridge: Wadsworth Publishing,1999.

[225] Barry Bozeman. Public Management: The State of the Art[M]. San Francisco: Jossy Bsaa Pulbishers,1993.

[226] Haward,Frant. Public Management Research: Social,Science,and the Standpoint Problem[J]. International Public Management Journal,1999.

[227] Hood,Christopher. A Public Management for All Seasons[J]. Public Administration,1991.

[228] Hood,Christopher. Paradoxes of Public Sector of Managerialism: Old Public Management and Public Service Bargains[J]. Paper Presented at the IPMN Conference,Sidney,March 4,2000.

[229] Olsen,John B Eadie,Douglas C. The Game Plan: Governance With Foresight[M]. Washington DC: Council of State Planning Agencies,1982.

[230] Theodore H Poister,Gregory D Streib. Strategic Management in The Public Sector: Concepts, Models and Processes[J]. Public Productivity and Management Review,1999,(22).

[231] Ansoff H Igor. The New Corporate Strategy[M]. New York: John Wiley,1988.

[232] Bryson,John. Strategic Planning for Public and Non Profit Organizations[M]. San Francisco: Jossey-Bass,1988.

[233] Jack Rabin,Gerald J Miller,W Bartley Hildreth. Handbook of Strategic Management[M] . New York and Basel: Marcel Dekker,2000.

[234] Bozeman, Barry, Straussman, Jeffrey D. Public Management Strategies [M]. San Francisco: Jossey-Bass,1990.

[235] Nutt, Paul C Backoff, Robert W. Strategic Management of Public and Third Sector organizations: A Handbook for Leaders[M] . San Francisco: Jossey-Bass,1992.

[236] Mark H Moore. Creating Public Value: Strategic Management in Government[M]. Cambridge, MA: Harvard University Press,1997.

[237] Joyce,Paul. Strategy in The Public Sector[M]. Chichester: John Wiley,2000.

[238] Paul C Nutt,Robert W Back. Strategic Management of Public and Third Sector[M]. Michiga: Jossey-Bass Publishers,1992.

[239] B J Reed,John W Swain. Public Finance Administration[M]. 2nd ed. Thousand Oaks,CA: Sage. 1997.

[240] John L Mikesell. Fisal Administration: Analysis and Application for The Public Sector[M]. 5th ed. Cambridge: Wadsworth Publishing,1999.

后　记

从20世纪末以来，国内公共管理学逐渐建立起相对完整的学科体系，概述该学科知识的“公共管理学”教材在这一历程中逐渐成型，其主要内容也因认同度的提高变得相对稳定。但是，随着公共管理实践的发展，公共管理学的教学既要完整阐述当前已形成共识的公共管理理论，还必须反映国内外公共管理学研究新成果，科学总结中国本土实践经验，因此，公共管理学教材不断有新的编撰成果问世，而且在一个较长的时间里还会有人持续做出新的尝试。

本书试图在以下两方面有所突破：其一，将西方新公共管理理论与中国本土实践结合起来，在阐述公共管理学基本概念和基本原理的基础上，加强对中国本土实践的介绍与评析；其二，案例分析紧扣中国实践，各章都选用了我国的公共管理实例进行具体分析。

全书的框架结构、编排体例和写作思路的拟订以及最后的统稿工作都由曾瑞明完成。各章作者如下：曾瑞明(第1～6章)，毕可影(第7、11章)，许敏(第8章)，程玉莲(第9、12章)，罗晶(第10章)。上海工程技术大学社会保障专业2009级和2010级的部分研究生参加了资料搜集与整理工作，2011级社会保障专业研究生“公共管理研究”课程班对初稿进行了逐章研讨，感谢这些研究生特别是孟进、高岩、曹玉荣、魏晓静等同学为本书所作的贡献。

本书是在总结和吸收现有研究成果的基础上编撰而成的，在此谨向参考文献的作者们致以诚挚的谢意！

由于水平有限，书中难免有错误或疏漏之处，恳请读者批评指正。

曾瑞明

2012年7月

教学支持说明

▶▶课件申请

尊敬的老师：

您好！感谢您选用清华大学出版社的教材！为更好地服务教学，我们为采用本书作为教材的老师提供教学辅助资源。鉴于部分资源仅提供给授课教师使用，请您直接手机扫描下方二维码实时申请教学资源。

任课教师扫描二维码
可获取教学辅助资源

▶▶样书申请

为方便教师选用教材，我们为您提供免费赠送样书服务。授课教师扫描下方二维码即可获取清华大学出版社教材电子书目。在线填写个人信息，经审核认证后即可获取所选教材。我们会第一时间为您寄送样书。

任课教师扫描二维码
可获取教材电子书目

清华大学出版社

E-mail: tupfuwu@163.com
电话：8610-83470158/83470142
地址：北京市海淀区双清路学研大厦B座509室
网址：http://www.tup.com.cn/
传真：8610-83470142
邮编：100084